DIRECTION AND PRODUCTION OF THE CONTEMPORARY AUDIO-VISUAL PROGRAM

教育部新世纪优秀人才支持计划资助

当代视听节目编导与制作

周建青◎著

中国广播影视出版社

图书在版编目（CIP）数据

当代视听节目编导与制作/周建青著．—北京：中国广播影视出版社，2014.2（2021.1 重印）
ISBN 978-7-5043-7070-9

Ⅰ.①当… Ⅱ.①周… Ⅲ.①电视节目制作 ②广播节目—节目制作 Ⅳ.①G222.3

中国版本图书馆 CIP 数据核字（2013）第 295049 号

当代视听节目编导与制作
周建青 著

责任编辑	王 佳
装帧设计	丁 琳
责任校对	张 哲
出版发行	中国广播影视出版社
电　　话	010-86093580　010-86093583
社　　址	北京市西城区真武庙二条 9 号
邮　　编	100045
网　　址	www.crtp.com.cn
电子信箱	crtp8@sina.com
经　　销	全国各地新华书店
印　　刷	三河市人民印务有限公司
开　　本	787 毫米×1092 毫米　1/16
字　　数	377(千)字
印　　张	20.75
版　　次	2014 年 2 月第 1 版　2021 年 1 月第 4 次印刷
书　　号	ISBN 978-7-5043-7070-9
定　　价	41.00 元

导 言

视听传播是指运用图像符号与声音符号传递信息的一种活动。电影、广播、电视、网络、手机等媒体的相继诞生，使得视听传播的方式丰富多彩，从最初的有画无声的默片到有声无画的广播，再到声画结合的现代影视，视听传播发展史上每一种新样式的诞生，都是科学技术与社会需求合力推动的结果。作为视听传播主要载体的视听节目，从广义上来讲，种类繁多，电影、电视剧、综艺节目、新闻节目、广播节目、专题节目、广告节目、动画节目、谈话节目、体育节目、MV 节目等，都属视听节目范畴。从狭义上来讲，主要是指除广播节目以外声画结合的节目（即视频）。本书所讲视听节目主要是从狭义角度而言的。在新媒体环境下，随着制作与传播视听节目门槛的降低，人人都可成为视听节目的创作者、传播者与观赏者。

一

近年来，传媒界时常出现“报纸消亡论”“电视消失论”的说法，我们暂且不去讨论这些观点是否科学，但可以肯定的是以网络与手机为代表的新媒体的蓬勃发展对传统媒体产生的影响不可小觑，正如电子商务对实体商店产生的冲击一样。就电视来说，现在正儿八经坐在客厅沙发上看电视的人主要是些中老年人了，年轻人尤其是 80 后、90 后的大多不在客厅看电视了，他们主要在笔记本电脑、平板电脑、智能手机等屏端上看视频。第 32 次《中国互联网络发展状况统计报告》显示，截至 2013 年 6 月底，我国网络视频网民达 3.89 亿，网民中上网收看视频的比例为 65.8%。在手机上在线收看或下载视频的网民数为 1.6 亿，手机视频在手机网民中的使用率为 34.4%。

据艾瑞咨询公司发布的《2013 年 10 月网络视频收视数据》显示①：2013 年 10 月在线视频媒体播放覆盖人数 4.5 亿，在线视频媒体总有效浏览时间为 34.2 亿小时；热播电视剧中，大型古装剧《王的女人》以超过 4000 万的覆盖人数折桂；热播综艺中，大型户外亲子类节目《爸爸去哪儿》收获了近 8000 万的观众，位居榜首；电视剧总有效播放时长 18.4 亿小时，其中覆盖人数超过 200 万的电视剧共 95 部，有效播放时长合计 12.2 亿小时；电影播放总时长为 3.2 亿小时，其中覆盖人数超过 200 万的电影共 40 部。三类不同职业用户中，综艺前两位排名一致。《中国好声音》《快乐大本营》在企业白领和职业女性中分别位居前两位。大学生对于各类综艺的倾向性均较高，对于《天天向上》和《Running Man》的 TGI 高达 148，最受大学生青睐。受众的分流，对传统电视广告带来了极大的冲击，尤其是 2011 年 10 月国家广电总局出台的《关于进一步加强广播电视广告播出管理的通知》，强调要规范影视剧和新闻节目中间插播广告的行为，禁止在片头之后、剧情开始之前以及剧情结束之后、片尾之前插播任何广告。“限广令”的出台，使得更多的广告份额从传统电视流向了新兴媒体。2013 年，中国网络广告市场进入快速发展期，预计全年市场规模将过千亿。

新兴媒体广告市场的快速发展与视听传播密切相关。无论是视频网站、门户网站还是新闻网站、商业网站，纷纷重视视频内容的传播。各大网站通过购买、自制或吸引用户上传等途径，不断扩展视频内容，以满足不同用户的需求。搜狐视频买断《中国好声音第二季》网络独播权；优酷土豆推出《神探夏洛克》《灵界》等百余部英剧；爱奇艺 PPS 买下湖南卫视旗下《爸爸去哪儿》《快乐大本营》等热门综艺 2014 年的网络独播权；PPTV 聚力与江苏卫视达成为期两年的全频道独家战略合作，《非诚勿扰》《一站到底》等节目将独家登陆 PPTV 全平台。除了购买版权视频外，各大型网站还投入巨资加大自制视频节目的力度，涉及电影、微电影、娱乐节目、短剧等各种类型的视频节目；通过优质视频，吸引更多的网民观看。视频点击量高，流量大，广告客户就多，网站收入自然提高了。

新兴媒体的发展改变了人们观看视频的习惯。在日常生活与工作中，人们除了在影院与客厅观看影视节目外，上下班途中有车载电视、手机电视陪伴；等电梯时有楼宇电视打发无聊的时间；坐火车乘飞机时有视频节目欣赏；去医院看病时有健康电视关照；去超市购物时有购物频道强制推销；走在大街上或广场上，LED 视频扑面而来；无论何处上网，网络视频任你点击，视觉盛宴任你享受。可见，新兴媒体的出现，改变了人们观看视频的方式。

---

① 艾瑞：《2013 年 10 月网络视频收视数据发布》，http：//news.iresearch.cn/zt/221473.shtml

二

“编导”是随着我国电视专题片的出现而产生的一种职业岗位，是电视纪实类节目制作中最核心的工作。它主要承担选题策划、采访、拟定拍摄提纲、后期编辑以及把关检查等节目制作过程中一系列工作。可见，编导工作贯穿于整个节目制作过程，节目质量的高低取决于编导水平的高低。电视节目编导有时也是指从事这项工作的人，有些电视台实行节目编导制，强化编导的地位及其职责。电视编导是我国特有的称呼，国外只有导演的叫法。在我国，导演一般是指在电影、电视剧、戏剧等虚拟类节目中从事艺术创造工作的一种职务。它主要承担选定剧本、撰写分镜头脚本、拟订摄制计划、组织并指导场面调度、演员调度与镜头调度等工作，把剧本文字内容转换为视听艺术作品。在《现代汉语词典》中，“编导”有两种含义，一是作动词用，指编剧与导演；二是作名词用，指做编剧与导演工作的人。“导演”也有两种含义，一是指排演戏剧或拍摄影视片的时候，组织和指导演出工作；二是指担任导演工作的人。从词义所指范围大小来看，编导大于导演。在我国有近百所大学开设了电视编导专业，在该专业下又分为影视导演、电视节目编导、摄影导演等不同的方向。虽然“编导”与“导演”两者有所区别，但是也有相融之处，在很多情况下两者可以互换。为了便于本书的写作以及保持习惯的称呼，我们把纪实类节目与虚构类节目制作中的核心工作统一称之为“编导”；当然在写作过程中，涉及具体内容时依据习惯叫法来确定是称“编导”还是称“导演”。

三

全书分为上下两篇共六章。上篇为基础理论篇（第一章），主要从宏观与共性角度按照视听节目制作流程阐述节目制作中的基本要求与基础理论，主要内容有前期策划、采访、摄录、文本撰写与后期制作等五节。下篇为实务操作篇（从第二章至第六章），主要从微观与个性角度阐述纪录片、专题片、广告片、微电影与栏目剧等五种常见的视听节目编导与制作中必备的方法与技巧。下面对每章内容加以概述。

第一章，视听节目制作流程。不管制作哪种类型的视听节目，都要从策划开始。本章首先阐述了视听节目策划的要求与内容，明晰了策划的过程与方法。对于真实类视听节目来说，采访是基础，接着阐述了视听采访的特点、要求、采访方式与方法。不管是制作真实类视听节目还是虚拟类视听节目，影像角度、运动摄像、画面构图、声音采录是前期摄录中要重点掌握的四个内容。采摄录完成后，文本撰写是诞生节目雏形的一个重要环节，文本中常见的四种结构样式、写作中的要点以及虚拟类节目中分镜头脚本的格式要求等是文本写作的基础。后期制作是决定视听节目质量的关键环节。镜头的选择与组接，视听节奏的处理，声画关系的表现形式，屏幕文字、图表与动画的运用，不同类型特技语言的选用，节目包装与合成等，这些内容是后期制作中提升节目质量的重要因素，在本章中均有较详细的阐述。

第二章，纪录片编导与制作。在概述纪录片内涵与特点基础上，对国内外纪录片发展的现状进行了描述。在对纪录片的选题标准、题材分类、选题来源、选题要求及纪录片的类型介绍之后，着重阐述了纪录片拍摄的方法与技巧；对纪录片中真实语言与虚拟语言的特点与功能、常见的三种叙事方式（格里尔逊式、客观记录式、真实电影式）进行了分析，对新兴的叙事方式——虚构记录式进行了剖析，认为采用这种叙事方式制作的视听节目是纪录剧情片而非纪录片；接着，阐述了纪录片四种叙事技巧。最后从节奏、细节、音乐音响以及视听语言的综合运用等四个方面对纪录片后期编辑的要点进行了分析。

第三章，专题片编导与制作。本章着重于阐述新闻性专题片的编导与制作。在明晰专题片的内涵与特点之后，提出了选题要有典型性、新闻性、导向性、群众性和深度性，然后分别介绍新闻性专题的三种类型：报道型、情感型、理性型，且对近两年获得中国新闻奖电视专题奖及新闻评论奖的作品进行梳理与归类。紧接着详述三种不同类型专题片各自的拍摄方法与技巧，拍摄的重点与要求。在专题片写作中，结合获奖作品总结专题片的写作要求：主题要突出、事实要详尽、背景要充分、细节要感人、叙述要生动、评论要点睛。最后从“内容上求深”与“形式上求活”两个方面详述专题片编辑要点。

第四章，广告片编导与制作。本章首先对广告片的定义、分类、功能、创作原则、创意过程、创意理论等方面进行概述；然后结合具体例子，从广告片文学脚本、分镜头脚本、效果图等方面对广告片文案写作进行具体的阐述。在广告片拍摄中，重点介绍布光技术与方法，以及体现广告拍摄个性的抠像拍摄、停机拍摄、模型拍摄、航空拍摄、高速拍摄与延时拍摄等拍摄方式与方法。在广告片后期制作中，从粗剪、精剪与合成三个环节加以介绍，重点阐述抽象语言与具象语言在广告片后期编辑中的运用。值得一提的是本章最后一节，就宣传片中的形象宣传片与视听汇报片进行重点阐述，这是教科书上很难见到的。从摄制要求、表现手法、结构方式与编辑方法等四个方面重点介绍城市形象宣传片的摄制要点。结合具体案例对企业形象宣传片的制作过程与方法进行阐述。最后对视听汇报片的制作步骤与要点加以介绍。

第五章，微电影编导与制作。微电影是当前最为火爆的视听节目。本章首先介绍了微电影概念、类型及其特点，接着分析微电影兴起、发展背景及其发展现状，然后就微电影剧本创作要点、叙事策略及其分镜头脚本写法等内容进行阐述。在微电影拍摄中，结合具体例子，从单视点画面营造与多视点画面营造两个方面讲述如何利用影像达到叙事目的。微电影剪辑主要特点是确保流畅的画面叙事，强调无技巧剪辑；其剪辑方式主要有两种：一种是按线性叙述的串联式剪辑，一种是按链式叙述的交替式剪辑。最后从策划准备与摄制完成后两个阶段详述微电影营销。

第六章，栏目剧编导与制作。本章首先对栏目剧的概念、特点与类型进行介绍；然后对栏目剧的兴起、发展背景与发展现状进行分析。接着对栏目剧创作选题、叙事策略及其语言运用等方面作了重点阐述。在栏目剧拍摄中，重点介绍地点场景的选择与设计、人物对话的拍摄等内容。在栏目剧剪辑中，从剪辑点的选取、镜头的组接、轴线原则等方面对画面剪辑要点进行阐述；从主持人解说、人物对话与画外旁白等方面对声音剪辑要点加以介绍。

四

随着高科技发展日新月异，影视技术升级换代相应提速：从模拟到数字，从对编到非编，从标清到高清，从真实到虚拟，从磁带存储到数字存储等，影视技术不断更新，视频制作者应该与时俱进掌握新技术，应用新技术。随着“三网融合”的推进与实现，视频产业必将兴旺发达。尤其是目前4G牌照的发放，必将推动移动视频产业的迅猛发展。4G集3G与WLAN于一体，能够流畅地传输高质量视频图像，满足用户随时随地观看视频的需要。4G的发展使得视频应用产品种类日益丰富，视频分享、视频直播、视频社交、微博微信的视频版等类型视频不断涌现，移动视频的商业化有望形成规模化。

我国第一部文化产业专项规划——《文化产业振兴规划》（简称《规划》）的发布，标志着文化产业已经上升为国家战略产业。该《规划》把影视制作、数字内容和动漫等产业作为重点发展的产业，支持发展移动多媒体广播电视、网络广播影视、手机广播电视等新兴文化业态，推动文化产业升级。《规划》的出台必将对我国视频产业产生积极的深远影响。新兴文化业态的发展最终离不开视频制作。我们不仅要做视频的观赏者，而且要成为视频的主创者与传播者。希望本书的出版有助于提高读者的视频制作能力与视听传播素养。

目录 CONTENTS

上篇　基础理论篇

下篇 实务操作篇

上　篇

基础理论篇

第一章
The first chapter
视听节目制作流程

不同类型的视听节目，其制作流程有所不同；对于同类型的视听节目，由于节目体裁与题材不同，其制作流程也不完全一样。就纪实类视听节目来说，大体可分为策划、采访、摄录、文本写作、配音与后期编辑等六个环节；就剧情类视听节目而言，其制作流程大体可分为策划、剧本创作、分镜头脚本写作、前期摄录与后期制作等五个环节。虽然每一部视听作品是一个团队合作的结晶，但是在“人人都是视听节目制作者”的新媒体环境下，不管制作哪类视听节目，主创人员要掌握每个环节的制作要点，不能只会其一，不会其二。本章从前期策划、采访、摄录、文本撰写（含分镜头脚本写作）以及后期制作等五个主要环节逐一展开，主要阐述每一环节必须要掌握的基础理论及其方法技巧。

第一节　编导前期策划

视听节目编导与制作是一项系统工程，它包括前期的工作准备、中期的节目采写录制以及后期的编辑合成。而前期策划作为整个制作流程的起点，它对视听节目制作过程中的各个环节都要做出统筹和规划，是视听节目制作的重要环节。随着媒介竞争的日益激烈，新兴媒体层出不穷，视听节目的形态也多种多样，要在激烈的竞争中立于不败之地，就必须不断地策划出合乎受众需求、适合不同媒介播放的优秀节目。良好的策划往往是节目成功的前提和保障，不经策划的节目在今天的媒介环境下无法赢得受众市场，难以获得良好的社会效益与经济效益，这也凸显了策划在当今视听节目制作过程中的重要作用。本节围绕如何进行视听节目策划展开讨论。

一、策划与视听节目策划含义

古语云：凡事预则立，不预则废。这里的“预”就是要求我们做任何事情都要事先谋虑和准备。随着时代的发展以及社会分工的专业化，策划逐渐成为一种常态性的工作，并广泛存在于各行各业中。对传媒业来说，策划是一项专业性和创造性极强的工作，并且与一般的商业活动策划有着本质的区别。随着传媒竞争的加剧，策划日益受到传媒学界与业界的重视。就电视而言，策划分为频道策划、栏目策划与节目策划三个层次。随着以网络、手机等为代表的新兴媒体的发展以及影像制作设备的普及，人人均可成为视听节目的制作者，因此，视听节目策划应该成为视听节目制作者必备的一种专业素养。

（一）策划的含义

策划一词最早可见于《后汉书·隗嚣传》中的记载，“是以功名终申，策画复得”，“画”同“划”相通。从《辞源》上的解释来看，“策”可作名词和动词，有马鞭、鞭打、驱使、策动的意思。《古汉语常用字典》中对“策”的解释有7种含义，与今天最为接近的含义是“计策、计谋”。而“划”的解释同样有很多，比较常见的是分开、划分或擦过的意思；此外还有合算、设计的意思。可以说古时“策”与“划”两字的意思都各含有某种今天“策划”所指代的意思。《现代汉语词典》对“策划”的解释为“筹划、谋划”。

在文化产业界、学界与业界关于策划的定义众说纷纭，综合起来，我们可对策划作如下界定：策划是围绕某一目标，在充分收集资料与调查研究的基础上，制定出实现这一目标的计划与策略。策划侧重于对全局的把握，根据现有的条件，进行全面细致的构思和计划，制定可供操作并能达到预期良好效果的执行方案。

（二）视听节目策划的含义

顾名思义，视听节目策划是为了使视听节目达到良好的传播效果而对视听节目的选题、形态、结构、内容、拍摄与后期制作等诸多方面进行的谋划。创新性、前瞻性、目的性、实践性是其主要特点。由于视听节目种类繁多，针对视听节目的策划也就多种多样。按照节目形态来看，视听节目策划可分电视剧策划、谈话节目策划、新闻节目策划、真人秀策划、综艺节目策划、广告节目策划、微电影策划等；按照节目的执行来看，可分成本策划、市场策划、制作策划、宣传策划、发行策划等；按照节目的制作过程来看，可分创意策划、选题策划、内容策划、拍摄策划、后期制作策划、节目播出策划等。

在过去媒介资源稀缺的时代，观众能够看到电视节目就已经很满足了，节目制作人也不必花大量的心思去考虑观众究竟喜欢看什么样的节目。由于不同的媒介之间缺乏竞争，节目的样式也普遍比较单调和重复，因此节目制作人往往把重点放在节目内容上，强调“内容为王”的制作法则。几十年来这样的节目在舆论导向、宣传说教方面发挥了巨大的积极作用，“内容为王”的法则也确保了节目内容的质量水准。

但是现在随着媒介资源的丰富，视听节目传播的媒介环境发生了巨大的变化。首先，视听节目传播的平台日益丰富。除了传统电视频道播放视听节目外；网络与手机是播放视听节目的新兴渠道；公交、地铁、楼宇、超市、机场等地方播放的视听节目日益渗透到了人们日常生活之中。其次，视听节目制作的主体日益大众化。视听传播在20世纪是属于高雅的传播，是职业传播者的专利，普通民众处于被动观看地位。进入21世纪以来，随着高科技的发展，操作简单、功能多样且价格低廉的影像制作数字设备，日益走进寻常百姓家，人人可成为视听节目的制作者。第三，受众需求多种多样。随着人们生活水平的提高，受众的审美趣味以及对节目的要求越来越高，内容单调、样式单一的视听节目已经不能满足受众的需求，人们开始追求新奇有趣的节目形态，这为节目制作方提供了巨大的潜在市场。第四，广告主的投入不断被分割。新兴视听传播平台的诞生与发展对传统电视产生了强烈的冲击，其一是分流了受众，其二是分流了广告，其三是推动了新的视听节目形态的诞生。

媒体环境的变化使得视听节目的制作手法必须作出相应的改变，即在保证视听节目内容质量的基础上更要重视“形式”的力量。强化视听节目策划是在目前媒介环境下的必然选择。面对海量的媒介信息以及多元的受众需求，如何对视听节目正确定位，如何创造新的节目形态，如何确定节目的选题，如何制定合理的拍摄计划，如何控制节目成本，如何创新节目形式等，这些问题的解决均离不开科学的视听节目策划。良好的视听节目策划有利于制作优秀的视听节目，它一方面对整个节目的制作过程提供了一个明确的指导方案，让每一项工作都能够落到实处；另一方面它体现了策划者对于媒介环境和受众市场的分析、解读及预判。科学完善的策划能够避免信息不畅带来的决策失误，同时也能防止视听节目制作中可能出现的资源浪费。

二、视听节目策划的要求

要把视听节目打造成精品节目，要使视听节目获得最佳传播效果，就得重视视听节目策划。无论是前期的选题与主题策划，中期的采访与拍摄策划，还是后期的制作与播出策划，均要按照一定的要求进行策划，使得策划方案做得完美可行，实现策划的预期目标。具体来说，这些要求包括五个方面，即：要有创新意识，要有传播价值，要有事实依据，要有可操作性，要有市场意识。

（一）要有创新意识

创新是视听节目策划的灵魂。没有创新的策划是不成功的策划。对视听节目策划来说，创新既表现在开发一个新的节目，也表现在对已有节目的改造。创新不应该受制于节目已有发展状况，策划人员要根据媒介生态环境的变化，用审视的眼光对全局进行综合思考。创新不是要全盘否定过往成功的经验，为创新而创新，而是建立在科学的调查和研究基础上，适变求新。

策划一档新的视听节目，策划者必须具有超前的思维意识，要有很强的预见性，这种预见性必须建立在对已有节目的分析和研究基础上，根据受众市场的规律来进行预测。否则，策划的超前预判有可能会发生误判；所以要求策划者在进行超前思考时，要对媒介环境、媒介政策、节目选题、节目形态、节目与受众关系、节目的风格等做出缜密的思考。在目前竞争激烈的节目市场里，只有对节目的发展有科学的前瞻性和预测性的思考，才能把握住视听节目策划的精髓。例如利用中国博大精深的饮食文化推出的纪录片《舌尖上的中国》就是一个优秀的本土策划，不仅深受国内观众喜欢，更能对外传播中国独特的饮食文化。该片在全球六十多个国家与地区发行，海外首轮发行额即达到35万美元，创造了中国纪录片海外发行单片最高的好成绩。①

在视听节目策划中，创新理念要与时俱进，用新思维、新做法去改进现有节目也是不错之选。尽管在节目形态或者节目样式上已经难以创新，策划者也依然可以通过对内容、包装设计、节目表现形式等领域进行改造创新。近年来，央视新闻的形式改造便是一个很好的例证，如加大直播新闻与时事评论的播出频率，大量运用新闻动画，增加滚动字幕，放大新闻标题字幕等。《焦点访谈》让主持人站着说，更是拉近了与受众的心理距离，具有亲和力。央视新闻改版的一系列的创新变化，都是根据受众需求来精心策划，极大提升了新闻节目的传播效果。2005年《超级女声》之前，没有节目策划人懂得运用观众短信互动参与的巨大效应。而在这些海选类歌唱节目已经定型及泛滥的时候，《中国好声音》横空出世，而在此之前也没有人想到唱歌选秀节目也可以用“盲听+导师”制的方式。当大家都以为歌唱节目已经难以再有新的模式之际，湖南卫视的《我是歌手》通过打破草根歌手PK模式，让成名歌手走向舞台进行PK，又将歌唱节目的模式再向前发展。虽然这些节目都是对海外节目的直接模仿（由此看出国外节目策划团队创新意识之强），但都进行了本土化改造，重新设计包装。

可以预见，在视听节目策划领域里，节目的创新是没有止境的，关键是策划者必

① 中国纪录片研究课题组. 2012年中国纪录片发展研究报告［J］. 现代传播，2013（4）.

须要有超前的预见思维，不管你做出的是内容的创新，还是形式的创新，策划者要有对节目发展趋势的预见。

（二）要有传播价值

在进行视听节目策划时，要考虑好所策划的节目内容的传播价值。其价值主要表现在社会价值与经济价值。视听节目是一种特殊的精神产品，既具有意识形态的精神属性，又具有投入产出的经济属性，因此，策划时既要考虑舆论导向问题又要考虑受众需求问题，要二者兼顾。不能片面地追求精神属性而忽视了受众市场、广告市场；也不能片面地追求经济属性而降低节目的品格，忘记了该承担的社会责任。策划的节目内容是否有传播价值是节目制作前必须认真思考的问题。

近年来，从国外引进的众多选秀类节目如《中国达人秀》《梦想中国》《中国好声音》等节目，尽管都是综艺类的娱乐节目，但是这些节目都传递着选手们追求梦想的努力与执着，为营造良好的社会舆论发挥着正能量的作用。微电影更是注重对内容传播价值的策划。2010 年微电影《老男孩》红遍全国，影片讲述的是一对痴迷迈克尔·杰克逊十几年的平凡“老男孩”重新登台找回梦想的故事。《老男孩》的成功在于它勾起了广大观众对于自己青春的回忆。此外，在众多广告片中也越来越重视内容传播价值的策划。央视 2013 年年初推出的《春节回家》系列公益广告片，以“让心回家”概念讲述了四个感动中国的温情故事，不管是新婚夫妻的回家，抑或是海峡两岸相隔的重逢，每个故事都是来源于真实的人和事，而更重要的是广告片唤起了中国人春节的“回家”情节，从文案和故事再到整个广告片的呈现，都彰显了内容策划的传播价值。

（三）要有事实依据

策划视听节目时，要从实际情况出发，所策划的内容要有事实依据，尤其是对于新闻纪实类节目的策划，更要遵守新闻规律，不得为了追求轰动效应，策划假新闻事件，前几年北京电视台生活频道播出的《纸箱馅包子》就是策划的假新闻，影响极坏。2011 年石家庄市电视台《情感密码》栏目播出的纪实节目《我给儿子当孙子》，展现一个“不孝”儿子对父亲出言不逊、百般欺辱的过程。节目上传到网上后，舆论哗然，引起一片骂声。事后调查得知该节目由一家传媒公司策划制作，雇佣群众演员表演，用夸张的手法表演儿子对老人不敬、不孝，肆意渲染家庭矛盾，刻意放大扭曲的伦理道德观。节目播出后，最终引起国家广电总局的重视，责令所属频道停播 30 天。对于虚构类节目的策划，例如栏目剧、微电影等也要从实际生活出发，不要策划不着边际天马行空的穿越剧，而要使所编写的剧情既来源于生活又高于生活，这样节目反映的内容既贴近受众生活，又显示出艺术的魅力。

此外，在视听节目策划中，策划目标的确立、节目样式的创新、受众调查的分析、广告市场的预测、资金的来源、嘉宾的选择等，均需要建立在以事实为依据的基础之上，只有这样，策划出来的方案才更具科学性与实用性。

（四）要有可操作性

创新是视听节目策划的生命，但是创新必须建立在可操作性的基础之上。视听节目策划要以切实可行为条件，否则，再完美的策划也是无用的。视听节目策划是否具有可操作性，主要考虑以下几个方面。

1. 节目策划的内容要与我国的法律法规、伦理道德与媒介政策相符。虽然我们已经成功策划从国外引进很多优秀的节目类型，也创造性地策划出很多精品的节目，但是在我们引进或者策划的时候仍然要注意，策划的内容要符合我国的法律道德与媒介政策。以娱乐节目为例，切忌娱乐过度，而且不能有伤风化。在相亲类节目走红荧屏之际，广东卫视斥巨资从荷兰引进相亲类真人秀节目《完美暗恋》的中国版权。该节目让男女选手在伸手不见五指的暗室里相亲，以杜绝“以貌取人”的嫌疑。节目内容上网后，不少网友质疑节目中出现几个陌生青年男女“暗室互摸”的镜头，“不仅大大突破了我们传统的相亲底线，而且有伤风败俗之嫌”。也有媒体指责该节目“玩弄低俗”“挑战人们的道德底线”，最终该节目没有播出，节目策划失败。

2. 要衡量自身有没有实力和能力去执行策划方案。如果专业人才、制作经费、设备资源、业务水准、拍摄对象不能支撑所确定的策划方案，这样的策划方案就无可操作性。例如 2008 年我指导学生拍摄一部迎接奥运的纪录片，准备参加“第五届中国纪录片国际选片会”，在节目策划中，最后选定了以奥运会开幕那天广州举办集体婚礼作为选题。在撰写策划方案前，我们联系了举办方，得到了举办方的支持，也得到了四对新郎新娘的配合，同时上网查到了北京、上海、长沙以及莫斯科等国内外城市在这一天也举办集体婚礼，以简单、节俭的集体婚礼方式迎接奥运。由于人力、物力、财力的缺乏，摄制团队无法前往这些城市拍摄，因此，策划方案中，只能以广州一地为拍摄重点，除策划重点拍摄当天集体婚礼的情况外，还策划拍摄了三对新婚夫妇婚前婚后的情况，从中挖掘一些有趣的故事。至于其他城市举办集体婚礼的情况设计在片尾通过上滚字幕来呈现，这样策划处理，就有可操作性。最终该片《奥运“逼”婚》在“第五届中国纪录片国际选片会”DV 类节目中获得金奖。两年后，2010 年广州举办亚运会，有同学提出要拍摄一部广州的士司机学习英语迎接亚运会的纪录片，我看了他们撰写的策划方案，写得不错，但是由于找不到愿意配合拍摄的的士司机，结果只得放弃。

3. 节目策划要有一定的灵活性。节目策划的可操作性也表现在策划方案的随机应变性，即策划时要有预备的方法措施。因为，节目制作涉及的环节较多，在制作过程中难免会发生一些意外，因此，在策划时就要考虑这些意外的发生，作好第二手准备，以保证节目制作顺利完成。例如2008年北京奥运会关于刘翔的报道，当时央视作了详细的报道策划方案；如果刘翔卫冕成功，就立即用直升机把他从鸟巢接到央视演播室。但结果刘翔因为腿伤退赛，出人意料，央视旋即做出相应的调整。

可见，节目策划的可操作性，往往需要策划者能够对自身节目有一个清晰的定位，以及对自身的能力有个全面的了解，并且要对所处的媒介环境和受众需求进行合理的调查分析，以得出节目是否可行。做节目策划如果缺乏这些基本的认识，那是很难取得成功的。

（五）要有市场意识

在视听节目策划中，不但要考虑节目的社会效益还要考虑节目的经济效益，因此，策划时要考虑节目的受众市场与广告市场以及经营创收的情况。首先要明确节目的受众市场，即节目的目标观众是谁，确立为受众做节目的理念。在今天受众市场日益细分的情况下，更要明确节目的受众定位。其次要明确节目的广告市场，广告主是否对这类节目感兴趣。再次策划方案中要严格控制节目的制作与运营经费，降低成本。

在我国不同类型的节目有不同的属性，新闻类节目不属于商品，它更偏向于政治宣传与舆论导向，新闻节目的策划要注重节目的社会效益。非新闻类节目如娱乐综艺节目、生活服务类节目、电视剧、电影等有着巨大的经营市场，广告效益突出，商业操作的优势明显。因此，在策划这两类节目时要区别对待。随着媒介市场运作的普及，常见的经营手法有对节目的内容、成品、人物等进行包装或后期开发，策划者要对基本的经营手法了然于胸，同时更要创造性地把这些经营手法运用到节目的策划当中。以“娱乐立台”的湖南卫视在策划娱乐节目中有许多独到之处，例如将签约的超男快女获奖选手作为自制电视剧的主要角色，推进获奖选手的市场价值和电视剧市场影响力之间的良性互动，这一策划方案的实施取得了可观的经济效益。

在视听节目策划中，既要坚持社会效益，也要重视运用市场经济的运作模式来经营节目。策划中可以通过吸收社会上的赞助资本，提供合理适度的广告宣传，整合自身人力资源，对节目制作过程中的人力和物力进行科学合理的调动和分配，降低节目制作成本。在强调经济效益的今天，节目策划必须要严格控制制作成本，同时要将节目的社会效益最大化。

以上这五点要求，在视听节目策划中要综合考虑，不能片面强调哪一点，忽视其他方面，否则，节目策划无法实现预期目标，甚至无法实施策划方案。

三、视听节目策划的内容

新媒体的诞生与影像制作设备的普及，极大地降低了视听节目制作与传播的门槛，消解了过去视听节目制作的技术垄断，人人均可根据自身的创意去策划并制作一部视听作品，努力打造视听精品，使之产生良好的社会效益与经济效益。视听精品的打造，离不开视听节目的良好策划。视听节目策划包括哪些内容呢？从视听节目制作过程来看，其策划内容主要包括：选题策划、主题策划、采访策划、拍摄策划、文本策划、后期制作策划、播出与发行策划等诸多方面，可以说视听节目策划贯穿整个视听节目制作过程。

（一）选题策划

选题策划是制作视听节目的第一步。选题的确立一般分为两个步骤，一是选题的搜集，二是选题的筛选。选题从哪里来？其主要途径有三条：一是从报纸、期刊、网络等媒体已有的报道中发现选题，从别人的博客、微博中发现选题；二是从自己周围生活中发现选题；三是从别人提供的线索或政府机关的有关材料中发现选题。

如何筛选选题？对于纪实类节目的选题，要严把选题关，不追求“星、腥、性”的题材，拒绝“庸俗、低俗、媚俗”的选题，着重于从当前政府重视、社会关注与百姓关心的结合点中去选题，突出重点。例如我所指导的本科生拍摄的纪录片《我在广州的日子》，该片以广州大学城贝岗村务工人员因为忙着赚钱无暇照顾孩子，放任小孩玩耍，反映了农村孩子进城存在的教育问题。因为选题好，最终这部片子在2009年的“第六届中国纪录片国际选片会”DV类节目中获得银奖。指导研究生创作的纪录片《暑假里的大学城有点“荒”》，该片用镜头记录了建有10所大学的广州大学城一到暑假几乎成了一座空城，从另一个角度反映了大学城存在的问题，可想而知，全国各地的大学城何尝不是如此。最终这部片在“第二届中国·西安国际民间影像节”校园文化单元中获得一等奖。对于虚构类节目的选题，要从题材的故事性、主题思想、受众市场、广告市场、媒介政策等方面进行筛选。具体来说，要考虑题材本身故事情节的合理性与观赏性，所表现出来的主题思想是否正面积极，观众是否感兴趣，广告客户是否愿意投放广告，题材是否贴近实际生活，题材是否在广电政策允许的范围之内等，无论是长剧还是短剧，无论是传统电影还是微电影，在筛选题材时必须考虑这些问题。

（二）主题策划

选题策划是先有题材，后有主题，即从所选题材中确立节目的主题。主题策划与此相反，先确定主题，再围绕主题去找合适的题材，即先入为主，戴着“有色眼镜”

来选题。主题策划在视听节目制作中经常用到。

2012 年 12 月 5 日，中央关于改进工作作风，密切联系群众的“八项规定”公布，各地纷纷出台配套的措施，一时间，从中央到地方，反对奢靡之风，杜绝公款吃喝成为最热门的话题，媒体纷纷派出记者深入高端酒店、餐饮场所对公款吃喝行为展开暗访。广东电视台《社会纵横》也派出记者加入了暗访，但由于公款吃喝的隐蔽性，很难真正拍到大吃大喝的场面，对电视来说，这样做出来的节目很难给人内心以震撼。为此，该栏目策划了一组节目，从另一个角度唤起人们对公款吃喝的痛斥，对底层人群的关怀。栏目组派出两路记者，一路深入粤西的化州、信宜等地一些孤儿的家中，用镜头真实记录在广东这样的经济发达省份孤儿们的真实生活：每天的饭菜都是找邻居“借”的，炒菜时只用筷子蘸一滴油放在锅中，一个星期没有油就靠着饭蘸一点盐吃，生病了就用一条红领巾捆住额头硬挺着。另一路记者则深入粤北山区，真实体验山里孩子一天的生活。冬天里，孩子们依旧穿着塑料拖鞋每天步行几公里山路去上课，年仅 6 岁的孩子每天要帮父亲扛木头，孩子要考试了，家里好不容易才有了一个肉菜。当专题片《孤儿的真实生活》和《山里的孩子》在《社会纵横》栏目播出后，在社会上引起了强烈的反响，取得了很好的社会效益。

当前，农村医疗改革问题、留守儿童问题都是社会热点问题。为了反映这方面的问题，独立制片人冷冶夫主创的用纪实手法摄制的剧情片《油菜花开》就是一部反映农村医疗改革问题的短片。该片围绕四川省乐山市芭蕉沟小山村的一户穷苦农家展开叙事，讲述一个 10 岁左右的小女孩因父母外出打工由她照顾年迈多病的老奶奶的感人故事。据主创者冷冶夫介绍，他拍摄这部片的主题就是要反映农村医疗改革还没有覆盖到山区农村的问题。但是，观众看完后，有的认为该片主题是反映了农村留守儿童问题，还有的认为该片反映了落后的山村与现代化的城市之间的差别，等等，该片主题呈现多元化，给观众留下了许多想象的空间，最终，该片在国内外影视大赛中多次获奖。

（三）采访策划

采访策划涉及明确采访目的、选择采访对象、设计采访问题、确定采访方式，明确采访重点与难点等内容。在视听节目策划中，要根据不同类型的节目做好采访计划。对新闻类节目来说，采访对象主要有：新闻事件的参与者与目睹者、行业专家、企业领导与政府官员等社会精英人士、社会各阶层普通百姓。选择哪类人物来采访要根据新闻节目的主题来确定。采访问题的设计是采用开放式问题还是封闭式问题，在采访前要精心准备。视听节目采访有谈话采访、现场采访、观察采访、隐性采访、体验采访、随机采访等多种方式，采用哪种方式最合适，在采访策划中要明确。同时要清楚采访的重点与难点在哪里，如何想办法突出重点，突破难点。例如本人指导本科生创作的获奖专题片《今天你被电脑“绑架”了吗》，片中采用隐性采访与显性采访相结合方式，深入图书馆、教室、宿舍等地方拍摄学生使用电脑的情况，发现有些同学经常使用电脑玩游戏，浪费了时间，耽误了学业。获得了第一手材料后，确定的采访对象有用电脑玩游戏的学生、用电脑查找资料的学生以及学校老师。通过多次做工作终于说服玩电脑游戏的学生在镜头前接受采访。该片最终在“第二届中国·西安国际民间影像节”校园文化单元中获得大赛组委会奖，随后，在社会制作类节目评比中获得二等奖。

对于谈话类节目的采访策划，选对嘉宾是节目成功的关键。所选嘉宾一是要知情，即知道节目中所谈的事情；二是要会说，即嘉宾的口头表达能力要强；三是要有观点，即对所谈事情有真知灼见，不是人云亦云。凤凰卫视的《一虎一席谈》《鲁豫有约》，央视的《艺术人生》《对话》等知名谈话节目，由于每期嘉宾选得好，极大地增强了节目的可视性。

（四）拍摄策划

拍摄是视听节目制作的主要环节，拍摄策划不可忽视。拍摄策划涉及的内容主要有：所用摄像机的类型与数量、拍摄的格式、拍摄人员的安排与分工、拍摄机位的确定、拍摄素材的保存、拍摄辅助设备、拍摄灯光、声音的录制等诸多方面。

不同类型的视听节目，拍摄策划的重点有所不同。对于日常新闻制作来说，一般使用标清摄像机单机拍摄，因为电视台与网络播放的新闻节目仍是以标清格式为主。对于一些重要的专题片、纪录片常常采用高清摄像机拍摄，以保证画面的清晰度。对于投入较大的综艺节目、广告片、电影、电视剧的拍摄一般采用高清摄像机或者电影胶片机拍摄，以高画质来提升节目的品质。一般的综艺节目、晚会、谈话节目有 3 至 4 个机位即可，对于大型娱乐综艺节目或大型庆典的拍摄，事前要做好周密的策划，画出机位图，明确各机拍摄的重点与范围，例如浙江卫视推出的《中国好声音》，为了能让观众看到选手尽情地展示自己，也可以适时看到导师的表情，共调用了 26 机位，其中场内 16 个，场外 10 个。每期 80 分钟的节目，调用素材量接近 1000 分钟。继《中国好声音》之后，湖南卫视推出的《我是歌手》把综艺节目推向新一轮高潮。每期 120 分钟的节目，是从 38 台摄像机拍摄的 400 多个小时的素材中剪辑出来的。其中 15 个机位全程拍摄观众，几乎可以拍到每个观众的表情和动作，所以哪个观众感动得落泪，或者起立鼓掌，都能及时记录下来。除了拍摄机位多之外，这两个节目的灯光与音响设备也是一流的，确保了整个节目的传播效果。在拍摄策划中，要落实摄像师、灯光师、录音师、美术师等工作人员及其相应的任务，使他们提前做好准备。

拍摄中是否要使用摇臂、轨道等大型辅助设备在策划时均要考虑，作出相应的安排。

（五）后期制作策划

后期制作策划决定了节目的形态样式，主要涉及节目的节奏与风格，片头、片花、片尾的设计，节目的结构安排，同期声与旁白的使用，声画的配合，屏幕文字的运用，特技的添加，音乐音响的处理等诸多方面。不同类型的节目，后期制作的手法各不一样，如新闻类节目重视对事实的选择，强调真实美，因此，用语言叙述事实、用画面佐证事实是其编辑要点；而影视剧主要通过画面叙述与人物对白推动情节的发展，强调艺术美，因此，在后期编辑中注重镜头蒙太奇与节奏的把握。在后期制作策划中，还要考虑好节目中是否要增加背景资料以及动画内容，明确音乐的类型与风格，方便制作者提前做好准备。

（六）播出与发行策划

视听节目成品出来后，只有通过播出才能实现其价值，因此，播出平台的选择在策划节目时就要考虑好。视听节目播出的平台越来越多，主要有电视台、电影院、网络、手机、公交电视、地铁电视、楼宇电视等，具体选择哪一个平台播放，要根据视听节目的目标受众、节目特点、商业模式等因素来选择。例如微电影适合于在网络、手机、户外电视等平台上播放，不适合在影院播放。此外，对于节目的发行要有针对性，以提高传播效果。例如企业形象宣传片、城市形象宣传片除了在网上播放外，还可以利用会展、大型活动以赠送的方式来扩大发行，以提高企业或城市形象的宣传效果；如果是电影、电视剧，则要通过多种渠道推广到电视台、影院以及网上播放，以获得相应回报。

四、视听节目策划的过程与方法

视听节目策划从选题策划开始到策划文案的形成，再到策划的执行，整个过程是一个有机的整体，同时也有着严格的步骤和方法。下面从视听节目策划目标的确立与市场调研、策划方案的拟订、实施以及策划效果评估四个方面来展开论述。

（一）确立视听节目策划目标与市场调研

一般来说，视听节目策划的目标主要有两个，即取得良好的社会效益与经济效益。落实到具体节目，其侧重点有所不同。对于新闻类节目的策划，其主要目标是及时告知新近发生的新闻事实，正确引导社会舆论，满足受众信息需求，社会效益摆在第一位。对于娱乐类节目的策划，其主要目标是通过不同形式的娱乐内容，提高收视率，进而获得更多广告回报。对于影视剧节目的策划，其主要目标是通过有趣的情节内容，精良的制作，吸引更多观众，进而获得高额的门票收入与广告收入。在策划节目时，应该同时兼顾社会效益与经济效益；若二者产生冲突，则以社会效益为主，这是由我国国情所决定的。

视听节目策划不是天马行空式的随意想象，它要在科学调研的基础上作出对未来节目样式的判断，策划者在作出创意方案之前必须要做好资料收集以及市场调研工作。随着社会的信息化和信息的社会化双向互动越来越频繁，节目策划者要善于识别各种各样的信息，为自身的策划提供信息支撑。一般策划所需的资料收集和社会调研工作主要集中在对受众市场的细分和对节目市场的趋势分析上。

1. 明确受众需求。策划者要判断策划的节目是否符合受众的需求，显在受众与潜在受众范围有多大。策划者在正式推出一档新节目前，往往要对受众市场进行问卷调查及深度访谈，以获得第一手受众市场资料。同时要对受众的心理接受度进行匹配研究，看受众是否喜欢这样的节目形式。此外，也要做好受众的预期反馈报告，提前分析和预判受众对于该节目的积极和消极评价。

2. 研判同类节目。策划者要对当前同类的节目形态进行分析，总结归纳同类节目的特点和优势，找出同类节目需要改进的地方。如果是新创的节目类型，则应该审视目前业界对该节目类型的研究如何，为何还没有出现类似的节目类型，实现这一新的节目类型的难点在哪里等问题，务必要将节目中可能遇到的问题都找到合适的解决方案。例如前两年电视相亲类节目一片热闹，湖南卫视的《我们约会吧》、江苏卫视的《非诚勿扰》、安徽卫视的《缘来是你》、浙江卫视的《为爱向前冲》等全国涌现了十多家相亲类栏目，经过时间的检验，现在剩下较有影响的只有《非诚勿扰》了。

3. 收集并分析同行信息。策划节目要善于收集同行业或者竞争对手的相关信息，了解目前业界流行的节目样式，了解业界中优秀的节目案例，分析它们成功的原因，结合行业的发展趋势，做出符合自身情况的发展判断。浙江卫视与江苏卫视不惜重金分别引进荷兰与德国节目版权，几乎同时推出的跳水节目《中国星跳跃》与《星跳水立方》，节目定位与形式大同小异，这是缺乏对竞争对手深度分析的表现。

（二）撰写视听节目策划方案

在做好前期资料收集和市场调研的基础上，根据节目所要达到的目标，拟定好节目策划的具体方案。新闻节目与谈话类节目、纪录片与栏目剧、广告片与微电影等不同类型的节目其策划方案内容不一样，各有自己的特点。这里只介绍不同类型视听节目的策划共性，其个性在下篇“实务操作篇”的相关章节中有所阐述。

1. 确定节目选题与主题。选题的确定与主题的确立是节目策划方案的重中之重。好的选题与主题有助于提高收视率，赢得更多的广告客户，达到更好的社会效果。策划方案中要用简明精练的语言指出选题的背景及其意义，概括节目的主题及其重要性。好的节目策划大多都是主题鲜明的，如《中国梦想秀》以“梦想”为主题，《非诚勿扰》以“交友相亲”为主题，《非你莫属》以“求职招聘”为主题……鲜明准确的主题策划有助于聚合节目的重心，形成统一的风格，为节目的具体制作提供了方向，也容易在节目的播出过程中得到受众的识别。

2. 确定节目形态样式与时长。不管是什么样的节目，都会有自身独特的节目样式，即使同类节目也会有各自不同的节目样式。如同是新闻类节目，可以是直播播报，可以是主持人读报评论，可以是新闻专题；同是娱乐综艺类节目，可以是歌唱比赛类，可以是梦想表演类，可以是益智问答类等。确定节目样式是区别自身节目与其他节目的标志，节目样式可以确立和营造节目的价值卖点。比如真人秀的经典节目《幸存者》，就是通过游戏规则的确定以及对人性特征的放大来制造卖点，通过营造不同的人物性格冲突来创造收视。因此有时候节目策划要做的是如何制定节目的“游戏规则”。在确立节目样式之后，要明确节目时长，一般根据节目类型与容量、播出平台与受众特点等方面来确定节目的时长。

3. 选择合适对象。不管哪种类型的视听节目，节目中均涉及人，因此，在策划中选择合适对象，有利于表现节目主题，提高传播效果。对新闻节目来说，要选对采访对象；对谈话节目来说，要选好嘉宾与现场观众；对影视剧来说，要选对导演与演员等。至于如何选择合适对象，要根据不同节目特点、内容需要、节目经费来确定。

4. 制定节目资源的准备计划。在确定节目内容和形式的整体策划之后，还要对节目制作中调用的资源进行计划。首先是人才准备计划。根据节目要求，组建精尖高效的节目制作团队。具体来说包括前期拍摄与后期制作中需要的各种人才。其次是设备准备计划。节目策划中要合理计划制播过程中所需的各种设备。例如，摄像机的类型与数量，灯光设备与录音设备的调用，外景拍摄中交通工具的计划，等等。再次是经费准备计划。在视听节目策划中，要考虑好制作经费来源渠道及其节目制作过程中的各项开支预算，算好经济账。可以是独家投资，也可以是股份合作制，还可以根据节目需求适当引入赞助，等等，做好经费准备以确保节目制作顺利进行。

5. 做好节目宣传推广与市场前景预测。不同类型的节目有不同的推广手段。对于纪录片而言，可以做成片花在电视台播放，也可以通过视频网站来宣传，还可通过参加国内外纪录片大会来推广；对于电影与电视剧来说，可以利用报刊、网络、电视台等媒体来宣传推广，也可以抓住某个时机开发布会来推广。例如讲述母女两代人之间关于沟通和爱的故事的微电影《红豆花开》，选择在母亲节这一天举行首映礼。只要想办法，节目宣传推广方式就会多种多样。此外，在策划方案中，对节目的市场前景要进行分析预测。一般来讲，影视节目收入主要来自于播出权与版权收入、门票收入、广告收入、音像收入等。

6. 拟订节目制作工作进度计划。在全盘策划节目制作各个方面后，接着就要制定节目制作进度时间表，把每个阶段每一天要完成的任务、责任人及参与人员作出周密详细的安排，统一协调各个部门的进度，确保整个节目按时完成。

（三）实施视听节目策划方案

需要强调的是，视听节目策划方案的实施并不是游离于节目策划之外，而是节目策划的有机组成部分，节目策划必须要以策划的实施为目标，未执行的策划是失败的策划。

1. 明确分工。将策划中的每一项工作任务落实到每一个参与视听节目制作的人。而每一个工作人员都要明确各自的职责，谨守岗位，按照策划中的要求认真做好各自的工作。

2. 保持沟通。节目策划的实施过程中，策划者与各工作人员要保持良好的沟通，每个人都要随时报告节目策划方案实施过程中遇到的问题及产生的新情况，尽快找出解决方案。

3. 及时记录。每一个工作人员要将节目实施过程中的具体情况如实记录，包括设备工作情况是否良好，节目进行是否顺畅等。一方面是为了使节目制作过程有一个详细的记录，以便在出现问题时能够及时排查；另一方面是为节目的后期剪辑和制作提供依据，像镜头的顺序、时间记录、同期声记录等。

4. 要做好应急预案。当节目制作过程中出现突发状况时，如信号故障、拍摄超时、预算超支、人员意外等情况时，要及时处理，这需要在前期的策划中对各种意外情况有一个整体的把握和估计。当突发情况始料未及时，工作人员也要根据节目实施的需要，临时做出应变措施，这是工作人员就对突发事件的应变能力与综合素质的体现。

5. 合理安排节目播出。节目完成后，要根据节目形态、受众分布及其传播环境特点，选择合适的播出平台，实现节目策划预设的目标。不同类型的节目对应不同的播出平台，微电影主要播出平台是网络、手机以及公交移动终端，新闻节目主要播出平台是电视台、公交电视与地铁电视，电视剧主要播出平台是电视台以及网络，电影主要播出平台是影院，广告片可以在所有的视听播出平台播放，等等。

（四）评估视听节目策划效果

当策划方案全部实施之后，还有一个重要的步骤是对实施的策划方案进行效果评估和总结。节目评估涉及两个方面，一是社会效益评估，二是经济效益评估。评估的方法有收视率调查法、欣赏指数调查法、专家调查法、受众打分法、网络点击量分析法等。另外，对节目制作过程中存在的问题以及专家、受众提出的意见与建议要进行汇总，及时总结，为以后制作同类节目提供借鉴，使节目越做越好。

前面介绍的两部专题片《孤儿的真实生活》和《山里的孩子》在广东电视台《社会纵横》播出后，栏目组在一天多的时间里便接到了来自全国15个省、市的100多个热线电话，有些观众一边哭一边诉说自己的观感，纷纷表示要捐助这些孩子；有些同龄的学生观众在微博中写道："原来总是抱怨妈妈做的饭菜不好吃，看了孤儿们的真实生活才知道自己有多幸福"；一位北京的观众在电话中表示希望能去粤北山区支教；也有观众在评论中直言："这是对公款吃喝的绝妙讽刺。"的确，从另一个角度让人们触及社会的痛点，强烈的对比效应使观众对公款吃喝的行为有了更切肤的感受。而节目唤起的却是社会对底层群体的强烈关注，节目组及时与有关部门沟通，在专业机构的指导下，汇聚全国热心观众的爱心，利用媒体的社会影响力打造自身特色的"助孤行动"。[①] 可见，这两部专题片播出后，取得了良好的社会效益。

目前，中央电视台与全国卫视中有些主流节目制作是大成本制作，像几大综艺节目投入巨大，获得的经济回报也是可观的。下面从经济效益角度评估2012年在全国影响较大的几档综艺节目，如表1－1所示。

表1－1　2012年大型综艺节目投入产出一览表[②]

节　目	播出平台	制作投入（元）	收益（元）	原　版
中国好声音	浙江卫视	1亿	3亿	The Voice（荷兰）
我是歌手	湖南卫视	6500万～8000万	2.2亿	I am a singer（韩国）
中国最强音	湖南卫视	1亿左右	5亿	The X－factor（英国）
星跳水立方	江苏卫视	约1亿	15秒广告18万	High diving（德国）
中国梦之声	东方卫视	约1亿	未知	AmericanIdol（美国）

从上表可以看出，浙江卫视、湖南卫视、江苏卫视、东方卫视等四家卫视，不惜重金购买荷兰等国的节目版权，大投入换得了大回报。其实，考察这些节目的商业运作模式有些地方值得学习。首先，重视节目播出前的话题制造，如导师的话题，选手的话题，使节目在未播之前已经噱头十足；其次，充分利用节目的受众规模优势，创造广告收入。如在第一季首期"好声音"播出后的20天里，其广告费从每15秒15万元飙升至36万元，以每期节目22分钟广告，每15秒广告费36万元计算，一期

---

① 周建青，阮拥军．坚持"绿色监督"，传播社会正能量［J］．中国广播电视学刊，2013（7）．

② 张苧月．节目牵手海外版权，"综艺大片"狂敛财［EB/OL］．中国证券网［2013－05－21］．http：//caifu.cnstock.com/cftt/201305/2590835.htm

《中国好声音》的广告费就达3000多万元。而在总决赛夜中，“好声音”的插播广告更是卖到每15秒116万元的天价。此外，这些节目还充分利用了冠名以及节目后的衍生产品销售来获利，取得了良好的经济效益，充分展示了节目运营的策划能力。

第二节　节目前期采访

对于真实类节目来说，采访是做好视听节目的起点，也是视听节目制作流程中的一个核心环节。采访成功与否，在很大程度上决定了节目质量的高低，正如美国全国广播公司新闻部经理鲁文·弗兰克所说：“采访是我们这个行业的基本工具，没有它，我们就无法生存。”因此，在视听节目制作过程中，从业人员必须重视采访环节，认真掌握视听节目采访的特点、要求以及方式、方法。

一、采访与视听节目采访含义

按照《现代汉语词典》的解释“采访”为“搜集寻访、调查访问”之意，可见采访既是一种动作行为，也是一种社会调查活动。这种解释适用于所有行业所进行的采访活动，如社会科学研究者进行的调查研究、文艺工作者的采风、公安部门的刑事侦查等。

对于新闻工作者来说，采访定义更为具体且多种多样，基本上可分成三大类：一类为“素材搜集说”，即把采访看作是搜集新闻素材所进行的活动（复旦大学学者刘海贵为代表）；二类为“调查研究说”，即把采访看作是一种特殊的调查研究，是向客观事物进行调查研究的一种活动（中国人民大学学者蓝鸿文为代表）；三类为“互动行为说”，即认为“新闻采访是一种人际间的交流，是被采访者与采访者之间面对面的一种思想和个性的交流”。(美国学者沃伦·K·艾吉为代表)①

对于视听节目的从业者来说，采访含义既有新闻采访的共性，也有其特殊性。视听节目采访是指视听媒体从业人员运用数字电子设备，采集记录并发掘客观事实的一种特殊的调查研究活动。具体来说，其包括录音采访和摄像采访。该定义可从三个层次加以理解，一是采访时必须借助数字电子设备。数字电子设备主要是指录音设备与摄像机，通过这些数字电子设备记录声音与图像。二是采集记录并发掘客观事实。视

① 丁柏铨．新闻采访与写作［M］．北京：高等教育出版社，2004：24.

听媒体从业者通过数字电子设备记录的是客观事实，而不是导演出来的事实。三是采访是一种特殊的调查研究活动。在采集事实素材的过程中，视听媒体从业者要进行观察与思考、分析与归纳，考虑节目的主题、结构等，为下一步工作打下良好基础。说其“特殊”主要与一般的社会调查区别开来。

二、视听节目采访特点

视听节目采访，既有采访的共性，也有其独特的个性。其主要特点有以下五个方面。

（一）数字设备采录，现场感强

视听节目采访不像文字记者采访——有笔和纸即可进行。视听节目采访必须借助数字电子设备——录音设备与摄像机器方可进行。常用采访用的录音设备有小型录音机、录音笔、MP3 等；常用的摄像机器有广播级摄录一体机、业务级摄录一体机，广播级摄录一体机又可分为标清摄录一体机与高清摄录一体机。在视听节目采访中，根据采访需要，有选择地运用摄录设备可以把新闻现场发生的事情、各种声音以及人物动作一一记录下来，例如广播录音报道通过采录现场的“实况音响”与人物的讲话声，让听众直接感受现场氛围，达到“听声见景”“闻声见人”的传播效果，直接唤起其视觉形象。离开了事件现场，纪实类视听节目无法制作，因此，视听媒体从业者必须在事件发生之前或之时赶到现场，及时记录现场。现场感极强的视听节目体裁应该是“现场报道”与“现场直播”，这两种报道体裁主要特点是记者在现场进行采访，节目内容主要由现场记录内容构成。

（二）声画元素多样，可信度高

视听节目采访不但要重视声音录制，而且要注重画面的拍摄。声画元素多样，提高了视听节目的真实性。在纪实类广播节目中，虽然没有画面元素，但是声音元素齐全。具体来说，广播纪实声音包括：人声、物声以及自然界的声音。因此，在广播新闻采访中既要采录现场新闻人物的声音，还要采录现场环境的音响，例如深圳电台《民生直击》十分重视广播特性，每期节目都包含了大量精彩、丰富的现场音响和人物录音，节目韵律感强，给听众带来一缕清新之风，这说明记者在采访中十分重视现场声音的采录。

在纪实类电视节目采访中，画面与声音的摄录同样重要。其除拥有各种声音元素外，还拥有各种画面元素。具体来说声音元素主要有：现场人物声音与现场音响；画面元素主要有光线、线条、色彩、影调、主体、陪体、背景、景别、构图以及运动等。在采访中根据节目主题与报道目的，要重视对这些元素的采录，用摄录一体机如实记录下来，为后面视听节目的编辑打下良好基础。在纪实类视听节目采访中，通过采录多种声画元素，使得节目可信度极高。尤其是采访中对同期声的录制，通过“此时、此地、此人、此声”的声画结合，确保了时空的统一性，使得节目内容不容置疑。

（三）技术手段先进，时效性强

随着数字通讯技术的快速发展，视听采访的技术手段日益先进，形式也越来越丰富。在视听采访中常用的技术手段有：电话采访、视频连线采访、话筒采访、录音采访、航空采访、演播室采访、现场切换采访、摄录一体采访、卫星电视采访等。根据节目需要与实际情况，这些采访技术手段既可单一运用，也可综合运用。第二次世界大战期间正是广播发展的黄金时期，美国 CBS 著名记者爱德华·默罗以《这里是伦敦》现场广播报道了“二战”的战况，极大地满足了世界各地关注战事进展的听众，而他所配备的设备是短波发射机与话筒。每当国内外发生重大突发事件时，凤凰卫视在《凤凰早班车》与《时事直通车》两个新闻栏目中，大多会安排新闻主播与事发地记者进行电话采访或视频连线采访，这种把当地电视台演播室，与外地电视台演播室或报道现场跨越空间地连接起来的“时空连线”采访，能让观众在第一时间内获取新闻事件的最新进展，及时了解事件真相，极大地满足了观众的信息需求。现场采访报道直播以事件发生与观众收看的同步性赢得了受众的喜爱。

（四）多个工种配合，协作性强

视听节目采访往往需要多个工种协作，方能完成采访任务。靠声音传播的广播采访涉及的工种少，声画结合的电视采访涉及的工种多。对于电视采访来说，日常的采访至少需要记者与摄像师；重大的采访还涉及灯光师、录音师、信号调制发射工程师；演播室采访，还涉及主持人、嘉宾、导播、美工、化妆师等；现场直播采访涉及的工种与人员就更多。采访过程中，每个环节都不能出差错，否则，采访就会出现问题，甚至失败。因此，在正式采访前，参与人员都要明确自己的职责与任务，配合默契，以取得最佳的采访效果。

（五）既是一种采访手段，也是一种传递信息的方式

相对于文字记者采访来说，视听节目采访既是一种采访手段，也是一种传递信息的方式。视听节目现场采访既要搜集、挖掘所需素材，也要充分展示采访者与被采访者的言谈举止、场景氛围。中央电视台《新闻调查》栏目，每期节目中都把记者的采访过程有重点地展示出来，真实可信。记者的出镜采访等于把新闻现场搬到了观众眼前，采访者与被采访者的一言一行以及采访现场的情景全部暴露在观众眼前，采访过程本身就是节目内容的有机组成部分，因此说这种采访也是一种传递信息的方式。

三、视听节目采访要求

视听节目采访的成功离不开采访前的认真充分准备，离不开采访者精心设计的问题与娴熟的提问技巧，离不开与摄像师的默契配合，具体来说，在视听采访中要求做到以下五个方面。

（一）认真充分准备，确定采访重点

一般来说，采访准备包括日常准备与临时准备。日常准备主要是指平时的积累，一是学习相关理论政策，二是广泛储备各种知识，三是不断提高业务技能，四是熟悉有关情况。

对一次具体采访来说，临时准备更显重要，它有助于明确采访重点，缩短采访者与被采访者之间的距离，提高采访效率。临时准备主要从以下几个方面着手：

1. 尽快熟悉研究采访对象。一旦采访对象确定之后，先要对采访中涉及的人、事、物、地方等基本情况有所了解，搜集已有报道材料，熟悉和研究采访对象的背景材料，且对有关材料进行比较。美国哥伦比亚广播公司（CBS）的著名栏目《60 分钟》主持人迈克·华莱士 1986 年 9 月 2 日成功地采访过邓小平。在采访之前，他研读了许多有关邓小平的书籍和剪报，还和一些见过邓小平的人交谈，了解其性格和特点，在此基础上，他设计了 50 个问题，在正式采访中只用了十多个，每个问题都很有分量。

2. 拟订采访计划，明确采访重点。在熟悉采访对象后，就要围绕报道目的订出切实可行的采访计划，计划中包括采访目的与要求、采访范围与对象、采访时间与步骤、提问内容与方法、采访角度与拍摄角度、采访重点与难点以及采访应急措施等。在采访计划中，要围绕主题明确采访重点，想办法突破采访难点。

3. 做好物质准备。一是检查摄像机、三脚架、话筒、录音设备是否正常；如果是现场直播采访，则要仔细检查所有参与工种用到的相关设备，且要进行实际演练。二是要备足储存介质，如磁带、录音带、移动硬盘、SD 卡、P2 卡，以保证采访记录介质有足够的容量。三是备好小型电池，以备话筒录音要用。四是根据采访对象与环境，备好自己的衣着；如果是远距离采访，还要备好车船票、机票、生活用品、地图等。

（二）控制访谈时间，善于“问”与“听”

视听节目采访，要注意控制访谈时间，由于采访对象时间的宝贵与节目制作时间的限制，决定了在采访阶段要充分利用时间，力争在较短的时间内采集到更多有用素材。对于事先约好的采访，可以先把采访提纲传给对方或者电话告知主要问题，这样可以提高采访效率，缩短采访时间。

采访中，记者要善于“提问”。提问时要注意营造一种和谐的谈话氛围，要问得自然，问得具体，问得有策略，问到要害处。对于不同的采访对象可以采用不同的提问方式，对于健谈者可以采取正问法——直截了当地从正面提出问题的方法；对于不善交谈或有所顾虑的人可以采取迂回法——从侧面入手，经过迂回绕圈，逐渐过渡到正题上来的提问方法；对于存在某种矛盾或顾虑不愿回答问题的采访对象可以采用激将法（也叫反问法、错问法）——通过提出刺激性问题或有意误解对方意思，激化其情绪，迫使其不吐不快的提问方法；对于有情况而由于某种原因又不愿谈的人可以采用设问法——以假设的问题进行提问，从而获得或验证事先了解的但没有把握的情况的提问方法。此外，还有追问法、诱导法等。

采访中，记者还要善于“倾听”。“倾听”既是对采访对象的尊重，更是记者获取素材的一种方式。在“听”的过程中，记者要做有心人。在与对方交谈中，要能够听出有新闻价值的材料，听出能够突出节目主题的材料，从中发现其他的重要线索或内容。同时，还要注意用言语或动作、表情与对方进行交流，当发现对方所谈内容与采访目的无关时，要巧妙引导对方转入正题。因此，采访中，记者不但要做善“问”者，还要做善“听”者。

（三）讲究摄录角度，注重声画细节

在视听节目采访拍摄中，要注意拍摄角度的变化，对不同的采访对象可用不同的角度去表现，对同一采访对象也可用不同的角度去记录。如此拍出来的画面就丰富多彩，便于后期编辑选择。拍摄角度的变化主要表现在拍摄距离、拍摄方向与拍摄高度的变化。具体来说，在采访拍摄之前，首先要考虑用何种景别、什么方向与高度，以此定好摄像机的位置。位置的确立即是角度的确立、视点的确立。

在日常采访拍摄中，单机采访拍摄用得较多。在单机拍摄中要注意拍好过肩镜头、标准镜头、反应镜头。过肩镜头是指拍摄时采访者背面所占画面面积不超过三分之一，以突出采访对象的镜头，如图 1 -1 所示单机采访开始镜头：过肩镜头。

过肩镜头能交代采访双方主体与陪体的交流关系，有较强的现场感与真实感，因此，该镜头常用来作为采访的开始镜头。标准镜头是指在过肩镜头的基础上通过变焦推镜头，让采访者出画，用近景拍摄采访对象的镜头，如图 1 -2 所示单机采访标准镜头。反应镜头又称为反打镜头，包括采访者与采访对象的反应镜头。采访者反应镜头是指采访者提问、插话或倾听采访对象的表情镜头，一般需要通过移动机位，另行拍摄，注意防止越轴。采访对象反应镜头是指采访对象倾听、思考且作出反应的镜头。此外，在单机拍摄中，还要拍摄一些没有特定含义的空镜头、采访所涉及的内容镜头、采访对象工作生活的镜头，以备后期编辑作为插入镜头所用。单机拍摄最佳机位及其应用如图 1 -1、图 1 -2 所示。

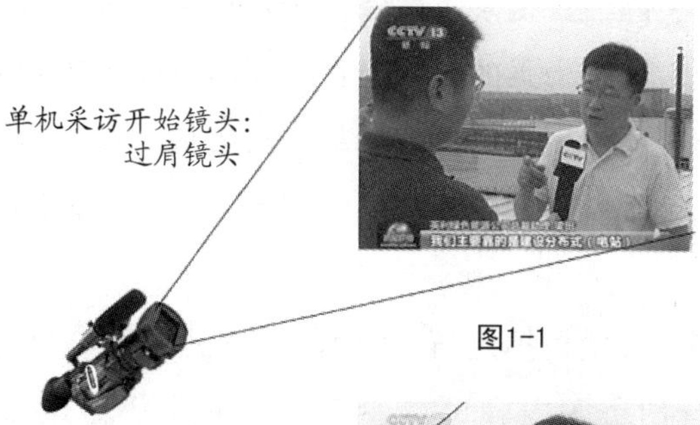

图1-1

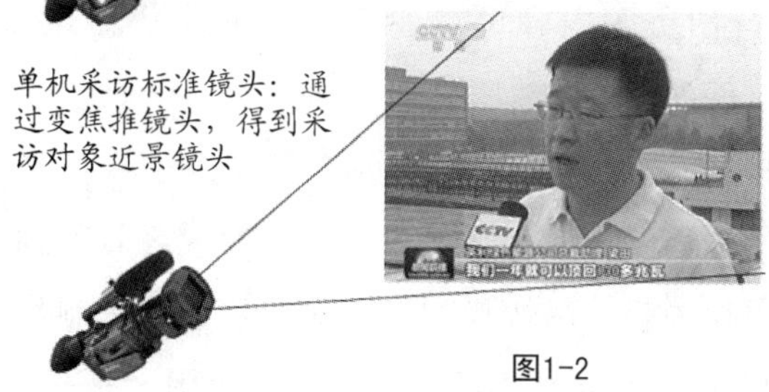

图1-2

图 1－1、图 1－2　单机采访最佳机位及其应用示意图

双机采访拍摄要注意机位的安排，不宜把两个机位紧靠一起拍摄采访双方；一般把两个机位分开交叉拍摄采访双方的正侧方，即内反拍，这是双机拍摄的最佳方案，如图 1－3 所示。为了交代采访现场，可以移动一个机位在同一边中间另行拍摄全景镜头，即主镜头，用来交代访谈双方的位置关系，以备后期编辑所用。双机采访拍摄要注意两机拍摄云景别一致与方向相同。如图 1－4 所示。

1　图1-3 双机拍摄最佳方案　2

图1-4 两机拍摄都用近景，景别相同

图 1－3、图 1－4　双机拍摄最佳机位及其应用示意图

在视听节目采访中，除讲究摄录角度外，还要重视声画细节的摄录。在采访录音时，要注意选取有特点、感染力强的人物声音与环境音响来表现和烘托主题。在采访拍摄时，还要重视拍摄最能体现人物特点的动作与表情的特写、最能体现事物特征的细小情节、最能展示事件发展过程中的精彩瞬间等。总之，采访拍摄中要重视声画细节的摄录，以细节感人。

这里主要介绍了采访中单机拍摄与双机拍摄的机位布局，至于多机拍摄中涉及的外反拍、内反拍与平行拍摄等内容可参看后面第五章中微电影的拍摄方法与技巧一节。

（四）仔细观察现场，注重运用“抓拍”

纪实类视听节目的采访，从业者必须在事发之前或之时赶到现场。一到现场，要仔细观察，迅速明确采访内容，尽快找到采访对象。如果是制作广播节目，则要注重典型声音的录制；如果是制作电视节目，则要注重运用“抓拍”。“抓拍”主要体现在“挑”“等”“抢”三种拍摄方法的配合使用。

“挑”是指记者在现场拍摄时，面对复杂的现场，能迅速挑选出表现事物特点与本质材料。“等”是指记者要有耐心，等待最佳拍摄时机的到来。“抢”是指记者在现场不失时机地抢拍到事件进程中的精彩瞬间。在现场拍摄中，“挑”“等”“抢”三种方法往往一起运用，“等”到时机到来时要“抢”，在“抢”的过程中要“挑”，这样才能确保拍到精彩的场面与细节。

（五）综合运用采访方式，采访者素质要高

在视听节目采访中，采访方式多种多样。按采访者行为方式来讲，有谈话采访、现场采访、观察采访、隐性采访、体验采访、随机采访等，在具体的采访中，常常需要综合运用，方能完成采访任务。有的节目需要把观察采访与隐性采访结合起来，有的需要把谈话采访、现场采访与观察采访结合起来，有的需要把观察采访、体验采访与随机采访结合起来，等等，根据具体情况，灵活运用。

与文字记者采访相比，在视听节目采访中，采访者的综合素质要更高。因为电子设备记录下采访过程中的声音与形象要展示给受众，采访者表现怎样，直接关系到节目的质量，尤其是现场采访报道与现场直播，采访者素质高低直接决定了节目的成败。因此，视听节目采访者除具有文字记者采访能力外，同时其口头表达能力与随机应变能力要强，镜头意识与时间意识要强，现场掌控能力与画面思维能力要强。

四、视听节目采访方式与方法

在了解视听节目采访要求之后，视听媒体从业人员还应该掌握各种采访方式与方法。根据不同的采访对象与内容，灵活运用这些采访方式与方法。从采访者行为角度来分析，采访方式主要有：现场采访、谈话采访、观察采访、隐性采访、体验采访等。对于视听节目采访而言，有些采访可能在镜头前进行，有些采访可能在幕后进行，到底如何实施，要根据每次节目的采访内容与任务来决定。

（一）现场采访

现场采访是指记者或主播在事发现场对当事人或相关人员所进行的采访活动。对于纪实类的视听节目，现场采访必不可少。广播现场采访，以采集现场声音为主体，通过采集采访者、采访对象等人物的讲话音响与环境的实况音响来传递新闻事件内容。电视现场采访主要靠摄录事发现场的声音与图像来传递事件内容，它具有双重意义，既是收集和挖掘材料的活动，也是有序地表现新闻内容、传播新闻信息的活动，而且前者是直接为后者服务的。① 电视现场采访是在摄像机前公开进行的，现场人物的声音与形象以及现场环境的实况，由摄录一体机同时记录，因此声画同步是其主要特点。相对于文字记者的现场采访，视听节目现场采访由于现场声音和图像是其主要载体，因此其更具有真实性、形象性，信息含量更丰富，感染力更强。

现场采访与现场报道结合，就是现场采访报道。这种既是采访又是报道的方式，大致可分为两种情况：一是现场采访报道录播，二是现场采访报道直播。现场采访报道录播是指现场采访完成后，需要进行必要的后期剪辑，最终以录播方式播出。现场采访报道直播是指记者或主播在新闻事件现场，现场报告事件进展情况，解说事件有关背景，采访、报道、直播三位一体，不经过中间环节，现场事件发展、记者传递信息与受众接受信息几乎同时进行。现场采访报道对采访者要求甚高：其一准备要充分，知识面要广；其二现场掌控能力要强，口齿伶俐清晰；其三迅速选择采访对象，构思报道角度与结构；其四能随机应变，即兴提问；其五善于营造采访氛围，镜头意识要强。

（二）谈话采访

谈话采访是指以面对面交流为主要沟通方式而进行的采访。采访内容主要靠谈话来获取。谈话采访可以是一问一答的个别交谈形式，也可以是采访者面对两个以上采访对象以座谈形式进行的采访。

1. 问答式谈话采访

一问一答式谈话采访，在视听谈话节目中运用最多，例如凤凰卫视的《鲁豫有约》与《时事开讲》、中央电视台的《对话》与《艺术人生》等。做好问答式采访，

---

① 叶子，赵淑萍．电视采访学［M］．北京：北京师范大学出版社，2000：274.

要讲究访谈方法。

首先，采访前记者或主持人要做好充分的准备，尤其是问题的准备。为此，采访者事前要花大量的时间与精力去搜集并研究有关背景材料，根据采访目的，站在受众角度，精心设计每一个问题，其中要有一些尖锐问题，同时注意问题之间的过渡。因为这类节目主要是靠采访者犀利的问题与采访对象妙语连珠的回答来吸引受众。

其次，采访中讲究提问技巧，营造良好访谈氛围。采访中，根据采访对象及现场气氛，记者或主持人要灵活把握提问方式，交替运用开放式问题与封闭式问题。

开放式问题是指问题宽泛，给采访对象回答范围较广、发挥余地较大的问题。例如，“请你谈谈如何整治广州交通堵塞问题?”就是开放式问题，如何回答，采访对象完全可以自由发挥。由于回答开放式问题时，采访对象所受限制较少，因此，谈话气氛显得比较活跃、轻松。开放式问题一般安排在节目的开头有利于营造一种和谐的谈话氛围，也可用在节目的中间作为过渡调节的手段。

封闭式问题是指问题具体，给采访对象回答范围较窄、指向性强的问题。《60分钟》主持人迈克·华莱士采访邓小平时，就提了许多封闭式问题，例如“目前中美双方是否存在大的分歧问题?”“您是中国的第一号领导人物，您准备在主要领导人和主要顾问的位子上再留多长时间?”封闭式问题一般比较尖锐，采访对象无法回避，有利于访谈的深入，获得具体的材料。

再次，控制谈话采访时间。采访中，记者或主持人要把握提问节奏，控制访谈时间。一是由于嘉宾的时间很宝贵，尤其是一些重要嘉宾时间很紧，接受采访往往有时间限制。二是由于视听节目访谈要录音或录像，甚至要动用演播室，因此，控制时间也是对节目成本的控制。三是控制访谈时间有利于节省后期编辑时间，提高工作效率。

2. 座谈式谈话采访

座谈式谈话采访是指采访者通过开座谈会的形式，就某一话题向多个采访对象进行面对面交流的采访方式。这种采访方式有利于采访者在较短时间内获得较多采访素材，提高采访效率；同时，多个采访对象聚在一起，相互启发，有利于把采访引向深入；此外，座谈会上大家展开讨论，有利于鉴别采访素材的真伪，确保素材的可信度。

运用座谈式谈话采访要注意几点：一是要选好采访对象。所选对象对采访话题应该熟悉，这样座谈起来就会有话可说。在确定人选时还要注意有代表性，相互之间不存在利益冲突或其他顾虑，这样座谈起来就会畅所欲言。二是参加座谈的人数要合适。一般以4~6个为宜。太多了，难以控制局面，容易泛泛而谈；太少了，难以收集到丰富的材料。三是会前告知座谈目的与内容，让与会者有所准备。四是采访者主持座谈要善于引导，控制座谈时间。

（三）观察采访

观察采访是指采访者在新闻现场通过眼睛观察来获取新闻素材的采访方式，简单地说就是采访者用眼睛进行采访。在采访中，访谈得来的往往是第二手或第三手间接材料，观察得来的却是第一手直接材料，俗话说“眼见为实”，因此，观察采访既可验证间接材料的真伪，也可获得新的第一手材料，有利于增强报道的权威性与可信度。同时，观察采访有利于增加采访者的现场感受，使报道更加生动形象。

观察采访要讲究观察之方法，美国新闻学者麦尔文·曼切尔说：“记者必须学会用孩童般的眼睛观察世界，他把每件事都看做是新鲜的、各具特色的；同时，他必须用聪明长者的眼光洞察世界，能够区分出有意义的东西和无意义的东西。”① 可见，记者观察时既要有孩童般的好奇心，又要有长者的识别力。观察的方法具体来讲有四个方面：

1. 要选好观察的对象、角度与时机。根据采访目的，观察前先要确定好观察的对象与内容；观察时要讲究观察的角度，不同的角度观察，会得到不同的结果，正如“横看成岭侧成峰，远近高低各不同”。此外，还要选择最佳的观察时机，以获得最佳的观察效果。

2. 观察与思考相结合。观察采访中，除了用眼睛看外，还要用脑来思考，观察离不开思考。由观察得来的材料是否具有新闻价值，是否值得深度开掘，能否体现报道的主题等，这些问题在现场观察时应该有所思考。正如 19 世纪法国著名科学家、微生物奠基人巴斯德所说：“在观察的领域里，机遇只偏爱那些有准备的头脑。”

3. 观察要与其他感觉器官相配合。观察采访时，采访者除调用视觉器官外，还要动用其他感觉器官，如嗅觉、听觉、触觉、味觉等，只有其他感官配合观察，才能使观察深入下去，丰富观察的内容。例如由闻到一种异味，进而找到黑心作坊。

4. 宏观观察与微观观察相结合。观察采访中，记者既要从全局、整体方面进行全景式的宏观观察，也要从局部、个体方面进行特写式的微观观察，只有这样，才能全面、准确地把握采访对象。观察时，要抓住事物特点、细节，把粗看与细看相结合，使写出的报道或制作的节目更具可读性或可视性。

（四）隐性采访

隐性采访，也叫“暗访”，是指记者不公开自己身份，在采访对象不知情的情况

---

① ［美］麦尔文·曼切尔．新闻报道与写作［M］．北京：广播出版社，1981：197.

下，运用偷拍、偷录等记录手段来获取新闻素材的采访方式。隐性采访是相对于显性（公开）采访而言的。与显性采访相比，一方面隐性采访可以得到显性采访难以得到的新闻素材；另一方面，隐性采访可以披露损害公共利益的行为，曝光违法犯罪的事件，极易引起受众的关注。近年来，新闻官司和新闻纠纷时有发生，其中不少是记者隐性采访运用不当所致。在隐性采访中要认真把握以下三点，以防新闻侵权。

1. 掌握采访范围，严格遵守法律、法规和社会公德。凡是进行批评性、揭露性的隐性采访，其采访对象必须是违反有关法律或法规的，或者严重侵犯公众利益的，同时必须是不属于法律禁止公开的信息。当前，我国新闻法尚未“出台”，法律也未对隐性采访的范围作出具体的界定，但隐性采访的范围并非完全无法可依。我国宪法、民法、刑事诉讼法、民事诉讼法、保密法、婚姻法、未成年人保护法等法律的相应规定，为新闻传播界指出了隐性采访的具体禁区。概括起来这些禁区可分为五大类，即：涉及国家机密、涉及未成年人犯罪、涉及阴私、涉及个人隐私、涉及商业秘密。①

2. 正确认识记者在隐性采访中的角色位置。在隐性采访中，记者应以观察者或一般性的第二者身份介入，不应成为事件的决定力量，更不能干涉事件的发展，影响事件的进程。否则，就有制造新闻的嫌疑。在旁观式隐性采访中，记者只能以旁观者、记录者的身份介入新闻事件进行客观记录。在参与式隐性采访中，记者伪装身份应是不得已而为之，因为伪装在任何时候都意味着欺骗。只有当揭露一些卑劣行径对公众极为重要而通过正常途径又无法获得时，这种欺骗才是正义的。但是在任何情况下，记者不许伪装成人大代表、政协委员、军人、警察、法官、检察官等国家公务人员进行采访，这类人员职务是依照法律规定专门授予的，任何人假冒都要承担责任。至于记者伪装成违法犯罪者，如吸毒者、嫖客之类摄录所需要的材料也是不允许的。因为这种伪装不仅有损记者的形象，而且会引发意外事故，甚至助长犯罪活动。

3. 隐性采访中要坚持“公开场合”“公共利益”原则，把隐性采访与显性采访结合起来。公开场合是人人都可以自由出入、自由交往的场合。公共利益是指新闻事件涉及公众的根本利益或新闻报道是为了满足公众的知情权需要。为了杜绝新闻侵权行为的发生，在具体运用时，最好把隐性采访与显性采访结合使用。比如说先进行隐性采访获取正常采访情况下得不到的材料，再进行显性采访，向采访对象核实事实以及取得更多更可靠的材料。

总之，隐性采访作为公开采访的补充形式，是一种非正常手段，属不得已而为之。当前有一种将隐性采访扩大化的错误倾向，是因为一些人认为偷拍节目有卖点，

---

① 罗以澄．新闻采访学新论［M］．武汉：武汉大学出版社，2006：366.

能够引起轰动效应。滥用隐性采访容易导致新闻侵权，还会助长记者的特权意识和公众的窥视欲。中央电视台《新闻调查》栏目对是否采用隐性采访有自己的原则，即：只有同时符合下述四条原则，才能采用秘密调查。[①]

（1）有明显的证据表明，我们正在调查的是严重侵犯公众利益的行为；

（2）没有其他途径收集材料；

（3）暴露我们的身份就难以了解到真实的情况；

（4）经制片人同意。

慎用隐性采访，《新闻调查》的做法值得借鉴。

（五） 体验采访

体验采访，也叫参与式采访，是指记者参与到采访对象的生活和工作中去，通过体验与感受来获取新闻素材的采访方式。从是否公开记者身份来讲，其可分为两种：公开型体验采访与隐蔽型体验采访。公开型体验采访是指记者公开表明自己的身份并向采访对象告知其采访目的的体验式采访。这种体验式采访常用于正面报道的对象。隐蔽型体验采访指记者不公开自己身份和采访目的的体验式采访。这种体验式采访就是上文所述的参与式隐性采访，这种采访常用于负面报道的对象。

由于记者亲历体验采访对象的工作与生活，因此，记者得到的材料真实可靠，写出的报道或做出的节目更具真情实感。如武广高铁开通之日，广东电视台、南方电视台、广州电视台等许多电视台派出多路记者，搭乘高铁，以乘客之身份体验高铁开通带来的便利，可信度高，感染力强。

在运用体验采访时，要讲究体验之方法。其一，体验之前要选好对象。不是任何行业或职业都可去体验，选择的体验对象应该是受众关注的、对社会发展有重要作用但并不真正了解的行业或职业。例如可以体验出租车司机与城市环卫工人的工作与生活；但不能假装病人，虚报大病，以此来检验120的快速反应能力。其二，体验之中要控制情感。体验式采访中，记者要全身心投入采访对象之中，这样势必会使记者的情感发生变化，因此，体验之中记者要学会调控情感，不能让自己的情感干涉事件的发展，影响事态的客观进程。体验之中要进得去还要出得来，时刻不忘自己的采访任务。

以上所述五种采访方式与方法，是视听节目采访中经常用到的方式与方法。对于视听媒体从业者来说，每一种采访方式与方法都要认真掌握。仔细分析，每种采访方式中几乎含有其他木的采访方式，如现场采访中就含有谈话采访、观察采访甚至体验

① 徐迅．电视偷拍采访方式的法律环境——从2002年几起代表性事件中获得的启示［J］．中国记者，2003（2）．

采访。之所以分得如此之细，是因为根据不同的场合，具体运用手段的侧重点不同来分的，目的是方便视听媒体从业者理解、掌握并运用于采访实践之中。

第三节　节目前期摄录

视听节目前期摄录是做好节目的基础，如果前期摄录不到位，那么后期制作再怎么努力弥补，也会给节目带来不能容忍的缺陷。因此，在摄录中，必须熟练掌握影像角度、运动摄像、画面构图与声音采录等四个方面的内容。

一、影像角度

影像角度是指现场拍摄时摄像机相对于拍摄对象的具体位置，影像角度的选择也就是拍摄点的确立。具体来讲，影像角度包括拍摄距离、拍摄方向与拍摄高度。在每次开机拍摄时，根据节目内容与表达主题的需要，先要考虑好拍摄角度，角度的变化导致拍摄内容与画面构图的变化，因此，选好拍摄角度是开机拍摄前的第一步。

（一）拍摄距离

拍摄距离的变化直接影响到拍摄范围大小的变化。改变拍摄距离有两种情况：一是改变摄像机与拍摄对象的实际距离，二是改变摄像机镜头的焦距。虽然这两种情况拍摄到的同一景别在景深、视角、透视感等方面有所差别，但其实质都是距离的变化。在光学镜头焦距不变的情况下，摄像机与拍摄对象之间距离的变化，直接决定了被摄对象在画面中影像的大小与范围的广窄。一般来说，拍摄距离越近，被摄主体越大，容纳的景物越少；拍摄距离越远，被摄主体越小，容纳的景物越多。

景别是指被摄对象在画面中所呈现出来的大小与范围。拍摄距离变化导致景别变化，依据被摄对象表现范围的大小，一般把景别分为五种类型（五分法），即：远景、全景、中景、近景、特写，以一个人为例，景别范围大致如下，如图1－5所示。

下面就不同类型景别的特点与功能作简要介绍。

1. 远景

远景表现的是被摄对象广阔的场面，展示人物生存的环境，拍摄主体在画面中所占面积较小，观众只能看到其在画中的位置。远景注重对事物的宏观表现，强调的是空间、规模、气势等，即“远取其势，大处着眼”。其主要功能是展示事件发生的环

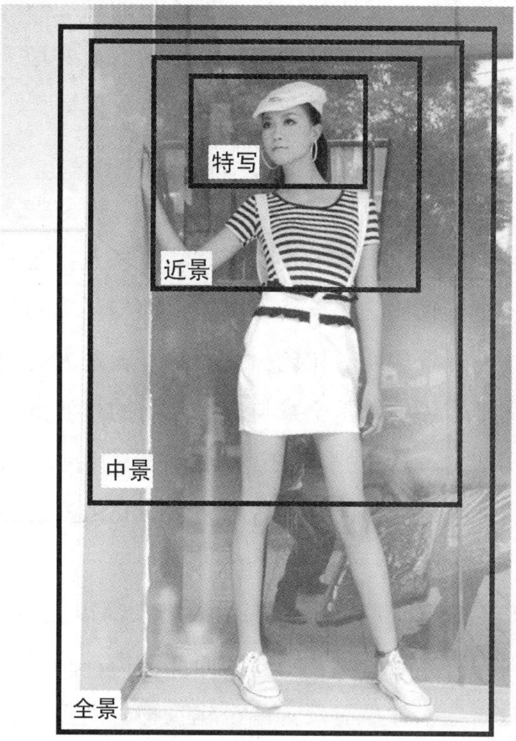

图 1-5 景别类型示意图

境，人物活动的空间。如图 1-6 所示，远处广州城市中轴线上的广州塔、西塔以及中信大厦显得如此渺小。

图 1-6 远景：远处的广州塔、西塔、中信大厦显得渺小

2. 全景

全景表现的是被摄对象的整体形象。如果拍摄一个人，则是反映人的全貌；如果是拍摄一座建筑物，则是体现该建筑物的全部。全景在表现被摄主体全貌的同时，也

能反映主体之间、主体与背景、主体与陪体、主体与前景之间的关系，因此，在拍摄全景画面时要注重画面结构布局，与画面四边位置的恰当处理，与空白间隙的合理安排。可见，全景的主要作用在于告知观众事物的全貌及其与所处环境的关系。

3. 中景

中景表现的是被摄对象的主要部分，展示人物膝盖以上躯体或场景局部的画面景别。中景的主要功能是叙事，用来展示人物形体动作、人物之间的交流、人物与环境之间的关系。与远景、全景相比，它虽然不展示人物与环境的整体性，但是它展示了被摄对象的主要部分。与近景、特写相比，它虽然不表现人物表情与细微动作，但它还是能让观众看到许多细节。中景是全景与近景之间的过渡景别，是叙述事件发展的常用景别，也是较难驾驭的一种景别。在运用这种景别时要注意画面构图的合理性，表现人物的透视关系，注重主体与前景、后景关系的变化。

4. 近景

近景表现的是被摄对象的核心部分，展示人物腰部以上躯体或物体局部的景别。在近景中，如果被摄对象主体是人物，则人物面部表情一目了然，所传递出的人物情绪与神采容易感染观众；如果被摄对象主体是建筑物，则建筑物的局部所体现出的建筑风格给观众留下深刻印象。在近景中，环境基本消失或被虚化，画面内容相对集中，因此，在拍摄时要注意通过画面表现人物表情、神态、动作、手势等，人物动作不宜过大，否则会影响画面构图，分散观众注意力。

5. 特写

特写表现的是被摄对象的细部，展示人物肩部以上部位或物体细部的景别。特写景别中空间环境虚化，拍摄主体充满画面，容易对观众产生强烈的视觉冲击力，因此，这是一种主观性很强的景别。在拍摄人物时通过特写，可以强调人物动作的细微之处，或通过脸部眼睛的特写，充分表达人物情感，引起观众共鸣。特写的功能是选择与放大。所谓选择，是将人或物从周围环境中强调出来，即“从整体中抽出细节”；所谓放大，是让观众逼近画面对象，窥察细微表情传达的心灵信息，或是细部特征。[①]例如，汶川大地震时，许多电视台播出的新闻中有许多特写镜头，特写的对象有物：被砸的车头、路面的裂缝、倾斜的墙壁等；也有人：亲人痛哭的眼泪、伤者痛苦的表情、灾民受伤的肢体等。通过这些特写，把地震带给汶川人们的灾难，表现得淋漓尽致。

对景别的划分，除上面介绍的五分法外，还有七分法与九分法。所谓“七分法”

① 黄匡宇．当代电视摄影制作教程［M］．上海：复旦大学出版社，2006：116.

是指在“五分法”基础上再加上大远景和大特写。所谓“九分法”是指在“七分法”基础上再加上大全景、中近景。一般来说，对于电视而言，由于屏幕小，采用“五分法”的较多，而电影由于屏幕大，采用“七分法”与“九分法”的居多。不管采用何种分法，在具体运用时要充分考虑拍摄对象、周围环境、表现内容、影片主题与节奏的需要，灵活运用。

根据画面景别的造型风格与表现风格，北京电影学院张会军教授把电影景别分为两大类，即：全景系列景别与近景系列景别。两类景别包括的内容与特点如表1－2所示。

表1－2　全景系列景别和近景系列景别内容与特点对照表①

景别内容特点 / 序号	全景系列景别	近景系列景别
	大远景－远景－大全景－全景	中近景－近景－特写－大特写
1	抒情的、写意的	叙事的、纪实的
2	画面强调“势”	画面强调“质”
3	表现人物“形体”关系	表现人物“神态”关系
4	空间“实”写	空间“虚”写
5	大景深、背景实像	小景深、背景虚像
6	地平线与人物关系很重要	地平线与人物关系并不重要
7	画面气氛十分重要	画面构图十分重要
8	环境为主、人物为辅	人物为主、环境为辅
9	构图更注重绘画性	构图更注重随意性
10	画面角度不太重要	画面角度十分重要

在表1－2中，中景并没有被归入全景系列景别与近景系列景别之中，主要是因为中景不属于这两类景别系列，它兼有全景系列景别与近景系列景别的创作特点，但又不完全如此，它是全景系列与近景系列景别之间的过渡景别，具有较强的独立性。

（二）拍摄方向

拍摄方向是指摄像机与被摄主体在同一水平面的视点位置。一般来说，拍摄方向可分为正面方向、正侧面方向、斜侧面方向、背面方向等，具体方向位置见图1－7。

1. 正面方向

正面方向是指摄像机在被摄主体正前方进行拍摄的方向。这个方向拍摄有利于表现被摄主体的正面特征，让观众看清事物的本来面目。不管是拍摄人、物还是事件场

① 张会军．电影摄影画面创作［M］．北京：中国电影出版社，1998：23.

面，正面方向的拍摄能把被摄对象的横向面清晰地呈现出来，适宜于表现安静、平衡、庄重、严肃等气氛。如果被摄对象横向面过宽，就会使画面缺乏纵深感，从而显得呆板，因此，这个方向的运用要充分考虑实际情况的需要。如果正面拍摄主持人易产生画内主持人与画外观众面对面的交流感。

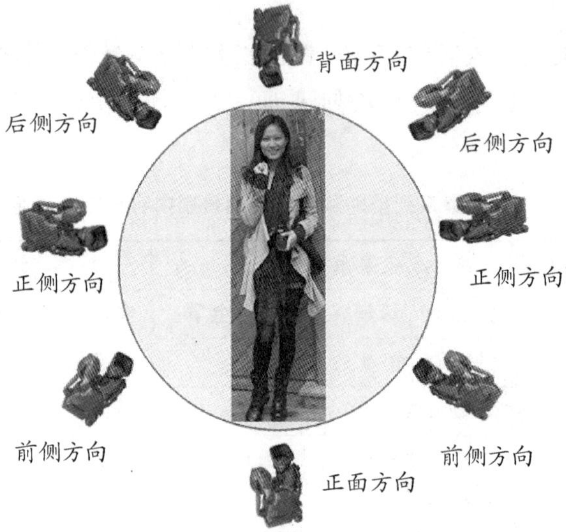

图1-7　拍摄方向示意图

2. 正侧面方向

正侧面方向是指摄像机与被摄主体正面成90度角时的拍摄方向。这个方向拍摄有利于表现被摄主体侧面轮廓特征，展示事物的形态。用来拍摄运动的人与物，这个角度有利于体现运动对象的姿态与行动的方向；用来拍摄双方人物交流，这个角度有利于表现人与人之间平等交流时的神情以及人物的位置关系。

3. 斜侧面方向

斜侧面方向是指摄像机处在被摄主体正面与正侧面、背面与正侧面之间视点位置的拍摄方向。具体来讲，斜侧面方向可以分为前侧方向与后侧方向。斜侧面方向拍摄避开了前后物的相互遮挡，有利于展现拍摄对象的形体透视变化，增强画面的纵深感与立体感，有利于展现事物的运动轨迹与方向，有利于表现人物的轮廓特点与交流气氛，使画面显得生动活泼，因此，斜侧面方向尤其是前侧方向是常用的一种拍摄方向。

4. 背面方向

背面方向是指摄像机处在被摄主体背面拍摄时的拍摄方向。这一拍摄方向在实践中虽然运用较少，但是运用恰当同样可以“出彩”。由于从这一方向拍摄只能让观众看到被摄对象的背影，看不到其本来面目，因此，容易引起悬念，激发观众的联想与想象，增强观众的参与感（心理参与）。目前，在许多纪实类节目与侦破类影视剧中运用较多。另外，在法制类新闻节目中，为了保护个人隐私，有时也运用这个方向进行拍摄。

（三）拍摄高度

拍摄高度是指摄像机相对于被摄主体垂直平面上的视点位置或相对高度。一般分为平拍、仰拍、俯拍、顶拍四种，如图 1－8 所示。它们各有不同的造型特点与作用。

图 1－8　拍摄高度示意图

1. 平拍

平拍是指摄像机与被摄主体处于同一水平线上进行的拍摄。平拍是常用的拍摄高度，合乎人们日常观察事物的习惯，使拍摄对象显得客观、真实。在平拍中要注意画面构图、透视效果，尤其要处理好地平线在画中的位置。一是不能让地平线倾斜，二是不能让地平线把画面分割成上下相等的两部分，除非特别需要。

2. 仰拍

仰拍是指摄像机低于被摄主体位置进行的拍摄，即从下往上、从低往高进行的拍摄。由于其视点明显低于拍摄对象，因此，更能突出被摄对象的“雄伟”“高大”“气势”，以表达对拍摄对象的“赞颂”“肯定”“景仰”等情感。高楼大厦、参天大树、跳高、跳远等拍摄内容都可通过仰摄方式，给观众以强烈的视觉冲击力。

3. 俯拍

俯拍是指摄像机高于被摄主体位置进行的拍摄，是从上往下、从高往低进行的、。俯摄适宜于表现事物的全貌，空间的层次，人物与环境的关系，因此，一般在远景、全景中运用较多。由于处在“居高临下”的位置，因此，产生“一览众山小”的效果。如果运用这一高度拍摄人物，就会使人物显得“渺小”，因此，在拍摄反面人物中运用较多。对于地平线的处理，一般放在画面的上方甚至画外，有利于表现环境的广阔和人物活动的空间层次。

4. 顶拍

顶拍是指摄像机与地面几乎垂直，从被摄主体顶方往下进行的拍摄。这一高度拍摄往往使拍摄对象在大小、高低、上下等方面严重变形，但是运用得好，可以得到意想不到的效果。例如，在航拍中适当运用顶摄，给观众带来异样的视觉效果，一栋栋高楼犹如一棵棵大树矗立在大地上，一辆辆汽车犹如一只只蚂蚁在公路上爬行。

可见，影像角度的变化是由拍摄距离、拍摄方向与拍摄高度三个因素来决定的。在摄像中，采用何种景别、哪种方向、什么高度，要根据实际需要来确定。

二、运动摄像

从是否运动角度来分析，摄像方式可分为固定摄像与运动摄像两大类。固定摄像是指摄像机机位固定、光轴（方向）固定、焦距固定时的拍摄方式。相反，运动摄像是指改变摄像机机位、光轴方向与镜头焦距三者中任何一个或以上的拍摄方式。如果只改变其中一个，则叫单一运动摄像；如果改变其中两个或三个，则叫综合运动摄像。

（一）机身运动——摇摄

摇摄是指摄像机的机位不动，而只改变镜头光轴方向，使摄像机机身做上下、左右、旋转等各种运动，以求不同画面效果的拍摄方式。摇摄通常以三脚架或人体作为中心点，依据机身运动方向可以分为左右摇、上下摇、跟摇、旋转摇及不规则摇等。

1. 左右摇

左右摇又称水平摇，指摄像机机身做水平运动时的拍摄方式。其主要特点是随着镜头光轴水平方向的变化，画面呈现横向视野范围不断扩大，传递内容不断增多。在具体运用中根据人们的视觉习惯，往往是从左摇到右，较少从右摇到左。左右摇主要用于介绍环境，表现人物位置及其与环境的关系。

2. 上下摇

上下摇又称垂直摇，指摄像机机身做仰俯运动时的拍摄方式。其主要特点是随着镜头光轴垂直方向的变化，画面呈现纵向视野范围不断扩大。上下摇主要功能是突破垂直视野的限制，展示更多的纵向内容。

3. 跟摇

跟摇是指被摄主体在运动时，摄像机机位不动，焦距不变，镜头光轴跟随被摄主体而运动的拍摄方式。其主要特点是镜头光轴运动方向与被摄主体运动方向一致。其主要作用是展示被摄主体的运动过程，运用跟摇时要注意在被摄主体运动前方保留一定的空间，不能让其撞“壁”（即画框）。例如CNN在报道美空军在一次空中表演事故时，摄像师通过运用跟摇方式，展示了一架飞机表演失事时的全程，极大地满足了观众的信息需求。

4. 旋转摇

旋转摇是指摄像机在做较大的仰摄或俯摄过程中，在机位不动、焦距不变的情况下，通过改变镜头光轴方向，形成较大弧度的拍摄方式。其主要作用是形成视觉旋转的效果。一些影片在表现英雄人物壮烈牺牲时，往往通过这一拍摄方式，展示天空、森林、高山，象征烈士精神永存。

5. 甩

甩是指快速的摇摄。其特点是在正常拍摄过程中，突然以极快的速度改变镜头光轴方向，从起幅到落幅快速摇动过程中，使拍摄内容虚化，从而产生“光流”效果。其主要功能是转换场景及引起观众的注意。运用这一方式拍摄时，要注意控制好方向、速度，落幅要稳。一般运用较长的焦距、较小的景别、较慢的快门速度来组合，以取得最佳“甩”的效果。

6. 不规则摇

不规则摇也称“晃镜头”，是指在拍摄特定对象时，有意使摄像机摇晃，从而使画面产生不稳的拍摄方式。例如再现地震来临时的地动山摇，行车时的颠簸，醉汉的眼花缭乱等。此外，间隙摇、斜向摇等都属于不规则摇。

综上所述，摇摄有利于表现事物时空的统一性，运动过程的方向性，画面内容的层次性，事件环境的广阔性。因此，在运用摇摄时，一定要目的明确，精心设计。

（二）机位运动——移摄

移摄是指在镜头焦距不变的情况下，通过移动摄像机机位而进行的拍摄方式，又称为“移动拍摄”“移动镜头”或“移”。根据摄像机移动的方位，移摄可分为推、拉、横移、跟移、升降移和曲线移等六种拍摄方式。

1. 推

推是指在镜头焦距不变的情况下，摄像机由远及近地向被摄对象靠近的拍摄方式。推摄一般有明确的拍摄主体，在推的过程中，画面空间逐渐压缩，景别连续由大变小，产生视觉前移的效果，能突出被摄主体及其细节。摄者通过推摄，带领观众由整体到局部观察事物，从而保证了画面时空的连贯性，增强了拍摄内容的真实性。

2. 拉

拉是指在镜头焦距不变的情况下，摄像机由近及远地渐离被摄对象的拍摄方式。

拉摄往往是从特写或近景开始，景别连续由小变大，形成视觉后移的效果。与推摄相反，在拉的过程中，画面空间得以拓展，新的事物逐渐进来，画面信息不断递增，纵深感不断增强，产生与原来不同的透视效果，形成新的构图样式。拉的过程也是观众悬念不断消除的过程，因为观众在看到已有画面内容的同时，定能联想与想象画外的内容，因此，从这个角度上讲，拉摄比推摄更有魅力。

3. 横移

横移是指在镜头焦距不变的情况下，摄像机在水平方向进行移动的拍摄方式。横移能突破画框限制，拓展画面表现空间，呈现更多新的内容。横移中机位与被摄主体大多是平行运动，景别变化不大。横移与左右摇不同之处在于横移的视点位置发生了变化，视轴角度没有改变；左右摇则是视轴角度发生了变化，而视点位置没有改变。形象地说，左右摇是在原地“左顾右盼”，横移则是“边走边看”。例如，我在给南方电网某电站制作宣传片时，为了表现水库大坝内侧的风景，我把摄像机架在小车的天窗上进行横移拍摄，效果很好。

4. 跟移

跟移是指在镜头焦距不变的情况下，摄像机跟随运动的被摄主体一起运动的拍摄方式，也称为“跟拍”“跟摄”。从被摄主体与摄像机运动方向来看，跟移可分为前跟、侧跟与后跟三种类别。跟移主要特点有三：一是有特定的拍摄主体，运动的被摄主体始终处于画面之中，且位置比较固定；二是画面景别相对稳定，观众与被摄主体的视点、视距相对稳定；三是被摄主体不变，但其环境总在变化之中，即前景、后景、背景不断改变。跟移能真实纪录被摄主体运动过程，表现运动主体与所处环境的关系，具有较强的现场感，因此，在新闻纪实类节目中运用较多。同时，在影视剧中的追车、骑马等场景中也常见。在具体运用时要注意机位运动与被摄主体运动的速度和方向的一致性。

跟移与跟摇主要区别在于：跟移的机位发生变化，跟摇的机位始终不变。跟移与横移主要区别在于：跟移的被摄运动主体特定，且始终出现在画面中；横移的被摄主体广泛，包括主体在内的画面内容不断改变。

5. 升降移

升降移指在镜头焦距不变的情况下，摄像机在空中作垂直移动的拍摄方式，向上移称为“升”，向下移则为“降”。作为一种特殊的摄像方式，升降移比其他移摄更能带来视觉冲击力。当机位上升时，视野扩大，被摄对象由点到面；当机位下降时，视野缩小，被摄对象由面到点。升降移视觉变化明显，能增强被摄对象的透视关系，使画面景别富有变化。例如在拍摄课间学生做操场面时，通过运用升降方式，可把学生做操时的姿态、规模、气势逐一展示出来。在现代影视拍摄及大型文艺演出转播中运用较多。升降移与上下摇的主要区别在于：升降移机位动，拍摄对象不会变形；上下摇机位不动，拍摄高处或低处的局部对象可能会变形。

6. 曲线移

指在镜头焦距不变的情况下，在拍摄中对被摄事物采取曲线泛向移动摄像机并带动光学镜头同位运动的拍摄方式。曲线移一般有两种方式：（1）环绕移摄。环绕移摄是沿对象外围对拍摄对象向内做环绕移动的拍摄方式。这种方式与横向移摄比较接近，但路径表现为一种曲线。（2）S 形移摄。S 形移摄往往是对象事物内部具有一条曲线路径，当摄像机沿这条曲线路径运动时，便会产生镜头指向的曲线变化。①

上面介绍了六种移摄，每一种都有各自的特点与作用，因此，在实践中要根据被摄对象的特点、拍摄环境及拍摄条件灵活运用。移摄的主要特点之一是机位移动。实现机位移动的方法很多，一是运用专门的摄像辅助器材，例如轨道、摇臂、斯坦尼康等；二是借助运动载体，例如汽车、飞机、轮船等；三是依靠人体自身移动，肩扛或手持均可实现移摄。

（三）焦距运动——变焦“推拉”

变焦“推拉”是指在摄像机机位不动、光轴方向不变的情况下，通过改变镜头焦距长短而获得不同画面景别的拍摄方式。根据焦距长短变化，它可分为变焦“推”与变焦“拉”两种类型。

1. 变焦“推”

变焦“推”是指机位不动、光轴方向不变，镜头焦距由短焦调至长焦的拍摄方式。具体操作通过摄像机上的“T”（telephoto，远摄镜头的缩写）按钮来实现。变焦“推”时，摄距不变，只是把焦距由短焦“推”为长焦，不断逼近被摄主体，造成视点前移的感觉。与机位前移的“推”相比，两者有异同之处。相同之处是两者都能使画面景别产生由大到小的连续变化，对被摄对象的描述由整体到局部、由局部到细节，使空间背景产生虚化。不同之处是变焦“推”由于改变了焦距，而摄距没变，因此，其画面透视关系没有改变；机位前移的“推”由于改变了摄距，镜头不断接近被摄对象，因此，其画面透视关系发生明显改变。

2. 变焦“拉”

变焦“拉”是指机位不动、光轴方向不变，镜头焦距由长焦调至短焦的拍摄方式。具体操作通过摄像机上的“W”（wideangle，广角镜头的缩写）按钮来实现。变

---

① 胡立德．新闻摄像［M］．杭州：浙江大学出版社，2006：201.

焦“拉”时，摄距不变，只是把镜头焦距由长焦“拉”为短焦，不断远离被摄主体，造成视点后移的感觉。与机位后移的“拉”相比，两者有异同之处。相同之处是画面景别产生由小到大的连续变化，对被摄对象的描述由部分到全面、由局部到整体，画面背景关系由虚到实，景深范围越来越大。不同之处是变焦“拉”由于改变了焦距，而摄距没变，因此，其画面透视关系没有改变；机位后移的“拉”由于改变了摄距，镜头不断远离被摄对象，因此，其画面透视关系发生了明显改变。

由上分析可知，变焦“推拉”在不改变摄距情况下，通过改变镜头焦距可以实现画面景别的连续变化，因此，在受客观条件限制无法接近被摄对象或受拍摄时间限制来不及移动机位等情况下运用较多，可见，变焦“推拉”是一种常用的拍摄方式。同时，我们也应该看到变焦“推拉”的局限性，在实践拍摄中不能以变焦“推拉”代替机位前后移的“推拉”。因为变焦“推拉”虽然使视角发生了变化，改变了画幅范围，但画面的透视关系没有改变；而机位前后移的“推拉”由于摄距的改变，移动了拍摄视点，因此画面的透视关系有了明显的变化。

（四）综合运动——推拉摇移

上面从摄像机机身运动（摇摄）、机位运动（移摄）、焦距运动（变焦“推拉”）三个方面分别阐释了运动摄像，这些都是单一运动摄像方式。但是，在摄像实践中往往有光轴方向、机位与焦距三者同时或先后发生运动的拍摄方式，例如先摇后推，推中有移，移中有拉等运动表现形式，因此，综合运动摄像是指在一个镜头中，综合运用推、拉、摇、移等多种运动手段拍摄同一对象或相关场景的拍摄方式。

常用的综合运动摄像方式有：摇＋推、摇＋拉、移＋推、移＋拉、跟＋推、移＋摇、升＋摇＋推等，纪实性与多木变性是其主要其特点。纪实性主要表现在综合运动摄像能够连续地记录被摄对象，拓展观众视野，展示较完整的场景或事件发生的主要过程，保证了时空的统一性，真实性大为增强。多变性主要表现在由于运动带来的视点的变化、景别的变化、角度的变化及画面造型的变化。例如在大型晚会摄像过程中，往往运用这种拍摄方式，即先用摇臂升移拍摄舞台全景，再用变焦推方式拍摄演员姿态的中景，最后用摇方式拍摄每个演员的舞姿。

综合运动摄像有利于客观记录被摄对象的原生状态，扩大被摄主体的空间环境，展示生活的本来面貌，增加画面的信息含量，创造新的视觉节奏，因此，在实践中综合运动摄像运用较多。虽然综合运动摄像有许多作用，但是在实际拍摄中也不能滥用。要根据拍摄主题与内容来决定是否需要运用这一拍摄方式。在拍摄中预先要设计好运动轨迹与方向，考虑好采用哪几种运动的结合，注意画面的造型与景深范围的变化，控制好运动过程的速度，保证画面景别变化的流畅性。

（五）运动摄像作用

上面介绍的各种运动摄像，它们有各自不同的特点，也有不同的作用。整体而言，运动摄像的主要作用表现在以下四个方面。

1. 突破画框限制，提供丰富信息。影视屏幕的画幅比主要有两种，即 4∶3 和 16∶9，画幅比的固定性严格地限制了观众的视野。为了让观众看到更多的内容，运动摄像能够突破画框的限制，把画框外的信息呈现给观众。拍摄过程中，运用横摇与横移，能够突破左右画框限制，展示横向空间的广度；运用上下摇与升降移，能够打破上下画框限制，展示纵向空间的高度与深度。

2. 拓展空间环境，真实记录过程。运动摄像能够拓展人物活动的空间环境，表现人物与环境的关系。在一些动态事件的现场，运动摄像保证了时空的统一性与连续性，能够记录人物生活原貌或事件发生的经过。

3. 改变影视节奏，形成影视风格。影视节奏的改变有多种手段，运动摄像是其主要之一。在固定摄像的基础上运用运动摄像，有效地改变了画面的传播节奏，容易引起观众的注意。此外，由于运动摄像各种运动方式特点不一，借用的运动载体不同，其视点的选择、摄距的远近、运动的速度与方向等也各有不同，因此，其表现的节奏也完全不同。运动摄像也是形成影视风格的主要手段之一。有些编导、导演在影视节目中大量运用客观性强的移动镜头，展示人物活动与事件发生的过程，逐渐形成纪实类风格。

4. 突现主体细节，增强视觉效果。运动摄像能使画面景别产生连续的变化，既可像蒙太奇前进式句子：远景—全景—中景—近景—特写；也可像蒙太奇后退式句子：特写—近景—中景—全景—远景，这两种蒙太奇句子产生的效果通过推拉运动即可获得。运用变焦“推”时，可在远离被摄主体不干涉它的情况下，拍到其表现细节。《动物世界》节目中大量运用变焦“推”的镜头，通过特写画面，把动物的神态或细微动作展现得淋漓尽致，如鸟吃虫子、幼羊失去母羊时无奈的表情等。在新闻纪实类的节目中，通过运用“推”的镜头，抓拍人物细节，揭示人物情感或心理状态，增强画面可视性。

（六）运动摄像要点

在拍摄实践中，如何娴熟准确地使用运动摄像，要求掌握以下五个要点。

1. 运动目的要明确。在采用运动摄像方式时，先要考虑运动目的是什么，拍摄主题是什么，若想要让观众看清细节，就用“推”方式；若想让观众了解被摄主体与周围环境的关系就用“拉”方式，等等；无论是单独运用还是综合运用，不同的运动方式有不同的作用。在拍摄实践中，反对毫无目的地推拉摇移，不能为运动而运动。初学摄像者，喜欢“刷墙式”的左右摇，或“拉风箱式”的前推后拉，有鉴于此，我在教学中强调两句话：好动是业余拍摄者的表现，少动是专业拍摄者的表现。（“好动”指喜欢漫无目的地推拉摇移。“少动”指有目的地推拉摇移。）如果运动中没有实质内容，或者两个事物之间缺乏内在的联系，就没有必要使用运动摄像。

2. 画面构图要合理。运动摄像中，由于机位、摄距、焦距的变化造成画面构图的变化，因此，在运动时，要特别注意构图的合理性。一般来说，运动前就要考虑且安排好被摄主体在画面中的位置，前景、后景、背景如何处理。由于运动，新的内容不断进入，构图关系不断发生变化，所以，在运动中如何合理构图，如何控制景深，怎样处理落幅等问题必须全面考虑。

3. 要注意运动方向。运动摄像时要处理好摄像机运动（画外运动）方向与被摄对象运动（画内运动）方向的关系。从视觉上分析二者有两种关系，即同向与逆向。同向是指二者运动方向的一致性，主要表现在三个方面：(1) 被摄对象迎着镜头方向运动，镜头随之拉开或向后移动；(2) 被摄对象背对镜头向纵深运动，镜头推上去或向前移动；(3) 被摄对象向前运动，摄像机横移跟拍。逆向是指摄像机运动方向与被摄对象运动方向相反，其主要表现在三个方面：①被摄对象迎着镜头方向运动，镜头随之推上去或向前移动；②被摄对象背对镜头向纵深运动，镜头拉开或向后移动；③被摄对象向前运动，摄像机移近跟拍，相遇后各自远离。一般来讲，运动摄像时，同向运用较多，要注意画面外部运动与画面内部运动的完美结合。

4. 要控制好运动速度。运动摄像时要注意控制好运动速度，恰当把握运动时间，不能忽快忽慢，太快则看不清，太慢则难受，运动速度要均匀，要与人们观察事物的速度相吻合。运动中不宜哆哆嗦嗦，忽动忽停。根据不同的拍摄内容与影片风格，掌握好运动节奏。一般来说，叙事类的节目，运动速度要慢些，目的是要让观众看清拍摄内容；抒情类的节目运动速度要快些，目的是要表达某种情感与思想。要尽量让观众只看到被摄主体的动作，没有意识到摄像机运动的存在，因此，选择好运动时机十分重要，要注意使摄像机运动速度与拍摄主体的运动速度大体一致。

5. 起幅与落幅要稳。一般来说，运动摄像中，起幅与落幅都要用固定镜头拍摄，以求得起幅与落幅画面的平稳。同时，起幅与落幅拍摄时间不能少于 5 秒钟，这样，有利于后期剪辑静接静，或动接动。在运动摄像中，要找准起幅与落幅的位置，注意画面构图的前后变化，由于落幅给观众的印象更深刻，因此，拍摄时尤其要重视落幅。不能因为运动不足或过头而随意确定落幅。运动摄像前，应该确定好落幅的位置与构图，为了保证拍摄效果，可以先试拍几次，一旦确定就正式摄录。

（七）摄像基本要领

在前期拍摄实践中，无论是固定摄像还是运动摄像，一般要求做到四个字：稳、平、准、匀。

1. 稳。画面保持稳定是摄像的第一要求。如果拍摄的画面摇晃，就会使观众容易产生视觉疲劳，从而影响观看时的情绪；即使节目内容好看，也会因为画面的不稳定难以留住观众。因此，在拍摄中提倡尽量使用三脚架以保持画面稳定。如果一时没有备好三脚架或因抓拍需要来不及架设三脚架，那就要有过硬的手持或肩扛的拍摄本领。手持拍摄时用带环扣住右手手背，托稳摄像机，手指靠近操作控制键；左手托着摄像机的底部或侧部，以便操作聚焦环及各种按钮。肩扛拍摄时，将摄像机放在肩上架稳，右手握紧手柄，操纵开关进行聚集和变焦，左手轻扶遮光罩或寻像器，调整光圈和焦距；同时，脸部紧靠摄像机，眼部紧贴寻像器以稳定摄像机。手持或肩扛拍摄时除了正确的姿势外，还可以借助现场的桌、椅、墙等支撑物以求画面稳定。

2. 平。画面保持水平是指被摄对象的横平竖直，即被摄对象的水平线条应与寻像器的横边框相平行，其垂直线条应和寻像器的纵边框平行，这样拍摄出来的画面才不会歪斜，尤其是在拍摄有地平线或建筑物的画面时更要注意这一点。为了保持画面水平，在拍摄前，调整好三脚架，使云台上水平仪的小气泡正好处于中心位置，以使摄像机与地面保持平行。如果拍摄的画面中水平线与垂直线歪斜，则会给观众造成错觉，从而影响传播的准确性。

3. 准。“准”是指起幅、落幅要准，调焦要准，曝光要准，以获得画面清晰，构图完美。运动摄像中，要做到落幅准确并非易事，因为，随着摄像机的运动，画面构图不断发生改变。在正式拍摄前，要定准落幅的位置，考虑好构图的完整性。条件允许的话，可试拍几次再正式摄录。摄像要求中的“准”还表现在聚焦要准，光圈调整要准，白平衡调整要准，以获得被摄主体清晰，景深控制恰当，色彩逼真的画面效果。

4. 匀。“匀”就是指运动摄像中运动速度要均匀，以符合人们观察事物的节奏，不能太慢，也不能太快。如果被摄对象是运动的，那么运动摄像时就要注意以下几点：第一，摄像机运动要稍晚于被摄对象的运动，不能在被摄对象运动之前就开始运动；第二，拍摄中，摄像机运动要与被摄对象运动保持基本一致，注意在运动前方留出一定空间；第三，落幅时，摄像机要先于被摄对象运动停止。这样拍摄出来的效果符合人们的审美要求。

“稳、平、准、匀”是摄像的一般要求。如果遇到特殊情况或主观需要，则有可能打破这些要求，以获得与众不同的传播效果。例如，美国“9·11”事件发生时，记者在现场拍摄的画面大多不稳，凸显当时混乱的场面、恐怖的气氛，更显事件的真实。汶川、玉树地震发生后，记者到现场拍摄的画面，建筑物不是横平竖直，而是东倒西歪，众多的斜线显示了地震灾难之严重。

三、画面构图

如何把各种视觉符号组织安排好，达到最佳传播效果，这里就涉及画面构图问题，以下部分主要阐述视听节目画面构图的特点、类型及其运用法则。

（一）画面构图概念与特点

1. 画面构图概念

画面构图是指对组成画面各元素的布局与安排，具体来讲包括对光线、影调、线条、色彩等形式元素的组织与对主体、陪体、前景、背景等结构元素的安排。从创作角度来讲，画面构图是一个选择最佳形式传播画面内容、表达创作者思想与情感的思维过程。好的画面构图有利于清晰准确传递信息，增强画面表现力，突出主题，给观众以视觉享受。

2. 画面构图特点

与绘画、摄影构图比较，视听节目画面构图有其独特的特点，具体表现在以下几个方面。

（1）运动性。无论是被摄对象的运动（画内运动）还是摄像机的运动（画外运动），均体现了视听节目画面构图运动性的特点，这是与绘画、摄影构图的首要区别。我们知道，绘画、摄影表现的造型都是静态的，即使再现运动的物体，也是瞬间的凝固。视听节目画面则不同，其能记录被摄对象运动的过程、方向与速度，或者通过摄像机运动展示静态对象的规模、气势与环境，从而保证了被摄对象时空的统一性，因此，视听节目画面构图运动性的特点更能增强其画面内容的真实性。

（2）连续性。视听节目画面的运动性带来其构图具有连续性的特点。绘画、摄影作品往往通过一幅画面即可完成内容的描述与主题的表达，而影视画面不是这样，其叙事内容必须在流动的画面中展开，每个画面既是对上一个画面的补充、丰富，又为下一个画面内容传播作好铺垫，可见，每个画面在连续的运动中具有承上启下的作用，其构图不是孤立的，因此，视听节目画面的构图必须从整体出发，通过连续构图，体现构图的完整性。

（3）视点多变性。视听节目画面构图的运动性与连续性，决定了其画面构图视点的多变性。在绘画、摄影作品构图中，其视点是固定的，即角度、方向、景别等都是不变的。视听节目画面构图却不是如此，画内外的运动造成了构图视点丰富多变，机位、光轴方向、焦距三者中任一改变均可造成视点的变化，即角度、方向、景别等都是可变的。

（4）构图一次性。绘画作品可以反复修改，数易其稿；摄影作品可以进行剪裁与调整。视听作品构图往往是一次性的，在现场摄录过程中完成构图；如果构图不到位，则后期制作无法弥补。对于纪实类节目而言，真实是其生命，不允许导演与补拍，这就决定了画面构图必须一次完成，因此，从业者需要具备良好的构图能力，在现场拍摄时必须迅速作出判断，一次性准确完成画面构图。

（5）画幅比例固定性。绘画作品画幅之比可以由创作者根据需要任意设置，摄影作品画幅之比也可进行变化调整，而视听节目画幅比常用的有两种，即标清为4∶3，高清为16∶9。摄制人员必须在这个固定比例的画框内进行构图，通过运用多种造型手段与构图法则，引导观众注意力，有效传递画面信息。

（二）画面构图元素分析

要使画面构图合理，摄影者首先对画面构图的元素要有所认识。画面构图元素可分为形式元素、结构元素、特殊元素等，下面分别对这些元素的特点与作用逐一分析。

1. 画面构图形式元素分析

画面构图形式元素即指画面的造型元素，主要包括线条、光线、影调与色彩元素，它们是构成画面的基本元素。

（1）线条

线条是我们认识事物形态最简明的形式元素之一。在绘画作品中，线条是绘画者对描绘对象细心观察后的抽象物；就视听节目来说，线条是画面构图最基本的元素，不同线条表现形式带给观众不同的空间感受：从下往上看参天大树，产生庄严与宏伟的感觉，这是垂直线条创造的效果；无边无际的草原，给人以辽阔与静谧的感觉，这是草原在天际呈一条横线造就的效果；空中俯视九曲黄河，似乎一条飘带铺在大地上，给人以优美与温馨的感觉，这是曲线带来的效果……自然界中景物都可通过不同线条的组合表现出来，线条主要有直线、横线、斜线、曲线、锯齿线等。

直线构图可分为水平直线构图和垂直直线构图。直线构图就是在画面内容中寻找到一条视觉直线，如海上日出时分的海平面是水平直线，直立的圆柱形灯塔为垂直直线。直线位置的不同产生的画面效果也不一样。斜线构图是一种非规整的构图方法。摄像师故意使被摄对象东倒西歪，或者有意突出被摄物体的倾斜线条部分，使观众的视觉移动方向不自觉地随着倾斜方向运动，从而使静止的画面产生动感。斜线构图可分为立式斜垂线和平式斜横线两种。常表现流动、倾斜、动荡、失衡、紧张、危险等场面。曲线可使画面优美，曲线构图利用被摄对象本身优美曲线组织画面。曲线构图的关键在于对拍摄对象形态的选取。自然界中的拍摄对象拥有无数种不同的曲线造型，他们的弧度、范围和走向各异，但它们具有使画面呈现优美和视觉延伸的共同特点，尤其是蜿蜒的曲线，能在不知不觉中引导观赏者的视线随曲线的走向而移动。曲线构图常用于拍摄圆形建筑、环形公路、海岸线等题材。

（2）光线

光线是画面构成的重要条件，光线使被摄对象轮廓与细节清晰可见，无光便无影，无影便无形。光线在构图中的重要性不言而喻。如何运用光线，需要理解光源、光的性质与光型等内容。

光源种类多，一般分为自然光、人工光和混合光三种。光源位置对画面影响很大。正面光源用于表现被摄对象正面形状容貌；侧面与背向光源主要用于表现被摄对象的整体轮廓，使被摄对象形状空间立体感增强；顶部光源主要用于照亮被摄对象头部，如人的发丝清晰可见；眼神光主要照亮被摄对象的眼睛，使眼睛发光，人物有神。光源位置分布可以单一，也可多个，这取决于拍摄者表现重点的需要。常见的布光法在第四章广告片中再作介绍。

从光线性质角度来看，光线可分为硬光和柔光。硬光也叫直射光，是指照射方向明显、强度较高的光源发出的光。通常在硬光的照射下，被摄物体轮廓边缘清晰，受光面亮，阴影很黑，明暗对比强烈。硬光通常作为主光源使用，拍摄人物时往往安排在距被摄人物较远处，因为太近容易刺眼。柔光也叫散射光，是指发光面积大的光源所发出的光。柔光的特点是没有明显方向，光线柔软，受光面与背光面过渡柔和；照明均匀，被摄对象边缘柔和，比较适合温情的场合，落日余晖、阴天等都属于柔光。

光型是指光线在拍摄时的作用。光型可分为主光、辅助光、背景光、修饰光、轮廓光等。主光也叫塑形光，是指拍摄中起主导照明的光线，具有明显的方向性，用来表现事物的形态、轮廓线条及其表面质感；在拍摄实践中主光只有一个，其他光线都是对主光效果的补充或完善。辅助光也叫副光，相对于主光而言，是指拍摄中次要的照明光线，也就是人们所说的“补光”；主要用来减弱主光造成的阴影反差，展现阴影部分的细节，丰富影像的层次。背景光也叫环境光，是指用来照明被摄主体环境的光线；背景光主要用来渲染环境气氛，烘托被摄主体。轮廓光也叫立体光，是指用来勾画被摄主体轮廓的光线，一般运用逆光或侧逆光，把被摄主体从背景中分离出来，增强画面的立体感。修饰光也叫点缀光，是指对被摄主体局部进行强调或修饰的光线，例如眼神光、头发光、道具光等。在布光时，根据表现主题、创意风格及其现场光线等因素的需要，一般按照“主光→辅助光→背景光→轮廓光→修饰光”的次序进行布光。

（3）影调

影调是画面构图的基本元素之一。因事物受光面不同而产生有明暗差别的影像，这些明暗差异所产生的黑白灰级差就是影调。根据影调的亮暗和反差的不同，影调分为高调、中间调（灰色调）和低调三种。不同种类的影调有不同的作用。高调是指画面上由白色和浅灰色占绝对优势所构成的表现形态，高调给人以光明、纯洁、阳光的感觉，适合表现妇女与儿童的形象、自然风光等；中间调是高调向低调的过渡色调，合理运用有可使画面层次丰富、细腻，常给人以朦胧神秘的感觉。例如用中间调可栩栩如生地表现大自然中的云雾、烟雨，产生朦胧美；用于模糊事物的轮廓，可产生柔和美。低调是指画面上由黑色和黑灰色占绝对优势呈现出来的表现形态，低调给人以庄重、严肃、坚毅、稳重的感觉，常用于拍摄年长者或男青年、古建筑物或庙宇等。具体如何运用要根据现场的环境、表现情感以及作品主题来确定，灵活运用。

影调的作用多种多样。不同的影调可表现出不同的感情色彩，影调可以突出画面表现的重点，增强画面的透视感与立体感；可以突出物体的质感，加强画面的气氛等。根据被摄对象与表现主题的需要，合理选用影调。

（4）色彩

色彩是自然界与生俱来的现象。1666 年英国科学家牛顿用三棱镜对日光进行分离，发现通过三棱镜的日光照射到白纸上有红、橙、黄、绿、青、蓝、紫七种颜色，后来他通过实验认为这些不同波长的光源是白光（太阳光）所固有的，并通过实验把分解的光重新组合成白光。因此，白光是由不同波长的可见光构成。三色学说的创立者认为：在色谱中的任何一种颜色都是按一定比例的三原色（红、绿、蓝）调和组成，人之所以能用眼睛分辨出颜色，是因为视网膜上有感红、感绿、感蓝纤维，它们能对颜色产生兴奋，传递信号至大脑。人类感知颜色经验的历史也就是人类存在的历史，这一过程中，人类对不同颜色赋予了不同的象征意义。例如红色象征着喜庆、勇敢、危险，绿色象征着健康、平安、活泼，白色象征着纯洁、朴素、坦率，黑色象征着庄严、恐惧、神秘，黄色象征着富贵、醒目、光辉，蓝色象征着深邃、安静、忧郁，等等。在制作视听节目时，要注意色彩的社会意义在节目中所起的作用，根据创作主题与节目风格的需要，制作者需对画面中色彩基调、色彩搭配、色彩与拍摄环境加以调控。

色彩基调要符合节目主题，体现节目风格。色彩基调是指画面在整体上带给观众的感觉，也就是画面中占多数的某种色彩。根据创作主题与节目风格需要，选择合适的色调，是创作者艺术素养的体现。灰色、黑色、深紫色等冷色调，易使人在情绪上产生压抑的感觉；红色、黄色、橙色等暖色调，易使人感到喜庆的氛围。不同色调还可交代时间、环境等细节，如春以绿色为主，秋以黄色为主。

画面色块组合要合理，给观众以视觉美感。画面色彩由若干个色块构成，不同色块组合在一起使画面丰富多彩。视听节目制作者在组织画面语言时，应当注意色块在画面中的分布状况，注意背景色块与主体色块的差异与和谐。如果二者同色，则无法突出主体。此外，还要注意不同色块在画面中的位置，如相邻的色区要避免用同一种颜色。

色彩表现受光线影响，要注意色彩的正确还原。现场光线强弱不同，导致色温不同，因此，在前期拍摄时，要考虑色彩表现受光线影响，这就需要创作者注意对现场光线进行调控。如果借用人造光，就要注意光的方向与位置，注意被摄体对光的反射特点，不能使被摄体曝光过度，导致色彩失真。因此，拍摄前白平衡的调节与正确用光至关重要。

2. 画面构图结构元素分析

画面构图结构元素是指画面构图中各被表现的对象在画面中依照表现重点程度的不同而产生不同结构上的区分。画面构图结构元素主要包括主体、陪体、前景、后景、背景等。画面构图中要求突出画面主体，因此，摄像师要处理好画面内结构元素之间的关系，做到主次分明。

（1）主体

在前期拍摄中，我们往往先要确定拍摄的主要对象是什么，把它安排在画面中什么位置合理，使用哪些技巧来突出表现主要对象。对于一个场景或一个画面来说，主体就是指画面中要表现的主要对象。主体可以是人，也可以是物，可以是单人（物），也可以是众人（物）；在影视剧中，主体可以是表演的主角，也可以是表演的配角。在视听节目中，由于画面具有连续性，因此，画面主体会相应发生变化，要正确处理好主体与陪体、前景、背景、光线、色彩等之间的关系，调用各种手段突出表现主体，使画面结构主次分明，主次有序。在拍摄实践中，突出主体的方法主要有：

a. 合理构图突出主体。合理构图突出主体，是指将主体安排在画面的视觉中心，安排在画面的“黄金分割”区域。实践表明，在4∶3和16∶9的画框中，运用1/3分割法，即在画面的上下左右四条边的各1/3处用直线连接，把画面分成面积相等的九个方格，画面中就构成一个井字，交叉形成四个视知强点，如图1－9所示的ABCD四个点，其视觉强度排序如下：A > B > C > D，因此，把主体往往安排在这四个点附近，这种构图法也叫九宫格构图法。实验结果表明，画面中这四个点所在区域的视觉强度依次是：左上 > 右上 > 左下 > 右下，如图1－10所示。因此，我们在构图时，应该把主体安排在四个视知强点区域附近，以突出主体。此外，运用几何中心构图法、边角构图法等也可突出主体。

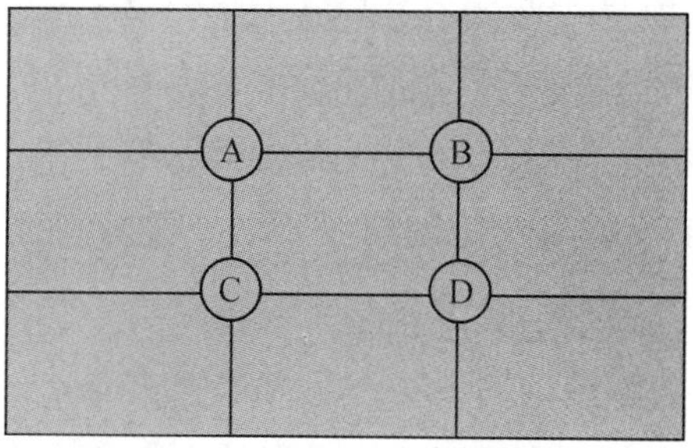

图 1－9　九宫格构图突出主体

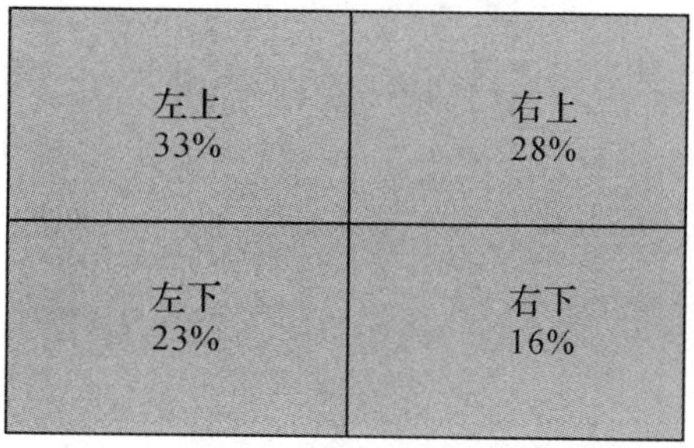

图 1－10　画面区域视觉强度分配图

b. 明暗对比突出主体。利用光影明暗对比来突出画面主体是常用手法之一。在环境光较弱的情况下，通过人造光源增强主体受光面，使背景及陪体因亮度不够直接被忽略，从而把观众视线引向明亮的主体。

c. 通过虚实突出主体。即通过摄像机的变焦功能或改变摄距，使主体清晰，前景、背景、陪体模糊。在影视节目中，常常通过焦点的前后移动，实现主体的变换，例如上一个画面主体清晰，背景模糊；下一个画面是则相反。通过虚实关系，突出画面表现的重点，引导观众的注意力。

d. 通过动静突出主体。一般来说，运动的事物往往比静止的事物更能引人注意。因此，在一些大景别的画面中，可以让主体运动起来，而主体之外的人与物保持相对静止，从而达到突出主体的目的。

（2）陪体

陪体是相对于主体而言的，指与主体密切相关陪衬主体的事物或人物。俗话说“红花还需绿叶衬”，陪体就是凸显“红花”的“绿叶”。陪体可以是前景，也可是背景。在视听节目画面中，人与人之间，人与物之间，物与物之间，都存有主体与陪体的关系。在画面构图时，我们不仅要重视表现主体，同时还要重视对陪体的取舍和布局，因为陪体的作用不可忽视。其一，陪体对主体起到陪衬的作用，帮助主体表达画面内涵；其二，陪体可以渲染、烘托主体，使主体表现更加突出；其三，陪体可以均衡和美化画面，使画面更具层次感与纵深感。

在视听节目画面中，由于画面的连续性，陪体与主体可以同时出现，也可以先后出现，具体安排要视节目内容与主题需要来确定，要正确处理主体与陪体关系及其表现力度，切勿让陪体喧宾夺主。

（3）前景与后景

前景是指位于主体之前，或是靠近镜头位置的人物、景物，统称为前景。有时可用陪体作为前景，但在大多数情况下前景是环境的组成部分。前景的作用主要有三：

其一，交代有关内容。例如，用横幅标语作为前景，体现会议的主旨、气氛。其二，表明季节及其环境特色。例如用绿色的柳条作为前景，表明事情发生的季节是在春季。其三，增强画面空间感与美感。例如用方框作为前景，将主体镶嵌在画框中，可以增强画面的纵深感，给观众以视觉美感。在运用前景构图时，要防止前景过于抢眼，导致主次不分。

后景是相对于前景来说的，指主体之后离主体较近的事物，是背景的一部分，它与画面中的前景、主体三者形成画面空间透视感与立体纵深感。后景的作用是使画面信息饱满，交代主体所处的环境。

（4）背景

背景是指处在画面主体后的一切事物。背景可以是人、物、自然风景、事发现场等。背景既可表现主体活动的环境，也可营造一种氛围。在前期拍摄中，要选择好背景，充分发挥背景的作用，准确运用背景交代事件发生的环境，处理好背景与主体之间的关系，控制好背景与主体之间的距离，使画面构图既简洁又美观。合理安排背景要注意以下几点：其一，要把主体与背景明显区分开，主体与背景的关系是“图”与“底”的关系，要在背景中突出主体，不能让背景抢去了主体的风采；其二，要注意背景与主体的层次性，用背景交代主体活动的空间环境；其三，要防止背景中出现破坏性线条，影响构图的美观，例如树从人的头顶“长”出来，电线杆从肩膀上“竖”起来；其四，要注意背景与主体颜色的和谐，不能让背景颜色冲淡或掩盖了主体颜色。

前景、后景、背景构成环境。环境是人物活动与生存的空间。在前期拍摄中，通过把握前景、后景、背景在构图中的作用，实际上就是要合理充分运用环境来展现主体活动的场所、时代特征、季节特点等。

3. 画面构图特殊元素——空白

空白是指画面中大面积单一的色块。在绘画艺术中，“留白”也称“布白”，是指在艺术创作中作者为了表现主题与画面美观的需要特地留出的“空白”。作为一种审美要求和艺术表现手段，“留白”在我国古代诗画创作中颇有讲究，南宋山水画家马远的《寒江独钓图》只画了一叶扁舟漂浮在水面上，一个渔翁在船上独钓，画面主体周围几乎都是空白，正是这种“留白”手法的运用，突出了“寒”与“独”的意境。在视听节目画面构图中，巧妙运用“留白”，可使画面显得更美。

在画面构图“留白”中，既要注意画面结构元素的位置安排，又要考虑它们之间的有机联系。画面中结构元素过多、过密，容易造成堵塞感，使观众应接不暇；画面中结构元素过少、过疏，易使观众一览无余，画面信息量不足。因此，在画面构图时，要控制好空白的比例，讲究疏密合理，主次分明。在有运动主体的画面中，更要讲究“留白”，即预留运动物体前进方向的空间。例如汽车在公路上行驶就要在其前方预留一定的空白，运动员在跑道上比赛就要在其前方预留足够的跑道，否则，这些运动的主体就会冲撞画边，令观众心理不适。

（三）静态构图与动态构图

在摄像实践中，根据摄像机与被摄对象是否运动，可把画面构图分为静态构图与动态构图。

1. 静态构图

静态构图是指用固定摄像方法（机位固定、光轴方向不变、焦距固定）拍摄相对静止的对象或运动对象暂处静止状态的构图方式。静态构图中的“静态”并不排斥被摄主体小幅度、小范围的动作，例如人物说话时的手势。静态构图强调的是画面结构不变，主体位置不动，景别与透视关系没有发生变化。静态构图与绘画、照片构图颇为相似，不同之处静态构图可以展示事物发展的时间过程，而绘画、照片做不到，这是由于二者的物理属性所决定的。静态构图注重画面自身的单一性，其稳定的结构给人以宁静、稳重、沉闷的感觉。

静态构图的作用主要有四点：一是有利于观众看清画面内容。由于画面结构不变，因此，被摄对象的形状、大小、空间位置、主体与环境的关系、主体与陪体的关系等清晰可见；二是有利于展示人物或动物的神态、心态、情感、情绪与境况等，例如人在对话时神采飞扬的表情通过静态构图让观众细心体会；三是以“静”衬托“动”。在一些影视剧中，矛盾冲突之时，往往在系列动态构图中通过穿插静态构图，以设置悬念，突出紧张氛围，静中寓动，静中掩动；四是有利于表现影视风格。一部影视片中静态构图镜头数量的多少决定了影视的叙述节奏与造型风格。

运用静态构图时要注意以下几点：一是要根据节目内容与主题表达需要来运用，要体现出内容、形式与风格的统一；二是在构图时要注重画面内容的层次感，处理好主体与陪体、主体与前景、背景之间的关系；三是要考虑好采用什么角度何种景别来构图，注重光线、颜色、影调的合理配置；四是要考虑好上下镜头之间的衔接，注重上下镜头构图的和谐；五是要构图严谨，注重法则，同时要防止因追求形式完美而忽略内容与主题的表达。

2. 动态构图

动态构图是指随着视点变化与被摄对象的运动使画面结构不断发生变化的构图方式。动态构图是影视拍摄中最常用的构图方式。动态构图有利于展示事物的运动过程，可以满足观众连续观看对象运动的心理欲求。

动态构图基本形式有三种：(1) 摄像机不动，被摄对象在动；(2) 摄像机在动，被摄对象不动；(3) 摄像机与被摄对象同时在动。不管哪种形式的动态构图，其构图主要特点有：①多样性。在动态构图中，不管是摄像机在动，还是被摄对象在动，或者两者同时在动，由于视点改变或被摄对象运动，均会使画面结构不断发生变化，在运动中构图，从而导致构图形式多种多样。②多变性。动态构图中，组成画面的形式元素与结构元素均会产生变化，即线条、光线、影调、色彩的变化，主体与前景、背景的变化，主体与陪体的变化等；此外，角度、景别、空间位置等均会发生改变。③连贯性。动态构图中，如果是摄像机运动，则一般经历“起幅—运动—落幅”；如果是被摄对象运动，则一般要展示其运动过程。不管哪一种运动，都有一个渐进的过程，视觉形象靠视觉积累产生，由此体现了动态构图的持续性与流畅性。

处理动态构图时要注意以下几点：一是目的明确。构图时要考虑如何突出主体，向观众传递的信息是什么，用于叙事还是用于表意。二是控制节奏。动态构图时运动的速度要控制得当，画面的内在节奏与观众的视觉心理节奏要相吻合。三是要处理好画面结构的变化，注重起幅与落幅构图的平稳。四是要处理好上下镜头动态构图的衔接问题，衔接要自然、流畅，且富有内在逻辑性。

（四）综合构图与长镜头

1. 综合构图

综合构图是指一个镜头画面里静态构图与动态构图交叉运用的构图形式。在一个镜头画面中，依据拍摄目的，摄像机可能时动时静或被摄对象时动时静，这就使得画面构图样式不断产生变化，可见综合构图是多构图而非单构图，是多层结构构图而非单层结构构图。

综合构图可分为三种类型：以静为主的综合构图、以动为主的综合构图和动静结合的综合构图。以静为主的综合构图主要用于被摄主体以静态表现最为合适，必要时又按内容需要运动起来，体现画面主体的变化或引起观众的注意。例如在影视剧中，常有这样的镜头：两个人站着聊天，过一会儿，其中一个走开接个电话，之后又回到原处继续谈话。以动为主的综合构图主要用于展现被摄对象的运动过程，不排除运动前或运动中有暂停静止的状态。例如刘翔参加 110 米栏比赛，从起点到终点的过程通过运动镜头展现出来。动静结合的综合构图主要用于被摄对象有动有静，动静分量比重相当，要求有序展示动静内容。

综合构图由于其时空的统一性与连续性特点，因此有利于展示事件发生的过程、人物的情感变化、矛盾冲突的高潮、复杂多变的情节。运用综合构图时要注意场面的调度，主体的位置安排与走向、景别的变化、光影色的配合、摄像机的运动技巧等方面，以准确传递内容，引起观众的有意注意，提高传播效果。

2. 长镜头

长镜头是指一个镜头中摄像机从开机到停拍时间段内连续拍摄场景内容的一种拍摄手法。长镜头一般可分为固定长镜头、变焦长镜头、景深长镜头、运动长镜头四种，其中运动长镜头包括摄影机的推拉摇移升降等运动。长镜头源于电影。早期的电影都是以“固定长镜头”作为唯一拍摄手法，即把摄影机放在一个固定位置上，焦距不变、光轴方向不变，毫不间断地记录事物发展过程，例如卢米埃尔的早期影片《工厂的大门》用了一个固定全景长镜头，记录了下班时员工们走出工厂大门的情景。《火车进站》也是用了一个固定长镜头记录了火车进站停下、人们下车的情景。由于“固定长镜头”拍出的画面平淡，加上摄影设备的不断改进，后来就出现了“运动长镜头”。长镜头的出现，不仅是摄影技巧的发展，而且有着突出的电影美学价值。20世纪50年代，产生了以安德烈·巴赞为代表的“长镜头理论”体系。巴赞长镜头电影理论美学体系的实质，即强调电影特性是它的照相性，或者叫作纪实性、纪录性。巴赞认为只有长镜头才兼有时空的连续性与内部组织的灵活性。在镜头内部组织中，他特别重视镜头的纵深调度和摇镜头，以此扩大镜头的内部空间，摇镜头则可以扩大画面的横向空间，实现景别的连续变化。

长镜头的拍摄，不会破坏事件发生、发展过程中空间的统一性与时间的连续性，其最大限度地保证了叙事的完整性与真实性。运用长镜头时，其视点、角度、景别、被摄对象、主体与陪体等往往是不断变化的，因此，长镜头与综合构图经常并用。

（五）封闭式构图与开放式构图

从构图是否完整、均衡角度来看，可把画面构图分为封闭式构图与开放式构图。

1. 封闭式构图

封闭式构图源于绘画，是一种传统的构图方式。它与绘画的单幅表现形式有密切的联系。电视画面有四条边，封闭式构图是在有四条边的画框内进行精耕细作，它要求画面形式均衡、内容完整；一般把被摄主体安排在视觉中心、趣味中心或黄金分割位置，遵循传统构图规律，如图1－11所示。

2. 开放式构图

开放式构图源于法国新浪潮电影，是近几十年来出现的一种新式的构图方式。20世纪60年代，法国新浪潮电影理论家们提出电影银幕是“窗户”的理论。该理论认为在影院放映电影时，只有银幕是明亮的，银幕之外一片黑暗，银幕就像一扇窗户，电影好像是透过这扇窗户看到窗外的景象。窗外的景象总是现实的一部分，画面构图总是不完整的。银幕外的景象看不到，只是由于被墙壁遮挡了，其实还是存在的，因

图1－11 封闭式构图：以塑像为中心，海牙王宫对称布局

此，开放式构图追求的是画外的空间表现，要求打破画内空间的限制，着眼于画内外空间的联系，以不完整、不均衡特点进行画面构图，区别于封闭式构图。开放式构图往往把主体安排在画面边角的位置，视线离心，故意强调构图的不均衡，不和谐，它更注重画面整体的表意功能，常用画外音作为结构的依据，从而使观众在心理上产生一种完整与均衡感。如图1－12通过边角构图法，把小孩安排在画面一角，以破旧瓦片占据画面大部分，突出小女孩承受压力之重（父母外出打工，小女孩独自照顾年迈多病的奶奶）。

图1－12 开放式构图：把主体小女孩放在画面左下角，意在表现小女孩生活的艰辛

在视听节目画面构图中，封闭式构图运用较多，开放式构图也日益得到重视。在前期拍摄中，往往还存在着封闭式构图与开放式构图共存于一幅画中的情况，例如拍摄过肩镜头时，从主体形象及其所处位置来看，属于封闭式构图；从前景来看，陪体露出半个头、半个肩、一只胳膊则属开放式构图。

(六)画面构图基本法则与注意事项

画面构图是从事视听节目制作者必备的专业素养之一。虽然画面构图类型多种多样,但是在节目制作实践中还是有一些构图法则值得遵守,常见的问题值得预防。

1. 画面构图基本法则

画面构图是否合理,要从画面形式及其传递的内容两个方面来衡量。忽视内容的形式美缺乏内涵,无法给观众留下深刻印象;轻视形式的内容美缺乏视觉冲击力,难以达到理想传播效果。只有为了更好地传递内容寻找合适的形式才是构图的理想境界。因此,在画面构图中有些基本的法则还是值得在实践中遵守并加以应用。

(1)对称与平衡。在画面构图中,首先要考虑的是对称与平衡,唯此才能求得视觉上的稳定感。根据格式塔心理学的解释:"'对称'基本上是同一个母体形的'左—右'或'上—下'并置而形成的一种镜式反映关系,对称是简约的完形或好的形的一个主要性质。"① 因此,电视画面在构图时根据内容需要应讲究对称美。平衡的构图不一定是对称的构图,平衡是一种心理的体验,例如同样大的形,右边的要比左边的重一些,要想左右平衡(看上去一样大),左边的通常要大一些。对色彩来说,红色就比蓝色重一些,明亮的色彩就比灰暗的重一些。如果想让一块白色与一块黑色达到平衡,黑色的面积应该大一些。这一效果应该归因于辐射效应,明亮一些的表面看上去就比灰暗的表面面积大一些。② 对称与平衡是一对统一体,常表现为既对称又平衡,实质上都是求取视觉心理上的静止和稳定感,使人称心愉快。如图 1－13 画面左边男与右边女无论是所占画面面积还是所做动作完全对称与平衡。

图 1－13　画面男女双主体完全对称与平衡

① 鲁道夫·阿恩海姆. 视觉思维 [M]. 滕守尧译. 北京:光明日报出版社,1986:21.
② 鲁道夫·阿恩海姆. 视觉思维 [M]. 滕守尧译. 北京:光明日报出版社,1986:22.

当然，在进行画面构图时还要顾及对称与平衡传达的意义，只有传达的内容才能最终决定究竟选择什么样的式样去进行组织和构造。例如凤凰卫视中文台台标设计充分体现了这一点，台标中左边的“凤”与右边的“凰”极其对称地共容在一个圆内，凤尾与凰尾突出开放的特点，两个主体之间绝没有堵塞的感觉，借凤与凰的阴阳交汇，预示东西文化、传统文化与现代文化的一次历史性的整合重组。因此，只有当对称与平衡帮助显示某种意义时，它的功能才算是真正的发挥出来了。

（2）比例与节奏。“黄金分割”被公认为是世上最美的比例，即把一条线段分割为两部分，使其中较长部分与全长之比等于较短部分与较长部分之比，其比值近似值是0.618，约相当于5:8，如图1－14所示，AB: AC = BC: AB = 0.618。由于按此比例设计的造型十分美丽，因此称为黄金分割，也称为中外比。

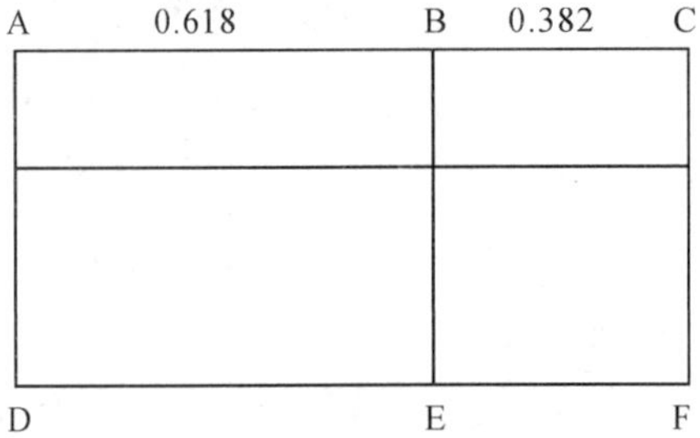

图1－14　黄金分割比示意图

在画面构图中，最能表现构图艺术美感、最能突出对象、最能吸引观众视觉注意力的主体位置，正是对象落在画面的对角线上连成的黄金分割线附近，例如台湾电视台新闻栏目中，通常在主播出镜播导语时，把主播安排在画面对角线连成的黄金分割线附近，使画面主体处于视觉重点位置，同时，又可把导语画面呈现给观众，如图1－15、图1－16所示。

图1－15、图1－16　黄金分割构图运用示意图

除“黄金分割”比外，画面构图中比例的大小可以根据具体内容与观众心理需要加以调整，如主体与陪体大小之比、主体与背景所占画面面积之比、前景与主体所占画面面积之比，等等，不同的比例传递的内涵往往不同。

节奏是视听节目画面构图的“神韵”，它联系、维系着画面诸要素的活力。在画面构图中，节奏主要是通过线条的流动、色块形体、光影明暗等因素的反复重叠等有规律的运动，引起欣赏者的生理感受，使观众的视线追随着它们产生有节奏的视觉运动，进而引起心理情感的活动。① 在拍摄中，节奏还体现在主体运动、摄像机视点移动、景别变化等方面。主体运动快则节奏快，主体运动缓则节奏慢；景别小则节奏快，景别大则节奏慢。

（3）对比与和谐。对比是将相同或相异的视觉元素作强弱对照的一种构图法则。在画面构图中，对比表现在主次、大小、高低、动静、黑白、疏密、虚实、刚柔等方面，他们彼此渗透、相互共存。多种对比交融在一起，通常在同一画面之中，称之为同时对比。对比越清晰，视觉效果就越强烈。由于视听节目画面构图具有连续性特点，因此，对比还表现在相继流动的画面之间，可称之为连续对比。无论是同时对比还是连续对比，其主要作用是为了突出形象，传递情感，表达观点，引起注意等。和谐是在类似或不同类的视觉元素之间寻找相互协调的因素，寻求共同点，缓和冲突，也就是在对比的同时产生和谐。对比与和谐互为因果，共同营造美感。例如在天气预报节目中，往往运用动静对比、色彩对比来突出所报城市的天气情况，以引起观众的有意注意。

（4）变化与统一。在视听节目画面构图中，既要注意在统一中求变化，又要注意在变化中求统一。心理学告诉我们，变动的事物更易引起人们的注意。在视听节目中，时间式版面使画面处于一个不断流动的状态中，变化无处不在。有变化无统一就凌乱。在画面构图时不能为了追求形式变而变，而应依据内容需要在变化中求得统一。统一是把构成画面的各个视觉元素联成一体时所形成的同一性和整体性。统一有着比协调更明显的共通性，可把统一看作是更高层次上的协调。有统一无变化就单调。画面构图中的统一是对变化、对称、平衡、比例、节奏、对比、和谐等多种法则进行的“多样的统一”。

2. 画面构图注意事项

在摄像实践中，除了要求掌握画面构图的基本法则外，还要注意到常犯的一些错误，其主要表现在背景杂乱、空白不足、运动随意、方向不明等方面，下面分别叙述。

（1）背景杂乱。在画面构图时，要防止背景线条杂乱影响主体形象的美观，分散观众注意力。在一些视听节目中，经常看到电线杆、树枝从人物头部或肩上长出，物

① 黄匡宇．当代电视摄影制作教程［M］．上海：复旦大学出版社，2006：186.

体横向轮廓线横切人物脖子，水平线从人物耳朵里伸出来。要改变人物头上长出枝干现象，可通过改变机位角度，避开主要人物与背景中的枝干物安排在同一垂直线上；要改变横线切脖现象，可通过调整机位高度，避开人物肩部与物体轮廓横线安排在同一水平线上。

（2）空白不足。在画面构图时要注意留白，只有恰当的留白，画面才能给人以舒适感。在拍摄全景时，要注意画面四周保留适当的空白。拍摄建筑物时，不能让建筑物的上下两条轮廓线紧挨着画框的上下边。当正面拍摄人物时，不能让人物的头部紧顶着画框的上沿，脚紧蹬着画框的下边；当侧面拍摄人物时，人物的视线就有了明确的方向，这时要注意在视线前方留足空白，不能把大量空白留在人物的脑后，把人物的视线堵死，造成“面壁思过”现象。在拍摄运动的物体时，要在运动物体前方留足空白，表明物体的动势，否则就要撞画框了。

（3）运动随意。有些记者或摄像人员在进行运动摄像时，主观性太强，扛起摄像机就喜欢推拉摇移，初学摄像者尤其如此。在运动摄像中，速度忽快忽慢，忽动忽停；落幅不是提前就是过头，由于来回摇移摄像机，导致拍出的画面哆哆嗦嗦。在拍摄运动主体时，要注意掌握主体运动的方向与速度，使摄像机的运动方向、速度与其保持一致，否则，运动主体容易出画。

（4）方向不明。轴线是指被摄对象运动、人物的视向或人物之间交流的位置关系所形成的一条假想线。拍摄构图时，要注意画面主体方向明确，不能出现越轴现象。尤其是拍摄运动物体时，摄像机机位不能越过假想轴线 180 度，即拍摄方向必须限制在轴线的同一侧；只有这样，才能保证运动物体方向明确，否则就是越轴，造成视觉方向的混乱。例如拍摄运动员奔跑时，如果摄像机分别在运动员前进方向的左右两侧进行拍摄，把两边拍摄的镜头组接在一起，就会使得观众不知运动员究竟向哪个方向奔跑，因为摄像机越轴了。如果出现这种情况，就要在后期编辑时想办法克服。（轴线规律在本章第五节有详细介绍）

四、声音采录

在摄录实践中，除熟练掌握影像角度、运动摄像、画面构图之外，声音采录也是一个不可忽视的重要方面，因为在大多数视听节目中叙述内容主要靠声音，声音与画面处于同等地位。

（一）话筒种类及其特点

在视听节目制作中，声音的采录离不开话筒。话筒是一种能把声波转化为电信号输出的声电转换设备，是声音录制的基本工具。在这里我们有必要认识不同类型话筒的特点，以便在日后采录声音时选择合适的话筒。

1. 按照声音转换原理的不同，话筒可分为动圈式话筒与电容式话筒。

（1）动圈式话筒。动圈式话筒又叫电动式话筒，主要由磁铁、声音线圈、振动膜和输出变压器组成。声波作用于振动膜上带动声音线圈振动，使声音线圈导体切割磁场的磁力线，产生感应电动势，从而产生电流形成音频信号。动圈式话筒无需单独供电，结构简单，可靠方便，使用寿命长，价格便宜。从外形来看，其话筒头一般较大，可广泛用于室内外电视节目的制作。

（2）电容式话筒。电容式话筒主要由电容极头和前置放大器组成，当声波作用于一个电容极头的振膜时，振膜产生位移，使得电容的电容量发生变化，经前置放大器放大后产生电动势，即把声波转化为电流。电容式话筒必须有外部供电（使用小电池即可），其频率特性好，灵敏度高、音质清脆，在音乐节目录制等专业领域中，其已占主导地位。

2. 根据拾音指向特性的不同，话筒可分为全指向话筒、双指向话筒、单指向话筒。

（1）全指向话筒。全指向话筒也称无指向性话筒，该话筒能拾取到来自四面八方的声音，对各声源有相同的灵敏度；其拾音能力与声源的距离有关，与声源的方向无关。使用这种话筒时，话筒与声源距离要近，以保证所要采录的声音清晰。使用这种话筒可把整个场景声音均衡地录制下来。

（2）单指向话筒。单指向话筒又称为心型话筒，该话筒对正前方声音拾取效果最好，对其他方向声音拾取能力很弱。超心型话筒能拾取到前方狭长范围内的声音，对话筒两侧的声音基本可以消除，对正前方距离很远的声源也能很好地拾取，因此，它能把某一声音从复杂场合众多声音中分离出来进行录制，在视听采访中这种话筒应用较多。

（3）双指向话筒。双指向话筒又称为 8 字形话筒，该话筒对前面与后面的声音灵敏度相同而且最大，对两则声音的灵敏度几乎降至为零。运用这种话筒采访时，可以同时把记者与被采访对象的声音录制下来。

此外，根据使用的方式不同，话筒还可分为固定话筒与移动话筒。固定话筒包括：台式话筒、立式话筒、悬挂式话筒、隐藏式话筒、远距离话筒（枪式话筒）；移动话筒包括：手持式话筒、颈挂式话筒、吊杆式话筒、头戴式话筒、无线式话筒等。

（二）声音采录注意事项

在认识了话筒种类及其特点后，在摄像实践中，要保证声音采录达到理想效果，还需要注意以下几点。

1. 根据实际需要，正确选择话筒类型。每次摄录前，先要考虑好选用哪种话筒最合适。如果要采录重要同期声，则可选择电容式单指向话筒或双指向话筒；如果要采录整个场景的声音则可选择全指向话筒；如果要采录较远的声音，则可选择远距离话筒；等等。正确选择话筒类型是保证录音效果的前提。

2. 逐一检查录音器材，确保设备处于良好状态。出发前，要清点录音器材是否备齐，话筒、音频线缆接头、音频显示屏、监听用的耳机等是否处于良好状态。如果是电容式话筒还要备好小型电池。此外，反复试录几次，确保线路畅通与录音效果。检测录音器材，不要怕麻烦，这是确保顺利摄录的必要准备。因为，一旦在现场拍摄发现录音设备有问题，一是会耽误宝贵摄录时间，二是会错过最佳摄录时机，由此可能会犯下不能原谅的错误。

3. 线路连接要牢靠，话筒位置要定好。在实际录摄前，首先要检查音频线缆与话筒接口、摄像机接口是否牢靠，话筒上的开关位置是否处于开的位置。然后根据拍摄需要，定好话筒位置。一要定好距离，尽量让话筒靠近声源，使声音清晰；二要定好方向，确保声音在话筒的拾音范围内，单指向话筒拾音角度一般在 80 度左右，80 度外的声音明显被抑制；三要定好角度，根据不同类型的节目，话筒与被摄对象的角度要定好。对于真实类视听节目例如电视新闻，话筒可以出现在画面里，如使用指向性强的手持式话筒，以大约 45 度角将它靠近嘴巴，能得到最好的拾音效果；对于虚构类视听节目例如电视剧，话筒则不能入画，即俗话所说的不能“穿帮”。为了保证录音质量，一般运用吊杆式话筒或隐藏式话筒来采录声音。

4. 调整录音电平，确保录音效果。录音电平是声音采录的主要技术指标之一。其大小是以分贝（dB）为单位，一般用音量单位表（又称 VU 表）和峰值节目表来监测录音工作状态。录音时，摄像师根据摄像机上的音量表指示，通过调节录音电平控制按钮进行音量大小的调整。VU 表最小刻度为 -20dB，最大刻度为 +3dB。录音时，不能超过 0dB，否则声音失真；录音最佳范围一般为 -8dB 至 -12dB。广播级摄像机都有音频电平自动控制旋钮和手动控制旋钮。当使用自动控制旋钮时，如果音量过大就会被自动压小，如果音量过小就会被自动放大，其优点是不会因声源音量大幅度变化而影响录音质量，其缺点是破坏了声音音量大小的原貌，影响了声音空间感。当使用手动控制旋钮时，先要将电平控制开关拨到手动位置，然后依据所录对象音量大小，调节和设定录入电平控制旋钮位置，使该声音音量大小控制在合理的范围内。一旦确定了电平控制旋钮位置，在采录过程中一般不可再作调整。

5. 注意避免室内外噪音、反射声进入话筒，确保录音清晰。在室内摄录时，有时会遇到一些人为的噪音以及声音传播中产生的反射声，导致录制的声音含混不清，因此，在正式录制前先要想办法清除噪声与反射声，如是家电发出的噪声则可关闭家电开关，如是墙壁导致的反射声则可在声源周围挂一些幕布，以减弱声音的反射。在室外摄录时，则要注意风声进入话筒，此时，要用防风罩包住整个话筒，以降低或消除风声。同时防风罩还可以防止说话时的喷口声对话筒的干扰。如果只要采访对象的同期声，则可关闭摄像机上的随机话筒，用外接话筒来录音，这样可保证同期声清晰，避免了现场声音进入。此外，在录音时还要注意外接话筒音频线缆的长度，如果需要走动，就应该一只手拿着话筒，另一只手轻拿线缆，以免产生人为噪声。

6. 检查录音效果，发现问题及时重录或补录。对于一些重要的采访，在摄录完毕后要及时进行回放，检查录音效果，如果发现录音质量有问题或不完整，就及时进行重录或补录，当然如果是真实类节目则不能违背真实性原则，如果是虚构类节目则无所谓。

第四节　节目文本撰写

视听节目文本的撰写是节目制作流程中的一个重要环节。因为，它涉及节目的主题提炼、题材选取、结构安排、声画配合等诸多方面内容。不同类型的视听节目，其文本写作的要求与方法有所不同，例如专题片与广告片、微电影与纪录片等视听节目文本的写作各有其特点。下面就视听节目文本写作共性，从文本功能、结构样式、写作要求以及分镜头脚本等方面加以阐述。

一、视听节目文本功能

在视听节目制作中，不仅要重视画面的拍摄与编辑，也要重视文本的写作。视听节目文本功能体现在许多方面，但其主要功能有以下四个方面。

（一）叙述内容，传递信息

视听节目中，除电影、电视剧这类节目可以用画面来叙述内容外（当然主要还是靠对话，即画内同期声），其他类型的节目如新闻片、专题片、纪录片（纪实型除外）、广告片等主要靠文字稿（即：旁白）来叙述内容，传递信息。因为，这些视听节目受节目时长的限制，画面几乎没有叙述功能，受众对节目内容的了解主要依靠声音。

（二）组织画面，转换场景

在许多类型视听节目中，单独看一个个画面或一组组画面，无法理解其要表达的内容，画面大多处于无序状态，正是有了声音语言（旁白）的介入，才使无序的画面变得有序，方便受众理解。在影视剧中，场景之间的过渡有时也得靠旁白来体现。例如纪录片《舌尖上的中国》，单独看画面，无法了解具体内容，画面之间也缺乏内在的联系。由于有了旁白的叙述，画面内涵得以呈现，场景之间转换也颇显自然。

（三）交代背景，明确关系

在视听节目中，不管是真实类节目，还是虚拟类节目，为了让受众了解事件的来龙去脉，事件形成的前因后果，背景的介绍必不可少。由于旁白语言不受画面的限制，因此，交代背景的任务就自然由其承担。有些视听节目内容复杂，涉及的人名、地名较多，处理不好，受众就会弄错关系指向。这时就得靠旁白或屏幕文字来明确人、事、物之间的关系，清楚交代有关情况。12 集大型纪录片《大国崛起》展示了九个国家通过不同方式、在不同时期内完成的强国历程，片中大量运用旁白来介绍 15 世纪以来世界性大国崛起的历史背景，例如葡萄牙和西班牙的航海探险、英国全盛时期的第一届万国工业产品大博览会、攻陷巴士底狱、德国第一个火车站、美国黑船逼迫日本开国、彼得大帝兴建圣彼得堡、苏联讨论第一个五年计划、五月花号抵达美洲等。

（四）阐明观点，抒发情感

在视听节目中，可以用事实或画面细节来间接表明观点、态度与立场，也可用旁白来直接阐明观点或抒发情感，在视听节目评论中尤其明显。例如武汉广电总台制作的获奖电视评论《领导干部如何面对“被问政”?》以电视问政现场直播活动为题材，从官员应该如何面对“被问政”角度，对官员“被问政”时表现出来的“种种不适应”进行抽丝剥茧式的评述，阐明了这样一个观点：唯有牢牢树立执政为民的公仆意识，并不断提高媒介素质，才能在被问政中不丢分。

二、视听节目文本结构样式

结构样式是指组织安排各个部分的方式，也可说是整体布局的形式。在进行视听节目文本写作时，首先面临的问题是如何合理安排文本的结构。确定结构的原则和要求总体来说有以下几点：第一，要服从主旨表现的需要；其次，要考虑片种特点的要求，片种不同，结构安排有所不同；再次，要反映客观事物的发展规律和内在联系。①我通过对大量视听节目的分析，结果发现其结构样式主要有四种：纵式结构样式、横式结构样式、纵横交叉式结构样式与递进式结构（逻辑式）样式。

（一）纵式结构样式

纵式结构样式是指按照事物发生的时间顺序、事件发展的进程或采访的先后顺序来安排节目文本结构的方式，纵式结构也可称为纵贯式结构。这种结构有以下特点：

---

① 童宁．电视节目结构方法［M］．北京：中国广播电视出版社，2004：19.

事物发生发展的过程就是结构本身；事件中的每小段以关键时间点区分，同时又以关键时间点连接；按照事件发展先后顺序来组织视听语言。使用纵式结构的文本层次清楚，节奏紧凑，符合人们思考问题的习惯，易于受众理解。例如央视新闻《“某小学校长带女生开房”事件嫌犯被拘》就是按照纵式结构进行写作的新闻，如图 1－17 至图 1－22 所示。

图1-17 时间点一：5月8日下午，班主任发现五名女小学生未到学校，家长老师同学共同寻找

图1-18 时间点二：5月9日上午家长老师同学寻找未果，于是报警

图1-19 时间点三：5月9日晚上，警方在海口一酒店找到了四名女学生

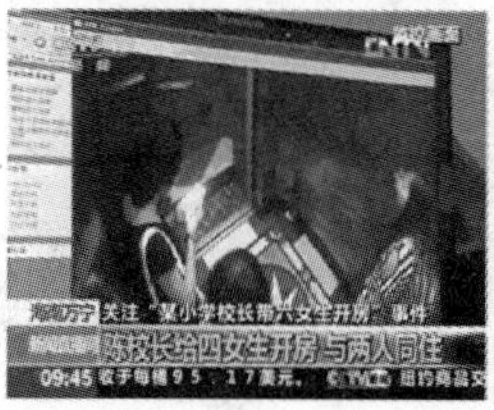

图1-20 时间点四：5月9日晚上，酒店监控显示，校长要了两张房卡，四名女生进房过夜

图1-21 时间点五：5月10日上午另外两名女生在万宁一家农家旅馆被找到

图1-22 时间点六：5月13日下午万宁市召开通气会，呼吁加强师德师风教育

图 1－17 至图 1－22　纵式结构示意图

上述新闻完全是按照纵式结构播出的一条新闻，主播在播报时间点时，也有意地加强了语气，引导观众注意事件发展到了何种地步。如果只看上述的关键时间点画面，观众也能大致了解整个事件过程。

（二）横式结构样式

横式结构样式是指按照空间变换、事物性质的不同方面来安排节目文本结构的方式。所写的事件内容呈并列关系，没有先后主次之分，但都是围绕节目主题来选择相关题材。例如每到春节、国庆节，央视报道全国各地或不同行业如何庆祝节日就是按照空间转换来组织节目结构的。第 22 届中国新闻奖二等奖电视新闻《富裕的“低保户”》，节目运用对比手法，展现了保定易县龙湾头村贫困户和富裕户两者之间的生活反差。获三等奖的电视新闻《鄱阳湖遭遇罕见干旱，区域生态链受到威胁》报道了原本是汛期的鄱阳湖经历 60 年以来最严重的春旱，曾经碧波荡漾的湖面缩水了一半，鱼儿失去产卵场，深水植物失去萌芽机会，螺蚌没有生长场地，冬候鸟的口粮堪忧。从不同方面报道鄱阳湖区域生态链受到严重威胁，湿地功能面临逐步丧失，如图 1－23至图 1－28 组图所示。这些节目文本的结构均属于横式结构。

图 1－23　整个湖区都已经干涸了，地面上随处可见死去的贝类和螺蛳，而这些都是候鸟的主要食物。

图 1－24　曾经烟波浩渺、万鸟翱翔的景象没有了，湖泊干涸，水生物大量死亡，候鸟的食物链遭到严重破坏。

图 1－25　这里面长肉，肉很嫩很细，东方白鹳、白鹤都吃。现在干死了，没有了。再干一段时间，连种都没有了。

图 1－26　现在因为干旱缺水，阻断了鱼类洄游路线，导致鱼类不能正常产卵，占鄱阳湖鱼产量 50% 左右的鲤鱼、鲫鱼等繁殖困难。

图 1－27　鄱阳湖成了一个大草原，现在可以跑汽车，整个湖区有效的产卵场不到往年的五分之一，大大影响了鱼的数量和种质资源，继而牵连到一些珍稀的水生动植物。

图 1－28　包括白鳍豚、江豚、胭脂鱼，最重要的是从我们的角度看，江豚所受的影响是很大的，因为江豚的饵料主要靠比较小的鱼类。

图 1－23 至图 1－28　横式结构示意图

（三）纵横交叉式结构样式

纵横交叉式结构样式是指在节目主题的统率下，对事件既作纵向延展又作横向开拓，从而向观众提供既有深度又具广度的信息文本结构样式。一般来说，这种结构常常以事件发展的时间顺序为主线，在事件过程中插入与事件相关不同地方发生的事情。这种结构方式处理有两种情况：一是节目开头以事件发展为序，然后并列展现几个相关典型事件，即先纵后横；二是整个节目按照事件发生发展顺序来组织，但在中间穿插与事件相关的内容，即纵中有横。纵横交叉式结构的优点主要有：可以清楚地叙述复杂事件，让观众容易理解；可以全方位立体式叙述事件的来龙去脉，满足观众的深度需求。纵横交叉式结构的文本往往比单一的纵向结构或横向结构的文本篇幅要长，这是由于它表现事件时间与空间的跨度大有关，节目中常用的视听语言符号丰富，细节感人，可视性强。下面以获得第 22 届中国新闻奖一等奖的《聚焦医患“第三方”》为例，对其运用纵横交叉式结构进行简要的分析。

经过梳理，《聚焦医患“第三方”》纵横交叉式文稿框架分解大致如下：28 岁的吴升炫在上海人民医院就医去世两个多月，他的妈妈及妻子戴菲玲还在一片痛苦中（镜头记录过去）—插入细节画面，妻子与孩子玩（镜头记录现在）—妻子回忆丈夫死亡原因（镜头表现过去）—妻子觉得医院赔偿不合理（镜头记录现在）—民间组织普陀区医患纠纷人民调解委员会介入调查（镜头交待现场）—医院与受害者对死者死因各执一词，多次商榷未达成和解（镜头表现过去）—调停未果，医患纠纷人民调解委员会经受害者与医院同意邀请专家进行独立的第三方鉴定（镜头表现过去）—调解员接受采访表示调停难，原因何在（镜头记录现在）—专家说明死亡原因，解释医院在事故中失责的地方（镜头记录现在）—专家也提出家属失责的地方（镜头记录现在）—专家给出意见书，作为调解的关键（镜头回到过去）—动画展示整个调解过程—采访调解员，道出医患关系紧张的根本原因（镜头记录现在）—增加近期医患纠纷事件（镜头表现过去）—解说表明紧张的医患关系危害—列出每年上海医患纠纷事件数字（镜头表现过去）—采访司法局长，解释医患纠纷人民调解委员会的独立性、公正性（镜头记录现在）—医患纠纷人民调解委员调解成功原因所在—采访受害者对医患纠纷人民调解委员会办事的认可程度（镜头记录现在）—用数字表明上海医患纠纷人民调解委员会工作成绩（镜头表现过去）。

从上述详细框架可以看出，这篇文本结构是按照案件起因、调解过程与结果为主线，片中穿插了许多与事件相关的事情，画面不断在现在与过去以及不同人物之间切换。全方位地展现了近年来上海医患纠纷的整体情况及其处理的难度，充分表现了医院负责人、患者家属、调解委员会、专家、卫生局领导等有关人员对该事件的观点与态度。这种纵横交叉式结构的运用使节目信息量大，层次清楚。

（四）递进式结构样式

递进式结构样式，也叫逻辑式结构样式，是指通过对事物现象的叙述与分析，逐渐揭示事物本质的结构样式。这种结构样式一般在视听评论节目中运用较多，体现了人们思考问题由现象到本质、由具体到抽象的过程。其具体架构通常在三个层次上展开，即：是什么——叙述问题；为什么——分析问题；怎么办——解决问题。各层次、段落之间的关系，环环相扣，逐层深入。例如获得第21届中国新闻奖电视评论二等奖的《会说谎的作文》关注了一个具有普遍性但容易被忽视的话题：小学生写撒谎作文。节目首先通过问卷调查，统计显示，73%的小学生有过“编作文”的经历。接着记者亲身体验小学作文课，调查、分析了学生写撒谎作文的原因：题材不好找、缺少生活实践、题目范围太窄、作文有标准化倾向。通过采访专家教授与有关教师，对撒谎作文展开深层思考，认为应试心态和各级考试，直至高考作文评分标准是“撒谎作文”的始作俑者。最后发表评论，为了减少、避免编造抄袭现象的发生，作文评分标准应有修改，老师应该更加注重话题作文、拓宽题材、启发思路，家长可带孩子细心观察生活、增加体验。节目文本按照“小学生写撒谎作文现象普遍——是什么原因导致这种现象——如何避免小学生写撒谎作文现象”三个层次展开，逐层推进，逻辑性强。

三、视听节目文本写作基础要求

从宏观角度对视听节目文本的结构安排阐述之后，接着从微观角度就文本写作的具体问题加以分析。总的来说，视听节目文本写作要求做到以下七个方面。

（一）标题做到“四要四忌”

标题是视听节目的眼睛，要重视标题制作。视听节目标题制作不同于平面媒体标题制作，由于其顺时传播的制约性与携带保存的不便性，以及考虑观众收视的心理特点，因此，在制作视听节目标题时要求做到“四要四忌”。

1. 要简短忌冗长。据心理学家分析，移动视线时获得的印象，不如不动的注视获得的印象深刻。标题越长，阅读就越不方便，给人的印象就越模糊；反之，标题越简练，阅读越方便，给人的印象就越深刻。简短的标题，让观众瞬间尽收眼底，不会因看标题而错过了画面，也不会因看画面而错过了标题。冗长的标题，观众厌烦，使本来由视听双通道带来的易受性（观众接受信息时的时间支出、精力消耗最小）变成了难受性。我曾对150位观众调查，结果显示：90%的观众对30字以上的标题一般不看。可见，这样的长标题失去了存在的意义。

2. 要具体忌抽象。视听节目的标题一般只有主题，很少出现引题、副题，即以单式标题为主，这是与报纸标题在形式上的最大区别。因此，视听节目标题一般提倡实题而非虚题，标题中应该嵌入具体的核心事实，而不是抽象空洞的内容。要让观众一看标题就知道节目的大概内容。

3. 要一致忌矛盾。“一致”指的是视听节目的标题与画面、声音内容紧密相关，即题画相符和题声相符。视听节目是多种符号的有机融合，具体表现为看（画面）、读（屏幕文字）、听（声音）。只要节目中所运用的符号结构上趋于合理，彼此相互交融与呼应，就会产生类似于物理学上的共振效应，两个物体因振动频率相同而产生一种混合能量，从而加深观众的记忆。“矛盾”指的是标题与画面、声音内容相反或相离，即题画不符或题声不符。如果标题与画面、声音相互干扰，就会因结构无序而造成整体符号传播功能的衰减，产生“互消效应”，降低可信度，从而传播效果不理想。

4. 要明确忌歧义。“明确”指的是视听节目标题要观点鲜明，事实准确。制作标题要明确的同时，也要注意用词简洁。简称是很必要、很经济的语言形式，也是常用的构词方式；但前提首先是要“明晰”和“确切”，使观众一目了然。① 如“联合国教育科学文化组织”简称为“联合国教科文组织”，“中国共产党第十八次全国代表大会”简称为“中共十八大”，这些简称不但语义明确，而且已被全社会所接受，嵌入标题中能起到简洁作用。如果随意生造，要观众去揣测，就违反简称的原意了。为了使标题明确、简洁，除慎用简称外，还要防止产生歧义，误导观众。

（二）熟悉内容，巧设结构

在撰写节目文本时，首先要熟悉内容，把握整体。一是要熟悉采访内容。以事件为主的节目，写稿前要熟悉事件发生发展的过程，事件带来的影响，事件的发展趋势等。以人物报道为主的节目，写稿前要熟悉采访对象的性格、特点、兴趣、家庭与工作情况等。二是要熟悉拍摄的素材。撰写视听节目文本前必须熟悉前期拍摄的视频素材，掌握人物同期声内容，根据节目类型、主题与结构需要，分析哪些内容由同期声来讲，哪些内容由旁白来说。三是要熟悉背景材料。任何人物的成长或事件的发生，都离不开相关环境和历史条件。节目做得要有深度与广度，背景材料必不可少。因此，在采访时要充分挖掘占有背景材料，写作时就可通过精选背景材料说明事情的来龙去脉，突出主题，消除受众心中疑惑，使节目富有立体感。

在熟悉内容的基础上，撰写者要精心设计节目的结构。除前面介绍的四种常用的

① 黄煜，卢丹怀，俞旭．并非吹毛求疵［M］．广州：广东高等教育出版社，1998：167.

结构方式外，还可以创造许多新颖的结构。目前流行着“悬念式”结构法，即运用讲故事的方法，通过设置一个个悬念来组织节目，以此吸引受众。即使是一件很平常的事情，只要作者用心设计结构，也会使平淡生辉，受众看得津津有味。

（三）运用蒙太奇思维

在文本撰写阶段，蒙太奇思维是指反映现实的独特的形象思维。由于视听节目有画面介入，因此，在写作时必须考虑到哪些内容由画面来交代，哪些内容由画面与声音、屏幕文字相互配合来完成。这种声画分离又有机配合的写法正是视听文本写作的个性体现。如果单独阅读视听节目文本，就可能会觉得不连贯，甚至不合逻辑，这种带有跳跃性、间断性的特点正是视听节目文本与报刊文字稿显著的区别之一。因此，无论是写作纪实类视听节目还是创作虚拟类影视节目，均离不开蒙太奇思维。

（四）处理好同期声与旁白的关系

对真实类节目来说，典型的同期声是视听节目不可或缺的一个有机组成部分，生动的同期声是视听节目中最具魅力的声音，它能充分体现视听节目声画互补、水乳交融的完美传播效果。在视听节目中准确运用同期声可以增强节目的真实感、受众的参与感、声音的节奏感、画面的立体感（本章第五节“声画关系”中对同期声的功能有较详的论述）。运用同期声时，必须处理好同期声与旁白之间的关系。同期声是节目中声音的重要组成部分，是构成文本的重要段落，它与旁白融为一体，共同完成信息传达。总体来说，二者同处主体地位。同期声与旁白共同承担传播功能，带给观众的是完整、真实、朴素的视听信息。同期声与旁白都具有“叙述新闻事实、介绍有关背景、表达抽象理念”的作用。有些新闻背景用同期声来表达比旁白更具可信性。与此同时，还要处理好同期声在节目中的位置关系。在新闻类节目中运用同期声时，应根据新闻内容、新闻主题的需要来确定它的位置。同期声可以出现在新闻的开头、中间，也可出现在新闻的结尾，也可前、中、后都有同期声。由此可见，同期声在视听节目中的位置非常灵活，无公式可套，撰稿时应从实际出发定好同期声在节目中的位置。对于虚构类节目来说，主要靠同期声推动情节发展，旁白即解说处于次要位置，起着补充、说明作用。

（五）尽量口语化与生活化

受众对视听节目的了解主要是通过视觉与听觉两个通道来感知。双通道带来的易受性使视听节目为不同的观众所接受。为“听”而写的特点决定了视听节目文本中遣词造句要尽量做到口语化，少用书面语，这样受众听起来顺耳，容易理解。同时，文本语言要尽量做到生活化，不能文白夹杂，不能晦涩难懂。生活化的语言来源于生活又要高于生活，是经过提炼的生活语言，应该是规范化的生活语言，病句与啰唆的言语不能出现，除非特殊需要。此外，写作时还要注意尽量用双音节词语与短句，少用单音节词与长句，尽量避免同音不同义的词出现，以防受众误解。目的是方便受众理解，使配音员或演员读起来上口、顺耳。

（六）处理好节目时长与文本字数的关系

电视台的栏目有固定的时长，例如中央电视台的《焦点访谈》时长为12分钟，《今日说法》时长为20分钟。在节目策划阶段，一般就应策划好了节目的时长，因此，在撰写文本时对文本字数应该有个大概的限定，处理好节目时长与文本字数的关系。对于新闻类节目，要确定好同期声与旁白占用时间的大致比例。同期声的语速一般是每分钟120至150个字，旁白语速一般是每分钟220至250个字，由此可以确定文本大约字数。有些从业者认为：同期声节奏缓慢，占用时间太多，为了增加传播的信息量，加大单位时间内的传播容量，新闻中可以没有同期声。其实，这种见解十分偏颇。要知道：光靠旁白难以表达现场气氛和人物的思想感情，同期声直接构成了新闻事件的核心事实。因此要学会用同期声交代事态的关键内容。对于谈话类节目与虚拟类节目，同期声承担着叙述事实与推动事件发展的任务，旁白只是起着串联的作用。同期声在视听节目中占多长时间，要依节目体裁及其内容而定，没有硬性规定。

（七）重视片头、片花与片尾的设计及文本的写作

视听节目能否抓住观众的注意力，给观众留下深刻的印象，片头、片花与片尾的制作十分重要，对此，在文本写作阶段要重视对片头、片花与片尾的设计，精心写作。片头要通过冲击力强的画面与雄厚有力的声音一下子抓住观众的眼球。例如我为华南理工大学南校区制作的宣传片《前进中的南校区》，片头用一串排比句引出标题，即“这是一片孕育希望的热土，这是一方完善精神的家园，这是一个培养工程师和企业家的摇篮——这就是新兴的华南理工大学南校区”。画面设计为把新校训“博学、慎思、明辨、笃行”四个词语做成三维动画，用特技依次推出；再辅之以学校全景、校领导授予学位、研究生毕业合影等画面，最后从雄伟的图书馆建筑拉出定格在南校区正门，标题字幕由小到大推出“前进中的华南理工大学南校区”。由于标题太长，所以在字幕布局时分成两行，上一行相当于引题，用小字号表现“华南理工大学”，下一行相当于主题，用大字号呈现“前进中的南校区”。加上节奏明快、气势磅礴的片段音乐配合，整个片头显得大气而有魅力。再如12集大型纪录片《大国崛起》开头这样写道：公元1500年前后的地理大发现，拉开了不同国家相互对话和相互竞争的历史大幕，由此，大国崛起的道路有了全球坐标。五百年来，在人类现代化进程的大舞台上，相继出现了九个世界性大国，它们是葡萄牙、西班牙、荷兰、英国、法国、德国、日本、俄罗斯和美国。大国兴衰更替的故事，留下了各具特色的发展道路和经验教训，启迪着今天，也影响着未来……精练概括的导语再加上三维动画以及量身定做的音乐，片头足以吸引观众的注意力。在时长较长的纪实类节目里，往往还有制作片花来隔场，片花的作用一是调节节目的节奏，二是提示下节内容，如何制作要依具体节目而定。片尾的写作要点睛，要出彩，要给观众留下思考的空间。如《大国崛起》第 12 集这样写道：或许，并不是所有的人都已经放弃陈旧的思维模式和全球对峙时代的种种偏见；或许，在未来的五百年，乃至更长的时间里，世界的发展仍将经受各种考验。我们不知道 21 世纪的变化将把大国带向何方，但有一点是可以肯定的：建立永久和平、共同繁荣的和谐世界，将是人类共同努力的方向。

四、视听节目分镜头脚本写作

在完成视听节目文本写作之后，根据节目类型要求，确定是否要再进行分镜头脚本创作。一般来说，对于新闻片、专题片、纪录片、谈话节目等纪实类节目，不需要再进行分镜头脚本创作，因为，这类节目是以真实取胜，视听素材均来自于事发现场。而对于广告片、短剧、微电影等靠艺术取胜的节目，导演要在文学脚本的基础上再进行分镜头脚本创作，为拍摄与后期剪辑提供蓝本。

（一）分镜头与分镜头脚本

分镜头不是指摄像机上的光学镜头，也不是指影视节目中的一组镜头或画面。分镜头是导演研读文学脚本的基础上运用蒙太奇思维把文学脚本内容分切成一个个可供拍摄的镜头。分镜头脚本是按照一定格式记录分镜头语言所形成的文字文本，其过程是把文学脚本语言转化成视听语言的过程。分镜头脚本质量的高低集中体现导演影视艺术水平的高低。分镜头脚本统领着整个节目的拍摄与后期制作各个环节，就像乐队中的音乐作品的总谱，其所包括的内容主要涉及三个方面：一是拍摄前的准备工作，如挑选演员、选取场地、拍摄器材与道具准备等；二是拍摄中技巧的运用、角度的选取、景别的变化、演员的调度、化妆的要求、灯光的布置等；三是后期制作的要求，如镜头组接顺序、特技运用、字幕、配音、视频资料、音乐音响以及动画等。详细的分镜头为拍摄与后期制作提出了具体的要求，供各职能部门操作时把握要领，以提高节目的制作效率，确保节目质量。

（二）分镜头脚本样式

分镜头脚本样式是指呈现分镜头脚本的方式，通常分镜头脚本包括场号、镜号、机号、景别、拍摄技巧、画面内容、对白、时长、音乐、音响、特技等内容，常常用表格形式把这些内容囊括进去。分镜头脚本样式如表1－3所示，具体在写作分镜头脚本时，根据作品类型及导演习惯可以适当增删有关项目，目的是要达到实用、易懂，操作方便。

表1－3　分镜头脚本样式

场号	镜号	机号	景别	技巧	画面内容	对白（解说）	时长	音响	音乐	备注
1	1									
1	2									
1	3									
1	4									
	……	……	……	……	……	……	……	……	……	……

下面对分镜头脚本样式中有关术语加以解释。

场号：场号是指导演根据文学脚本划分出来的片段场景的编号。一部视听作品往往由若干场情节内容组成，标明场号有利于文学脚本、分镜头脚本与场记本相联系，把握拍摄进度以及整理素材。

镜号：镜号是指整个影视节目中的每个镜头的编号，根据文学脚本来确定顺序。需要指出的是，考虑到拍摄场地、设备、演员时间安排以及天气变化等诸多因素，拍摄顺序往往不一定按照镜号顺序执行，而后期剪辑需要按镜号顺序来操作。

机号：机号是指拍摄时所用的摄像机的编号。在实际拍摄过程中，往往有多部摄像机同时工作，而将摄像机编号或其拍摄素材编号，方便后期剪辑时查找有用素材。

景别：景别是指拍摄过程中画面所呈现范围的大小。由摄像机与被摄对象距离远近或采用不同焦距所形成，包括远景、全景、中景、近景、特写等。

技巧：技巧是指拍摄时的技法。具体包括推、拉、摇、移、跟等动作技巧、对焦距的调节技巧以及拍摄角度的确定。

画面内容：画面内容是指用文字描绘出画面呈现的内容，方便演员理解。就人物主体来说，分镜头脚本中的画面内容会具体到人物形态与内心世界的描写，导演这样做的目的是让演员尽量往角色上靠。

对白：对白是指画面中人物的对话。

解说：解说是指节目中的画外音，即旁白。解说往往是用来解释画面内容或用于转场，通常解说会匹配过字幕。

时长：时长是指镜头的时间长度，时长只是一个估算，一般以秒为单位，方便后期剪辑时把握画面节奏。

音响：音响是指在相应的镜头标明使用的效果声，例如雷声。

音乐：音乐是指节目中需要添加的乐曲。脚本中常常要注明音乐的起止位置、音乐的类型与风格等。

备注：此栏是导演为提醒工作人员需特别注意的地方，内容是前面几栏中所未涉及的，例如服装道具、后期特技等。

（三）如何写作分镜头脚本

分镜头脚本是在根据文学脚本的基础上对将要呈现的视听形象通过文字加以描述的文本。其核心内容就是如何分切镜头与如何结构镜头，通过一个个镜头的组接把情节内容合理有序地传递给观众。分镜头脚本决定着影视节目的呈现方式，对影视节目传播效果有着决定性的作用，因此，导演往往需要花费大量的时间与精力在分镜头脚本的写作上。

1. 做好撰写分镜头脚本之前的准备工作

做足功课是写好分镜头脚本的基础，因此，导演要从下面几个方面充分准备。第一，研读并充分理解文学脚本。导演在写分镜头脚本之前，要认真阅读文学脚本，这种阅读不同于一般读者的阅读，要透彻理解其中的故事情节、主题思想、人物性格及其生存环境等，仔细分析每个人物角色性格特点，准确把握原创者的风格与个性，把握文学情感基调，高度熟悉文学脚本内容，对整部片的节奏把控心中有数。第二，搜集有关资料，观摩相关影片。对照文学脚本，查找与其有关的文字资料与视音频资料，深化对文学脚本的理解，对片中需要添加的视频资料有所准备。与此同时，导演要观看主题类似的相关视听作品，一方面可以借鉴别人优秀的创作技巧；另一方面可以避免自己落入“俗套”之中，力求所拍视听作品有所创新，与众不同。第三，依据文学脚本所描述的场景，挑选拍摄场地或构思新建场景。在写分镜头脚本之前导演对拍摄场地应该有所了解，预先选择场地，可以省去拍摄前的调查选点工作，保证分镜头脚本的可行性。如果没有合适的场景可选，可采用人工搭建新的场景或采用三维虚拟场景与实拍场景合成的办法。

2. 写作分镜头脚本具体要求

分镜头脚本的写作实质上就是如何分切镜头与组接镜头，使镜头组接产生意义。因此，在写作时，蒙太奇思维应贯穿于整个构思过程，指导着导演对镜头、镜头组、段落的分割和组接。写作时要求做到以下几个方面：

（1）合理分解镜头。合理分解镜头指的是分解镜头不是随意的分解而是要有依据，符合人们认识事物的规律。或依据镜头组接产生新的意义，或要突出某一动作或细节，或要符合人的视觉习惯等。一般来说，分解镜头有以下几种情况，一是按动作分解镜头。同一场景中动作变化时要分解镜头，如从战马上摔下来，可分解为骑马与落地两个镜头；为强化某一动作或改变动作时长时应该分解镜头，如篮球场上投篮或足球场上射门的动作，通过瞄准与进球两个镜头分解，延长球进框里动作时长，让观众更好地欣赏进球的精彩瞬间。二是按场景分解镜头。一部片由很多个场景戏组成，在每一场景转换之间，要进行分解镜头，表明转化到了另一个场景。三是按人物思想情感发展需要分解镜头。在人物情感发生起伏变化时要进行分解镜头。如当人物听到坏消息由喜而悲时应该分解镜头，即高兴镜头、听到坏消息镜头、悲伤镜头。此外，还可以从观众兴趣点角度来分解镜头，想想观众最感兴趣的内容是什么，通过镜头分解加以强化。

（2）控制节目节奏。在撰写分镜头脚本时，根据节目类型特点，要控制好整个视听作品的节奏与每一场景的节奏，而这种节奏主要靠画面剪辑率来体现，即一分钟内容纳多少个镜头。例如动作片节奏较快，在打斗场景中频繁使用快闪式动作镜头，突出打斗之激烈，情节之刺激。在爱情片中，节奏较舒缓，镜头停留时间稍长些。在侦察类影视作品中，适时加入惊恐、紧张的音响，可以制造一种紧张的心理节奏。分解镜头主要体现在对节目外在节奏的控制，而外在节奏又是以内在节奏为依据的，因此，导演要吃透文学脚本的叙述节奏与人物思想情感发展的节奏，使节目的内外节奏和谐交融。

（3）体现作品风格。不同类型的视听作品有不同的风格，不同导演有不同的风格。在写分镜头脚本时，要紧扣原作风格，运用不同的表现手法来体现作品风格。如果原文学脚本描绘的是青春励志故事，那么导演在分解镜头时应该突出青春色调（色彩丰富、展现青春活力的镜头多些），导演也可对人物对话稍作修改，使人物语言更接近生活，张扬青春个性，等等，这些做法是为了更好地表现原作风格。

（4）注重组接方法。一个个镜头如何组接以更好地表达作品内容及其意义，让观众更好地接受理解，这里有个镜头组接顺序与方法问题。导演在写分镜头脚本时要按照原作的意图，合理组接镜头，要注重景别的变化以及拍摄技巧的使用，使节目不至于单调沉闷，不至于拖沓冗长。同时导演对后期剪辑可作简要说明，根据内容需要可选用合适的特技，使镜头之间、场景之间过渡顺畅。

写作分镜头脚本既要依托文学脚本，又要根据视听节目特点及其受众接受特点适当加以创新。不能改变原作的主题与风格、主要内容及其人物性格，修改过多会引起原创者的不满，因此，导演要把握好分寸。写好分镜头脚本是导演的一项重要本职工作。作为导演，要不断提高审美修养与影视理论水平，不断创作出高质量的分镜头脚本，为制作高质量的视听作品打下坚实的基础。

第五节　节目后期制作

后期制作是整个视听节目制作流程中的最后一个环节，也是对前期采集所有素材进行再创作的一个重要环节。后期制作水平的高低直接决定视听作品质量的高低，编导及其主创人员均十分重视这个环节。本节就后期制作中的一些主要理论及其制作方法与技巧进行详细阐述，其主要涉及镜头的选择与组接、蒙太奇与视听节奏、声画关系、屏幕文字、图表与动画、特技语言、节目合成等诸多方面。

一、镜头的选择与组接

镜头，在这里并非指摄像机上的光学镜头，而是指摄像机从开机到关机拍摄下的一段视频素材，镜头即画面。镜头的选择就是指在后期编辑中如何选择画面，镜头的组接就是如何把画面连接在一起，表达一个完整的意思。正确选择镜头与准确组接镜头是后期编辑的第一步，也是最重要的一步。

（一）如何选择镜头

在前期拍摄阶段，往往担心后期编辑素材不够，因此，尽可能多拍摄一些与节目内容有关的画面，哪怕是一些空镜头也不放过。一部十几分钟的专题，常常有数小时的素材；一部纪录片，耗片比有时达十几比一，甚至几十比一。可见，后期编辑中，面对如此多的视频素材，首先面临的一个问题就是如何选择镜头。选择镜头要求做到以下四个方面。

1. 选择镜头要围绕节目主题。节目主题是指节目所反映出来的思想与观点，主题是统率作品的灵魂。任何一部视听作品，均要有主题。镜头选择就是要围绕主题来选择，通过一组组镜头反映突出视听作品的主题。如在编辑企业宣传片时，要选择能展现企业设备先进、产品优良的画面，选择能体现企业先进的管理理念以及员工积极向上的精神风貌的画面。在编辑纪录片时，要选择能展现事件过程、体现人物个性的镜头，选择具有故事性与冲突性的镜头，等等。不管编辑哪种类型的视听作品，选择镜头时都要从突出主题、表现情感出发，以主题、情感来统领作品中的所有镜头。

2. 选择镜头要有利于体现节目内容。节目内容主要靠画面与声音来传递。不同类型的视听作品，画面作用的侧重点各有不同。对于影视剧来说，画面的叙述作用比较明显；而对于新闻类节目，由于受新闻时间的限制，画面的叙事功能要弱些，其主要功能是佐证声音内容，当然也不排除有些现场画面具有小片断的叙事功能。对于缺少旁白的纪录片而言，主要是靠长镜头来叙述作品的内容。因此，选择镜头时要从体现节目内容的角度进行选择，让观众通过镜头了解具体生动的内容。

3. 选择镜头要能体现节目风格。不同类型的视听节目具有不同的风格特点，以本书所讲的纪录片、专题片、广告片、栏目剧、微电影为例，在编辑这些节目时，选择镜头要注意符合节目的风格。纪录片与专题片，强调客观、真实，拍摄手法要平实不宜花哨，编辑时要多选固定镜头，注重主体的构图，注重同期声镜头与旁白镜头的结合等。广告片由于时长短，画面切换快，编辑时往往以中近镜头为主，注重每个镜头的信息量。栏目剧与微电影注重故事性与情节的冲突性，因此，要选择有故事性、冲突性的镜头以及体现情节转变的过渡性镜头。

4. 选择镜头要具有感染力。不管哪类视听作品，如果要达到从情感上打动观众给观众留下深刻印象之目的，就离不开颇具感染力的镜头。因此，后期编辑时，要精心选取画面细节，通过画面细节来感染人，表现节目主题。如获奖纪录片《迁徙的鸟》中，在讲述候鸟如何克服自然环境，在大风沙中寻找出正确方向、在冰天雪地中如何保护自己、在浩瀚海洋中如何猎食等情节内容时，往往通过一个个画面细节，给观众以强烈的视觉冲击，震撼观众心灵。

（二）如何组接镜头

视听节目最小的语言单位是镜头，一个镜头单独来看可能有多种意思，在具体的视听节目中却只有一种意思；就像汉语中的词语一样，单独来看，一个词可能有多种含义，但在具体句子中含义只有一个。如何把一个个镜头合理地组接起来，组接镜头有哪些技巧，要注意哪些方面，下面就这些问题加以阐述。

1. 组接镜头要符合人的思维逻辑与生活逻辑

在后期编辑时，要按照人的思维逻辑来组接镜头，不能随意把画面组接在一起。由于视听节目画面是连续的，人们往往会把上下之间镜头或上下场景之间镜头会联系起来思考，因此，在组接时要注重镜头之间的关系。因果关系、并列关系、对比关系、对应关系等都可以通过连续性镜头体现出来。例如在影视枪战片中，常有上一个镜头是举着枪，下一个镜头是一个人倒地，这是典型的因果关系镜头。在宣传片《前进中的南校区》介绍校园风光时，通过把学校大门、教学大楼、图书馆、学生活动中心、运动场、湖心岛等几处镜头并列一起，展现学校新校区的风貌，这些镜头之间存在并列关系。有时根据节目主题的需要，剪辑时把新与旧、好与坏、生与死等镜头组接在一起，形成鲜明的对比关系。在娱乐类节目中，往往把表演镜头与观众的反应镜头组接一起，形成反应关系，等等。镜头之间的这些关系，在后期编辑时要认真考虑，不能出现镜头逻辑混乱，使观众不知所云。

组接镜头除了要符合人们的思维逻辑之外，还要符合人们的生活逻辑。生活逻辑是指现实生活中事物本身发展变化的规律。任何一件事情都有其发生发展的过程，在编辑中，要保证时间空间的连续性，即使采用悬念式结构，也要注意交代时间的变化，画面组接要体现生活中事件过程时空的连续性。同时，为了使节目节奏紧凑，在保证不使观众迷惑的情况下，往往省略某些次要的内容，这并不影响时空的连续性，例如，记录某人早上去公司上班要花费一个小时，只要四个镜头即可记录这个过程：走出家门—上公交车—公司门口—办公室，每个镜头 2 至 3 秒，大约 10 秒钟即可记录 1 小时的过程，这并不会影响观众的理解。此外，编辑要掌握每种景别的功能与人们观察事物关系，如果要让观众看清主体细节，就可用特写；如果是想要了解主体与周围环境的关系，就可用全景。人们观察事物往往是渐进式的，因此，编辑时要注意景别由大到小或由小到大变化的逐步推进，当然特殊情况下也可采用两极景别组接方式。

2. 组接镜头要选准剪辑点，使声画组接流畅

后期制作要做到剪辑流畅，就离不开准确选择剪辑点。剪辑点作为影视剪辑的专业术语，其含义就是把不同内容的镜头画面相连接，构成一个完整的动作或是概念，这就是剪辑点。简单地说，剪辑点是指两个镜头画面相连接的点。① 其包括两个方面：画面剪辑点与声音剪辑点。画面剪辑点又包括动作剪辑点、情绪剪辑点和节奏剪辑点；声音剪辑点包括对白、旁白、独白、音乐、音响的剪辑点。如果剪辑点不正确，就会给观众带来跳跃感、突兀感，影响节目的传播效果。在确定动作剪辑点时，要注意动作的连贯性与完整性，即使省略其中的一些过程，内容也要符合生活实际，不影响观众的理解。在确定情绪剪辑点时，要注意体会画内人物情绪发展的需要，它不受画内人物动作的局限，只受画内人物心理情绪变化的节奏制约；情绪剪辑点的确定主观性强，最能体现编辑人员的艺术素养。节奏剪辑点的确定要依据情节内容及其影片风格的需要，通过不同长度镜头的组接来影响观众观看时的心理节奏，例如表现战斗激烈多用短镜头切换，表现海边浪漫情调多用长镜头组接，也就是说通过剪辑率的高低来控制视听的节奏。

对于人物声音的剪辑，要注意处理声画关系，可以是声画同步，即画面人物与声音同时出现；也可以是声画错位，先出画面再出声音，或先出声音再出画面。对于声画对立的编辑，要注意处理声音与画面在内容、情感或节奏上的相辅相成。对于音乐

---

① 傅正义．电影电视剪辑学［M］．北京：中国传媒大学出版社，2002：104.

剪辑点的确定，要注意从音乐的旋律、情感以及画面内容的配合等方面来考虑，要掌握如何确定纯音乐与背景音乐的剪辑点。对于音响剪辑点的确定，要根据客观性音响与主观性音响的各自功能来处理。对于来自现场的客观性音响，要注意节目中音响的入点与出点，以及音响与同期声或旁白的处理。对于后期制作中人为加入的主观性音响，要依据节目内容情节的需要，选准音响出现的起始位置，以营造一种特殊效果。总之，镜头剪辑点的选择，不是随意性的选择，而是建立在充分依据基础上作出的选择。

3. 组接镜头要考虑景别的变化与色调的和谐

在后期编辑时，要根据不同景别的特点与作用来组接镜头。如果要让观众看清事物细节就用特写镜头，如果要让观众了解事物生存的环境就用远景或全景镜头，如果要让观众看清事物的局部或人物的动作就用中景或近景镜头，等等。与此同时，要根据人们观察事物的视觉规律来组接镜头，如果是想先了解事物的整体再看清事物的局部或细节，就要按“远景—全景—中景—近景—特写”的顺序来组接；相反，如果是想先让观众看清事物的局部或细节再了解事物的整体，就按“特写—近景—中景—全景—远景”的顺序来组接。在一部或一段视听节目中，景别要有变化，不能只用其中一种或两种景别。景别的变化既可扩大或缩小观众的视野，又可使节目节奏富有变化，因此，在组接镜头时要注意景别的变化。

此外，在组接镜头时既要考虑整体节目的色调统一，又要考虑相邻镜头画面色调的和谐。例如谍战片中，往往以黑、灰、蓝等冷色调为主，以突出神秘、恐怖、阴森的气氛；爱情片中，往往以红、黄、橙等暖色调为主，以表现喜庆、甜蜜、浪漫之氛围。不同的颜色蕴含的社会意义不同，使人的心理产生不同的情绪反应，因此，后期编辑要根据节目主题、内容的需要，选择合适的色调，使整个节目色调与节目中表现的主题、思想情感相吻合。具体到镜头组接时，要注意两个连接的镜头画面之间色调的和谐，尤其是由于拍摄现场色温不同，导致画面颜色反差较大影响视觉美感时，可用非线性编辑软件对画面颜色稍作修改，使相邻镜头组接时色调协调。

4. 组接镜头要注意动静的搭配

“动”涉及镜头内部运动与镜头外部运动，即画内主体运动与画外镜头运动；“静”涉及镜头内部的静止与镜头外部的静止，即画内主体静止与画外镜头固定。在后期编辑时要正确处理动静的配合，更好地表现视听内容及满足观众的收视习惯。下面就后期编辑中动静结合的几种情况作些简要分析。

（1）动接动。动接动又可分为三种情况，即运动的主体接运动的主体、运动的主体接运动镜头、运动镜头接运动镜头。在编辑时，要注意处理同一主体的运动的连接以及不同主体运动的组接，尤其要把握好动作关键环节的剪辑点，使运动流畅，例如跳远运动的编辑，要把握好助跑、起跳、落地三个连贯动作的关键点。对于运动的主体接运动镜头的组接，要注意把握好画内运动与画外运动构图的和谐与美观。对于运动镜头接运动镜头的组接，要注意运动的方向、运动的速度以及运动的目的，不能用漫无目的的推拉摇移的镜头，不能长时间地采用这种组接方式，因为，长时间采用运动镜头加运动镜头组接方式容易造成观众视觉疲劳，从而影响收视效果。

（2）动接静。动接静主要分为两种情况，即主体的动接主体的静、运动镜头接固定镜头。主体的动接主体的静，可能是同一主体，也可能是不同主体，在组接时，要找准主体动作转折或结束的剪辑点，再接上主体静态的画面，例如表现某人去教室听课的一组镜头，上一镜头是这个人走在教室椅子前将要坐的姿势，下一镜头是他已经坐在椅子上了。在运动镜头接固定镜头时，要注意运动镜头的落幅，不能在运动镜头没有结束时就剪断接上固定镜头。不管哪种动接静方式，后期编辑时都要找准运动暂停、转折或结束的点作为上一镜头的剪辑点，与下一固定镜头的入点连接，使剪辑流畅。

（3）静接静。静接静可分为两种情况，即静态的主体接静态的主体、固定镜头接固定镜头。仔细分析两种情况实属同一种，固定镜头呈现静态内容。静接静是常见一种组接方式，无论是在纪实类节目还是在虚构类节目的后期编辑中均大量存在。在组接时要注意选择不同景别、镜头长短、角度变化、画面造型等诸多方面，使组接效果符合节目风格，突出节目主题。

（4）静接动。静接动主要分为两种情况，即静止的主体接运动的主体、固定镜头接运动镜头。静止的主体接运动的主体，可能是同一主体，也可能是不同主体。例如100米大赛中，上一镜头是运动员在起点预备的姿势（静态），下一镜头是运动员在跑步（动态），在静止的主体接运动的主体时，要注意景别变化、运动方向及其画面构图。在固定镜头接运动镜头时，要注意找准运动镜头的入点与出点，使运动连贯、完整。

5. 组接镜头要考虑无技巧转场

视听作品由若干段落组成，段落又是由一个个场景构成。在后期编辑中如何顺利实现段落与段落之间、场景与场景之间的转场，一般来说转场有两种方式，一种是有技巧转场，一种是无技巧转场。有技巧转场即指镜头组接时运用特技语言实现转场（本节“特技语言”中有介绍）。无技巧转场即指镜头组接直接运用切换方式实现转场，这种转场方式省略了许多“过场戏”，加快了视听节奏，从而增加了作品的容量。段落之间、场景之间的转场并不是随意地切换，必须考虑一些合理的过渡因素及其转场的方法，以保证转场的连贯与顺畅。

（1）无技巧转场的过渡因素

组接镜头时，如何合理地实施无技巧转场，可从以下几个方面考虑相关因素。

①相似性因素：上下两段相连的两个镜头的主体外形、运动状态、所处位置、画面背景等方面相似，或上下两个镜头包含的是同一个主体。例如上一镜头是甲在跑步机上跑步，下一镜头是乙在运动场上跑步。

②逻辑性因素：上下两段相连的两个镜头在内容情节发展上具有内在逻辑性，包括互为因果、前后对应等关系。例如上一镜头是两人在照相馆拍结婚照，下一镜头是两人在教堂举行婚礼，上下镜头组接符合事物发展逻辑。

③比喻性因素：上下两段相连的两个镜头的画面内容有着强烈的对列作用，而后一个镜头对前一个镜头能产生比拟、隐喻的作用。例如上一个镜头是英雄人物壮烈牺牲的镜头，下一个镜头是高山上挺立的一棵青松，比喻烈士精神永存。

④过渡性因素：运用画内主体运动或画外运动摄像方式来实现场景的转换，或借用人声、音乐、音响来实现段落的转换。例如上一镜头是两个人谈到某人情况，下一镜头就出现所谈及的这个人正在干活的场景。

（2）无技巧转场的方法

考虑到无技巧转场的过渡因素，在后期编辑中，可以创造多种多样的无技巧转场方法，常见的有下面 10 种。

①相似体转场。相似体转场是指上下两个镜头包含同类物体或被摄主体形状相似，从而顺利完成不同场景的组接。

②同体转场。同体转场是指不同场景的上下两个镜头用同一个人物或事物来实现转场。例如电视剧《妈祖》第 12 集中，讲到生全跟随阿爹出海打鱼，遇到怪浪，死伤多人。上一镜头是默娘等人在海上寻找生全，一只乌龟背着生全的遗体从海里游上来，下一镜头是生全遗体出现在家里的床上。运用同一主体转场，使镜头组接自然、流畅。

③空镜头转场。空镜头是指没有人物的景物镜头。空镜头常用来介绍环境，交代时间空间，推动情节发展等，空镜头转场是指上下两个镜头之间通过插入一个景物镜头来达到顺利转接。例如电视剧《亮剑》多处在叙述夜袭之后，用一个月亮空镜头实现由黑夜到白天的转场。

④特写转场。特写转场是指通过对事物局部的放大引起观众的注意以突然转换场面的一种手法。由于用特写镜头冲淡了事物之间的联系，因此，镜头转换就不易使观众察觉。在纪实类节目中，不可能像剧情类节目可以事先设置好转场的方式，因此，

在前期拍摄中要多拍些特写镜头，其作用除了强调突出被摄主体外，还可作为转场的一种手法，起到间隔的作用。

⑤主观镜头转场。主观镜头是指按照画面中人物视觉方向所拍摄的镜头。组接中的两个镜头，上一个镜头是客观镜头，展示画面人物的观看行为；下一个镜头则是主观镜头，展示人物所看到的内容。用主观镜头转场，表现了两个镜头之间的逻辑关系，体现了观众的心理欲求，使镜头组接自然流畅。例如在战争片中，有这样的场景，上一个镜头是指挥官用望远镜观察敌方情况，下一个镜头就是敌方活动的情况。

⑥声音转场。声音转场是指用人物的对话（画内音）、旁白（画外音）或音乐音响来实现两个镜头之间的转换。例如新版电视剧《武松》第2集在讲到潘金莲、武二郎在众乡亲的帮助下把丧事办完后，有位长者对他俩说："还是找个吉日把婚事办了吧。"下一个镜头就是武二郎、潘金莲披红戴花结婚的场面。

⑦运动镜头转场。运动镜头转场是指利用摄像机的运动来实现拍摄地点的转换。在拍摄中，通过对摄像机的推拉摇移升降等运动可以改变拍摄的范围与对象，实现地点的转移。无论是在纪实类节目与虚拟类节目中，利用运动镜头实现转场的方式均大量存在。

⑧挡黑镜头转场。挡黑镜头转场实际上是把同体转场与"淡出淡入"结合起来运用实现转换场景的方法，其具体操作是，前一场景中，主体走近以至挡黑摄像机；后一场景中，主体又从摄像机前走开。前后两个镜头可以是同一主体，也可以是不同主体，但必须是用来转换时间与地点，而不宜用作一般镜头的转换技巧。挡黑镜头转场给观众以强烈的视觉冲击，可以造成视觉上的悬念；同时省略了"过场戏"，使情节发展更为紧凑。例如电视剧《龙门镖局》第37集，在讲到众多千帆的粉丝来到龙门镖局门前阻止千帆与璎珞在一起，璎珞大骂粉丝，粉丝要打璎珞，场面混乱；青橙放烟雾弹驱赶粉丝，千帆责怪青橙，青橙用武功打了一下千帆，这时把千帆的众多粉丝进一步激怒了，众粉丝纷纷上前要打青橙且把镜头挡黑，于是转入下一场景是璎珞为千帆治伤。

⑨出画入画转场。出画、入画转场是指上一镜头中的主体走出画面，下一镜头中主体又走进画内，两个镜头虽然是同一主体，但是场景地点完全改变。画面中的主体可以是人、动物或交通工具。运用出画、入画转场可使场景转换自然流畅，但要注意方向问题。如果上一镜头是从画面左边（或右边）出画，那么下一镜头就应该是从画面右边（或左边）入画；如果上一镜头是从画面上方（或下方）出画，那么下一镜头就应该是从画面下方（或上方）入画。

⑩虚焦转场。虚焦转场是指上一个镜头由实而虚，下一个镜头由虚而实，以此实

现两个镜头场景的转换。虚焦转场具有“化”的效果，在剧情类或艺术片中有所运用。

上面简要分析了无技巧转场的10种方法，其实在后期编辑中，远不止这10种转场方法，这就需要视听节目制作人员在实践中不断创新摸索出新的转场方法。不管哪种转场方法，均要服从表现内容的需要，尊重观众的欣赏习惯以及生活逻辑规律，不能为了追求形式上的花样而丢掉了所要表现的本质内容。

6. 组接镜头要注意轴线规律

在前期拍摄与后期剪辑中，如果不仔细考虑机位问题，就有可能造成越轴，导致方向混乱，迷惑观众。因此，在后期制作中编辑人员对轴线与轴线规律要有深刻的理解，同时，掌握一些合理越轴的方法，以减少越轴现象。

（1）轴线与轴线规律

如前所述，轴线是指被摄对象运动、人物的视向或人物之间交流的位置关系所形成的一条假想线。在前期拍摄与后期编辑中均要注意轴线的存在，否则就会方向错乱。轴线规律是保证画面主体方向明晰、空间统一的规律。轴线规律可分为运动轴线规律、方位轴线规律与关系轴线规律。

运动轴线是指被摄主体运动的路线或方向所形成的假想线，它可以是直线，也可是曲线，如图1－29所示，汽车前进方向的假想线就是运动轴线，1号、2号、3号机位拍摄，始终保证了汽车从左向右行驶；如果机位越过轴线，到另一边拍摄，如5号机位拍摄的汽车就会是由右向左前进，这就是越轴了。因此，在前期拍摄时，要把摄像机机位安排在运动轴线一侧180度的范围内，以保证运动方向的一致性，否则主体运动就会方向错乱。4号、6号机位镜头在运动轴线上拍摄属于中性镜头，方向感不明显，常用于插入两个越轴镜头之间，以减缓画面组接的方向错乱感。在后期编辑

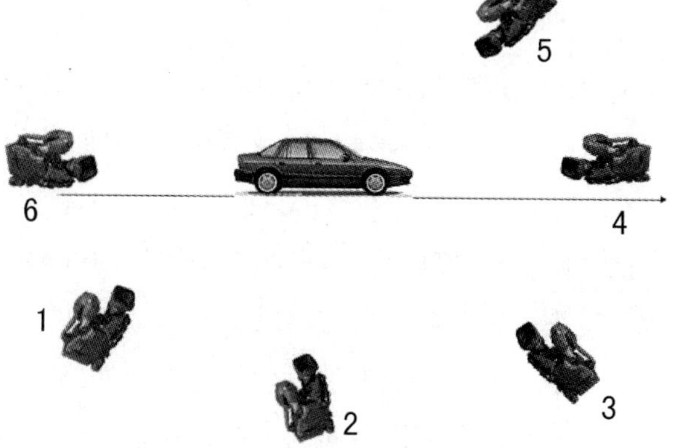

图1－29　运动轴线示意图

时，要把在运动轴线同一侧拍摄的画面组接在一起，这样确保主体运动方向明晰，不会迷惑观众。

方位轴线是指静止的单个主体到它对面平面支点间的垂直线，或人直视时看到对面物体之间的垂直线。拍摄时，机位必须在轴线同一侧 180 度以内；后期剪辑时也必须把同一侧拍摄的画面组接在一起，以保证方向不会错乱。例如，拍摄人物使用电脑打字的画面，机位可安排在左前方 45 度角拍摄人物打字时的形态，之后，再从左后方拍摄一个表现人物打字内容的过肩镜头，两个镜头组接在一起就不会方位错乱。如果从人物右后方拍摄一个过肩镜头，那么人物在画面中的左右位置就更换了。

关系轴线也叫对话轴线，是指人物交流时所形成的一条假想线。如果是两个人物对话，那么就只有一条关系轴线，机位安排在这条轴线同一侧的 180 度以内即可。如果是多个人物参与交流，就会形成多条轴线，机位只能安排在每两条轴线之间的夹角之内。关系轴线与方位轴线不同的是，它只能依据人物之间的交流情况而定，与人物的视线方向无关。

（2）合理越轴的方法

在前期拍摄或后期剪辑中，如果发现确有越轴现象存在，就要采取一些有效方法来补救，使越轴合理化或最大限度地减少方向的错乱。常见合理越轴的方法有以下几种。

①插入中性方向镜头。中性方向镜头是指被摄主体迎面靠近摄像机或背离摄像机向画面深处前进的镜头。由于中性方向镜头没有明显的方向性，因此，常作为过渡镜头插入在两个主体运动方向相反的镜头之间，这样，可以减弱越轴造成的方向错乱感。在前期拍摄中，要注意拍摄一些中性方向镜头以备后期之用。

②借助特写景别。由于特写镜头中背景虚化，主体方向感不太明显，因此，在两个越轴的镜头之间插入一两个特写镜头，就可把两个越轴镜头分割开来，以冲淡越轴造成的视觉冲突。

③插入人物主观镜头。主观镜头是指从画中人物视点所拍摄的镜头。在两个运动主体越轴镜头之间，如果插入一个运动主体的主观镜头，即运动主体所看到的事物，就可使越轴合理化。

④运用主体自身运动使越轴合理化。即在两个主体运动方向相反的镜头之间，插入一个主体运动转向的镜头，使观众明白方向已经改变。例如，在长跑比赛中，上一个镜头是运动员由左向右跑，下一个镜头是运动员由右向左跑，运动方向错乱。如果在两个镜头中间插入一个运动员在弯道转向的镜头，观众就不会感到方向错乱；赛车也是如此。

二、蒙太奇与视听节奏

视听艺术是节奏控制的艺术。蒙太奇技巧的运用与视听节奏的处理是视听节目后期制作者必备的能力。不同的蒙太奇技巧可以营造出不同的视听节奏。下面分别就蒙太奇与视听节奏有关要点加以阐述。

（一）蒙太奇

认识蒙太奇，需从理解概念与功能开始，进而掌握不同类型蒙太奇的特点及其作用，学会使用蒙太奇句子。

1. 蒙太奇由来

诞生于1895年由法国人卢米埃尔兄弟摄制的世界上最早的电影短片《工厂大门》《火车进站》《水浇园丁》等都是由一个长镜头构成，通过单个长镜头记录一件事情的过程，当时卢米埃尔兄弟没有意识到蒙太奇的存在。1896年，法国人乔治·梅里爱在街头拍摄时，摄影机器出现了小故障，不得不停拍一会儿，机器修好后再重新拍摄。结果洗出来的影像使梅里爱感到非常惊奇，原来在街上行驶的马车突然变成了一辆灵车，这次偶然的“停机再拍”产生的视觉效果启发了梅里爱，使得他走上一条与卢米埃尔纪实风格不同的电影创作之路，即借助电影媒介来表现和创造现实。由此，电影导演开始尝试将不同的镜头组接在一起叙述一个故事。1902年，美国人埃德温·S. 鲍特制作的一部影片《一个美国消防队员的生活》（*The Life of an American Fireman*），是从已经拍摄的素材中剪辑而成的一部短片。同年，他摄制的《火车大劫案》（*The Great Train Robbery*）展示出了平行剪辑的效果，创造了独特的电影叙事方式，由此，他奠定了剪辑理论的基础。

最早有意识地把剪辑发展成为一种独立的艺术手法，使人们深刻地认识到剪辑产生的奇特效果，不得不说到美国电影导演大卫·格里菲斯，他于1915年与1916年先后摄制的两部著名电影《一个国家的诞生》（*The Birth of a Nation*）和《党同伐异》（*Intolerance*），他在这两部电影中，有意识地通过拍摄角度的变化以及不同景别的组合，开创了电影语言的句法，使叙事蒙太奇发展到一个新的高度。真正把蒙太奇理论化的是前苏联的库里肖夫、维尔托夫、普多夫金、爱森斯坦等电影艺术家和理论家，他们从实践与理论两个方面把蒙太奇上升到美学理论高度来研究，形成蒙太奇学派。其中有两个著名的蒙太奇实验。

实验一：库里肖夫实验①

库里肖夫从一部影片中剪出著名演员莫兹尤辛毫无表情的脸部特写镜头，再把这

① 普多夫金．论电影的编剧、导演和演员［M］．北京：中国电影出版社，1984：118.

个镜头与三个不同内容的镜头进行组接，然后放映给不明真相的观众看。

第一组：莫兹尤辛脸部特写＋桌上一盘汤；

第二组：莫兹尤辛脸部特写＋一个玩玩具狗熊的小女孩；

第三组：莫兹尤辛脸部特写＋一个躺在棺材里的老妇人。

观众看后，非常赞赏莫兹尤辛的表演才华，指出这三个镜头分别表现了莫兹尤辛沉思、愉快、悲伤的感情。同样一张毫无表现的脸与不同内容的镜头组接，给观众的印象完全不一样，产生新的含义，这就是著名的“库里肖夫效应”。

实验二：普多夫金实验

普多夫金把三个不同的镜头，按照不同的顺序进行组接，表达的含义完全相反。

镜头 A：一张微笑的脸

镜头 B：一张惊恐的脸

镜头 C：对着一个人瞄准的手枪

如果按照 A→C→B 的次序进行组接，那么给观众的印象是这个人是一个懦夫；如果按照 B→C→A 的次序进行组接，那么给观众的印象是这个人是一条好汉。可见，同样的镜头，按照不同的顺序剪辑，得到不同的传播效果。

实验结论：原本各自独立的镜头，通过与不同镜头的组接或按不同次序组接，可以引导观众的注意力，激发观众的联想，产生新的含义，达到不同的传播效果，这就是蒙太奇的魅力。

2. 蒙太奇概念与功能

蒙太奇（Montage）是法语音译外来词，是建筑学的专业术语，原意为构成、装配。借用到影视领域，意为镜头的分切与组接；具体来说，包括画面与画面、画面与声音、声音与声音的组接，这只是狭义的蒙太奇含义。后来蒙太奇内涵不断被丰富，广义蒙太奇概念包括三个部分：一是作为影视反映现实生活的独特的形象思维方式，即蒙太奇思维，主要体现在前期影视文本创作与拍摄阶段；二是作为视听节目的基本结构手段、叙述方式，包括镜头与镜头、场景与场景、段落与段落的安排与组合的全部技巧，主要体现在文本写作阶段；三是作为画面与画面、画面与声音组接的具体技巧与技法，主要体现在后期编辑阶段。可见，广义蒙太奇贯穿于整个视听节目创作的全过程。

纵观蒙太奇功能主要有以下几点：其一，创造独特的视听时空关系。面对不同时间、不同地方拍摄的视频素材，经过蒙太奇手法的运用，可以创造新的时空关系，实现对时空的再造。其二，深化节目主题。通过对视频素材的选择、加工、重组，使节目内容层次清楚，重点突出，深化主题。其三，形成鲜明节奏。视听节奏的营造 90%

靠剪辑获得，内部节奏与外部节奏、视觉节奏与听觉节奏的形成主要通过蒙太奇技巧的应用。其四，引导观众注意力。通过蒙太奇手法使无序的画面变得有序，引导观众观看，激发观众联想，从而引起观众心理情感的共鸣，启迪观众思考。其五，创造意境。通过不同镜头的组接，产生大于单个镜头的含义，创造新的意境，表达抽象理念。

3. 蒙太奇类型

对于蒙太奇的分类，学界有不同的看法，根据蒙太奇的叙述方式和表现形式，可把它分为两大类，即叙事蒙太奇与表现蒙太奇。

（1）叙事蒙太奇

叙事蒙太奇是指按照时间顺序、空间顺序或逻辑关系来分切与组接镜头、场面和段落，以叙述事件和展现过程的剪辑方法。它的主要功能是交代情节、展示事件过程。叙事蒙太奇是影视中最常用的一种叙事方法。以时间顺序为主的事件组接又常常是发生在不同的空间当中；以空间顺序为主的镜头组接其间常暗含着时间的线索；以逻辑顺序为主的镜头组接，也常伴随着跨越时空的特点。我们要根据实际情况灵活地、创造性地运用叙事蒙太奇。叙事蒙太奇主要包括以下几种表现形式。

①连续式蒙太奇

连续式蒙太奇就是按照单一的先后顺序、空间顺序或者逻辑上的因果关系来组接镜头，这种叙事手法简单明了，叙事清楚，层次分明，是最常用和最基本的叙事剪辑手法。当然这种叙事手法符合大众的认知习惯，但往往难以省略其中的过程，表现力有所欠缺，给人以冗长沉闷的感觉。目前的影视剪辑已经很少单独使用连续式蒙太奇，往往与其他的叙事蒙太奇交叉使用。

②平行式蒙太奇

平行式蒙太奇是指不同时空（或同时异地）发生的两条或两条以上的情节线索平行地发展时，分头叙述，进而将不同的情节融合在一个统一的叙事链条中。平行式蒙太奇类似中国章回体小说的“花开两朵，各表一枝”。平行蒙太奇应用广泛，它有利于删除不必要的过程，节省篇幅，使影片节奏明快；同时几条线索平行展开，相互烘托，相互比较，易于产生强烈的艺术效果。平行式蒙太奇中几条情节线索在开始的叙事过程中往往不相交，但是最终都会有一个交汇点，这个交汇点便是故事情节发展高潮或结局，而这个交汇点却始终主导着各条线索的发展与推进。大部分影视作品中使用平行式蒙太奇的手法，例如反映“9·11”事件的电影《世贸中心》，有两条主要线索平行展开，一条是对被困消防员的救援，一条是被困消防员家属的焦急等待，两条线索并行发展，最终因消防员的被救而汇聚到影片所要表现的主题上，即在灾难面前，人类的互助与团结，以及对生命的尊重。

③交叉式蒙太奇

交叉蒙太奇又称交替蒙太奇，由平行式蒙太奇发展而来。它将同时异地发生的几条线索情节快速频繁交叉展开，以表现各条情节线索之间密切的逻辑联系。其中一条线索的发展往往推动另一条线索的发展，各条线索相互呼应、相互依存，最后汇合在一起。交叉式蒙太奇的叙事手法能够加剧冲突，引起悬念，推动情节发展。战争片、惊险片、谍战片中常用交叉蒙太奇造成追逐和惊险的场面，扣人心弦。例如电影《海豹六队：突袭本·拉登》里，片末突击队员进入本·拉登躲藏的住处时，突击队队员的进攻、恐怖分子的反抗、队员搜寻本·拉登、美国战机出动掩护等多条线索快速频繁地交叉组接，使得整个突击过程惊险刺激，使气氛愈益紧张，达到高潮。

④颠倒式蒙太奇

颠倒式蒙太奇通常是利用倒叙的手法让时间倒流，先叙述故事情节的结局或者当前的状态，再回到过去的情形，追述事件的始末。这种打乱了正常时间顺序的叙事方式，常常通过画外音、旁白、叠化等视听方式来交代时间的转变。颠倒式蒙太奇往往能够制造疑惑，营造悬念，但是叙事过程中必须要交代清楚时空关系，使之符合逻辑关系。例如《泰坦尼克号》里就使用了颠倒式蒙太奇手法，先是考古探险队对泰坦尼克号的探险，接着露丝从电视上看到自己当年的画像，然后回到沉船处追忆当年动人的爱情故事。整个片子在倒叙的过程中，不时穿插过去与现在的镜头，以凸显时空关系的变化和露丝对杰克的深刻爱情。

（2）表现蒙太奇

表现蒙太奇并不是纯粹地按照时间空间顺序来组接镜头，它更着重于强调镜头之间的有机联系，通过镜头之间的积累、对比、隐喻、呼应等表现手法，加强镜头之间的内涵表现力，从而表达创作者的思想情感及其观念，激发观众情绪并引发联想。表现蒙太奇与叙事蒙太奇不同，叙事蒙太奇强调的是连贯的叙事，而表现蒙太奇强调的是抒情、寓意和情绪表达。表现蒙太奇主要包括以下几种形式。

①积累式蒙太奇

积累式蒙太奇是指将一系列内容或性质相似镜头并列组接一起的剪辑手法，它通过同类镜头的积累、叠加，形成强烈的视觉冲突，起到强调情感、渲染氛围、加深观众印象的作用。在后期编辑中，单个镜头或一组镜头对主题的表现往往不够深刻，积累式蒙太奇就是运用同类相似镜头的反复出现以此突出镜头的情感表现，积累式蒙太奇不注重画面时空的连贯，但强调镜头表现的内涵要存在一定的内在联系。例如2001年美国“9·11”恐怖事件发生的时候，电视媒体长时间地播放飞机撞击大楼的瞬间画面以及大楼着火倒塌的画面。虽然撞击及倒塌都是瞬间发生的，但是在如此重大的新闻事件上，电视媒体采用了大量的监控影像、拍客影像等素材，多角度多方面为公众展示了事件的恐怖性。虽然这些镜头画面或许会引发公众不安，但是突出反映了恐怖袭击造成的巨大危害性，也使公众直观感受到恐怖袭击的惨烈程度。

②对比蒙太奇

对比蒙太奇是指把性质或内容上相反的镜头或场面组接在一起从而形成一种寓意，表现创作者主观态度的一种剪辑手法。对比蒙太奇可以是画面内容上的对比，比如穷与富、强与弱、生与死、胜利与失败等的对比；也可以是画面形式上的对比，比如主体的大与小、色彩的冷与暖、声音的强与弱等的对比。通过对比可以强化冲突，刻画人物，表达情感，深化主题。对比蒙太奇既可运用于某些镜头、场景之间，也可用于整部作品之中。例如日本电影《入殓师》中多处运用了对比蒙太奇手法。电影讲述的是男主人公由于找不到工作而被迫从事入殓师的工作，身边的人知道后纷纷鄙视且疏远他，包括自己的妻子；身边的人都认为入殓师是不吉利的和肮脏的。但当邻居太太突然去世后，他以入殓师的身份为逝者入殓，在为逝者入殓的过程中，身边的人首次明白入殓师职业的意义，唤起了生者对死者的忏悔。整部电影多处运用了对比手法，包括男主人公从入行的不屑到最后的自豪，身边人对入殓师从开始的歧视到最后的理解，亲人对逝者生前的冷漠与死后的忏悔，通过对比蒙太奇，使内容表现更加动人，发人深省。

③隐喻蒙太奇

隐喻蒙太奇是指把具有相似特征的不同事物形象组接一起，以其中一个事物形象意义来比喻另一个事物形象的意义。其目的是含蓄而形象地表达创作者的某种寓意，引起观众联想，领会情感色彩。在运用隐喻蒙太奇手法时，一定要注意本体镜头和喻体镜头之间存在某种相似点，易于引起观众的联想与想象，体会其中的寓意。如果两个镜头之间的隐喻过于隐晦或牵强附会，就会产生相反的效果。因此，隐喻与叙述应有机结合，尽可能简单明了，切忌故弄玄虚。例如宣传片《前进中的南校区》中，在讲到南校区学科建设时，通过奔驰的列车寓意学科建设走上了快速发展之路；在讲到南校区对外开放时，通过绽放的鲜花寓意喜迎八方来客。在许多战争片中，英雄人物英勇就义之后接的镜头是挺拔的青松，寓意烈士精神永存。

④心理蒙太奇

心理蒙太奇是指在正常的叙述中根据内容需要插入展示人物心理活动的镜头或声音的一种剪辑手法。常用于表现人物的回忆、闪念、梦境、幻觉、遐想等精神活动。其特点是声画形象的片断性、叙述的不连续性、节奏的跳跃性。心理蒙太奇是一种主观性极强的剪辑手法，运用时要依据剧情发展与塑造人物形象的需要，自然地转入人物心理的活动；同时又要做到有意识地回到影片现实中来。心理蒙太奇在影视剧中运用较多，例如谍战片《潜伏》中余则成把李海丰暗杀后，收到国民党电台报道李海丰被暗杀的消息，回忆起自己刺杀李海丰的情景。

⑤重复式蒙太奇

重复式蒙太奇是将有一定寓意的物件、声音、动作、场景或者景象等在情节关键处反复出现的一种剪辑方法。它通过画面、声音或音响的重复出现，达到强调寓意及渲染气氛之效果，以突出表现主旨意义。在后期编辑时，一般切忌重复镜头堆叠，但是在表现特定寓意或在强调某一内容的时候，重复式蒙太奇有其特定的表现效果，它是一种有意识的剪辑手法，反复出现的声画元素，有着统一的寓意和表现效果。用来表现重复剪辑的元素很多，包括人物、景物、动作、表情、语言、音响、光线等，都可以成为重复剪辑的构成元素。例如电影《当幸福来敲门》里反复多次出现了男主角克里斯流泪的特写镜头，从最开始的生活窘迫走投无路，被迫藏身地铁厕所，到最终获得理想工作的喜极而泣，这些特写镜头既励志又催人热泪，反映了黑人克里斯在追求幸福生活过程中的艰辛与努力，寓意深刻。电视剧《潜伏》第 1 集中，余则成从重庆潜入南京后，为了掌握叛逃汪伪政府李海丰的生活规律，连续用了余则成在不同地方不同时间看表的镜头，就是运用了重复式蒙太奇手法。

4. 蒙太奇句子

视听节目构成就像文章一样，字词组成句子，句子组成段落，段落构成篇章。视听节目中最小的单位是镜头，一个个镜头组成蒙太奇句子，一个个蒙太奇句子构成场景段落，一个个场景段落组成一部完整的视听节目。根据镜头景别的变化规律可把蒙太奇句子分为以下三种类型：

（1）前进式句子

前进式句子是指景别变化由远视距景别向近视距景别发展，即沿着“远景—全景—中景—近景—特写”的方向前进。这种句型易于引导观众注意力从整体到局部，层层深入。先用远景、全景交代事件发生或人物生存的环境，再用中景、近景表现人物的动作或事件的局部，最后用特写强调主体细节。前进式句子造成观众的视觉感受不断加强，情绪变化不断加深。在许多视听节目中，常用前进式句子开头或在转变场景后也用这个句式。

（2）后退式句子

后退式句子与前进式句子相反，是指景别变化由近视距景别逐渐转变为远视距景别，即沿着“特写—近景—中景—全景—远景”的方向后退。这种句型易于引导观众注意力从局部细节到整体，视觉范围不断扩大。先用特写镜头造成悬念，引起观众的兴趣，产生期待心理，然后再通过大景别交代周围背景，逐渐释去悬念。后退式句子造成观众的视觉感受不断减弱，情绪变化不断放缓。在一些视听节目中，人物出场或段落、故事结束时常用这种句式。

（3）循环式句子

循环式句子又叫复合句，它是把前进式句子与后退式句子结合在一起，先进后退或先退后进，情绪发展有升有降。如果是先进后退式，则景别变化先由大到小，再由小到大，情绪变化由低潮到高潮再回落到低潮；如果是先退后进式，则景别变化先由小到大，再由大到小，情绪变化由高潮到低潮再回到高潮。循环式句子中景别的变化不一定要严格按照景别的大小来逐步推进或后退，它只是表明景别变化的一种趋势，常用来叙述事件的发展变化过程。此外，在视听节目中，有时也有突变式两极镜头的直接组合，比如全景与特写，这种组合有利于加快节奏，强调情绪突变以及加剧紧张气氛，造成强烈的视觉冲突，当然，要视具体情况灵活运用。

有人把除前进式句子、后退式句子与循环式句子之外的句型，称之为不规则句型，其实没有必要，所谓的不规则句型可以说是对以上三种句型的灵活运用，因为，在节目制作实践中，严格按照三种句子来编辑显得过于古板，有时要根据情节发展需要、观众心理情绪变化需要、节目类型特点以及视觉接受规律，对以上三种句型进行适当的变化，以达到更好的传播效果。

（二）视听节奏

节奏本是一个音乐术语，指的是由节拍的强弱或长短交替出现，形成音乐运动的合乎一定规律的轻重缓急。在艺术领域里，无论是音乐、舞蹈、建筑、绘画；还是电影、电视、戏剧、诗歌都离不开节奏，节奏是最重要的艺术表现形式之一。艺术节奏往往建立在人的生理和心理基础之上。对视听节目而言，节奏主要是通过节目内容和形式的长短、起伏、轻重、缓急、张弛、动静等有规律的交替变化，给观众造成一种或激动或平静、或紧张或松弛的生理感受，进而引起观众的心理情感活动。节奏的表现形式是一种连续而又有间歇的运动。由于影视艺术是时空结合的艺术，因此，节奏既表现在时间的流程中，又表现在空间的运动形态上，是一种时空结合的运动形态。对视听节目来说，其节奏主要有两种基本形态：内部节奏与外部节奏。

1. 内部节奏

内部节奏也叫叙述性节奏，是指随着情节发展和人物情绪变化所产生的节奏。内部节奏决定了整个节目的基本节奏，是驱动整个节目向前发展的内在力量。它受制于节目内容、结构以及人物情感变化。获得第 27 届飞天奖长篇电视剧一等奖与第 15 届白玉兰奖最佳电视剧奖的《潜伏》，在处理内部节奏方面堪称典范。剧中环环相扣的情节，不断叠起的悬念，人物情感态度的变化等诸多方面，无一不展示出编剧处理内部节奏的功力。《潜伏》主要剧情如下：抗日战争胜利前，军统人员余则成不满国民党腐败，被发展为我党地下工作者，潜伏在军统天津站，代号“峨眉峰”。因工作需要，他和泼辣耿直的女游击队队长翠平做起了假夫妻。翠平不适应做官太太的生活，不满此革命任务，假夫妻冲突不断，险象环生。而余则成的恋人左蓝也到天津执行任务，两人被迫形同陌路。余则成受到特务们的怀疑，为消除障碍，余则成和左蓝等联手除掉和赶走了天津站的马奎、陆桥山，完成了潜伏任务。最后晋升为天津站副站长，为我党提供了许多重要情报。左蓝的光荣牺牲让翠平慢慢理解到地下斗争的重要，她和余则成的配合也更加默契，他们拿到了天津的城防计划，但一次致命失误让翠平被迫逃亡。新中国成立前夕，余则成千方百计拿到国民党潜伏特务名单却苦于无法送出，正要离开天津，却突然被带到机场，准备去台湾执行战后计划。他焦急中发现了翠平，拒绝了翠平要他一起迎接解放的请求，并将名单交给了她，二人从此分别。战后，潜伏在天津的特务被全部消灭。而组织上决定余则成继续执行潜伏任务。[①] 从某个角度说，《潜伏》的成功是节奏处理的成功。再如以抗战为题材的电视连续剧《我的团长我的团》，由于情节拖沓，节奏处理不当，收视效果不理想，最后不得不重新压缩，制作出《我的团长我的团》精华版，再次在电视台播出。

2. 外部节奏

外部节奏是指画面内一切主体运动、造型变化及其镜头转换所产生的节奏。外部节奏是观众可以直接耳闻目睹的节奏形态，包括视觉节奏与声音节奏。视觉节奏由主体运动、景别变化、镜头运动、时空转换、镜头长短等方面体现，听觉节奏由人声语速快慢、音乐旋律、音响轻重等方面体现。剪辑率是影响外部节奏的主要因素之一。

剪辑率是指单位时间内镜头转换的频率。剪辑率高表明镜头转换快，短镜头多；剪辑率低表明镜头转换慢，长镜头多。剪辑率高低直接影响到视觉节奏的快慢。不同类型不同风格的视听节目，其剪辑率高低有所不同。同一个视听节目，由于内容、情节与情感不同，剪辑率也不同。例如获得全国“五个一工程奖”长篇电视剧特等奖、“飞天奖”长篇电视剧一等奖的《亮剑》，在外部节奏处理方面颇有可圈可点之处。就剪辑率说，整部剧在叙述八路军独立团团长李云龙在抗战时期与解放战争时期身经百战时，剪辑率较高；在讲到李云龙住院、与田雨的爱情以及新中国成立后他到南京军事学院学习时，剪辑率较低。即使是叙述一场战斗，其战前、战中与战后的剪辑率

① 潜伏剧情．爱奇艺网［EB/OL］. http：//www. iqiyi. com/dianshiju/qf. html

也不一样。至于如何准确把握视听节奏的外部节奏，这是后期编辑剪辑艺术水平高低的集中体现。

在视听节目制作中，要正确处理好内部节奏与外部节奏的关系。在前期编剧或文稿写作中，尤其要处理好内部节奏，因为，它决定了整个节目的节奏。在后期编辑阶段，在正确把握内部节奏的基础上要掌控好外部节奏。一般来说，内部节奏决定外部节奏，外部节奏是内部节奏的表现形式，二者要和谐统一。

三、声画关系

在视听节目中，声音与画面同等重要，因此，在后期编辑中不能只重视画面编辑，不重视声音编辑。视听节目要做得好看、好听，离不开正确处理声画关系。下面就视听节目中声音的种类、作用及其声画的结合形式加以阐述。

（一）声音种类及其作用

在视听节目中，声音主要有三种，即人的有声语言、音乐与音效。人的有声语言主要包括对话、旁白、独白等。音乐是指用有组织的乐音表达人们思想情感、反映现实生活的一种听觉艺术，有原创音乐与非原创音乐。音效即音响效果，指除人的有声语言和音乐之外视听节目中的所有声音。

1. 人的有声语言

在视听节目中，人的有声语言主要是指能表达具体内容的人声，主要包括对话、旁白、独白三种。

（1）对话。对话是指视听节目中人物之间的有声交流。对于真实类视听节目来说，新闻片、专题片、纪录片的对话主要体现在现场采访的同期声。在后期编辑时，常常删除了记者的提问过程，只把被采访者的关键同期声编入节目之中。同期声的作用概括起来主要体现在四个方面：其一，增强真实感。真实是新闻纪实类节目的生命，在真实类节目中同期声的运用限制了画面的时空位置，表明“此时、此地、此人、此声”，可以防止因随意挪动画面而产生的失实现象。同期声可以把事件现场的音响及人物的讲话直接传递给观众，减少了记者、编辑和主播转述的层次和报道的不确定性，从而增强了信息传播的准确性和可信性。重要的新闻事实通过新闻人物直接向观众讲述，未经任何过滤，就会更加真实，因此伴随物像的同期声，使本为真实的新闻空间更具可感气氛。有时同期声比画面更重要——观众并不特别介意画面美不美，却渴望听到真相，在纪实调查类节目中尤其如此。其二，增强观众参与感。同期声的成功运用，可以形成与观众面对面交流的亲切感，从而提高观众对新闻传播的参与性（当然是心理参与）。面对面的传播会使人们高度注意，以至引起心理和观点的变化，从而达到最佳传播效果。同期声正是利用这一优势把信息有效地传递给观众，观众不是被动地接受信息，而是由记者“带领”主动“参与”到新闻事实中，做到信息与观众观念上和情感上的交流与呼应。其三，增强声音节奏感。据统计，旁白语速以每分钟 220 至 250 个字为宜，而被采访对象语速每分钟约 120 至 150 个字。由于每个人的声音都有不同的音高、音色、力度、节奏，旁白语言与现场采访同期声“交互使用，可使真实类节目的叙事节奏富有变化，从而增强节奏感。其四，增强画面立体感。同期声是在时间的流动中发展的，同时又具有自身的空间性质。同期声的采用，突破了画面影像的局限，大大增强了二维画面的立体感。

在虚构的影视剧中，对话是推动情节发展、塑造人物性格的主要方式之一。在默片时期，主要靠人物的肢体语言来叙述剧情，塑造人物。自从电影录音技术发明之后，电影就进入了谈话阶段，受其影响，电视剧也不例外。因此，写好人物对话是剧本成功的一个关键，演好人物对话是演员基本功底的集中表现。影视剧中人物对话来源于生活又高于生活。“要知道，银幕上的人物是在生活，对话对于他们来说是用来交流思想感情的，不是说给台下的观众听的。观众是在偷听。观众不是外星人，他们也有生活经验，他们懂得生活。电影创作者不必用对话去教导观众。”① 因此，人物对话不能脱离生活环境，其主要作用在于交流。有交流，人物之间必有联系，进而推动情节的发展。

（2）旁白。旁白是指有叙述实质内容的画外音，有的人称之为解说。在不同类型的视听节目中旁白所处的地位及其所起的作用有所不同。在新闻片、纪录片、专题片、宣传片、科教片等类型节目中，旁白与画面一样处于同等地位，或叙述内容，或主观评价，使无序的画面变得有序。在影视类节目中，旁白处于从属地位，依附于画面与画内人物语言，用三言两语交代、介绍，对情节内容起着补充、解释、过渡的作用。

（3）独白。独白是指人物的内心活动，无人在场的自言自语。通过独白能充分展示人物在特定环境下的所思所想，从而能更好地揭示人物的思想、情感与性格，帮助观众理解情节内容。独白在纪实类节目中很少用到，但在影视剧中却不少见。独白主要有两种形式：一种是人物的超叙事时空里的内心的声音；一种是人物兼叙事者（即第一人称）在非叙事时空对事件的评价。内心独白作为人物的内心视像的一种表现形式，它所要传达的不是外部世界所看得见和听得到的东西，而是人物对外部事件的一种心理体验。②

---

① 周传基. 电影电视广播中的声音 [M]. 北京：中国电影出版社，1991：154.
② 周传基. 电影电视广播中的声音 [M]. 北京：中国电影出版社，1991：154－155.

2. 音乐。音乐是最抽象的艺术形式之一。在纪实类节目中，音乐要谨慎选用，因为，过多就有损真实生命。在这类节目中所用音乐大多以背景声出现，起着烘托情绪渲染气氛的作用，运用时要讲究音乐情感、节奏要与画面内容的情感、节奏相吻合，且往往是用片断音乐，因此，在音乐素材库中要反复试听，选出最合适的音乐。在编辑时，要注意音乐的淡入与淡出，不能给观众以突兀感。在虚拟的影视剧中，音乐大多是原创的，主要是根据剧中内容、主题、思想情感来创作的，可以出现在片头、片中或片尾，甚至同一乐曲可以在片中多次出现，有主题曲与插曲之分。音乐是抒情表意最强的语言，当一种思想情感无法用言语表达时，最好的表达方式就是用音乐。因此，在影视剧剧情高潮或人物命运突变时往往音乐随之出现。总体来说，音乐的作用多种多样，或抒发感情，或描绘景物，或渲染气氛，或刻画形象，或提示转场等，要根据具体的情景来运用。

3. 音效。音效可分客观音效与主观音效。客观音效是指现实生活所应具有的音响。常见的客观音效有如下几种：自然音响，如风声、雨声、雷声；动作音响，如人的脚步声、关窗声、哭叫声；机械音响，如汽笛声、机器声、闹钟声；战争音响，如枪炮声、马蹄声、爆炸声；等等，在视听节目中，客观音响的运用有多方面的功能，除了增强身临其境的真实感外，还可烘托气氛，表现特定环境，拓展画面空间，引起观众注意等。主观音效是指根据情节发展与塑造人物形象需要人为地制造现实生活并不存在的特殊音响。主观音效常用来展现人物心情的变化，表现人物的幻觉、回忆，还可用来制造特殊气氛，如电视剧《亮剑》中，每当八路军去侦察地形或夜晚突袭时，就会响起一种特殊的主观音响，制造紧张气氛。大多数情况下，音响是客观的，以写实为主，但并不排斥在某些情况下，音响也有写意的功能。

（二）声画结合形式

有画无声是默片，有声无画是广播，有画有声才叫视听节目。在后期编辑中，要树立声画“双主体”理念，即既重视对画面的编辑，也重视对声音编辑，把画面与声音摆在同等地位，不偏向哪一边。作为视听节目制作者，编辑时要处理好声画关系，给观众以视听享受。纵观声画结合方式，主要有下面两种形式。

1. 声画合一

声画合一也叫声画同步，是指声音与画面同时指向同一个对象的结合方式，其特点是声画同步产生，视听高度统一，充分显示内容的真实性，提高了画面形象的感染力。声画合一可分为画内声画合一与画外声画合一。画内声画合一指的是画内声音与画面指向同一个对象，视觉形象和它所发出的声音同时呈现并同时消失，例如采访人物的同期声及其画面。画外声画合一是指画外声音与画面同时指向同一个对象，例如当旁白讲到某人时，画面同时出现这个人物；说到某物时，画面即呈现某物。

2. 声画对位

声画对位是指声音与画面围绕着同一个中心内容或节目主题，在各自独立表现的基础上又有机结合起来的表现方式。其特点是声音与画面不是同步产生，二者传播的信息看似独立实则有内在联系，若即若离，相互照应，这种结合方式有利于调动观众的想象力，突破现场的制约性，拓展节目内容的表现力。其又可分为以下两种情况。

（1）声画并行。声画并行是指声音与画面在两条线上并行发展，二者围绕同一内容从不同方面以各自的方式展开，相互独立但又有机联系，形离而神合，给观众以充分的联想与想象的空间，加深对节目内容的理解。声画并行编辑方式无论在新闻类的纪实节目还是虚拟类的影视节目中，随处可见。例如人物专题片中，常常用声音叙述人物以前的内容，用画面展现人物眼前正在做的事情，声音与画面都是围绕该人物的事迹展开叙述，共同深化节目的主题。

（2）声画对立。声画对立也称声画分立，是指声音与画面所体现出来的情绪、气氛、内容、节奏等各个方面在相反、对立的关系中展开，从而表现出更为深刻的含义，深化节目主题。如电视剧《红楼梦》表现林黛玉之死内容时，就是采用声画分立形式来编辑的，画面内容：潇湘馆里林黛玉已奄奄一息；声音内容：远处传来怡红院里贾宝玉结婚的喜乐之声。声音之喜与画面之悲形成鲜明的对比，从而强化节目内容的悲剧效果。声画对立是声画关系中最具表现力的一种，因为，通过声画表现的对比可以达到深刻的艺术效果；但是如果使用不当，反而会破坏节目整体效果，因此要谨慎使用。

在后期编辑中，声画合一、声画并行、声画对立是三种处理声画关系的基本形式。要正确理解并准确使用，切忌声画“两张皮”，即声音与画面各自以“自我为中心”，各顾各自由叙述，观众不知所云。

四、屏幕文字、图表与动画

在视听节目的后期编辑中，为了达到更好的传播效果，往往离不开屏幕文字、图表与动画等语言的运用，下面分别阐述在节目中如何运用它们。

（一）屏幕文字

屏幕文字是指呈现在画面上的文字，包括画面本身具有的文字与后期编辑加上去的文字。画面自带的屏幕文字主要靠现场拍摄时捕捉，这里主要谈谈后期制作时加上去的屏幕文字。准确使用屏幕文字是专业素养的体现。现在，无论在真实类视听节目还是在虚拟类视听节目中，制作人员均应十分重视屏幕文字的运用，这与屏幕文字的传播功能有密切关系。

1. 屏幕文字的传播功能

在视听节目中屏幕文字的传播功能多种多样，概括起来主要有信息传播功能、介绍说明功能、突出强调功能与转场提示功能等。

（1）信息传播功能。在视听节目中，除了重视画面与声音传播信息外，不能忽视屏幕文字的信息传播功能。在 CNN、BBC、中国台湾电视及香港电视等电视新闻节目中，常常在屏幕下方播放滚动的字幕新闻，让观众了解最新消息。受其影响，大陆电视也学习这种做法，例如第二次海湾战争中，以美国为首的多国部队正式攻打伊拉克时，我国最早报道这条消息的是 CCTV－4 通过屏幕下方的滚动字幕进行报道，赢得了第一时效。这种不打断正常播放秩序的屏幕下方滚动文字新闻既可为电视赢得时效，又增加了报道的信息量，深受观众欢迎。屏幕文字的信息传播功能还表现在用整屏的字幕来报道某一内容，例如会议公报。此外，台湾诸多电视台常在电视屏幕的某一角通过文字告诉观众天气状况、股市行情、现在时间等内容，满足了受众不同的信息需求。

（2）介绍说明功能。介绍说明功能主要是指交代节目中人物身份、时间、地点以及对节目内容中有关方面的解释、补充等。在新闻类节目中，常有新闻人物同期声，在人物出镜的同时用屏幕文字介绍人物的姓名、单位及职位等；在谈话类节目中，常用屏幕文字交代嘉宾身份；在《亮剑》《水浒传》等影视剧中，主要演员出场时也常用屏幕文字介绍其有关情况；等等，不管哪类视听节目，在节目的开头或结尾，用屏幕文字介绍工作人员名单及节目制作单位等，都体现了这种传播功能。

（3）突出强调功能。视听节目主要靠声画传播信息，但是有时为了突出强调某一内容，再用屏幕文字强化同一内容，以此加深观众的印象。其表现形式有两种：其一，在屏幕下方用文字复述声音的内容；其二，在画面上用关键词强化主要内容，表明观点、态度。第一种表现形式大陆电视中运用比较普遍，无论是新闻节目还是影视节目，大多都在屏幕下方用文字再现声音内容。第二种情况在中国台湾电视中运用比较普遍，无论是新闻节目还是谈话、娱乐节目中，常用关键词或关键句进一步强调主要内容。例如台湾东森财经新闻频道在报道《车胎磨平却没换，男友自责过失致女友亡》中，通过关键词体现何时需更换车胎，如图 1－30 所示。目前，央视《焦点访谈》节目也在学习这种做法，例如在《小贺卡，大文章》节目中，通过屏幕文字强调制作 10 万张贺卡所消耗的木材数量，如图 1－31 所示；在《牛肉注水，执法“掺水”》节目中，主持人点评时指出，某副镇长以各种理由推脱说打击牛肉注水的种种困难，其实是种“借口”，如图 1－32 所示。

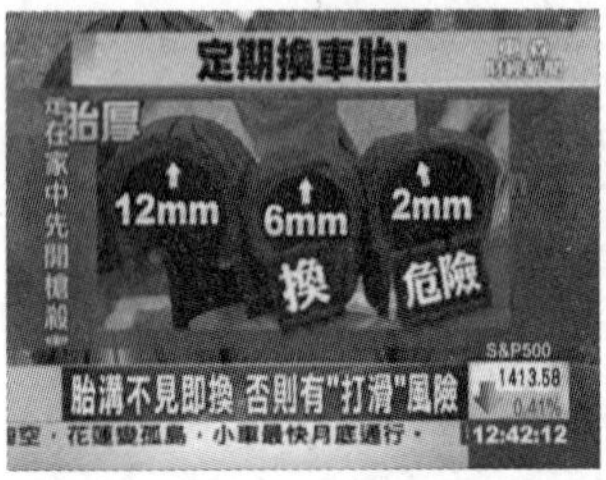

图1－30　通过文字提醒观众何时需换车胎

图1－31　通过文字强调贺卡所消耗的木材数量

图1－32　通过文字强调执行困难是借口

图1－30至图1－32　屏幕文字运用示例组图

（4）转场提示功能。视听节目中，屏幕文字转场提示功能主要表现在节目的大段落或场景之间，用于告知观众时空的转换或是情节内容的变化。例如在影视剧或纪录片中常在画面中打上屏幕文字“十天后”“十年后”等语句，一是用屏幕文字来压缩时间，二是顺利转入下一部分内容。相亲节目《非诚勿扰》常在节目画面右边打上一句话“下一节……更精彩”，其作用有二：一是通过提示语设置悬念，二是让节目自然转入广告。

2. 屏幕文字的运用

屏幕文字的传播功能多种多样，如何合理使用值得每个制作人思考。用得好可以使节目锦上添花，达到理想的传播效果；用得不好，成为节目的噪音，影响观众收看。在运用屏幕文字时，我们要注意以下几点。

（1）屏幕文字要精练、易懂。视听节目中运用屏幕文字不是越多越好，而是要少而精。因此，在后期编辑时，首先要考虑何处内容可用屏幕文字来表达或强化。在具体操作时，屏幕文字语言一定要精练，不要啰唆；要易懂，不要晦涩；要用短句、短语或词语，不要用长段、长句。精练的文字要击中要害，体现关键内容、主要观点或态度，以此加深观众的记忆。

（2）处理好屏幕文字的出现与退出方式及其停留时间。在后期编辑时，要考虑屏幕文字出现方式是动态还是静态。如果是动态用哪种运动合适，如左飞、上滚、由小到大等；如果是静态方式，就要考虑在何处出现。同时还要思考以什么方式退出较为合适。此外，要注意屏幕文字的停留时间，许多视听节目制作者尤其是初学者，常患停留时间不合理的毛病，观众还没有看完看清，字幕就已消失，导致这种毛病的主要是因为制作者对屏幕文字已经高度熟悉，是站在自己的角度来做片，而不是站在观众角度来做片，因此，作为节目制作者心中要始终装着观众，是为观众做片，而不是为自己做片。

（3）合理设计字色、字号、字体及其在画面中的位置。屏幕文字的颜色要与画面颜色或背景颜色相协调，对不同内容字号的大小与字体的选择要慎重考虑，不能千篇一律没有变化。此外，要考虑好字幕在画面中的位置。由于视听画面有四条边框，制作者只能在有限的画框内设计其位置。在布局时，要考虑其在画面的哪个位置、占多大面积较为合理；要考虑与画面、声音的配合，不能影响画面的美观，成为画面的一个噪点。在台湾电视新闻节目中，值得肯定的是重视屏幕文字功能的开掘，但有时画面中屏幕文字太多，信息量太大，令人眼花缭乱，成为影响观众收看的累赘。

（4）选择合适的特技强化屏幕文字。用合适的特技处理屏幕文字，可以引起观众的注意，达到更好的传播效果。例如在广告片中，动态字幕加上扫光特技的运用，强化广告语内容；在天气预报中，用快闪的字幕，意在提醒观众注意播报的内容。字幕特技在广播级非编软件中多达上百种，至于选用哪一种最好，要根据节目内容及其画面布局来确定。

（二）图表语言

在视听节目后期编辑时，根据节目内容需要选用合适的图表语言，既可简洁形象传递内容，又可美化节目版面。在一些新闻片、专题片、纪录片、宣传片等节目中，在讲到有关统计数字或数据变化时，往往制成图表，一目了然。图表可分为曲线图、柱形图、扇形图等不同形式。例如图 1－33 显示台湾手机包膜市场近三年变化曲线，图 1－34 用柱形图表示台湾当归近三年价格上涨情况，图 1－35 用扇形图直观显示台湾话费调降的计算，等等。不管使用何种图形，目的是简明形象地告知观众，达到好的传播效果。试想如果上面列举的三个例子，改用旁白来表达，不知要费多少语言，浪费多少时间和版面，也达不到图表语言简洁形象的传播效果。因此，在后期制作中，编辑要开动脑筋，运用合适的图表来传递有关统计数据；同时在制作图表时，要讲究图表色彩与字体的搭配，做到数字醒目、文字简洁、色彩和谐、画面美观。

图 1－33 至图 1－35　图表语言运用示例组图

（三）动画语言

动画可分为二维动画与三维动画，这里所讲的动画不是讲动画片的制作，而是作为一种视听语言，着重于分析动画语言的功能与运用。在视听节目的后期编辑中，根据内容的需要适当添加动画，可以起到以下几方面的作用：一是使传播的内容形象直观，增强了节目的可视性。对于视听节目来说，如何增强节目的可视性，动画语言的运用是个好的传播方式。例如在景区规划或建筑蓝图演示时，在节目中运用动画，既弥补了解说的不足，又增加了节目的可视性。图1－36是我为学校制作的宣传片《前进中的南校区》，在讲到新校区规划时，通过动画演示直观形象地告知观众：南校区通过明晰的轴线控制，稳定构架了校园建筑群落，显得大气、庄重；在建筑规划方面，采用组团化的布局模式，形成了校内合理的功能分区，提高了学校运行效率。在突发事件报道中，如果用动画形式把事件过程表现出来，就显得具体、形象，例如2013年7月7日，一架韩国客机在美国旧金山国际机场着陆失事，机尾折断，引发大火。美国CNN在报道时，用动画还原韩国客机降落至坠毁的全过程，极大地增强了节目的可视性。二是改变传播节奏，满足受众审美需求。在实拍的画面中插入虚拟的动画，使传播节奏产生变化，加上制作精良的画面，给观众以视听享受。如图1－37天气预报中，加入精美的小白兔动画，更易引起观众的兴趣；此外，在许多广告片中常见虚拟的动画与实拍的画面结合，产生神奇的艺术效果。三是使叙述简洁，内容易懂。作为传播语言的动画，可以化复杂为简单，化抽象为具象。在新闻类节目中，对突发事件的报道，在业界有些人采用“情境再现”或“导演摆拍”手法，就违反了“新闻必须真实”的原则，容易误导观众；在一些突发事件中，由于没有现场画面，单靠旁白叙述显得抽象、单调，受众仍然难懂。如果改为动画语言展示，传播效果就大不一样。如图1－38是台湾TVBS播的一条交通事故新闻《碰！游览车撞吊车，24轻重伤》，片中通过动画把游览车撞吊车的过程形象地演示出来。如果改为旁白叙述，传播效果则大为逊色。

图1－36至图1－38　动画语言运用示例组图

五、特技语言

本节所讲特技语言是指后期制作中非线性编辑软件中所应用到的特技，而非指前期拍摄中摄像机自带的特技拍摄功能。在视听节目后期制作中，特技的运用不可或缺，只不过根据不同类型节目特点及其内容需要对特技的运用有不同的要求。一般来说，纪实真实类节目中特技的运用要谨慎，不可违背真实原则；娱乐类节目及其影视剧中特技的运用较多，以达到更好的视觉效果。当然，在不同的情景下特技的作用各不相同，或改变画面布局，增加画面信息量；或强化某一内容，引起观众注意力；或美化画面，给观众以视觉享受；或改变时空结构，引导情节自然过渡，等等，不一而足。不同类型的非线性编辑软件，特技的种类有所不同，有的广播级非线性编辑软件特技种类成千上万种，足够你选用。纵观所有非线性编辑软件，其特技种类分为两大类型，即滤镜特技与转场特技，下面就这两大类型中常用的特技加以阐述。

（一）滤镜特技

滤镜特技也叫视频特技，是指对视频画面本身所做的处理，它只涉及单个视频素材。有的滤镜特技只影响视频的表现形式，例如颜色调整、画面模糊、抠像等，不改变素材的位置；而有的滤镜特技会改变素材的位置、大小、形状及其运动轨迹，如2D、3D特技的运用可改变画面布局。根据内容需要，还可对同一个或一段视频素材加上多种滤镜特技。

1. 多视窗。多视窗也叫画中画，是指运用2D或3D滤镜特技把一块完整屏幕分割成两个以上的小屏幕，每个小屏幕围绕节目主题显示不同的内容。多视窗突破了画面只有一个镜头内容的限制，将有联系的不同镜头放在一起，集中表现某种主题。多视窗通常是通过不同人物讲述，把不同地点发生的事情在一个屏幕上播放，更能完整地表现主题，使画面信息量倍增；同时，通过不同视窗的使用与切换，改变了节目的传播节奏。我们在视听节目中经常看到多视窗的画面，例如在影视剧中常见打电话的镜头，一个人在讲，一个人在听，两者同时出现在画面上，打电话的人所讲内容引起听者的情绪变化，通过多视窗形式我们可以同时看到。在新闻节目中，多视窗常用在电话连线或视频连线之中，凤凰卫视的《凤凰早班车》《时事直通车》《凤凰全球连线》等栏目，在连线时，常把不同人物通过多视窗形式放在一个屏幕中，每个嘉宾对新闻事件发表个人见解，你一句，我一句，使节目变得活跃，通过多视窗连线，主播与嘉宾可实现类似面对面讨论。图1－39是宣传片《前进中的南校区》在介绍学校南北校区风格传承时，采用双视窗处理样式，极大地丰富了画面的信息含量。图1－40是凤凰卫视报道《半岛“无核化”不能仅限于朝鲜》新闻时，电话连线新华社驻平壤记者杜白羽所采用的双视窗样式，极大地增强了新闻的现场感。

图1－39　华南理工大学南北校区面貌

图1－40　凤凰主播电话连线驻外记者

2. 马赛克。马赛克（mosaic）原意为建筑专业名词锦砖，是一种装饰艺术，指以小石子、贝壳等天然材料镶嵌而成的艺术品。在视听节目后期制作中，马赛克作为一种特技是指通过对输入信号的像素放大形成类似小方块瓷砖，使画面变得模糊，目的是使人无法辨认。在新闻报道中，为了保护未成年人的隐私、为了保护挺身而出的公安战士而对其脸部用马赛克效果；为了防止暴力凶杀跳楼的血腥场面引起观众心理不适而对局部画面进行马赛克处理；明星露点的影像也需要打马赛克，等等。画面马赛克用在什么位置，占多大面积，依实际情况来定，灵活运用。如图 1－41、图 1－42 打马赛克前后画面效果比较。

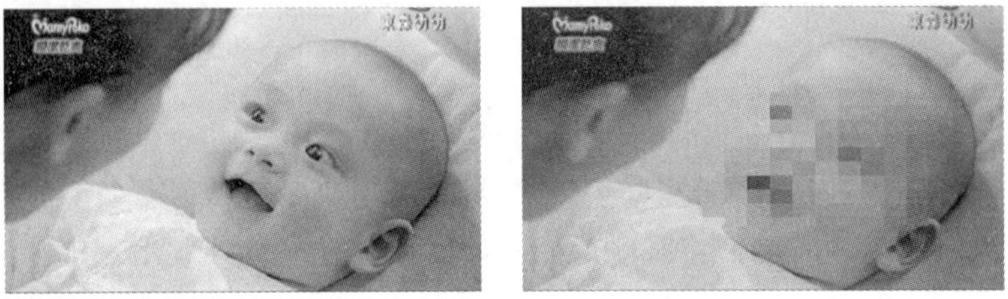

图 1－41、图 1－42　打马赛克前后画面效果比较

3. 抠像。抠像是指吸取画面中的某一种颜色作为透明色，把它从画面中去掉，从而使背景显示出来，形成两个画面叠加效果。电视台或制作公司的演播室往往以纯蓝色或纯绿色作为背景，其目的是为了保证抠像的效果，因此，常见的抠像以抠掉蓝色或绿色的为多。抠掉画面的背景色之后，再与另一个画面合成产生一个新的画面，给人以新的视觉效果。在使用抠像特技时，要保证画面背景色的纯度，不能有杂色，尤其要保证背景色与画面主体颜色的区分度，这样才能保证抠得干净，再与其他画面合成才能得到想要的效果。具体例子见第四章中“抠像拍摄”。

4. 动作变速。动作变速是指在后期非编中，通过线性时间转换特技，使运动主体的速度产生明显加速或减速的变化。虽然在前期拍摄中通过“高速拍摄”与“延时拍摄”可以得到动作变速效果，但是这两种拍摄离不开高档的设备或艰辛的劳动。快动作特技是对画面正常播放速度提速，观众能明显感觉到画面播放速度加快。在日常拍摄中，我们为了表现车流与人流，在后期制作中通过线性时间转换压缩画面时间（降格），就可轻而易举地得到想要的效果。我曾经在拍摄广东一大型水库内侧风景时，把摄像机架在小车天窗外面拍摄，让司机慢慢开过水库堤坝，在后期编辑中通过线性时间转换，使画面运动主体小车加速，水库风景在短时间内一览无余。慢动作特技使观众看到正常速度播放时难以看到的画面主体动作细节，所以慢动作特技被认为是“时间特写”。慢动作处理，会影响观众的心理感受，观众观看时会觉得物体运动瞬间被延长，动作也被放大，画面主体运动细节被强调与突出。例如为了让观众看清投篮进球的轨迹，通过延长画面时间（升格）就可清清楚楚地看到篮球进篮的情景。

（二）转场特技

转场是指画面之间、场景之间、段落之间的过渡或转换。转场方法有两大类，即无技巧转场与有技巧转场。无技巧转场是指画面之间直接采用切换手法实现转场。有技巧转场是指通过特殊技巧实现画面之间的过渡。转场特技即属于有技巧转场，是指前后相邻两个视频素材的特殊组接方式。在专业级或广播级非线性编辑软件中，转场特技很多，下面就常用的几种加以介绍。

1. 淡出淡入。淡出、淡入又被称作渐隐、渐显。淡出是指画面由亮到暗直至全黑，淡入是指画面由黑到暗直至全亮。淡出淡入可分开使用，也可组合使用，要根据具体情况来决定。淡出淡入用在两个视频素材之间，类似于舞台的“落幕”与“启幕”，有个黑场过程；黑场作为两段视频素材的间隔，可以使前一段内容给观众以回味，又为下一段内容开启作好铺垫。图 1 – 43 至图 – 47 是电视剧《大长今》中运用淡出淡入转场的一组画面，长今妈妈坐在船上受到士兵盘查、惊吓，心里极其紧张，希望船能赶快出发。长今妈焦急地等待之后，船夫终于挥动船桨，故事自然进入到下一段落。这段淡出淡入的转场，淡出主要用来缓解人物的紧张与危机感，淡入表明长今妈化险为夷，松了一口气。

淡出与淡入分开使用时，通常情况下，淡出的使用率较高。通常在影视剧片尾处以淡出至黑屏来给整个影片画上句号。之后，整个剧组工作人员的名字在黑幕上滚动，作为影视剧的片尾。

图 1 – 43 至图 1 – 47　淡出淡入示例组图

2. 化出化入。化出化入又称为“叠化”“溶变”，是指前一个镜头逐渐模糊，后一个镜头逐渐清晰，两个镜头的“渐隐”与“渐现”同时进行，有个重叠交叉的过程。其与淡出淡入的区别在于：淡出淡入是两个过程，可以分开进行，也可连续在一起，中间有个黑场画面；而化出化入则是两个镜头同时进行的一个过程，两者不可分割，中间有个两个镜头重叠的画面，而没有黑场的画面。化出化入转场特技既可表现时空的转换，也可表现同一主题的不同镜头之间的过渡。这种转场特技，相比于其他转场特技，使画面转换更自然，更柔和，不会产生突兀感。在各种类型的视听节目中，化出化入经常会被用到，只是“化”的过程很短。在某些回忆的场景中，化出化入还可用来表达某种情感，比如前后两个镜头的主体位置完全一样，通过化出化入表现被摄对象发生了变化，产生相同场景但物是人非的悲伤之情。

图 1 – 48 至图 1 – 51 是《大长今》电视剧中的两个场景四张截图，场景之间的过渡就是用了化出化入特技。图 1 – 48 显示两个人在山路上行走；图 1 – 49 显示上一场景开始模糊同时下一个场景湖面开始进入；图 1 – 50 明显看到，两人是要去坐船，并且通过化入的手法，山上的路还在，此时却变成了湖中的一条道路，产生这两人正在码头上行走的感觉；图 1 – 51 表明两人已上船，船离开了码头，清晰地出现了另一个场景，标志着化出化入已经完成。

图 1 – 48 至图 1 – 51　化出化入示例组图

3. 划像。划像又称为划变，可以形象地比喻为电子拉幕。划变的过程包括划入和划出两种。前一个画面渐渐向某个方向移动直至退出画框，在移动过程中，前一画面退出留出的空白屏幕由后一个画面即时补上，前一画面一边“退”，后一画面跟着“进”，直至满屏，划像转场完成。随着非线性编辑的不断改进，划像的方式多种多样，除了左右划、上下划、对角划等不同方向划像外，还有特殊图形划像，如圆形、扇形、五角星形等。与淡变、叠化相比，划变转场人为痕迹明显，但干净利落，在影视剧中可用在大的段落之间的转场。划像有利于时空快速转换，节奏明快，在文艺、体育节目中运用较多。图 1 – 52 至图 1 – 54 通过划像迅速完成了冬季与春季的转换。

图 1 －52 至图 1 －54　划像特技示例组图

4. 卷页。卷页特技是转场技巧中具有动感的特技之一，是指前一画面以平面中线为轴翻卷，逐渐露出背面画面的卷动。它是通过对图像边界进行卷曲处理从而产生类似翻书的效果；或者产生前一画面慢慢收缩成一卷“画卷”，后一画面犹如另一“画卷”缓缓展开的效果。卷页方式多种多样，要根据前后画面内容、运动方向来选择合适的卷面速度、方向以及方式。卷页特技人工处理痕迹非常明显，较淡入、叠化等特技比较生硬，因此不适合在正统的视听节目如新闻、电影中使用，但在娱乐节目中适当使用，会使节目形态生动许多。如图 1 －55 至图 1 －57，通过卷页特技由室外日出转到室内代言某品牌的情况。

图 1 －55 至图 1 －57　卷页特技示例组图

5. 定格。定格也叫静帧，是指在流动的画面中突然对某一画面作静态处理，稍作停顿之后，再转入下一段画面。定格是对时间的凝固，是一种主观性很强的转场特技。定格的作用主要有二：一是突出强调画面内容，让观众看清楚，看明白，或引起回忆；二是在画面连续的运动中产生“静态美”，从而改变节目的传播节奏，产生视觉冲击力。根据节目需要强调的内容，可在片中运用定格，也可在片尾运用。例如在片中叙述某人时，常对这个人工作、生活或运动的镜头作定格处理，再用旁白或屏幕字幕介绍；在片尾运用定格，往往以定格画面作为背景，接着上滚屏幕文字，结束全片。在政府纠风暗访活动中，如果偷拍某个公务员工作中趴在桌边睡觉或上网打游戏，但由于担心被发现，偷拍的视频很短，难以看清对方的面目，这时就可作定格处理，让睡觉或打游戏的镜头停留数秒钟，画面主体就一清二楚。

转场特技种类繁多，在视听节目中具有不同的功能。不管运用哪类转场特技，要注意两点：其一，转场特技是一种连接手段而不是内容的表现手段，太花哨的特技容易喧宾夺主、令人眼花缭乱，因此，运用时要注意根据画面内容、节目风格和观众心理来选择恰当的特技方式；其二，镜头组接时所使用的转场特技应具有较好的连接性，使上下画面相互融合，形成一个有机的整体。

六、节目合成

经过画面编辑、声音编辑、字幕与图表以及特技的编辑，即将进入后期编辑的最后一个环节——节目合成。节目合成是视听节目成品诞生之前的最后一道制作程序，是节目面向受众的最后一次把关，也是确保节目质量的最后一个环节，因此，必须高度重视合成环节。在节目合成环节中，要做的主要工作有以下几项。

（一）片头设计

值得指出的是片头片尾设计制作并不一定在合成环节中完成，有的是在节目后期编辑的同时单独在其他非编机上进行片头片尾的制作，只是在合成环节中把已经做好的片头片尾导入非编软件中，编在节目开头与结尾处，统一合成到成品节目中去。现在很少有视听节目一开始就出标题，直接进入节目主题。对于视听节目制作人来说，他们往往绞尽脑汁，想方设法制作出精彩的片头。片头设计包括诸多元素，如字幕、声音、音乐、画面内容等，不同类型的视听节目其片头设计有不同的方法技巧，但目的一样，就是引起观众注意，吸引观众眼球。对于影视剧来说，片头常常通过选取片中精彩的画面或悬念加上制作单位、出品人、顾问、导演、编剧、摄影与主要演员等字幕，有的影片片头还要加上时代背景、社会背景等字幕资料，方便受众理解。对于纪实类新闻节目同样要重视片头片尾的制作。本人作为广东省与广州市电视新闻节目奖的评委，深有感受。在专题片与纪录片评奖中，评委们面对大量的参评节目，不可能把每个节目从头到尾全看一遍，而是规定专题片必看前几分钟与后几分钟，中间跳着看，再结合提供的节目文字材料（当然对获得一等奖节目要求全部看完），来确定节目的档次。我在给某上市公司制作年度颁奖典礼宣传片时，片头设计为把奖杯制作成三维动画，配上节奏明快的颁奖乐曲，再加上雄厚有力的旁白，然后由小到大推出标题，再用扫光特技强调标题，画面以红色为主色调，整个片头气势磅礴，令人难忘。

（二）片尾设计

一部完美的视听作品离不开自然新颖的片尾，片尾设计与片头一样值得重视。不同的视听作品，片尾设计各不一样，要敢于创新。有的用拍摄花絮作片尾，在目前短剧、微电影中运用较多；有的交代故事情节的最后结局或人物去向；有的点明或深化节目的主题；有的留下给观众思考的问题；有的是对节目起补充作用的另一方面内容，等等，多种多样。在片尾设计中，除了注意内容、字幕设计方面外，还要注意音乐运用，以及音乐与内容、音乐与画面之间的关系，许多影视剧有原创的片尾曲，起着诠释作品主题、渲染人物情感的作用。我们在制作《丰达企业文化宣传片》过程中，把片尾设计为用上滚字幕显示《广州市番禺区丰达电机厂成长大事记》，以透明的厂区飘扬的旗帜作为字幕背景底图，最后字幕定格“让丰达文化源远流长”，再出制作人员名单与制作单位字幕。与此同时片尾配上积极向上、节奏明快的音乐，整个片尾干净有力，令人回味。

（三）节目检查

虽然同行有说，影视艺术是门遗憾的艺术，不管哪部视听作品出来之后，均能发现有不够完美之处，但是这并不能成为我们不去对节目作最后检查的理由。对于视听作品制作者来说，谁不想使自己的作品尽量完美呢？在把片头片尾加进去之后，从头至尾播放 1 ~2 遍，对整个视听作品从内容与形式两个方面作最后一次检查，看是否有误或不完美之处，及时发现及时纠正。检查的内容主要有：内容方面是否有政治性错误或表述不准确之处，结构安排是否合理，画面剪辑是否流畅，不同声音音量大小是否协调，色调是否和谐，字幕大小与停留时间是否合适，画面构图是否完美，特技运用是否恰当，节奏的控制与节目的风格是否一致，等等，节目精细合成主要体现在合成前的精细检查。尽量把问题或不足之处消灭在这个环节。

（四）合成输出

在节目检查无误后，接着就开始合成输出。根据不同播放平台以及用户的要求选用不同的输出方式以及不同的视频格式。在合成输出前要注意两点：其一，打准输出节目的入点与出点，以保证节目完整无缺；其二，选对输出的视频格式，符合用户的要求。合成输出环节中，常见的输出方式有以下几种。

1. 故事板输出至磁带。这里的故事板不是指拍摄之前的视觉草图，而是指在非线性编辑软件上已经编辑好的视听节目。故事板输出至磁带是指把节目下载到录机设备，通过播放故事板的同时在 VTR（磁带录像机）上硬录就可以实现，该操作多用于不需要精确到帧的输出。当我们需要制作播出带或参加比赛需要提交成品带时就用这种方式输出。这种输出方式用户根据需要可以选择“头加彩条”“头加黑场”“尾加黑场”等附加设置，以满足播出或参赛要求。

2. 故事板输出到文件。故事板输出到文件是常见的输出方式，根据不同播放平台的视频格式要求，可以输出成不同格式的视频文件，以满足用户的应用需要。如输出成 MPEG 文件，方便刻录 DVD、VCD 光盘；输出成 FLV 视频文件，方便在网络流媒体发布；输出成 MP4、3GP 文件，便于手机媒体播放。当然还可以输出成 AVI、MOV、VOB 等格式，具体要看用户要求来定。

3. 故事板输出到素材。故事板输出到素材是指把故事板的局部区域或全部输出为指定编码格式的视音频素材。与故事板输出到文件相比，功能更加丰富，不仅增加了视音频回显浏览功能，增加了将目标文件自动导入非编资源管理器的过程，更增加了视音频参数项，以满足专业用户对各种视音频应用的需要。

4. 故事板输出到 TGA 序列。TGA 是由美国 Truevision 公司为其显示卡开发的一种图像文件格式，已被国际上的图形、图像工业所接受。现已成为数字化图像，以及运用光线跟踪算法所产生的高质量图像的常用格式。故事板输出到 TGA 序列功能，用于将故事板的局部或全部输出为非压缩的 TGA 或 BMP 序列，便于在第三方软件中应用。

下 篇

实务操作篇

第二章 The second chapter 纪录片编导与制作

智利纪录片导演顾兹曼曾用“一个国家没有纪录片，就像一个家庭没有相册”来阐述纪录片对刻画时代精神、保存群体记忆的重要作用。在各种视听节目体裁中，纪录片是最常见的体裁之一。如果从1895年诞生的纪录电影短片算起，那么纪录片有上百年的历史了。在这漫长的时期里，纪录片创作形成了不同的风格流派，直到今天，人们还在不断探索纪录片创作手法与风格的多样性，纪录片焕发出勃勃生机，得到了广大影像传播者的厚爱。如何编导与制作优秀的纪录片，是每个创作者必须深入思考的问题。本章在分析纪录片概念、特点及其发展现状的基础上，重点阐述纪录片选题、拍摄技巧、纪录片语言及其编辑要点，为纪录片创作者提供方法上的指导。

第一节　纪录片概述

学习制作纪录片，首先要理解纪录片的概念及其特点。只有在正确把握其概念与特点基础上，才有可能在前期拍摄与后期编辑中不会偏离纪录片的本质，才能确保不会把纪录片拍成剧情片或微电影。

一、纪录片概念

什么是纪录片？中外学界与业界对此有不同的理解，众说纷纭。从媒介技术发展史来看，先有电影（诞生于1895年），后有电视（诞生于1936年），因此，可以说纪录片是电影电视发展的产物。1895年3月22日，法国的奥古斯特·卢米埃尔和路易·卢米埃尔兄弟在巴黎法国科技大会上首放影片《工厂的大门》获得成功。同年

12月28日，他们在巴黎的卡普辛路14号大咖啡馆里，公映了他们自己摄制的一批纪实短片，《火车到站》《婴儿的午餐》等影片，标志着纪录电影的开端。之后纪录电影不断发展，产生了不同的纪实影片样式与风格，例如直接电影、真实电影等等，诠释着对纪录片的理解。1926年1月，西方纪录电影的一代宗师约翰·格里尔逊在一篇发表于纽约《太阳》报上的评论罗伯特·弗拉哈迪的影片《摩阿纳》（1926）的文章里使用了“documentary”一词。后来，格里尔逊对这个词的含义作了更为明确的界定：纪录电影是指“对现实进行创造性处理”的影片。总而言之，纪录电影是指所有那些排除虚构、对现实进行描述或重建的影片。① 美国《电影术语汇编》这样界定：“纪录片是一种非虚构的影片，它具有一个有说服力的主题或观点。”

在国内，有许多学者与业界人士撰文发表对纪录片概念的理解，朱景和在《纪录片创作》一书中认为，纪录片是非虚构非表演的影视纪实艺术。任远在《电视纪录片的界说》一文中，认为纪录片是一种特定的体裁或形式，是对某一政治、经济、文化、军事或历史事件作纪实报道的非虚构的电影或录像节目。纪录片直接拍摄真人真事，不容许虚构事件，基本的叙事报道手法是采访摄影，即在事件发生发展的过程中，用挑、等、抢的摄录方法，记录真实环境、真实时间里发生的真人、真事。② 朱羽君等主编的《中国应用电视学》一书中，对纪录片的定义是：纪录片是直接从现实生活中选取图像和音响素材，通过非虚构的艺术表现手法，真实地表现客观事物以及作者对这一事物认识的纪实性电视节目。从创作实践方面来看，独立制片人冷冶夫认为纪录片应该是这样一种定义：纪录片是“等”来的真实；纪录片是发现的艺术；纪录片是最主观的客观记录；纪录片是作者对被摄者的人生感悟；纪录片是纪录人的生存状态和人对生活的态度；纪录片主要是用画面语言叙述老百姓的故事；纪录片是原生态纪录，创意性编辑；不要赋予纪录片太浓重的功利色彩。

借鉴已有观点，结合自己的理解，我对纪录片作如下界定：纪录片是真实记录社会现实与自然现象反映人的态度的非虚构的影视艺术作品。纪录片记录的对象来自于广泛的现实生活，无论是过去的还是现在的，都是客观存在的。从传播内容来看，无论是记录人物、事件还自然界的奇观异景，均离不开人对这些被摄对象的态度。这种态度是直接流露还是间接体现，取决于题材特点与创作者的表现手法。虽然纪录片记录的内容是客观的，但是表现的形式却是主观的，因此，拍摄手法、画面构图、蒙太奇运用等形式语言还是非常讲究的。

---

① 单万里．纪录电影文献［M］．北京：中国广播电视出版社，2001：6.
② 单万里．纪录电影文献［M］．北京：中国广播电视出版社，2001：628.

二、纪录片特点

不同体裁的视听节目，具有不同的特点。对于纪录片来说，其主要特点体现在真实性、文献性与艺术性三个方面。

（一）真实性

真实是纪录片的生命，因此，真实性是纪录片的主要特点之一，也是它的最大魅力所在。若没有真实，就不叫纪录片了。无论是记录大自然中的奇观异景，还是记录现实社会中重大事件，均不能运用虚构手法来拍摄制作。维护真实性是制作纪录片的起码要求，也是一项基本原则。纪录片的真实表现在人物的真实、事件的真实、环境的真实、时间地点的真实等诸多方面，这就要求制作人员无论是在前期拍摄阶段还是在后期制作阶段都要以“确保真实”来严格要求自己，保证内容真实可靠，细节真实可信。只有真实才能使纪录片富有感染力，只有真实才能使纪录片吸引受众观看，只有真实才能使纪录片获得良好的回报。近期央视综合频道晚间播放的系列纪录片《非洲》，摄制组人员花费四年时间，不辞辛苦，不畏艰险，深入非洲国家的丛林、沙漠、海洋中拍摄，真实记录了一些动物鲜为人知的生活，令人震撼。

（二）文献性

纪录片的文献性是指纪录片的学术价值与历史价值。社会事件、历史人物、科考活动、人类学、野生动物等领域的纪录片创作，不仅是纪录活动，也是一种科研活动。尤其是历史人文类、考古档案类题材的纪录片具有收藏、保存及其研究参考作用的功能。历史上的重大事件、重要人物、重大发现的纪录片，不仅真实记录了那个时代的真实面貌，也为后人研究那个时代的历史问题提供了重要的参考资料。例如纪录片《第二次世界大战》真实地记录了第二次世界大战期间著名的战役及其参战各方的战略战术情况，为研究第二次世界大战提供了真实的影像资料。再如文献纪录片《周恩来》以反映新中国成立后担任总理职务期间的工作和生活为主要内容，用了许多珍贵的历史镜头和权威性资料，通过大量采访，阐述了周恩来关于政治、经济、军事、外交、统战、文化、教育等方面的许多宝贵思想。纪录片《辛亥革命》深入挖掘了大量的历史素材，包括通史、专史、传记、回忆录、日记、年谱、资料汇编和研究成果等，注重用鲜活的故事、典型的事例来表达，用丰富的文献、翔实的史料来展现，等等，这些纪录片文献性特点十分明显。

（三）艺术性

一提起艺术性，有些人可能就认为与真实性有冲突，二者难以共存。其实不然，纪录片作为非虚构的影视纪实艺术作品，其艺术性特点颇有体现。首先要知道，纪录片的艺术性特点是建立在真实性特点基础之上的，是真实的艺术。离开真实性谈艺术性那就与纪录片本质相悖，那就使纪录片变为剧情片了。纪录片的艺术性体现在许多方面，在前期拍摄阶段，画面构图、自然光的运用、拍摄的角度、景别的变化、拍摄技巧的运用等无一不体现艺术性特点；在后期制作阶段画面剪辑的艺术、声画的配合、屏幕文字的运用、场景的转换以及动画场景的模拟，等等，均体现了艺术性特点。一部优秀的纪录片应该是真实性与艺术性的完美结合。例如由雅克·贝汉编导的纪录片《迁徙的鸟》采用大量的航拍技术，真实地记录了雁、鹅、燕、鹰、鹤等大量野生候鸟的迁徙活动。片中通过精彩的画面，向受众展示了候鸟纵横上万公里迁徙的艰难：一路上需要躲避猎人的捕杀、天敌的攻击、海浪的袭击、雪崩的吞噬，受伤后成为螃蟹的美食，即便是遇见狂奔的马群、呼啸的汽车、工厂的油污都会使旅途中的候鸟不慎离群失落于荒野之间……与此同时，该片还向我们展示了鸟类世界的生活情趣。片中飞翔的鸟、美丽的雪山湖泊、动人的细节等无一不体现出画面的艺术美。

第二节　国内外纪录片发展现状

电影的诞生意味着电影纪录片的诞生，最早的电影短片就是只有一个长镜头的短纪录片；电视发明后不久，也产生了电视纪录片。经过上百年的发展（电视纪录片只有几十年历史），纪录片形成了不同的流派，不同的制作手法及其多种经营模式。下面就国内外纪录片发展现状加以阐述。

一、国内纪录片发展现状

近五年来，国家出台了发展纪录片产业的若干政策，使得国内纪录片有了长足发展。2013 年 10 月下旬，国家新闻出版广电总局下发《关于做好 2014 年电视上星综合频道节目编排和备案工作的通知》，要求每天 6：00 至次日 1：00 之间，至少播出 30 分钟国产纪录片。可以预见，纪录片频道与栏目将会不断增多，内容需求量进一步加大。从近年播出的大型纪录片可以看出，我国纪录片的制作理念不断向国际化靠拢。下面从频道、市场、制作手法及其存在的问题对国内纪录片发展状况逐一简述。

（一）纪录片频道与栏目日益增多

2011 年是中国纪录片的频道年。2011 年 1 月 1 日，中央电视台纪录频道开播；同年 7 月 1 日，北京电视台高清纪实频道开播。自此中国出现了第一家覆盖全国的纪录片频道，加上已有的中央电视台科教频道以及六家地面纪录片频道，由此，纪录片栏目不断增多。具体情况如表 2－1 所示。

表 2－1　国内纪录片频道栏目（时段）一览表①

频道	纪录片栏目（或时段）	其他类型栏目/节目
中央电视台纪录频道	精彩放送、寰宇万象、人文地理、时代写真、寰宇视野、特别呈现、发现之路、历史传奇共 8 个播出时段	
中央电视台科教频道	探索·发现、人物、大家、重访、科技人生、地理中国、自然传奇、讲述、走近科学、科技之光	百家讲坛、创新无限、原来如此、第十放映室、我爱发明、子午书简、新《健康之路》、读书、夕阳红、欢聚夕阳红
上海纪实频道	档案、眼界、大师、纪录片编辑室、往事、经典重放、寰宇地理、探索、传奇、传奇中国、科技密码、铁血军事、狂野动物、视野、发现中国、收藏、沙场	
金鹰纪实频道	丁点真相、面孔、故事湖南、奇趣大自然、传奇、探索、寰宇地理、养生有道、传奇中国、行知中国	
中国教育电视台第三频道	传奇中国、奇趣大自然、寰宇地理、首都纪录、视野、中国纪录片、传奇、人文发现、新电影传奇、艺术中国	娱乐现场、影视风云榜、首播剧场、在路上、杨澜访谈录、旅行者、夫妻天下、超人秀、健康 56 点
重庆科教频道	奇趣大自然、寰宇地理、重庆故事、经典时光、你看真相、传奇、新视界、人文发现、视野	科学十分钟、财经在线、今日重庆、居家总动员、关注、今天教育、安全与法、环保前线、第一房产
辽宁北方频道	寰宇地理、人文发现、军事全纪录、往事、档案、探索、文物博览、纪录片经典、动物奥秘、奥秘、非常看法	老梁说天下、老梁看电视、北方今日谈、北方时报、北方快报
北京高清纪实频道	全景、口述、影事、国家大剧院	

① 中国纪录片研究课题组. 2011 年中国纪录片发展研究报告［J］. 现代传播，2012（3）.

此外，省级卫视还保留纪录片栏目的有北京卫视《档案》、云南卫视《经典人文地理》与《自然解码》、吉林卫视《回家》、天津卫视《泊客中国》、旅游卫视《行者》等。目前，全国卫视与纪录片专业频道共有纪录片栏目98档，其中重复播出为20档。从栏目内容来看，其中历史人文类栏目38档（49%），社会现实类栏目22档（28%），自然地理类栏目18档（23%）。

（二）纪录片市场开始启动

纪录片市场产品，从来源看，主要有三种类型：自制纪录片、外购素材重新包装纪录片、外购纪录片。在中国长达五十多年的纪录片发展中，纪录片基本上处于制播合一、自产自销的“自然经济”状态，最多也只是在台与台之间进行节目交换，很少有为“市场”而制作的纪录片，因此，市场化程度很低。2010年10月，国家广电总局发布《关于加快纪录片产业发展的若干意见》，意味着中国纪录片的产业化将会得到政策上的支持。随后，中央电视台纪录频道诞生，为纪录片的市场化带来了一丝曙光。自开播以来，该频道以“推动纪录片产业链的形成和发展”作为重要任务，以社会招标的方式，推出了“活力中国”“传奇中国”两个招标项目。该频道通过购买播出、委托制作和联合制作等途径，探索纪录片市场化运作的多元模式。目前，在纪录片制作与销售方面，民营传媒公司发展较快，比较活跃的有大陆桥、雷禾传媒、上造影视、三多堂传媒、良友文化等十多家。《2011年中国纪录片发展研究报告》显示，纪录片价格从每分钟30～50元提升为100～200元，甚至有些影片价格超过了200元，价格向价值缓缓靠拢，行业标准正在逐步建立。2011年中国纪录片首播总量为16000小时，制作节目约8700小时。市场投资约为8亿元，总收入超过10亿元。

纪录片播放的平台主要是电视台。近年来，网络媒体也纷纷开设纪录片频道，如搜狐纪录片频道、腾讯纪录片频道、爱奇艺纪录片频道、中国网络电视台纪实频道等等，这些频道通过自制、购买或网友上传的原创纪录片，进一步推动着国内纪录片的发展。

（三）纪录片制作手法多元化

从20世纪50年代到80年代，我国纪录片制作手法基本上是采用“画面加解说”的“格里尔逊模式”；到了90年代，《望长城》的问世打破了长期以来形成的纪录片模式，长镜头、同期声的大量运用，使纪录片又回归了“直接电影”的纪实风格。进入新世纪以来，纪录片制作除保留原有的方式方法外，还呈现出多种多样的制作手法，具体表现在：

1. 叙事中注重悬念的设置。近年来，纪录片故事化得到了纪录片创作者的认可。如何挖掘故事，如何巧设悬念，怎样安排故事，是制作者不得不考虑的问题。例如

《大国崛起》每集中都通过设置问题来引出故事，第一集“海洋时代”，开头问道：究竟是什么力量推动小小的伊比利亚半岛征服海洋、进而主宰世界长达一个多世纪呢？第二集“小国大业”片头问道：为了争夺渔场，荷兰人和苏格兰人之间曾爆发过三次战争。是什么力量使得荷兰在激烈的竞争中脱颖而出呢？

2. 数字动画增添可视性。随着数字技术的发展，二维三维动画已经较普遍地在纪录片制作中得以应用。在科技、历史人文类的纪录片中，通过动画填补影像资料的空白，增添画面的可视性。《故宫》《敦煌》《再说长江》《走向海洋》等纪录片中，多次运用数字动画，直观形象地传递信息。

3. 情景再现。情景再现也叫真实再现，指对时过境迁的重要事件由演员表演或者运用光影声效造型再现过去事件发生的情景，这是从故事片中借鉴过来的叙事技巧，其目的是增强节目的观赏性，达到逼真的效果。近年来，《1405 郑和下西洋》《故宫》《敦煌》《圆明园》《新丝绸之路》《外滩》等纪录片中大量运用了情景再现手法。纪录片的生命是真实，情景再现大量运用有损真实度，因此，受到了一些观众与专家的质疑。

（四）纪录片发展存在问题不容忽视

虽然近年来我国纪录片发展迅速，涌现了一批巨作；但是与世界纪录片相比，还是存在着明显的差距。主要问题有以下四个方面：

1. 题材狭窄，节奏缓慢。在题材方面，我国纪录片题材过于狭窄，缺乏国际性题材，以致在世界纪录片大赛中，获奖很少。目前，人文历史的题材受到了前所未有的重视，对自然类、社会类题材关注不够。民间 DV 类纪录片发展迅猛，但是猎奇边缘化的题材较多，健康大众化的题材较少。在纪录片制作中，剪辑节奏缓慢，影响节目的传播效果。

2. 投入少，精品少。由于受到政策的限制和无法回收成本，因此，我国纪录片的制作资金主要来自电视媒体，很少有来自社会民营资本。中央电视台的纪录频道开播以来，每年投入两三亿元，但是对于全天播放纪录片的频道来说，也是“杯水车薪”；其他地方台就更少了。目前，我国纪录片的回收成本主要靠广告，节目销售额几乎可以忽略不计。由于投入少，因此，节目的质量很难有保证，纪录片精品少势在必然。

3. 宣教味较浓，有违记录本性。在我国各级电视台自制的纪录片中，制作理念与国外有较大的差别。我国生产的纪录片比较注重宣传教育，充满着主观情绪，甚至有些纪录片创作者将纪录片视为情绪宣泄的一种途径，以致许多纪录片偏离了记录的本性，显得不够真实，得不到观众的认可，我国纪录片迈向国际化还有很长的路要走。

4. 播出平台少，产业链不完整。我国纪录片播出平台主要集中在电视台和各大电影电视节，受众观看纪录片主要是收看电视台栏目的固定播出。由于电视台栏目播出的纪录片基本上是安排在晚上10点以后（纪录片频道除外），因此，受众市场较小，收视率低。虽然有一些门户网站、视频网站开设了纪录片频道，但是还没有形成气候。在纪录片市场中，完整产业链应该包括创意、制作、播出、销售、再开发、再生产等一系列环节。目前，产业链中只有制作环节得到重视，前期创意与后期营销及再开发均被忽视，因此，纪录片回收成本难，许多电视台亏本运营在所难免。“制播一体”造成了节目制作为播出而生产并非为市场需求生产，因此，产业链难以形成。

二、国外纪录片发展现状

国外纪录片发展现状主要是指美国、英国、法国、德国、加拿大、澳大利亚等西方发达国家纪录片的发展现状，下面从纪录片市场、投资、制作手法、发展模式等四个方面加以简述。

（一）制播分离推动纪录片市场成熟

在西方发达国家，电视台主要提供播出平台，自制纪录片较少；所播出的纪录片主要来自社会上的独立制作公司。由于实行制播分离，预售模式已经成为国际纪录片生产的一种常规的运营模式。这种模式不仅能够有效筹集资金，而且还能把销售理念提前引入制作环节中，从而保证了生产的纪录片适合于节目市场需要。以美国探索公司为例，2010年该公司全年收入37.7亿美元，比2009年增长9%。其盈利模式主要包括订购费与广告，订购费达18亿美元，广告费达16.44亿美元。此外，音像图书、主题公园等也带来不小的收入。法国每年生产2000小时的纪录片，100%由独立机构制作，独立制作公司有500多家，其中50家为大公司。英国BBC播出的纪录片50%以上由独立机构制作。可见，国外纪录片市场比较成熟。

（二）高投入保证纪录片高品质

在许多西方发达国家，制作纪录片，除媒体机构、民营制作公司投资外，还享受政府的扶持政策。法国国家电影中心对具有独立制片精神及艺术原创性的影片给予支持，2009年该中心投入纪录片制作6680万欧元。韩国每年约有4200万美元的政府预算支持包括纪录片在内的电影创作，2010年韩国影院上映纪录片共29部，其中本土的纪录片多达22部。在加拿大，一些纪录片在制作前就拿到20%左右的退税，有的甚至超过45%。在德国，纪录片产量约占总电影产量的20%，都是源于政府的各种支持，2010年德国纪录片投资多达5亿欧元。在澳大利亚，除了享受政府的资金支持外，还享受减税政策。因此，国外对纪录片的投入比中国的投入要多得多，以拍摄50分钟纪录片为例，法国是13.8万欧元（约130万元人民币），瑞士和荷兰都在20万至30万欧元之间，而中国拍摄一部50分钟纪录片的经费，一般不会超过10万元人民币。由于国外投入多，因此，纪录片精品也多，《角马大迁移》《迁徙的鸟》《昆虫世界》等纪录片在全球发行。

（三）纪录片制作理念不断突破

由于受商业化与娱乐化的影响，国外纪录片制作不断吸收电影的手法，在故事情节、角色扮演、情景再现、剪辑节奏、后期配乐等方面，注重观众的观赏体验。BBC制作的八集纪录片《艺术的力量》（2008），主要纪录八位艺术家的艺术创作，片中的梵高、贝尼尼、伦勃朗、大卫等大艺术家均由演员扮演，以戏剧化的方式讲述他们创作的故事，片中较多采用特写镜头，剪辑节奏明快。2010年美国历史频道播出的讲述美国四百年历史的12集纪录片《美国，我们的故事》，运用电影化叙事方式，以故事为轴，以悬念、矛盾、冲突为核，以美国精神为贯穿之魂。每集约45分钟，分别讲述5－8个相对独立的故事。该片直接通过电影化的角色扮演来呈现历史故事。除了利用电脑动画，还专门斥资搭建了大量场景，以实拍方式完成对历史场景的重现。将现代电影的手持摄影、高速剪辑、跳接、CG奇观等引入纪录片创作，同时进行了诸多探索性的影像实验，如对于偷窥视点、两极镜头、碎片化剪辑的超常规运用，将强烈的戏剧主义风格与纪录片的写实主义手法巧妙结合，形成了鲜明独特的影像风格。该片创造了美国历史频道的收视纪录，达到了4%，该片获得了四项艾美奖提名并最终斩获一项大奖。①

（四）纪录片发展模式多样化

国外纪录片发展模式主要有三种，即以英国为代表的公共体制；在法国、韩国为代表的政府扶持模式；以美国为代表的商业化运营模式。在英国纪录片播放平台主要是三家广播公司，即英国广播公司（BBC）、独立电视（ITV1）和第四频道（Channel 4），这些所属公司的频道除只有独立电视台播出广告外，其他电视台收入来源主要是靠公众缴纳的视听费。服务于公共利益和对社会负责是英国电视的共同理念。BBC纪录片制作体系由三部分组成：自制占50%，独立机构制作占25%，创意竞争窗口占25%。法国、韩国纪录片发展得到政府的大力扶持，除了资金方面的直接资助外，还在发行、放映、人才培养、海外市场拓展等方面也得到政府的政策支持。在媒体高度商业化的美国，三大专业纪录片频道——探索频道（1985）、历史频道（1995）、美国国家地理频道（2001）——竞争激烈。目前，美国纪录片的商业运作，包括纪录片的制作、播出、营销发行和后产品开发等产业链各环节的商业运作。美国纪录片已发展为

① 詹庆生．走向电影化——纪录片《美国，我们的故事》的艺术分析［J］．现代传播，2012（8）．

电影纪录片、电视纪录片和网络纪录片，供不同播出媒体选用。目前，国家地理频道已经用34种语言转播至全球166个国家和地区逾2.9亿收视户。探索频道每天由15颗人造卫星以42种语言，向185个国家播放，全球累积订户超过15亿。①

第三节　纪录片选题与类型

选用什么题材来创作纪录片是创作者必须深思熟虑的一个问题。创作者从哪里获得纪录片题材、用什么标准来确定题材以及纪录片类型如何划分等这些基本问题在本节中将得到答案。

一、纪录片选题

在创作纪录片的过程中，首先面临的一个问题就是如何选题。业界有种说法：确定好的选题，等于纪录片创作成功了一半。可见选题对于纪录片创作之重要性。下面就选题标准、选题类型、选题来源及选题要求等问题逐一论述。

（一）选题标准

纪录片创作的题材十分广泛，现实生活中的人与事、自然界的奇观异景、历史中著名人物与事件等，都可成为纪录片创作的题材。如何去选择题材，选择题材时是否有标准可以参照？我们可从以下五个方面去选题。

1. 故事性。故事性可看作纪录片选题的首要标准。因为，富有故事性的题材更能吸引观众的眼球，有助于纪录片的推广与营销，从而达到更好的社会效益与经济效益。从目前国内外播放的纪录片来看，凡是“叫好又叫座”的纪录片所选的题材都是有强烈故事性的题材，即使是普通的题材，创作者在拍摄与制作过程也要深挖其中的故事。总而言之，通过故事来吸引受众是当前普遍的一种制作手法。当然纪录片题材所蕴含的故事，不是虚构的，而是客观存在的。

2. 普遍性。选题的普遍性决定了纪录片受众的广泛性。若能把普遍关注的社会事件、自然现象、历史人物等题材制作成纪录片往往影响大、反响好、收视率高。例如在“9·11”事件周年纪念日时，电视台播放的有关“9·11”事件的纪录片获得了较高的收视率；有关世界大战的纪录片，在许多国家畅销；动物类、探险类纪录片更是

① 中国纪录片发展研究报告课题组.2010年中国纪录片发展研究报告［J］.现代传播，2011（5）.

不分国界，畅销世界。可见，把受到普遍关注的选题制成纪录片，容易走向国际化，获得国际市场的认可。

3. 新颖性。选题的新颖性包含两层意思，其一指题材是最近一个阶段发生的，具有时新性；其二指对观众来说题材是陌生的，创作者还没有涉及过的题材。具有新颖性的题材容易引起大家的关注，因此，纪录片创作者在选题时可以此作为标准之一。汶川地震发生后，有些独立制作人与机构拍摄制作了以汶川地震为题材的纪录片，在社会上获得了较好的反响。火山爆发、龙卷风、空难等自然界突发的灾难性题材对观众来说十分新颖，因此，具有选题价值。

4. 知识性。传播知识是纪录片的社会功能之一，这与片中题材所蕴含的知识性密不可分。无论是科技、历史还是生活常识等题材均可进入纪录片题材之中。纪录片《舌尖上的中国》，通过轻松的叙述节奏和精巧细腻的画面，向中国观众尤其是海外观众，展示了中国的日常饮食流变、中国人在饮食中积累的丰富经验、千差万别的饮食习惯和独特的味觉审美，题材的知识性十分明显。美国探索频道、国家地理频道播放的自然科学、考古学、探险等题材的纪录片，具有丰富的知识性，吸引了世界各国观众收看。

5. 趣味性。题材的趣味性是指题材所蕴含的人情味与生动性。如果题材没有激烈的矛盾冲突，也没有很强的故事情节，但是题材内容趣味性很强，则可从人性的角度去寻找观众的兴趣点。英国 BBC 制作的纪录片《聪明的鸟》，题材的趣味性很浓，片中通过记录鸟的表演与做算术题等场景，极大地激发了观众观看的兴趣。获得中国广播电视新闻奖的纪录片《阮奶奶征婚》讲述安徽一位 82 岁的老奶奶不顾子女反对，公开登报征婚并终成眷属。题材本身极富人情味，展现出爱情的光芒。

以上所谈纪录片选题标准的五性：故事性、普遍性、新颖性、知识性、趣味性，并非指每一个题材都要符合这五性，只是在面临选择时可从这五个方面去权衡。含有的标准项越多说明选题价值越高。五个选题标准要辩证看待，有些选题知识性与趣味性很强，但是故事性很弱，同样可以成为纪录片创作的题材。

（二）题材分类

纵观国内外制作的纪录片，从题材方面进行分类，大致可分为自然探索类、历史人文类、社会纪录类、文献档案类等四个类别，下面分别述之。

1. 自然探索类。自然探索类题材主要涉及对大自然、宇宙中存在的一些自然现象的探索发现，具有揭秘性质，满足人们的好奇心。这类题材属于世界性题材，美国国家地理、探索频道常常播放此类题材的纪录片，获得世界市场的认可，比如地震、龙卷风、火山爆发等，这些题材是全世界观众都想了解且极感兴趣的。我国电视频道的

《探索·发现》《自然传奇》《寰宇视野》《动物世界》等纪录片栏目所播放的纪录片题材均属于此类题材。

2. 历史人文类。历史人文类题材主要涉及历史上的重大事件、著名人物以及人类学、考古学方面的题材。这类题材故事性与知识性比较强，对受众有较强的吸引力。例如《大国崛起》《再说长江》《圆明园》《故宫》《敦煌》《新丝绸之路》《南海一号》《当卢浮宫遇见紫禁城》《第二次世界大战》《美国，我们的故事》《金字塔》《埃及古墓揭秘》等纪录片的题材均属此类。

3. 社会记录类。社会记录类题材主要涉及现实社会中发生的事件及其人物生活的情景。这类题材具有一定的时效性，有较强的现实意义。普遍性与新颖性较浓，社会纪录类题材来自于现实社会，贴近生活、贴近群众，容易引起观众的关注与共鸣。反映在外打工的农民张昌华一家三年来春节期间返家探亲的纪录片《归途列车》就属于此类。《见证》《百姓故事》《DV 现场》《纪实十分》等纪录片栏目所播放的纪录片均属社会记录类题材的纪录片。

4. 文献档案类。文献档案类题材主要指经过时间的洗礼对现在与将来有重要参考价值的历史人物与事件，是经过人们收藏、收集、整理、保管的珍贵的历史资料。这类题材针对性、教育性与思想性强，一般在重要纪念日来临时，往往推出有关这些具有重要纪念意义的人物与事件的文献档案类纪录片。例如缅怀伟人毛泽东、周恩来、邓小平、朱德的丰功伟绩；庆祝香港回归祖国怀抱；纪念毛泽东发表《在延安文艺座谈会上的讲话》70 周年等。《邓小平》《毛泽东》《大鲁艺》《周恩来外交风云》等纪录片的题材均属于文献档案类。

（三）选题来源

没有选题，纪录片创作无从谈起。从哪里获得选题，这是每个纪录片创作者面临的一个问题。一般来说，纪录片选题主要来自于以下三个方面：

1. 选题来自于机构或组织。纪录片创作者，如果不是社会上的独立制作人，有时就要面临所属机构或组织下达的创作纪录片的任务。所属单位指定选题，由创作者完成。这种选题舆论导向性强，创作者自由发挥的空间有限，由此创作出业的纪录片功利明显。如某某伟人的重要纪念日，单位下达创作一部伟人纪录片的任务。再如为了参加国内外纪录片大赛，有些电视台不计人力、物力、财力，组织创作团队完成纪录片创作，目的是为了获奖。

2. 选题来自于已有的报道。从报纸、期刊、电视、网络等媒体已有的报道中获得选题是纪录片选题来源的一条主要途径。无论是独立制作人还是机构创作者，要养成读书看报上网的习惯，从微博、博客、社区论坛、社交网站上发现线索，从中收集各方资料，寻找纪录片选题。虽然有些媒体已经报道了，但是如果用纪录片展现出来，其传播效果可能就会大不一样。例如讲述 80 岁的阮奶奶征婚一事的纪录片《阮奶奶征婚》，此选题来自于报纸一角刊登的阮奶奶征婚广告。如果编导没有看到这条征婚广告，就不会有《阮奶奶征婚》这部纪录片。

3. 选题来自于生活中的发现。在日常生活中，纪录片创作者要做生活的有心人，在平凡的生活中要善于发现有价值的选题。生活中的选题题材广泛，创作的自由性强，相对于机构指定的选题来说，这种选题受众面更广，产生的效益会更好。对于纪录片创作者来说，平时的积累十分重要，即使在旅途中发现某种颇具特色的民族习俗或某种有趣的动物，也要想到能否用纪录片展现出来。在与人们的日常交谈中或与朋友的聚会中，要注意收集一些有趣的线索或选题，等等，只要平时留心观察生活，用心思考，好的题材就会出现。

（四）选题要求

有些选题故事性强，且带有一定的普遍性与趣味性，如果按照选题的五个标准来讲，完全适合制作一部纪录片；但是由于被摄对象不配合，加上经费所限，最后不得不放弃。因此，这里就涉及纪录片创作的另外一个问题，即选题的要求。纪录片创作者在面临诸多题材时，选择什么样的题材来创作呢？除了参考上面所讲选题的五个标准之外，还要综合考虑以下要求。

1. 要从观众角度来选题。国际上纪录片产业的成熟以及国家新闻出版广电总局对纪录片产业发展的重视，有力地推动着我国纪录片产业发展进程。纪录片创作者在选题时，必须从观众的角度来思考：选题的显在观众与潜在观众是哪些人，他们是否喜欢这种题材，这种题材是否适合在电视台或网络播出，是否有国际市场，什么样的广告商感兴趣，等等。只有认真思考这些问题，明确目标观众，才能更好地作出选择。脱离观众就是脱离市场，因此，一般大型纪录片制作，在确定选题前，往往还要进行市场调研，经过调研之后才作出最后抉择。美国国家地理频道常常从世界观众角度来选题，该频道拥有 200 个摄制组，分布在世界各地进行拍摄，选题涉及自然科学、历史、人类学、考古学、探险、艺术等领域。

2. 要选择熟悉的题材。熟悉的题材有利于创作者更好地挖掘题材内涵，找出其中蕴含的故事，与被摄对象进行很好的沟通，从而提高作品的质量。如果创作者认为题材好，但自己比较陌生，就要想办法来熟悉。可以与拍摄对象生活一段时间，走进他们的生活；同时大量查找相关资料，访谈相关人物等，多方面多角度了解熟悉这个题材，只有如此才能开始创作。否则，最好弃之。

3. 要选择具有可操作性的题材。在确定选题前，要考虑选题是否具有可操作性。

一是要考虑拍摄的对象难度大不大，是否可以完成拍摄任务。二是要考虑是否在可承受的资金范围内，如果投入成本大，资金不够或者回收成本难，则不具可操作性。三是考虑制作的要求与团队所具有的条件是否适合，例如有些选题要动用航拍，要有冒险精神，要花费很长时间等。如果选题没有可操作性，就只好作罢。

4. 要选题健康的题材。健康的选题是指那些含有真善美的选题。在纪录片创作中，有些创作者为了追求轰动效应，往往以猎奇的心态来选题，偏重于边缘群体、弱势群体，揭示其愚昧落后及其扭曲的心灵，这样的选题是病态的，是不健康的。作为创作者要严把选题关，要选择那些反映社会历史变迁的题材、体现人类文明进步的题材、展示人们克服困难积极向上的题材、表现自然奇观的题材，等等，总之，选题要健康。

二、纪录片类型

如何对纪录片进行分类，从不同的角度来看有不同的分法，得出的结论也不一样。如果从题材角度来分，就可分为自然探索类纪录片、历史人文类纪录片、社会时事类纪录片、文献档案类纪录片等。如果从节目时长角度来分，就可分为长纪录片与短纪录片。根据媒介与纪录片发展要求、媒介及国内外影视节呈现的纪录片实际来看，独立制片人冷冶夫认为，纪录片包括“媒介纪录片”和“艺术纪录片”。媒介纪录片是通过大众媒介播映获得收视率，进而获得市场价值和商业价值的纪录片，主要包括时事纪录片、民生纪录片、记忆纪录片、宣传纪录片、自然人文纪录片实验纪录片。艺术纪录片是展现不同艺术风格，进行艺术创新的作品，一般通过获国内外大奖作为评判标准。[①] 为了更好地分析纪录片的类型，从纪录片的制作理念、表现手法、叙述方式、主题意识等方面来看，纪录片可以分为纪实型纪录片与表现型纪录片两大类。

（一）纪实型纪录片

纪实型纪录片是指以记录客观对象的原生态为主要特点的纪录片。这类纪录片以记录现场为主，重在过程记录。往往采用即兴拍摄、跟拍等拍摄方式，以“长镜头 + 同期声”为主要语言传递内容，反对导演摆拍，提倡不用或少用旁白。在后期制作中，注重声画合一，即使加入旁白，其内容也只是客观叙述事件，不直接体现创作者的主观思想。

纪实型纪录片的雏形可以追溯到 1895 年法国的奥古斯特·卢米埃尔和路易·卢

---

① 冷冶夫、刘新传．纪实艺术论［M］．北京：中国广播电视出版社，2009：29 – 30.

米埃尔兄弟摄制的一批纪实短片《工厂的大门》《火车到站》《婴儿的午餐》等影片。之后，罗伯特·弗拉哈迪摄制的纪录片《北方的纳努克》奠定了纪实型纪录片的样式。到二十世纪五六十年代，美国纪录片流派“直接电影”的诞生，进一步推动了纪实型纪录片向前发展。该流派主张：跟踪拍摄事件现场，不干涉拍摄对象，不事先拟定脚本来指导拍摄，反对导演摆拍，不用旁白或者严格限制，在后期剪辑时尽量避免暴露剪辑的“观点”，影片的主题应该通过素材自身的累积凸显出来，让观看者有身临其境之感。其代表作是《初选》——跟踪记录1960年美国民主党总统候选人产生过程的纪录片。

在我国纪实型纪录片中，值得一提的是1991年中央电视台播出的纪录片《望长城》。该片打破了长期以来我国纪录片以“画面+解说”的叙述模式，大胆采用同期声和现场效果声，采用跟拍方式重在过程的记录，主持人入境与被摄对象融为一体，对旁白的运用严格限制。“正是因为让被摄对象自己说话，并取代了人们习惯了也厌烦了的主观空洞的解说；正是因为展示了相关人物事件现实生活中的场景段落和过程，使得《望长城》这个系列纪录片，保持了原生态、现场感，使观众在视觉、听觉和心理等多方面都有了全新的感受，其中，最为关键的是真实感。”① 此后，纪实之风大开，许多纪录片大量运用“同期声+长镜头”模式，例如获奖纪录片《幼儿园》《躁动》《归途列车》等。自然探索类、社会事件类题材适合制作纪实型纪录片。美国国家地理之播放的一些展现自然灾难的纪录片、凤凰卫视播放的《摄影师亲历9·11》等纪录片都属于纪实型纪录片。

（二）表现型纪录片

表现型纪录片是指以追求造型、表现创作者思想情感为主要特点的纪录片。这类纪录片主要运用“解说+画面”的模式，通过解说传递内容与观点，重视画面构图，提倡运用“情景再现”甚至导演手法来达到“逼真”效果。后期制作中，注重声画对位，音乐音效的配置，轻视同期声。此类纪录片的主题往往通过旁白直接体现出来，创作者的思想情感在节目中也毫不含糊地表现出来。

表现型纪录片源于英国纪录片大师、有“世界纪录片教父”之称的约翰·格里尔逊的纪录电影。早在1927年他就提出“我把电影当讲坛，用做宣传”“电影不是观照生活的镜子，而是打造自然的锤子”。② 他开创了“解说+画面”的纪录电影创作模式，尤其重视解说的功能，其代表作是《拖网渔船》。格里尔逊强调纪录电影的宣传教育功能，重视创作者的社会责任，认为纪录电影要对现实进行创造性处理，积极干

---

① 何苏六．中国电视纪录片史论［M］．北京：中国传媒大学出版社，2005：68.

② 单万里．纪录电影文献［M］．北京：中国广播电视出版社，2001：9.

预生活。“解说+画面”的格里尔逊模式，与新中国注重电视的宣传教育功能一拍即合，从1958年中国电视诞生到1991年《望长城》的开播，在长达三十多年间，我国纪录片的创作模式一直沿用这种模式。

20世纪60年代法国的“真理电影”流派诞生，其代表人物让·鲁什，其代表作是《夏日纪事》。让·鲁什拍摄这部实验片，目的是想用摄影机探求表现现实的最大可能性。真理电影主张干涉拍摄对象，鼓动被摄人物在摄影机面前真实流露，促使非常事件的发生，力图实现故事片与纪录片的混合。真理电影继承了格里尔逊的“锤子论”，主张“介入”。“真理电影虽然最大限度地限制虚构成分，但它并未完全剔除虚构成分，只是加强了生活素材的原始成分，以突出影片的真实性。”① 20世纪90年代初期，美国电影理论家达·威廉姆斯，以“新纪录电影”概括当时的纪录片创作倾向。电子时代的影像真假难辨，“新纪录电影”不排斥真实，而是主张虚构“过去的真实”。取材历史、主张“虚构”“过去的真实”的新纪录电影，在美学特征上，大胆使用情景再现，历史资料、新闻片与现实场景互为交织。在纪录理念上，也呈现出理性旁观与主观介入共存、多种纪录手法并用的形态。②

从纪录片制作理念的发展来看，英国格里尔逊模式的纪录片、法国“真理电影”流派的纪录片、美国的“新纪录电影”等都是属于表现型纪录片范围。从题材来看，一般来说，历史人文类与文献档案类题材较适合于制作表现型纪录片。中央电视台播出的《故宫》《大国崛起》《复兴之路》等都属于表现型纪录片。

把纪录片分为纪实型与表现型两大类，其实代表了纪录片创作的两种风格、两种态度。随着影视制作设备的不断更新、制作技术的不断提高、制作理念的不断变化以及人们观赏纪录片的多元需求，两种类型的纪录片有相互融合之势：纪实中有表现，表现中有纪实，取长补短，共铸佳作。

第四节　纪录片拍摄方法与技巧

拍摄是制作视听节目中重要的一个环节，拍摄质量的高低直接关系到视听作品的优劣。纪录片、专题片、广告片、短剧、微电影等不同类型的视听节目，其拍摄方法与技巧有所不同。在确定纪录片选题之后，接着要进入拍摄阶段。为了保证拍摄的顺

---

① 单万里．纪录电影文献［M］．北京：中国广播电视出版社，2001：76.

② 武新宏．世界纪录理念在中国［J］．现代传播，2010（8）．

利，在拍摄前，必要的准备工作要做好。除了做好器材的准备外，纪录片拍摄还要做好以下准备工作。其一，编导与摄像师要充分沟通好。在纪录片拍摄前，编导要把节目的构想、拍摄的内容与要求告诉摄像师，让摄像师心里有底，思考怎样去拍摄。当然，如果编导与摄像工作由一人担当，就不存在沟通问题。其二，熟悉相关情况。在纪录片开拍前，编导与摄像师要熟悉拍摄对象、拍摄场地等情况，如有必要可进行前期采访。熟悉了与纪录片创作相关的内容有利于提高拍摄的针对性与有效性。其三，制订切实可行的拍摄方案。在掌握有关情况后，编导与摄像师要共同制订拍摄提纲，这样有利于拍摄时分清主次，不会丢三落四。当然不同类型的纪录片，相关的准备工作有所不同，其拍摄方法与技巧也有所不同，下面就纪录片拍摄中常用的方法与技巧加以阐述。

一、即兴拍摄：难以预测的拍摄

即兴拍摄是指摄像人员在没有事先准备，遇到突发事情时当即决定拍摄的一种方式。这种不可预测的拍摄避免了摆拍与人为的干涉，更能真实地展现事发现场环境、人物的表情与事件的经过，满足观众的心理参与，增强节目的可视性。随着手机摄像功能的普及以及 DV 设备的大众化，即兴拍摄成为影像爱好者常用的一种拍摄方式。

即兴拍摄不是漫无目的的随意拍摄，而是摄像师在深入理解编导意图，依据节目主题需要以及长期拍摄经验积累的基础上瞬间决定拍摄的一种行为。在日常拍摄中，有些事情是可遇不可求的，尤其是那些有冲突有故事的事情。这就要求摄像师对社会生活要有敏锐的洞察力，能够看到一般人忽视的东西，并且迅速用镜头捕捉到关键的细节。有道是：纪录片是发现的艺术——摄像师用心发现并及时用镜头记录下来的艺术。由于事件发生突然，因此即兴拍摄突破了传统的拍摄模式，更具灵活性与机动性，现场感强，给观众耳目一新。

即兴拍摄往往来得突然，这就要求编导和摄像进入现场后，耳、目、手、足和摄像机都必须时刻保持工作状态。在突发事件发生时，摄像师能够机智而敏捷地拍摄到主体、陪体、前景、背景和周围环境，不失时机地确定拍摄位置、角度。摄像人员要像神枪手一样，不需瞄准就能捕捉到最佳表现力的故事瞬间。这种综合性的应变能力，绝非一日之功，有赖于对（故事化）突发事件的理解，有赖于长期拍摄经验的积累。①

① 冷冶夫、刘新传．纪实艺术论［M］．北京：中国广播电视出版社，2009：340.

二、跟拍：重在过程的记录

跟拍是指摄像机跟随被摄主体一起运动的拍摄方式。在纪实型纪录片拍摄中，跟拍是常用的一种拍摄方式。以被摄运动主体为参照物，跟拍分为前跟、后跟与侧跟。由于跟拍对象在运动中，因此，摄像师一般采用肩扛式跟拍，即摄像师把摄像机扛在肩膀上跟随被摄主体进行拍摄。随着小型 DV 在纪录片拍摄中的运用，手持拍摄也时常出现。

为了减少摄像机镜头的晃动感，跟拍中使用广角镜头有利于画面的稳定性，并通过身体的前移或后退来改变景别。在拍摄中，摄像师要协调好与被摄主体移动的步幅和节奏一致，记录好人物运动及事件变化的过程；同时要迅速完成画面的构图、焦点虚实的控制、光圈大小的调整以及运动路线的预测等。在跟拍中，摄像师根据节目需要，要立即决定拍摄角度、距离与方向。在荷兰阿姆斯特丹国际纪录片电影节上获得了最佳纪录长片奖的《归途列车》，主要采用跟拍方式记录一对离开家乡去广州打工多年的农民工张昌华夫妇。摄像师跟随张昌华一家三年来春节期间返家探亲的历程，呈现农民工的悲苦、亲情与生计间的矛盾。跟拍张昌华去火车站买票的艰辛，体现春运期间“一票难求”的事实；跟拍张昌华一家三口艰难挤车的情景，展现了春运运力的紧张；跟拍张昌华与女儿的冲突，反映两代人之间的代沟；跟拍张昌华一家三口在工厂上班的情况，体现打工的不易，等等。摄制组从广州火车站到四川家乡再到广州工厂，一路跟随张昌华一家拍摄。通过两年多的跟拍，张昌华夫妇工作、生活的过程如实地展现在观众的面前，这是中国千千万万农民工家庭甘苦的写照。全片 90 分钟几乎均由这些跟拍镜头组接而成，没有解说，属于典型的纪实型纪录片。

跟拍是不间断的拍摄，运动镜头与长镜头综合使用，有利于展现时空的完整性、事件的连续性；有利于表现运动中被摄主体的神态与情绪，强化运动主体的动感；有利于扩展观众视野，增加画面信息量，因此跟拍带来的真实感与观赏性很强，在纪录片中广泛应用。在跟拍事物发生发展的过程中，要早开机、晚关机、中间不停机，以保证记录事态过程的完整性。如何衡量跟拍中长镜头的拍摄是否到位？中央电视台高级记者童宁在一次访谈中讲到，一个标准的纪实性长镜头应该具有下面这些特征：第一，单独的一个镜头记录一个完整的动作和事件，它不依赖于同上下镜头的连接就能以独自的含义而独立存在；第二，时间空间的真实，是要使得特定的事件或动作能在一段连续不断的时间里，在几个空间平面上延伸发展，形成多平面、多元素相互映衬、对比的复杂的画面结构；第三，这种画面结构的多元性，形成了表意方面的多义性，即镜头的含义不是单一的，而是多义的；第四，画面的多元性给观众以选择的自由，使他们不受导演的强制、约束，并自由自在地对屏幕形象的含义作出自己的分析和评价。①

三、等拍与抢拍：工作态度与专业素养的综合体现

等拍是指在纪录片的拍摄中摄影师等待时机出现进行拍摄的一种方式，是创作优秀纪录片不可缺少的一种方法。时机可区分为一般时机与最佳时机。摄影师若想捕捉到最佳拍摄时机，就要有坚强的毅力与吃苦耐劳的精神，要经得住时机的考验，耐心等待时机的出现。"等拍"中的"等"可能是等几十分钟、几个小时甚至几天；也可能是等几个月、几年甚至十几年，这取决于纪录片题材特点。因此，可以说等拍是摄影师工作态度与敬业精神的集中体现。

常言道：机遇往往是留给那些有思想准备的人。在纪录片拍摄中，能把握住最佳拍摄时机的往往是那些有充分准备的人。摄影师如何准备呢？一是拍摄器材的准备与拍摄经验的积累，二是认识事物能力及预见事物能力的提高。因为会预测到将要发生的事情或出现的现象，因此，摄影师要"守株待兔"，一旦出现立即抓拍。等拍中不能因为难等或等的时间过长而有意干涉事件的进程，推动事件发展。例如《再说长江》纪录片记录黄山时，摄影师把黄山的云雾变幻拍摄得如此美丽，就是等待最佳时机拍摄的结果。《动物世界》里的动物的有趣瞬间就是摄影师耐心等待的结果。可见，等拍是有预期的等拍。预期来源于两个方面：一是摄影师对事物的观察、认识与判断；二是拍摄对象或知情者提供的情况。有部纪录片记录了一个拾破烂的老奶奶捡到一个弃婴，把弃婴抚养到上小学一年级的过程，前后制作花了六年时间；也就是说创作者等了六年才完成这部纪录片。六年间，老奶奶面临很多问题：小孩的生活照顾、子女的反对、自己年岁已高无力抚养、小孩的户口问题与上学问题等。由于创作者们会预测到这些问题，因此，六年间每当出现这些问题时，摄影师就把它记录下来，最后制作成一部纪录片，在电视台播出获得好评。

摄影师在等的过程中，一旦最佳时机出现就要进行抢拍。抢拍是摄影师在紧急情况下采用的一种拍摄方法，尤其在突发事件来临时不可缺少的一种拍摄方式。抢拍时除了要求摄影师能熟练地操作设备外，还要有对事发现场敏锐的捕捉能力。在转瞬即逝的现场，在事件正在发生的进程中准确地做出自己的判断，迅速用镜头记录最能体现事件变化的关键环节及其展现人物性格、神态的细节。抢拍来的内容，保证了事发过程的原生态，更具真实性与现场感，颇受观众欢迎。例如纪录片《地球脉动》第2

---

① 刘文、曾祥敏．电视摄影创作［M］．北京：中国广播电视出版社，2005：164.

集中，摄像师用镜头记录了一只雪豹抓捕山羊的场景：雪豹悄悄逼近山羊，山羊发现后立即往山下逃跑，雪豹一路追赶，咬住山羊的尾巴，山羊努力挣脱，最后摔到山底的河流中才得以逃脱。如此生动的场景，就是摄像师等待最佳时机抢拍得来的。

即兴拍摄、跟拍、等拍与抢拍等都是现在进行时的拍摄，是纪实型纪录片常用的拍摄方式。鉴于拍摄目的与拍摄技巧方面侧重点的不同，上面分别论述了即兴拍摄、跟拍、抢拍等拍摄方式的特点及其应用。其实，在纪录片拍摄实践中，即兴拍摄、跟拍、抢拍等拍摄方式常常综合应用，即兴拍摄中含有跟拍与抢拍，跟拍中含有抢拍，抢拍中含有跟拍，根据实际情况综合灵活应用。

四、纪录片拍摄的两大任务：叙述与表现

叙述与表现是纪录片拍摄的两大任务。也就是说，在纪录片拍摄中，不仅要运用叙述手段还要运用表现手段，通过纪实与表现两种手段的结合共同完成纪录片拍摄任务。对于真实类的视听节目来说，叙述是其共性任务和共同要求，而表现则是纪录片区别于新闻片（消息）与专题片拍摄的一个重要标志。新闻片（消息）摄像的主要任务是叙述反映的有机结合，专题片摄像的主要任务是叙述与论述的有机结合，而纪录片摄像的主要任务是叙述与表现的有机结合。①

纪录片拍摄中，摄影师通过镜头不但要告诉观众发生了什么，还要让观众明白表现了什么。因此，摄影师拍摄时要有明确的拍摄指向，高度熟悉拍摄对象，理解拍摄内容及其蕴含的思想内涵。无论是拍摄纪实型纪录片还是拍摄表现型纪录片，叙述与表现并不是截然分开的，而是相互融合、相互转换、相互统一的，因此，摄影师在拍摄时要把叙述与表现二者有机结合起来，叙述性画面中有表现成分，表现性画面中有叙述倾向。通过纪实性画面传递事件内容，通过表现性画面表达思想情感。以2012年播出的五集纪录片《春晚》为例，可以看出叙述与表现如何有机结合于一体。纪录片《春晚》以2012龙年春晚幕后创作为主线，首次全面采访历届春晚的主创人员和春晚标志性人物，梳理从1983年到2011年春晚的珍贵影像，通过回顾30年的经典瞬间和幕后故事，勾勒出30年里春节、春晚、中国社会的宏大画卷；通过与春晚有关的影像纪录时代变迁，体现时代发展。在该纪录片的许多故事中，河南登封塔沟武校学员的经历，最令人感动，让观众体验到了人生的挫折与成长。为了上春晚，该校原创了一个节目《年夜饭》。节目中设计了一个直径3米的大铁碗，重达200多斤，由8个人举起，一人在大碗边上跳跃翻滚，做出种种高难度动作，模拟大厨在烹调，周围

---

① 胡立德．新闻摄像［M］．杭州：浙江大学出版社，2006：473.

还有几十位杂技演员舞碟弄勺。几个月的工夫就练坏了三只大铁碗，在碗边上表演的演员不知摔过多少次，流过多少汗水。到节目进京参加彩排时，该校3万多名学员为他们送行，寄予厚望。片中用了许多长镜头叙述演员们勤学苦练的艰辛，通过这些镜头表现了上春晚多么不易。遗憾的是节目最终没有进入“春晚”节目单。杂技组导演深情地说：“我非常非常非常遗憾地告诉大家，尽管我们付出了整个春晚当中所有节目最长的排练时间，最多的心血，熬了最多的夜，起了最多的早，但是因为种种原因，这个节目不能再站上春晚的舞台。节目虽然被拿下来了，但是我们还有一个机会，是在元宵节，在正月十五播出。我见过你们流汗，见过你们流泪，见过舞蹈演员穿着短裙子在候场的时候打哆嗦，见过塔沟的孩子摔得浑身都是伤。我们节目修改了无数次，但是每一次都是为了让效果更好，为了给观众带来欢乐，送上我们的一个‘年夜饭’。我只能说非常遗憾。我的老师告诉我说，成长比成功更重要。我拿这句话与大家共勉。我给大家鞠一躬。”如此长的同期声完整地呈现在纪录片中，既是叙述内容的需要，也是表现人物思想感情的需要。在叙述镜头中充分表现了纪录片的主题思想。

在纪录片拍摄中，摄影师要有后期编辑意识，最好是参与过后期剪辑工作，这种经历有助于摄影师在前期拍摄中更好地拍到有效画面以表现纪录片主题。在拍摄运动镜头时要留足起幅与落幅时间，便于后期制作剪辑点的确定；通过景别的变化与构图的处理强调拍摄的主体；对于事件过程的拍摄，在考虑事件连续性的同时，也要考虑后期的组接；拍摄时要考虑到如何把握事件过程的精彩片断，后期制作中如何连接这些过程片断；如何改变拍摄的距离与方向，运动拍摄与固定拍摄如何结合；怎样保证同期声的录制效果，现场音响如何采集等。总之，摄影师在前期拍摄中，要考虑纪录片的主题、内容及其结构等因素，以提高拍摄的针对性与有效性。

五、纪录片拍摄的最高境界：真、善、美三者和谐统一

什么是优秀纪录片？具有真、善、美的纪录片是优秀纪录片。要创作出优秀的纪录片，摄影师在前期拍摄中必须做到真、善、美三者和谐统一。

前期拍摄中的“真”首先是指内容上的真，纪录片要求记录真实环境、真实时间里发生的真人、真事，不允许虚构事件。真实是纪录片生命，也是它的最大魅力。对纪录片而言，只有内容真实才能取信观众，赢得观众。因此，在拍摄中，摄影师要如实地纪录事件，不能干涉事件进程，更不能虚构事件。通过运用即兴拍摄、跟拍以及“挑、等、抢”等拍摄方式客观纪录生活的本来面貌，表现纪录片的主题。纪录片《归途列车》中摄影师拍到张昌华在广州火车站“一票难求”与在人山人海中挤上火

车的场景，表现了张昌华一家春节回家的艰难，这是中国民工潮的写照，不容置疑。摄影师在跟拍张昌华的过程中，还拍摄到了一个妇女昏迷、一个小孩与大人走散的细节，这些细节更能体现生活的真实，引起观众情感的共鸣。2010 年，范俭创作的汶川震后再生育题材纪录片《活着》入围 2011 年阿姆斯特丹国际纪录片电影节竞赛单元，获得 2011 年广州国际纪录片节评审团特别奖。这部纪录片以汶川地震后有五千多个家庭准备再次生育为背景，记录了家住四川都江堰的叶红梅开始第二次试管生育的过程，以及她的朋友们在近两年时间里孕育新生命的过程中遭遇的不同命运。无论是《归途列车》还是《活着》，记录的均是真人真事，通过家庭的经历折射出时代的变化。在纪录片拍摄中，不能为了好看采用导演摆拍的手法，要严格区分其与故事片的拍摄手法，要保持记录事件的原生态，以维护纪录片真实的本质。“纪录片摄影坚持的‘真’，不仅包括内容的真，也还包括表现的真；不仅要求整体的真，也要求细节的真；不仅要求具象的真，也要求本质的真。这些就是纪录片摄影真实要求的全部内容。”①

拍摄中的“善”主要是指拍摄者的行为态度及其道德责任。在纪录片拍摄中，编导与摄影师要处理好与被摄人物的关系，要以平等的视角来对待被摄者，设身处地为对方思考，不能为了达到拍摄目的不顾别人的感受甚至伤害对方。在汶川大地震中，有位摄影师为了拍摄埋在废墟下的老人，力劝现场营救人员暂停一下，让其拍摄几分钟；结果等其拍摄完后营救出来的老人已经没有生命迹象了。这种高高在上没有怜悯之心的摄影师，就是缺乏善的表现。刘景在《三思纪录片》一文中曾作过反思：“《毛毛告状》的编导在有些场合显然太过煽情，在片中她不断以温情的话语去触动被采访者的痛处，直到对方痛哭失声，这样的干预是令人遗憾的。”记得有部获奖纪录片，记录的是一个优秀的乡村女教师患有癌症，仍坚持在教学一线工作直至住院。临终前一段时间摄影师不断地去采访拍摄，严重影响了病人的休息，这就是缺乏人文关怀的体现。在纪录片的拍摄中，无论是对被摄人物还是对受众，要体现人文关怀的思想，不能因为事件影响大而忽视对被摄人物生命的亵渎及对受众心灵的伤害。纪录片《摄影师亲历·911》中，摄影师并没有用镜头去拍摄血肉模糊的尸体，而是着重记录消防人员如何冒死抢救伤员及其受困者。这是对死者生命的尊重，也是对受众心灵的爱护。一般来讲，摄影师拍摄时要征得当事人同意，不能运用偷拍方式来获得素材；只有赢得对方的信任与好感，才能得到对方的配合，因此，摄影师要有善的态度及其高度的道德责任感，才能使拍摄得以顺利进行。

---

① 胡立德．电视新闻与纪录片摄影［M］．北京：中国广播电视出版社，2002：338.

拍摄中的“美”主要是指画面表现的艺术美，即形式美。纪录片拍摄要求做到真实，并不意味着不要追求艺术美。纪录片艺术主要是指真实的艺术，因此，在坚持真实原则的基础上要大胆追求艺术美。形式美是事物本身所具有的，靠摄影师去发现与捕捉。拍摄中的“艺术美”具体来说表现在画面构图、景别变化、虚实处理、角度选择、光线运用、色彩搭配、拍摄技巧、现场音响的采集等诸多方面。前期拍摄中，摄影师通过对这些方面的综合运用，为生产精品纪录片打下坚实的基础。在纪录片制作实践中，有些纪录片题材很好，主题突出，但是画面摇摇晃晃，模糊不清，主体指向不明，镜头技巧单一，景别缺少变化等，这不能不说是前期拍摄中的遗憾，即画面形式缺乏艺术美。因此，为了不留遗憾或减少遗憾，摄影师除了熟练掌握拍摄技巧外，还必须理解拍摄主题、选好拍摄角度，预测主体运动的路线，抓拍事件细节，思考剪辑效果等；如能做到这些方面，就能使拍摄的画面具有美感，视觉冲击力更强。《大国崛起》《故宫》等表现型纪录片中，综合运用拍摄手法，画面表现的艺术美十分突出，给观众以视觉享受。

纪录片拍摄中的“真善美”不是截然分开的，而是有机结合、和谐统一于拍摄过程之中，有内容上的真、态度上的善，但缺形式上的美，这样的纪录片是令人遗憾的；有形式上的美、态度上的善，但缺内容上的真，这样的纪录片改变了纪录片的本质，成了故事片；有内容上的真、形式上的美，但缺态度上的善，这样的纪录片缺乏道德责任，是不受欢迎的。因此，纪录片拍摄中做到“真、善、美”三者和谐统一，是纪录片拍摄中的最高境界，值得每个纪录片摄影师一生去追求。

第五节　纪录片语言与叙事

在纪录片创作过程中，离不开纪录片语言的运用。理解纪录片语言及其掌握不同题材纪录片的叙事方式，是创作优秀纪录片的前提。

一、纪录片语言

语言是人类重要的交际工具，是人们进行沟通交流的各种表达符号。纪录片语言是指纪录片创作中传播内容与思想的各种语言符号与非语言符号。从传播信息与佐证事实角度来看，纪录片语言可以分为真实语言与虚拟语言。下面分别加以阐述。

（一）真实语言

真实语言是指那些既能传递信息又能佐证事实的语言。纪录片是非虚拟非表演的影视纪实艺术，[①] 它要求记录真实环境、真实时间里发生的真人、真事；坚持真实，反对虚假。因此，真实语言是纪录片创作的主要语言。一般来讲，叙述型纪录片中真实语言运用较多，其主要包括：现场画面语言、现场人物同期声语言、现场造型语言、现场音响音乐语言、现场文字语言等。下面分别叙述。

1. 现场画面语言。现场画面语言是指摄影师在事发现场拍摄到的有声图像。画面是世界上通用语言，因此，纪录片创作要经心用好画面语言，尤其是现场画面语言。前期拍好现场画面是纪录片创作至关重要的一个环节。俗话说：百闻不如一见。及时记录现场的人和事，无异于把观众带到现场，使观众得到“眼见为实”的心理满足。纪录片的生命是真实，而现场画面语言的运用最能体现真实特点，因为，现场画面具有实证性，不容置疑。现场画面语言可分为现场叙事性画面语言和现场描述性画面语言。现场叙事性画面语言主要是指通过现场画面来叙述事件发生过程的语言。这种语言远比采访同期声和在演播室里“口述历史”更能体现纪录片的真实性和感染力。因此，要求摄影师在现场多用长镜头记录事件的变化过程，捕捉现场细节。用现场长镜头叙述内容，表达主题；用现场画面细节升华情感，感染观众。现场描述性画面语言主要是指在现场拍摄到的用来交代环境与氛围的画面语言。现场描述性画面语言往往用远景或全景景别通过摇摄来达到交代环境的目的。例如获奖纪录片《归途列车》通过跟拍大量运用长镜头，全片 90 分钟以现场画面语言为主，真实生动地记录了张昌华一家三年来春节期间返家探亲的历程。

2. 现场人物同期声语言。人物同期声，是指在现场拍摄人物讲话时录下的讲话声，即现场人物说话的声音。在叙述型纪录片中，现场同期声是传递内容的主要语言；也可以这样说，没有同期声就没有叙述型纪录片。同期声在传播事实的同时，也推动着事件的发展。摄影师与录音师在采录同期声时要确保其清晰度与真实性，不能错过经典同期声的录制，尤其是交代关键事态推动矛盾发展的同期声。在前期拍摄时可以多录一些同期声，但在后期制作中要围绕纪录片主题精选同期声，控制其叙述节奏。在纪录片中，现场同期声语言不仅强化了真实感，而且可以防止因随意挪动画面而产生的失实现象。

3. 现场造型语言。现场造型语言是指摄影师在现场拍摄到的形体、表情、着饰、色彩、光线、影调、空间关系等传递现场信息的语言。在纪录片的拍摄中，有些编导与摄影师只重视拍摄事件过程，忽略现场造型语言的拍摄，这种拍摄观念容易导致纪录片失真，例如让人物穿着崭新的衣服去车间劳动，这明显是导演摆拍的。被摄人物

---

① 朱景和．纪录片创作［M］．北京：中国人民大学出版社，2002：5.

的形体动作，有着丰富的情感内涵；被摄人物的面部表情，透露着人物的精神风貌；被摄人物的衣着，传递人物的身份背景；现场的色彩渲染着某些气氛与情绪；现场的光线与空间体现着环境的真实状况，等等，在现场拍摄，摄影师要善于捕捉，善于发现，用现场造型的细节，增添纪录片的真实性与感染力，激发观众的情感。现场造型语言的真实，直接维持着纪录片本质的真实。

4. 现场音响音乐语言。现场音乐音响是指摄影师在现场拍摄同期采录的对纪录片内容不作直接说明的现场声音语言，这些声音没有抽象意义，只是表明一种存在。具体来说，现场音响音乐包括：自然音响（风雨声、雷鸣等）、动物音响（动物的鸣啼、行走声等）、机具音响（各种机器、交通工具发出的声音等）、人声（人的叫喊声、欢呼声等，只表明人的存在，没有具体内容）、现场音乐等。这些现场音响音乐采录得当，可以渲染气氛，扩大信息容量，有利于后期制作形成画面之间时间上的联系感，使纪录片显得更真实，更可信。现场音乐如果采录得当，就可以对画面的情感和情绪效果起到重要的辅助作用，衬托纪录片的主题。一般来讲，现场音响音乐大多作为背景声出现，表明现场环境的氛围，体现事物的客观存在。纪录片内容主要还是靠现场画面语言与同期声来叙述。例如美国探索频道播放的纪录片《追风部队 2009》，记录的是一群龙卷风的爱好者与研究者，驾车追逐并测量龙卷风的情景。片中龙卷风的呼啸声以及夹杂的冰雹打在车窗玻璃上的声音，令人震撼。

5. 现场文字语言。在纪录片拍摄中，摄影师要善于用镜头记录现场有文字的事物。在现场拍摄到的文字画面，也叫画内屏幕文字。这些文字可能是表明地点的，也可能是大会的标语、口号等，运用得好，可以扩大节目的信息量，使纪录片语言表达更为简洁，是画面内容的点睛之笔。例如获奖纪录片《躁动》记录的是辽宁省盘锦地区上万渔船捕捞海蜇的场景。在等待出海的几天，上万渔船停留在港口，渔船上飘扬的旗帜上面有的写着“一帆风顺，满载而归”，有的写着“年年高产，万事如意”，这些简洁的画内文字语言，生动地表达了渔民的期盼。

（二）虚拟语言

虚拟语言是指那些能传递信息但不能佐证事实的语言。由于纪录片具有跨时空的特点，因此在制作不同类型的纪录片时，为了创造“逼真”的效果，适当运用一些虚拟语言，不但不会使观众产生“造假”心理而拒绝接受，反而会增加观看时的“真实感”。在制作以战争、古代名人、自然风光、宇宙探索等为题材的纪录片时，仅用真实语言有时困难重重，甚至无法制作，而适当运用一些虚拟语言也可达到“逼真”效果。在中外纪录片中，一般来讲，表现型纪录片中虚拟语言运用较多，其主要包括：动画语言、影视资料语言、绘画语言、情景再现语言、模拟音响音乐语言、旁白、后期屏幕文字等。下面分别述之。

1. 动画语言。随着高科技的发展，三维动画、电脑仿真等手段在纪录片中日益有所体现，尤其在自然探索类与历史人文类纪录片中运用较多。由于这类纪录片题材与受众的生活有相当的距离，用专业术语及公式来传播，不但使外行根本不懂，而且对受众来说枯燥无味，以致观看时心理时间（指人对时间的主观感觉）放大，从而产生厌倦心理，传播过程中断。为了维护观众对传播内容的兴趣，形式技巧极为重要。例如，纪录片《一飞冲天》，用三维动画逐步显示出联合攻击机的设计和制造过程，既简洁又形象。在《地球探索·北美洲冰河奇观》纪录片中，用电子地图展现冰河的位置，当叙述到形成冰河期的原因时，用动画语言形象表达地球自转，绕太阳公转及其轨道变化、湾流海域、冷气团等，化复杂为简单，通俗易懂。在系列纪录片《神秘的星球》中，完全离不开三维动画语言：太阳诞生、构成成分、磁场活动、日珥爆发、太极光等知识都以动画语言形象表达，九大行星的形成和旋转轨道、各自位置及相关知识介绍，若没有动画语言的支撑，则无法制作。尤其当介绍“土星”时，说它很轻，密度比水还小，如果有个够大的海洋容纳得下它，它将漂浮在海洋中，此时画面用动画显现：土星漂浮在海洋中。多么生动，多么形象。

2. 影视资料语言。在纪录片中，插入第一手纪录片段、照片等佐证事实的资料是惯用的做法。但是有些题材没有纪实材料。为了形象再现事件的社会历史背景、昔日面貌及其演进轨迹，在纪录片中画龙点睛地插入少量影视剧资料，也未尝不可。不过，在运用影视资料时，应向观众公开表明或暗示：这是为了再现事件所采取的形象化手法，而绝不能同真实事件混为一谈。系列纪录片《正阳门外》中，在介绍“全聚德”字号、风水时，就插入了电影中晚清街景的画面和话剧《天下第一楼》片段。大型文献纪录片《新四军》第十集“再创辉煌”中，插入了电视剧《中原突围》中的片段以及从电影中剪辑出来的反映抗日战争、解放战争气势恢宏的战争场面，形象地揭示了新四军在解放全中国中所取得的辉煌战绩。再如纪录片《约翰·肯尼迪》中，叙述肯尼迪对纳粹的态度时，插入了纳粹士兵操练及其随后闪电攻击捷克的画面，这些影视资料，再现了历史背景，加深了观众对肯尼迪的认识。通过插入电影资料，前苏联纪录片《普通法西斯》全面剖析了法西斯势力在欧洲产生、发展、危害人类的历史；美国纪录片《纳粹与希特勒》重点剖析了法西斯思想的形成、发展到种族优越论和种族灭绝，直到武力称霸失败，走向覆灭的思想根源。总之，纪录片中插入影视资料要少而精，要围绕主题来精选。插入的位置要准确，不必用的地方用了，给人以冗长感，对总体结构也不利，得不偿失。

3. 绘画语言。绘画的基本特点是通过虚构的形式，把对象生动而又逼真地描绘出来，看起来与真实的东西一样。绘画的美，就在于能够以假弄真，用本来是虚构的形式骗取观众视觉上的信任。① 在有些纪录片中，为了增加画面的可视性，形象地表达内容，有时运用美术绘画也会带来“逼真”效果。例如人物纪录片《马克·吐温：他的神奇探险》，由于没有记录资料，仅存的照片也极少，因此，该片中运用了 78 幅绘画，把马克·吐温一生的神奇探险，直观地展现在观众的面前：马克·吐温在河上生活、在沙龙讲故事、扮演驻外记者、逃往旧金山、骑马探险、到国外演讲等，这些绘画不仅仅是“形似”，更体现出了“神似”，把马克·吐温的内在气质形象地描绘出来。同时通过绘画，展现了马克·吐温的文学成就，《汤姆·索亚历险记》《傻子国外旅行记》《富贵年代》等作品的主要内容及主人公均以绘画形式呈现在观众面前，一目了然。在旁白的配合下，给观众以完整的视听信息。试想，如果该片没有绘画，则是多么黯然失色。“每一件艺术品都是对某一事情的陈述，每种视觉式样——不管他们是一幅绘画、一座建筑、一种装饰或一把椅子——都可以被看做是一种陈述，它们都能在不同程度上对人类存在的本质做出成功的说明。”② 不过，纪录片中运用美术绘画，一般是不得已而为之。若是有第一手纪实资料，则最好用纪实资料。因为纪录片贵在真实，绘画虽然能“作为一种陈述形式”传达某种信息，但其不能佐证事实。因此，要谨慎用之。

4. 情景再现语言。“真实”是纪录片的生命，导演、摆拍是不允许的。但是在历史题材的纪录片中，适当使用模拟演示，既是对考古活动和成果的记录，又是对历史之谜的破译，显示出特有的魅力。纪录片《望长城》中测试“烽火传警”，用点燃烽火、空拍汽车奔驰、手机联络等现代通讯手段和最新拍摄手段的多视角展示，使内容更加丰富，形式更加活泼。英国纪录片《昔日帝国的秘密·方尖碑》中，通过模拟重建拍摄，把金属器械出现以前巨型碑材是如何开采、杠杆架对竖立巨碑有何意义等等这些充满知识性、趣味性的神秘环节，通过模拟再现，疑惑迎刃而解。

情景再现的条件是历史内容的神秘性和情景复原的可行性。上面所举例子都是历史之谜。众多传说、推论，一直在增加它的神秘色彩，正是这种神秘性，才使得模拟复原拍摄具有科学的、观赏的双重价值。可行性是一种考古成果，复原工程是考古成果的剖析和演示，是对某种结论的肯定和否定，因而充满了知识性和悬念效果，不加干预地记录复原过程便构成了有声有色的好作品。

近年来，在一些生活、人物纪录片中，也有运用情景再现的方法来拍摄，例如纪录片《真实的故事·爱的奇迹》，开始叙述“4 月的一天中午，17 岁的宋雅静骑着自

① 郑元者、蒋孔阳．学术文化随笔［M］．北京：中国青年出版社，2000：288.

② 鲁道夫·阿恩海姆．视觉思维［M］．滕守尧译．北京：光明日报出版社，1986：427.

行车去上学，快到学校时，一辆公交车撞倒了她……”这时，画面内容是：街道边一个女学生推车上学、公交车驶过来、自行车倒地、奔驰的救护车、忙碌的医护人员等。《百年婚恋·鲁迅》中，当叙述“鲁迅经过拜祖先迎花轿的仪式与朱安结为夫妻”时，画面上出现了特写的烛火和挂红花的新郎背面。这些模拟再现有一个共同的特点：演员总是不露脸，观众只能看到人物的轮廓。因此，观众在观看时，也会产生认同的心理，不会因情景再现而感到不舒服。当然，情景再现能否在这种纪录片中运用还值得商榷。

5. 模拟音响音乐语言。纪录片重视同步现场声，但并不排斥必要的音响资料和模拟声。摄录采访中，画面不错而声音不好的情况经常出现，因此，后期声音创作进行弥补是必要的。弥补的办法是运用音响资料或模拟声。平时要积累诸如雷鸣、风吼、马嘶、鸟啼、鞭炮、枪炮、汽笛等音响资料。模拟声是根据画面内容人工仿制的声音，不仅可以达到以假乱真的效果，还可比原声音更具魅力。例如科教纪录片《神秘的星球》中的星球相撞爆炸的声音，渲染了气氛，使记录的内容更加具象。《湘西，山的咏叹调》“啃山人”一节，多次运用音响资料，从山景开始便加进了重锤击石头的混合音响，铿锵有力的铁锤声，震荡着群山，也震荡着观众。然后才出现啃山人挥锤破石头的矫健身影。这是经过夸张的“混响”处理，将原始声音艺术化。结尾处，“啃山人”围着火塘与家人畅想湘西的未来时，再次想起了铿锵有力的铁锤声，衬着熊熊塘火，让人物陶醉在遐想中。总之，音响资料的运用，可以突破画面框限，扩大信息容量，形成画面之间的联系感，使观众产生真实感。配加的音乐是纪录片中最富有艺术性的主观声音。在纪录片中，音乐作为一种情绪和意境注入作品，含有主创者表现生活的主观成分。它的作用在于“通过音调与旋律创造出情感的形象，直接打动人心，直接唤起观众的思想、情感和心里情绪上的反应与共鸣”。① 后期制作配加音乐时，只有置入适当的位置，融入整个作品的内容与形式当中，使人不知不觉地受到它的感染，甚至不感觉它存在的时候，才是最佳效果，这就是人们称赞的“听不见的音乐”的效果。

6. 旁白语言。旁白是纪录片叙述内容的主要语言之一，有些学者称之为解说。由于旁白没有实证功能，因此列为虚拟语言。在“画面 + 解说”或“访谈 + 画面 + 解说”叙述方式的纪录片中，旁白承担着陈述纪录片内容的任务，或叙述事件的过程，或抒发人物情感，或揭示主题思想等，例如纪录片《故宫》中关于故宫的文物及其背后隐藏的故事全是由旁白来介绍，《大国崛起》中关于九个大国如何崛起的过程主要

① 黄匡宇．理论电视新闻学［M］．广州：中山大学出版社，1996：86.

靠旁白来叙述。

7. 后期屏幕文字语言。后期屏幕文字是指根据纪录片内容表现的需要，在后期制作时叠加在屏幕上的文字。后期屏幕文字可以是交代人物、时间、地点等内容的说明性屏幕文字，也可以是讲述事发背景、事件结果等内容的信息性屏幕文字。后期屏幕文字除有叙述功能外，还有调节画面节奏，增强视听效果的功能。

可见，纪录片语言的运用是各类语言的高度综合。它既包括真实语言又包括虚拟语言，以哪种语言为主，抑或两者兼顾运用，要由纪录片题材和类型来决定。总之，在创作纪录片中，要大力提倡使用真实语言；在保证纪录片真实的前提下，谨慎使用虚拟语言。

二、纪录片叙事方式与技巧

纪录片是运用影像叙事的艺术。叙事能力的高低直接影响着纪录片传播效果的优劣。亚洲电视网制作总监维克兰・夏纳曾经说：“中国纪录片在拍摄的角度，描写人物感情和细节表达上有其独到与动人之处，但往往其思想性强、故事性弱、节奏缓慢，因而观赏性差，难以迅速吸引观众，也难以进入世界市场。”纪录片故事化已经成为纪录片创作的主流观念。“讲什么、怎样讲”值得每个创作者认真思考。纵观国内外深受欢迎的纪录片，无一不是从故事入手，无论是当事者讲述，还是旁观者复述，均着重于如何把故事讲好，以吸引观众的注意力。下面着重探讨纪录片的叙事方式与叙事技巧。

（一）叙事方式

纪录片叙事方式就是对影像素材进行选择与排列以叙述事实或表达观点的模式。纪录片运用哪种叙事方式，取决于纪录片的题材及其编导的风格。美国学者比尔・尼可尔斯在其著作《纪录片导论》中，把纪录片的叙事模式分为六种，即：诗歌模式、阐释模式、参与模式、观察模式、反身模式、陈述行为模式。不同类型的纪录片，其叙事方式是不一样的。纵观中外纪录片，常见叙事方式主要有以下几种：

1. “画面 + 解说”式——格里尔逊式。“画面 + 解说”叙事方式源于英国纪录片大师约翰・格里尔逊的纪录电影。他认为纪录片是“对现实的创造性处理”。他提出，纪录片要关注现实，把目光从天涯海角转移到自家门口，“摄影棚影片大大地忽略了银幕敞向真实世界的可能性，只拍摄在人工背景前表演的故事，纪录片拍摄的则是活生生的场景和活生生的故事。”因此，他倡导纪录片要对现实进行干涉，要重视纪录片的宣传教育功能。第二次世界大战推动着格里尔逊“画面 + 解说”叙述方式的全面普及，《伦敦可以坚持》《倾听不列颠》《今夜的目标》《我们为何而战》等影响较大的纪录片，通过生动的解说，宏大的战争场面，鲜明地表达了反法西斯的观点。受前苏联“形象化政论”的影响，我国纪录片在20世纪50—80年代，一直沿用“画面+解说”的叙事方式，直到90年代《望长城》的出现才有所突破。“画面+解说”的叙事方式特别重视解说词的写作，通过解说来叙述内容，抒发感情，表达观点，画面仅起辅助作用，有时是满足填充声音的需要。这种纪录片制作往往是先写好稿本，再进行拍摄，最后对照稿本进行编辑，采用这种叙述方式制作的纪录片，有利于进行社会动员与宣传教育，容易得到政府部门的重视与资助。不过，“画面+解说”式的纪录片宣教味太浓，使真实性大打折扣，不太受观众欢迎。《丝绸之路》《话说长江》《话说运河》《科学发展铸辉煌》等纪录片就是采用这种叙事方式。

2. 客观记录式——直接电影式。最早的客观记录式纪录片是1895年法国的卢米埃尔兄弟在巴黎放映的《工厂的大门》《火车到站》等纪实短片，这些短片只有一个长镜头，客观记录了工人下班、火车进站的情景。之后，罗伯特·弗拉哈迪摄制的纪录片《北方的纳努克》奠定了客观记录式叙事方式的样式。到20世纪五六十年代，美国纪录片流派“直接电影”的诞生，进一步推动了这种叙事方式的应用。客观记录式叙事方式是对“画面+解说”方式的反叛。这种叙事方式强调“现在进行时”的拍摄意识，创作者企图在影片中隐藏或者让观众忘掉叙述者的存在，让观众亲眼目睹的是事物发展的进程，因此，这种叙事方式主张不干涉拍摄对象，保持纪录的原始性，反对虚构与扮演，强调过程拍摄，以“长镜头+同期声”来叙述事件，基本不用解说，后期剪辑一般按时间顺序或事件发展进程来结构全片，注重选择突现事件过程的现场画面与声音。运用客观记录式叙事方式的纪录片，由于没有拍摄稿本，因此要求编导与摄影师事先要熟悉拍摄对象，进行联系沟通，得到对方的同意方可进行拍摄，且在拍摄中不介入事件的进程，全部内容主要靠现场画面来叙述，因此，摄影师围绕拍摄主题来选择拍摄，后期剪辑中通过对事实的排列组合来凸显主题。客观记录式叙事方式不是有闻必录的记流水账，只是把主观思想蕴含在对事实的选择之中。美国国家地理频道播出的自然灾害纪录片大多采用客观记录式叙事方式，例如，《追风2009》纪录片客观记录了一批爱好龙卷风的人士与研究龙卷风的科学家追赶龙卷风的过程。《幼儿园》采用“长镜头+同期声”的客观记录式叙述了一群儿童在幼儿园里的成长过程。

3. “访谈+画面+解说”式——真实（理）电影式。随着科技与社会的发展，纪录片创作者在不断探索新的叙事方式以满足人们观看的需要。“画面+解说”式虽然叙述开放自由，但是主观性太强；客观记录式虽然真实性强，但是受事件现场的限制，只能展现正在进行的场景，无法表现过去发生的事情。如何扬二者之长避二者之短，于是一种新的叙事方式诞生，即“访谈＋画面＋解说”式。1960年让·鲁什制作的纪录片《夏日纪事》影响很大，该片让被访人物在镜头前如实展现，甚至主持人入镜干涉拍摄对象，鼓动被摄人物在摄影机面前真实流露，促使非常事件的发生。《夏日纪事》的成名，代表着20世纪60年代法国“真理电影”流派的诞生。这种叙事方式，毫不掩饰创作者的存在。随着纪录片的发展，“访谈＋画面＋解说”叙事方式不断完善，直到今天仍是主流叙事方式之一。由于有了访谈，既可以讲述现在事件的进展，又可以讲述过去事件的情景，使得纪录片展现的时空更加自由开阔，极大地丰富了纪录片的内容。通过对当事人、见证者或知情者的访谈，可以增加纪录片的信息量与权威性，显得真实可信。同时由于把人物访谈的内容有选择地编入节目中，让解说与同期声有机结合，使得纪录片的节奏出现变化，这种变化有助于增强节目的可视性。12集纪录片《大国崛起》通过采访中外一百多位来自历史学、政治学、经济学、社会学、法学、国际政治、国际关系等不同研究领域的知名学者以及各国相关部门的前政要，使该片得以反映出各国专家对于国家发展相关问题的思考和现阶段对世界历史与现实的认知程度。32集大型历史纪录片《我的抗战》由300多位抗战老兵真情讲述，由一个个独立的抗战故事组成，是一次“更接近口述历史”的纪录片尝试，通过这些普通亲历者的细节讲述，还原最真实的抗战。

此外，近年来，出现了一种新的叙事方式，即虚构纪录式——新纪录电影式。随着高科技的发展，20世纪末期西方发达国家有些纪录片创作者，对传统纪录电影的真实观提出质疑，主张虚构纪录片。“新纪录电影”之“新”，就在于它肯定了被以往纪录电影（尤其是“真实电影”）所否定的“虚构”手法，认为“纪录片不是故事片，也不应混同于故事片。但是纪录片可以而且应该采取一切虚构手段与策略以达到真实”。“新纪录电影”采用的“虚构”策略不同于以往纪录片对事件的简单“搬演”或“重构”，也区别于通常的故事片采用的“虚构”手段，威廉姆斯称之为“新虚构化”。莱兹曼认为，不存在只是简单复制“事件”或呆板记录“发生了什么事情”的纯粹纪录片，为了讲述真实，绝对需要创造，必要时将事件复活，简言之就是“搬上舞台”，因为过去的事件不会自动重复，人们也无法在真正的事发现场捕捉事件。① 受这些观念的影响，虚构的纪录片不断涌现。2010年播出的12集纪录片《美国，我们的故事》，该片全面使用电脑CG，把阿凡达式的视觉效果和好莱坞式的表演技巧引入纪录片，该片以故事的戏剧化讲述为主要形式，将角色扮演发挥到极致，完全抛弃了借助图片、文字、遗址、文物或资料来间接讲述历史的传统纪录片手法，直接通过电

① 单万里．纪录电影文献［M］．北京：中国广播电视出版社，2001：14－16.

影化的角色扮演来呈现历史故事。全片使用了超过1600名演员、临时演员及替身演员，主要拍摄地在南非，使用的也主要是南非演员。在重现历史场景方面的投入可谓不遗余力，除了利用电脑动画，还专门斥资搭建了大量的场景，以实拍方式完成对历史场景的重现。比如独立战争、南北战争、“二战”的战场、加州淘金、美国第一口油井黑金喷涌、开凿胡佛大坝时的巨大山洞等都是采用实景拍摄，为观众提供了身临其境的体验。[①] 2011年中央电视台播出的纪录片《玄奘之路》根据《大唐西域记》与《三藏法师传》著作，运用角色扮演、古代场景复原和视觉特效，使观众亲身体验到玄奘从坚持到超越的经典之旅，真实再现了玄奘西行的传奇故事。

上面列举的《美国，我们的故事》《玄奘之路》等影视片，这种以真实的事件作为基础，采用虚构的方式来叙述故事，我不赞同归入纪录片之列，应该归入故事片。只是制作故事片的手段与一般故事片有所不同，即用纪实的叙事方式来制作故事片，也可以说是故事片纪实化，可以称之为纪录剧情片。有人说是剧情式纪录片，我认为这种叫法也不准确，既然剧情是虚构的（当然有历史的依据），就脱离了纪录片的本质。如果把这种类型的片子归为纪录片，那么电影《坦克尼克号》也是纪录片，以此类推，凡是以历史事件为基础拍摄的电影都是纪录片。显然，这种观点是荒谬的。2010年，中央电视台《探索·发现》栏目播出的《迷徒》，称为国内首部纪录剧情片。该片借鉴《阮玲玉》《兄弟连》等国际流行的剧情式纪录片手法进行创作，邀集《潜伏》等剧中的专业演员，以郑蕴侠的生平经历为依据游历西南、旧地重演，剧情化再现、本人访谈交互的方式，生动再现了郑蕴侠曲折的一生。全片运用专业演员的表演和对白建构主体情节，《迷徒》成功实现了将再现式纪录片升级为纪录剧情片的探索和尝试。[②] 之所以出现《美国，我们的故事》《玄奘之路》等类型的片子，且较受欢迎，这是影视制作技术的发展、观众的多样需求以及制作方经济利益诉求等多种因素融合的结果，是纪录片受到市场化、商业化与娱乐化影响的结果。

纪录片的三种叙事方式：“画面＋解说”式、客观记录式与“访谈＋画面＋解说”式，它们各有自己的长处，也有自己的短处；虽然诞生的时间有先后之分，但是不存在谁替代谁的问题，三者共同构成当代纪录片的主要叙事方式。在纪录片实践创作中具体采用哪种叙事方式，要根据纪录片题材与编导风格来确定。当然，在维护纪录片本质真实的基础上，也可以创造出新的叙事方式，以达到更好的传播效果。

（二）叙事技巧

纪录片要有“看点”，有了“看点”就会有“卖点”。如何挖掘并安排纪录片的

① 詹庆生．走向电影化——纪录片《美国，我们的故事》的艺术分析［J］．现代传播，2012（8）．
② 中国纪录片发展研究报告课题组．2010年中国纪录片发展研究报告［J］．现代传播，2011（5）．

“看点”从而取得良好的社会效益与经济效益呢？这就得讲究叙事技巧。纪录片故事化是纪录片创作主要的叙事技巧。能否把故事讲述得有声有色体现着创作者水平的高低。有些纪录片题材好，故事性强，但是创作者缺乏讲故事的技巧，结果激发不了观众观看的兴趣；正如厨艺差的师傅，菜料好但没有烧好，结果引起不了宾客的食欲。可见，叙事技巧对纪录片创作何等重要。同样的题材，运用不同的叙事技巧，会得到不同的传播效果。在纪录片创作中叙事技巧主要体现在下面几个方面。

1. 巧设悬念。《现代汉语词典》对“悬念”的解释是：欣赏戏剧、电影或其他文艺作品时，观众、读者对故事情节发展和人物命运很想知道又无从推知的关切和期待心理。对纪录片而言，“悬念”能够引起观众的收看欲望，激发观众的好奇心。在美国的影视行业里有一种“钩子”理论，强调影片开始一分钟就要伸出“钩子”来挑起观众的兴趣，之后，每隔几分钟又伸出一个“钩子”，不断钩住观众。“悬念”就是一种“钩子”，这“钩子”就是兴奋点。中央电视台《纪事》栏目要求 45 分钟的节目至少不低于 12 个兴奋点，湖北电视台要求 15 分钟的纪录片，兴奋点不低于 5 个。兴奋点的设置已成为当代纪录片人的一种自觉追求，因此，在制作纪录片时，要巧妙设置悬念，让观众带着期待的心理参与悬念的解开。纪录片《新丝绸之路》第一集“生与死的楼兰”里，在古代楼兰王国所地处的沙漠腹地，出土了一具保存完好的古人的干尸，其中令人们惊叹不已的是被称之为“小河公主”的“楼兰美女”。这些古代居民生存在什么年代？他们从哪里来？以怎样的方式生活着？为何突然消失？等等，一系列的悬念成为这一集的重要内容。在系列纪录片中，往往在上一集的结尾设置悬念，以引起观众观看下一集的兴趣，就如我国古代章回体小说，在每章的结尾写道：“欲知后事如何，请看下回分解”。

2. 展现冲突。纪录片的冲突是现实生活中客观存在的冲突，其表现可能是人与人之间的冲突，也可能是人与社会、人与自然、人与自我之间的观念冲突或价值冲突。在前期拍摄中，摄影师要善于发现并及时记录这些冲突；在后期剪辑中，剪辑师要善于通过影像来展现这些冲突，以推动情节发展，揭示人物性格，深化节目主题，吸引观众收看。多次获奖的纪录片《归途列车》通过展现了许多冲突，形成了一个又一个兴奋点，使得观众观看时不觉得沉闷。有父女之间的冲突、买票与卖票者的冲突、有社会环境与人的观念冲突、有父母期待与失望的冲突等。其中，父女之间的冲突更是令人难忘。老张夫妻和叛逆女儿的不合和矛盾，在千辛万苦登上火车前彻底摊牌了。一家人踏上归途却没有回乡的喜悦，这趟列车正是家庭破裂的开始。老张一家回到四川家乡后，进家门不到 2 个小时，被自己心爱的女儿不断刺激的老张终于无法抑止内心怒火，几句争吵转眼间变成一场家庭暴力。打工者张昌华一家的悲苦、亲情与生计间的矛盾，通过这场冲突表现得淋漓尽致。

3. 突现细节。纪录片细节是指能够推动情节发展、反映事物本质、深化节目主题、引起观众专注的画面与声音。对于画面来说，细节是对表现对象及其变化的局部展示，常用特写镜头加以突出。具体来说，细节包括生活细节、动作细节、表情细节、环境细节、声音细节等。纪录片可以没有情节，但是不能没有细节。有了细节，就能抓住观众的眼球，感染观众。细节的出现往往是事件发展的精彩之处，摄影师要善于发现并捕捉现场细节，运用“挑、等、抢”拍摄方式，抓拍各种细节。细节的真实更能体现纪录片的真实，纪录片要感人，离不开细节的积累。利用画面细节表达情感，往往比单纯地语言叙述更有感染力。在第十一届上海电视节获大奖的英国纪录片《横渡死亡之河》记录了牛羚横渡“死亡之河”的全过程，片中大量精彩的细节，令人难忘：黑夜中牛羚警惕的目光，猎豹贪婪的眼光，牛羚小心地试水，鳄鱼疯狂地撕咬牛羚，牛羚被鳄鱼紧紧咬住拖入河中，这些惊心动魄的渡河场面由一组组精彩的细节表现得淋漓尽致。再如获得国际大奖的日本纪录片《小鸭子》，有两处细节扣人心弦：一是当一群鸭子离开池塘时，最后剩下一只最小的鸭子不能飞，它多次想跳过最后一个石阶，虽然失败了，但是它并不放弃，再跳，直至跳了十几次，最终得以成功。二是当鸭群长大准备离开皇家公园时，小鸭们都张开翅膀直冲云霄，唯独那只最小的鸭子试飞了一次又一次，直至第八次才稳稳地升空与伙伴们会合。两处细节把小鸭子那种绝不放弃的精神生动地表现出来。

4. 情景再现。随着动画制作技术的发展与编导制作观念的更新，在纪录片中适当运用情景再现也是一种较好的叙事技巧。情景再现，在纪录片创作中作为对历史影像缺失的一种补充和补救方式而存在。作为纪实类作品的一种创作技法，是指在客观事实的基础上，以扮演或搬演的方式，通过声音和画面的设计，表现客观世界已经发生或可能已经发生的事件或人物心理的一种电视创作技法，起补充叙事、烘托情境等作用。[①] 在历史人文类纪录片中，对于历史人物、历史事件与历史场景的叙述，如果现存的纪实影像资料少，那么适当运用情景再现方式能使节目叙事更为简洁，更为形象，从而提高节目的观赏性。纪录片《新丝绸之路》用电脑动画技术复原灿烂的壁画、恢弘的城堡以及当年的生态环境。纪录片《大国崛起》用三维动画复原了大量重要的历史瞬间：葡萄牙和西班牙的航海探险、荷兰的大型商船队、攻陷巴士底狱、德国第一个火车站、美国黑船逼迫日本开国、彼得大帝兴建圣彼得堡、“五月花”号抵达美洲等。《故宫》里面讲到皇宫里的故事时，适当运用人物扮演为观众制造一种心

① 胡智锋、江逐浪.“真相”与“造像”——电视真实再探秘［M］. 北京：中国广播电视出版社，2006：1.

理的真实。纪录片中运用情景再现要注意以下几个方面：其一，注意适度。掌握好真实与虚拟影像的长度比例，在保持合理片比的前提下，情景再现要与纪实拍摄、现场同期声和故事内容等结合一起共同完成叙事任务。其二，尽量少用。有纪实影像资料的地方就尽量不要用情景再现，在没有其他纪实手段的情况下才考虑情景再现。其三，目的要明。运用情景再现的目的要明确，要根据内容与主题需要确定运用何种方式进行情景再现。如果情景再现成为节目叙事的主体部分，那么节目的体裁也发生了根本的变化，那就不叫纪录片，应该叫做剧情片，或者叫做纪录剧情片，例如2010年美国探索频道播出的《美国，我们的故事》，中央电视台播出的《迷徒》《玄奘之路》等都是纪录剧情片。

“优秀的纪录片，不仅仅因为它展现了生活的真实，更是因为这真实背后所具有的审美价值、思辨色彩或诗情画意。而这种审美、思辨或诗意不是外界强加给我们的，是片子本身的主题、叙事方式、节奏甚至某一细节引起我们内心自然的感悟或共鸣。”①

第六节　纪录片后期编辑

纪录片后期编辑水平的高低对纪录片品质的优劣有着直接的影响，因此，后期编辑要重视自身艺术素养的提升。如何编好纪录片，下面从纪录片节奏、细节、音乐音响以及视听语言等方面加以阐述。

一、正确把握纪录片节奏，考虑观众接受心理

纪录片编得好看不好看，关键在于节奏的把握是否恰当。纪录片节奏可分为内部节奏与外部节奏，内部节奏是指纪录片的叙述节奏，由内容结构、情节冲突、人物情感变化等因素所决定。外部节奏是指主体运动、声音变化及其镜头转换速度所产生的节奏，主要包括视觉节奏与声音节奏。

在处理纪录片内部节奏时，编辑要把握好悬念的设置及其兴奋点的安排。通过悬念，激发观众的好奇心，调起观众的收视欲望。什么时候设置悬念，什么时候释放悬念，要精心布局。一般来讲，一部纪录片每隔三四分钟就应该设置一个悬念，通过一

① 冷冶夫、刘新传．纪实艺术论［M］．北京：中国广播电视出版社，2009：324－325.

个又一个悬念，牢牢吸住观众的眼球，使其集中注意力。除了设置悬念，编辑纪录片时，还要考虑兴奋点，即纪录片的看点。一部纪录片要有许多兴奋点，来引起观众的兴趣，否则，观众就会耐不住性子。例如纪录片《人类登月》，记录了1969年7月20日美国“阿波罗登月计划”的成功实施及其之后的几次登月情况。该片悬念不断，兴奋点颇多。从头到尾设置的悬念有：如何训练选拔宇航员，发射中遇到哪些问题及如何解决这些问题，宇航员如何登月，在月球上他们干了什么，又是如何返回地球的等这些悬念对观众颇有吸引力。片中的兴奋点随处可见，如登月舱降落月球时，偏离目标4英里，只剩下不到30秒的燃料可用。登月时，船长阿姆斯特朗走上舱门平台，慢慢爬下扶梯，左脚小心翼翼地触及月球表面，右脚仍然停留在扶梯上，说了一句经典性的话：“个人的一小步，却是人类的一大步！”……这些看点，令观众兴奋不已。

在处理纪录片外部节奏时，编辑要把握好镜头的长短、动静的搭配、景别的变化、造型的丰富、色彩的和谐、声画的结合、音量的控制等诸多方面，使外部节奏服务于视听内容与思想情感的表达。例如纪录片《非洲》第五集在纪录蜣螂发现骆驼粪球后，无比兴奋，为了保鲜便于今后食用，有只蜣螂急于把粪球埋到潮湿的土壤中，它开始顺着推觉得太慢，后改用倒推式的确加快了速度，但看不到前方的路，结果被困在了两个沙丘之间，它不断尝试，不断失败，最后为了生存，不得不放弃，展翅离开。这段内容，既有展现蜣螂艰难推进粪球的特写，又有让观众看到蜣螂处在恶劣沙丘环境的全景；同时，编辑注重了镜头长短的搭配，尤其是用长镜头记录蜣螂在沙丘上不断推进粪球过程，令观众兴奋，加上背景音乐节奏与推进粪球的节奏相吻合，整个片断外部节奏服从于内容叙述节奏的需要。

总之，在把握纪录片节奏时，要使内部节奏与外部节奏和谐统一起来。节奏要有变化，长短相宜，张弛有度。长时间快节奏易使观众目不暇接，眼睛疲劳；长时间慢节奏，故事内容进展缓慢，显得拖沓，放大观众心理时间。法国电影理论家马赛尔·马尔丹说：“所谓影片节奏，并不是指各个镜头放映时间的比例，而是指每个镜头的延续时间适应于该镜头所能引起并使观众感到满意的那种注意力的紧张程度。”因此，处理纪录片节奏时，要考虑观众的接受心理，即站在观众角度来处理节奏。

清代诗人袁枚在《随园诗话》中写道：“文似看山不喜平。”纪录片的节奏处理也是如此。许多国内纪录片题材不错，但在国外纪录片大赛中难以获奖，其中一个主要原因就是节奏处理不当。如前两年有几个电视从业者制作了一部有关国宝大熊猫的纪录片，在国际影视节上，很多老外对此片感兴趣，产生了购买的欲望；但他们要购买的不是成品，而是素材，因为他们觉得这部纪录片节奏拖沓，没有故事性，制作理念没有与国际接轨。可见，正确处理节奏对纪录片来说十分重要。

二、精选细节，以细节感人

细节是纪录片中的闪光点，是纪录片的血肉，也是纪录片的魅力所在。许多人有过这种经历，看过的纪录片可能忘记了情节，却忘不了其中的细节。一部纪录片可以没有情节，但是不能没有细节。纪录片中的细节不是导演摆拍出来的，而是生活中客观存在的，是摄像人员依靠“挑”“等”“抢”拍摄手段记录下来的。在前期拍摄中要抓拍细节，多多益善，细节的真实直接影响了纪录片真实的品质。在后期编辑中，要精选细节，以一当十，以细节来打动观众，提升纪录片的质量。如何精选细节，可从下面几个方面来考虑：

（一）精选突出主题的细节

表现纪录片主题的方法与手段很多，其中以细节来突出主题效果更好。例如历时四年耗资 4000 多万美元制作的获奖纪录片《迁徙之鸟》反映了鸟的迁徙是为生命而战。为了生存，候鸟在数千公里的危险旅途中，克服许多困难才到达目的地。正如这部片的导演雅克·贝汉所说：“飞翔对鸟来说不是人们想象的什么乐趣，而是为了生存而拼搏。它们要穿越云层、迎接暴风雨，许多困难不是我们能够想象的。”片中通过大量的细节讲述鸟在迁徙中遇到的种种困难，例如在工业污染严重的江河中，有只鸟因为觅食而掉队了，孤独地沿着铁路前行。在非洲海岸，一只受伤的鸟无力飞翔，被一群螃蟹围攻，最后成为它们的美食，等等，这些细节突出鸟在迁徙中多么艰险，鸟为了生存需要付出巨大的努力。

（二）精选表现情感的动作细节

无论是人物动作细节，还是动物动作细节，往往最能表现人物或动物的情感。纪录片《非洲（2）》中，在讲到母象对小象的母爱之情时，深深地感动了观众。安博塞利草原一直是大象的天堂，本该是绿草茵茵，但是由于多年无雨，现在一片荒芜，大象族群被迫迁徙，寻找任何可以充饥的东西，小象必须紧紧跟随，有时候连母象哺乳的时间都没有，没有了草场，大象能从沙场中找到唯一的食物就是枯萎的树枝，成年大象或许能勉强以此维持生命，但小象却撑不了太久，象群中的每一位妈妈都努力为自己的孩子维持奶水供应，象群对食物的需要越来越迫切，它们不断地前进，可有位母象面临着一个艰难的抉择，是紧跟族群的步伐还是留下来独自照顾虚弱到无法站立的小象，象群很快就要消失在视野中了，但它的本能让它留了下来，它用尾巴抚摸着躺着的小象，用脚轻抚着小象，它不愿抛弃自己的孩子，母象用尾巴、脚、鼻子不断在轻打着小象，想要小象起来赶路，但小象实在站不起来，画面特写小象绝望的眼睛，微动的小脚，当小象咽下了最后一口气，大象用鼻子抚摸着它，眼睛也湿润了，最后迫不得已，迈着沉重的脚步离开了小象，消失在茫茫的荒漠中。这段情节通过母象一系列的动作细节，表现了母象对小象的大爱，令人难忘。

（三）精选体现人物内心与个性的声音细节

在纪录片拍摄中采录了大量的同期声，在后期编辑中不可能把这些同期声全放进去，因此，就得有选择。精选体现人物内心与个性的声音细节，有利于推动故事的进展。如纪录片《归途列车》讲述的是 16 年前，张昌华和陈素琴夫妇俩跟随打工潮，离乡背井去往广州打工。对于他们而言，唯一的希望与安慰就是能够用辛苦赚来的微薄收入抚育他们留在家乡的一双子女，使孩子们能读书有朝一日离开农村去城市生活。然而，由于他们常年在外打工，无暇顾家，日渐成年的女儿张琴以激烈的叛逆行为宣告了对父母的抗议，无情地宣判了父母梦想的破灭。张琴选择了退学离家，成为新一代的外出打工妹，从广州的服装厂到深圳的夜店，女儿的一次次选择刺痛了父母的心。片中选择了许多反映陈素琴内心矛盾、挣扎、犹豫与自责的声音细节。张昌华和陈素琴夫妇第一次回家过年，在船上，陈素琴说当年女儿才一岁，她是掉着眼泪跟随丈夫出去打工的，也是生活所逼。女儿长大后的叛逆行为，使张昌华夫妇更是自责，夜晚陈素琴躺在床上说："每次虽说我脾气不好，我爱说她，我说过她后，我都很后悔。哎呀。应该读书的人不读书，出去这样做。"此时，丈夫张昌华的眼睛也湿润了。在后来父女吵架冲突中，个性化的语言得以充分体现。

（四）精选渲染环境氛围的音响细节

在纪录片《摄影师亲历 9·11》中，世贸大厦被撞后，现场中人们的哭喊声、大厦燃烧时的哗哗声、人从大厦中跳下撞击地面的轰隆声、救护车的呼叫声等，这些来自现场环境的声音细节，真实地表现了事件的惨重。纪录片《追逐龙卷风》与《非洲(2)》中，龙卷风的呼啸声，极大表现了龙卷风速度之快与环境之恶劣。在编辑纪录片时，适当地编入现场音响细节，使纪录片更具真实可感。

在编辑画面细节时，要注意保证画面的时长，要能让观众看得清、看得懂细节。细节虽好，但也并不是细节越多越好。对于与主题联系不紧、毫无意义的细节，要舍得放弃。在众多的细节中要从表现主题、情感、环境、个性等方面去加以精选。如果毫无选择地把各种细节塞进片子中，不仅会冲淡纪录片的主题，还会使片子节奏显得拖沓、凌乱，降低了观众的观看兴趣。

三、准确使用音响或片断音乐，以少胜多

音响种类繁多，如自然音响、机械音响、动作音响、战争音响等；无论是大自然界中还是人们的日常生活中，音响随处可闻。在编辑纪录片时，如何运用音响大有学

问。音响运用得当，更能体现纪录的“真实”，拓展画面空间，激发观众的联想。纪录片《归途列车》中候车时旅客的喧闹声、火车出站时的鸣笛声、行进中的车轮声等等，无一不体现了环境的真实。《动物世界》中动物的叫声、《幼儿园》中幼儿的哭声、《躁动》中的海风声等，这些自然界、生活中本来就有的声音一旦编入纪录片中，既体现了题材本身的特点，也表现了纪录片真实的本质。有些以旁白为主的纪录片，只重视旁白的作用，忽视了音响的运用，例如车间运转的机器没有声响，丛林中的鸟儿不会鸣叫，流动的河水毫无声息……试想这样的纪录片有生命力吗？真实性又有多强？因此，要使纪录片有生机，就得重视音响的运用。不要小看一点点音响，有时细微之处更能体现真实的力量，更具感染力与冲击力。如果前期采录不到位，编辑就要考虑是否要添加相应的音响，以达到逼真的效果。

音乐是抒发人类思想感情的艺术。中国古代《诗经》说：“情动于中而形于言，言之不足故嗟叹之，嗟叹之不足故歌咏之。”纪录片中使用音乐一定要谨慎，用音乐还是不用音乐，用多还是用少，何时出现何时退出等问题，后期编辑均要仔细考虑，千万不要画蛇添足，无病呻吟。我曾经全程参加过一次广州国际纪录片大会，在开幕式上观看了某台制作的纪录片《阿八姑》，制作团队专门为该片创作了的一首歌曲，在片子的开头、中间以及结束处连续完整地播放了三次，笔者观后觉得颇似故事片，音乐的运用有点过滥，令人遗憾。纪录片中如何正确使用音乐，可以学习纪录片《摄影师亲历9·11》的做法。该片长达2个小时，有两处配加了片段音乐，一处是片中摄影师在世贸大厦被飞机撞毁的第二天来到事发现场，目睹残垣断壁，目睹人们沉重的脚步，目睹一张张哀愁的脸，此时，配加低沉如诉如泣的音乐，与观众悲痛之情相吻合，以致观看时没有感觉到音乐的存在。因为，此时任何旁白都显得多余，显得苍白无力。另一处是在片尾，在画面呈现出一张张为抢救别人而献身的消防队员的照片时，旁白完全退出，只有低沉哀鸣的乐曲，这种音乐淋漓尽致地表达了对烈士的沉痛哀悼而又敬佩之情。在“电视画面和语言都无法表达情感的深度和广度的时候，音乐就有用武之地了。音乐可以是语意的延伸，人物感情的深化，也是感染观众的桥梁”①。该片中两处配乐，强烈的感染了观众，准确地表达了人们内心的感受与情绪。值得注意的是纪录片中不一定要配加音乐，即使运用也要讲究以少胜多，用片断音乐，达到听不见的效果（即受众观看时完全沉浸在纪录片内容里，没有意识到音乐的存在）；不完整的音乐能有效的营造纪录片的完整效果。后期编辑时配加音乐要有铺垫，千万不能为好听而配乐，形神分离，适得其反。

---

① 郝俊兰．电视音乐音响［M］．北京：中国广播电视出版社，1997.

四、综合运用视听语言，达到最佳传播效果

如前所述，纪录片语言包括真实语言与虚拟语言。制作纪录片时，在保证真实的前提下，要综合运用这些语言，达到最佳传播效果。美国国家地理频道播放的纪录片《德国高铁惊魂》，记录的是 1998 年 6 月德国发生的一起高铁事故，片中通过运用旁白语言、现场画面语言、调查者与亲历者同期声语言、动画语言、新闻资料语言、模拟音响语言、屏幕文字语言等多种语言，把高铁事故原因记录得一清二楚，尤其是通过大量的动画模拟，生动形象地展现事故的过程：维修不当的车轮破裂嵌入列车地板，将护轨产起导致高铁 884 号列车在通过交会点时出轨撞上路桥。再如 12 集纪录片《大国崛起》更是集所有视听语言符号于一体，获得了良好的传播效果。第一集"海洋时代"中讲道："航海家迪亚士率三艘帆船继续沿大西洋南下，航行半年后，船队突然遭遇了一次罕见的风暴，在被风暴裹挟、被动地向东南方漂泊了 13 个昼夜之后，迪亚士命令船队掉头北上，这时，他意外地发现：船队已经绕过了非洲的最南端。"这段旁白全部用"地图 + 三维动画"模拟航海的情景，形象逼真。由于该纪录片主要记录过去五百年间世界上 9 个大国的崛起历史，因此，片中运用了许多历史资料语言、绘画语言、动画语言等虚拟语言，简洁形象地再现了过去的内容。与此同时，现场画面语言、旁白语言、同期声语言、音响音乐语言、文字语言等诸多语言综合运用，使得该纪录片把复杂的内容简单化，抽象的内容具体化，枯燥的内容形象化，深受观众好评。

对于编辑来说，要掌握纪录片各种视听语言的特点及其功能，根据不同的题材内容选用最佳的语言来传播，不能只拘泥于某一两种视听语言，要综合运用各种视听语言来传播，其底线是不能让纪录片失真，即要符合纪录片体裁的特点。

第三章

The third chapter

专题片编导与制作

专题片是视听节目制作中常见的一种节目体裁，由于其以深度见长，因此，颇有受众市场。什么是专题片，其有哪些类型？在业界与学界各有不同的理解。从受众需求及电视业界的重视程度来看，新闻性专题片是专题片中最常见的一种。本章着重从新闻性专题片的选题、拍摄、写作与编辑等方面，具体阐述其编导与制作要点。

第一节　专题片概述

对任何事物的认识，往往先从概念开始。对专题片而言，也不例外。在学界与业界，对专题片下的定义很多，可见其受重视之程度。专题片的特点有哪些，本节通过与纪录片、新闻片（消息）的比较，让读者进一步加深对专题片的认识。

一、专题片概念界定

什么是专题片，这个问题多年来在学界与业界一直没有公认的统一答案。我国电视界对于专题片和纪录片的关系主要有四种观点：

其一，等同说：认为专题片即纪录片，纪录片即专题片，同一个片种，两个名称。

其二，从属说：认为二者应该是一种包含关系。认为纪录片从属于专题片范畴，或者专题片从属于纪录片范畴。

其三，怪胎说：把我国的专题片说成是国外纪录片在中国的变种，认为专题片的提法是中国电视出现的一个“怪胎”，而应该予以取消。

其四，独立说：认为专题片与纪录片是分别独立的两个片种，风格手法都有很大区别，二者间存在着明显界限。①

到底如何界定专题片？根据《中国电视专题节目界定》分类，有报道类、栏目类、非栏目类等，报道类应视为狭义上的电视专题，俗称专题片。即采用无虚构的艺术手法，对事实进行系统分析报道的电视节目——电视专题片。② 报道类条目又细分为第二、三级分类条目，如表3－1所示。

表3－1　电视报道类专题分类条目

(第二级)形式分类	纪实型	创意型	政论型	访谈型	讲话型
(第三级)性质分类	新闻性 文献性 文化性 综合性	抒情性 表现性 哲理性 愉悦性	评述性 思辨性 论证性	对话性 专访性 座谈性	报告性 发布性 礼仪性

学者石长顺教授在此基础上从形式与内容两个方面对电视专题进行了以下两种分类，如表3－2所示。

表3－2　电视专题分类

形式分类	纪实型	写意型	政论型	调查型
内容分类	新闻类专题、社教类专题、文艺类专题			

新闻性专题是专题类新闻中侧重于进行深度报道的一种形式。报道对象必须是新近发生或发现的具有一定社会意义并有深度报道价值的人物、事件、经验和社会现象。新闻专题往往是多侧面、多视角、多层次地展现有关的新闻事实和相关背景材料，从中说明事实发生发展的来龙去脉，前因后果，并分析其现象与本质、内在条件与外在条件之间的相互关系，从而揭示主题的深刻意义。社会性专题重在社会教育，是以思想和社会教育为主要特征的专题节目，其与新闻性专题的区别在于不强调时效性，而强调思想教育的针对性，虽然有时也采用现场录制的音像，但那只是用来阐明某一观点的论点和论据。③ 文艺类专题属于电视艺术学讨论范畴，在此不作探讨。

① 任德强、王健．电视专题摄制［M］．重庆：西南师范大学出版社，2010：3.

② 石长顺．电视专题片定义初探［M］．载杨伟光主编，中国电视专题节目界定．北京：东方出版社，1996：197.

③ 石长顺．电视专题与专栏［M］．上海：复旦大学出版社，2009：52－56.

《电视新闻分类与界定》一书中指出，专题类电视新闻是指综合运用各种电视表现手段和播出方式，深入报道某一重大新闻事件或某些具有新闻价值又为群众所关心的典型人物、经验、新出现的社会现象以及某一战线、地区新风貌等题材的新闻报道形式。[①] 胡立德在《新闻摄像》一书中认为，所谓专题片是指通过纪实性画面，对当前国际国内政治、经济、法律、文化、体育、卫生、军事、社会生活等领域新近发生或存在的某一事实、现象、问题作专门、及时、充分和深入报道的影片样式。他认为，新闻片（消息）是纪实性与时效性的统一，专题片是纪实性与论述性的统一，纪录片是纪实性与艺术性的统一。对于专题片来说，纪实性和论述性是构成它本质要求的两个必要条件，缺一不可。[②]

借鉴上述定义以及结合本章的写作视角，我认为，专题片是指综合运用视听传播符号，对某一重大新闻事件或某类典型、某种新生事物或社会现象等题材进行详尽、生动的深度报道的一种视听节目体裁。专题片类似于报纸的通讯，通过运用采访、调查、分析、解释等手段，让观众不但知道发生了什么，而且明白为什么发生、意味着什么、趋势怎样等问题，以便更好地满足观众的“深度”需求。可见，本章所讲专题片主要是指新闻性专题片。

二、专题片特点

从传播内容是否真实角度来看，视听节目可以划分为两大类别，即真实类视听节目与虚构类视听节目，纪录片、新闻片（消息）、专题片等属于真实类视听节目，栏目剧、微电影等属于虚构类视听节目。对于真实类视听节目而言，专题片与纪录片、新闻片（消息）比较，有哪些不同之处呢？本节通过比较进一步加深对专题片特点的理解。

虽然专题片与纪录片、新闻片（消息）等都具有真实性特点，但是它们之间不同之处还是比较明显，专题片特点主要体现在以下几个方面：

（一）有一定的时效性

在新闻界有句俗话：“今天的新闻是金子，昨天的新闻是银子，前天的新闻是垃圾。”此话道出了时效性对电视新闻（消息）的重要性，电视台一般要求当天的新闻当天播出，不留过夜新闻。由于电视新闻（消息）只要把新闻的五个要素报道清楚基本就可以了，即告诉观众发生了什么，因此采编录所需时间短。正如前美国 CBS 电视新闻主播瓦尔特·克朗凯特说，电视新闻（消息）“是报道某件事的第一步，它是当

---

① 杨伟光．电视新闻分类与界定［M］．北京：中国广播电视出版社，1994：14.
② 胡立德．新闻摄像［M］．杭州：浙江大学出版社，2006：414.

天新闻的大概指标。但我们无法在短短半小时里，对了解世界的许多新闻作深入报道”。专题片就不同，由于要深入采访调查，查找背景资料，分析事件因果，预测发展趋势，因此，需要时间较长，与电视新闻（消息）相比，它的时效性要弱些。每当重大突发事件发生时，往往是先有新闻（消息），后有专题。与纪录片相比，专题片的时效性又要强些，一般情况下纪录片不讲究时效性，因此，可以等拍，任由事件或事物自然发展，有些纪录片制作可能要几个月、几年甚至十几年。有的纪录片甚至没有时效性可言，例如自然探索类、历史人文类和文献档案类纪录片。当然社会纪实类纪录片虽然也讲究时效性，但是它的时效性比专题片还是要弱些。总之，专题片要有一定的时效性，即使所选题材没有新闻性，也要找个新闻由头引出所要报道的内容，以新带旧。例如在“9・11”事件五周年之际，凤凰卫视制作了专题片《基地组织揭秘》，该片主要是讲述本・拉登基地组织是如何诞生、如何发展、如何壮大以及如何策划“9・11”事件，全都是过去的事件，但是节目开头以美国总统布什在纪念“9・11”五周年发表讲话为新闻由头，从而带出所要讲述过去的事情。

（二）观点鲜明性

电视新闻（消息）由于受时间版面的限制，因此，在节目中往往告知观众发生了什么事件就可以了，即告知在何时何地发生了什么事，谁参加了，过程怎样，结果如何。往往把观点隐藏在所报事实之中，通过对事件的选择与强调来体现报道者的观点立场，因此，电视新闻（消息）中很少有直接的议论，客观性强。专题片就不一样，作者在节目中从不隐瞒自己的观点，旗帜鲜明地表明自己的态度，肯定什么，否定什么；支持什么，反对什么；倡导什么，批判什么等，因此，节目中可叙述、可议论、可抒情。例如广州电视台制作的专题片《跳桥事件频现，守桥能否奏效?》讲述了海珠桥因为频频发生的跳桥事件登上了各大新闻媒体的版面，同时，还出现了一个新名词——“跳桥秀”。为了防止跳桥秀的发生，相关部门在桥上设置治安岗严防跳桥者，但是收效甚微。记者深入采访，用真实的镜头直击“跳桥秀”，与屡次跳桥者郑龙深入对话，试图从他身上了解“跳桥秀”主角的心态，通过剖析“跳桥秀”的深层原因，提出了加强管理的建议，引起了有关部门和社会各方的重视。纪录片中虽然也要表达创作者的思想情感，但是往往把这种思想情感蕴含在纪实之中，很少直接阐明观点立场，即使在表现型纪录片中，创作者也要注意阐述观点的分寸，这样做是为了使纪录片显得更真实、更客观、更可信。

（三）论述深度性

专题片属于电视深度报道，因此，论述的深度性是其主要特点之一。电视新闻（消息）属于浅层报道，观众在看了新闻（消息）后，感觉还不过瘾，觉得还有很多问题不知道，急于要了解，这时，专题片就有用武之地了。纪录片重在客观记录，当然这种记录并不是记流水账，而是有选择地围绕主题来记录，观点论述不是其主要任务，因此，其深度有限。专题片通过深挖事件背景，让观众知道“新闻背后的新闻”，多层次、多侧面、立体化地报道事件，在叙述的基础上一步一步表明作者的思想观点，展示事件或事物的意义及其发展趋势。让观众不但知道“是什么”，而且知道“为什么”“怎么办”等问题。例如四川广播电视台制作的获奖专题片《高价蔬菜的利益链条》，通过记者历时半个月的走访调查，展现一棵蔬菜从田间地头到市民餐桌所经过的层层环节，对物价这个全民最关心的话题以菜篮子为主线提出了疑问和解决办法。

（四）主题集中性

专题片主题集中性主要体现在专题片中所有的传播符号（具象符号与抽象符号）都是围绕一个专门的题材来展开以突出节目的主题。例如南方电视台在汶川“5・12地震”发生一个月之际，制作了系列电视专题节目《超越灾难・生死》《超越灾难・精神》与《超越灾难・希望》。该系列专题片，采用记者口述加纪实的表现手法，让观众看到了采访背后的许多故事及其不为人知的细节。整个片子处处闪现出灾难当中，伟大的人性光芒。在行进山路时遇到受伤的武警战士；在父亲与伯伯都遇难，却在求助站坚持救人的女医生；急救昏厥大娘，立刻做人工呼吸的医生志愿者，等等，这些故事均体现了人间大爱的温暖。无论是节目中记者的口述、灾难现场的同期声，还是灾难现场的画面、片头片尾的议论抒情，均是为了突出节目主题的三个关键词：生死、精神、希望。新闻片（消息）虽然也有主题，但是主题往往显得不够深入不够集中，只是点到为止；纪录片也有主题，但是大多数纪录片常常把主题蕴含在所叙事实之中，需要观众去思考去提炼，更何况有些纪录片的主题是开放性的，呈现多元化。因此，相对于新闻片（消息）、纪录片来说，专题片的主题显得更深刻、更集中。

第二节　专题片选题与类型

专题片选题就是选择适合制作专题片的题材。大千世界，无奇不有。不是所有的素材都能成为专题片的题材，因此，在专题片制作中，首先面临的一个问题就是选题，确立选题是制作专题片的起点。选题是否得当，关系到专题片能否吸引受众观看。对于专题片的类型，从不同的角度来分析，有不同的类型。由于本章重在研讨新闻性专题，因此，对其分类着重于从外在表现形态角度来分析。

一、专题片选题

中央电视台《焦点访谈》栏目记者杨云苏说："选题好，拍片是种享受，因为好的选题，能点燃创作激情，是成功的一半。"① 可见，选题对于做好专题片之重要。专题片题材广泛，新闻事件、典型人物、新生事物、社会现象以及社会上普遍关注的热点和难点问题等都可成为专题片的题材。如何选题，下面就选题的要求加以探讨。

（一）选题要有典型性

选题典型性主要是指所报道的人物、事件或社会现象既具有普遍性，又具有代表性，能够反映时代的一些特征，具有典型意义。选题典型性可以是正面的，也可以是负面的。云南电视台制作的获奖专题《漂泊的种子》，作者选取的三个11岁到21岁、在昆明读书或打工的"民二代"非常具有典型性，通过记录他们的生活、工作、梦想，并借此反映出正在不断涌入城市的外来务工人员的生存状况，充分展示这个群体的共性和特性，以及他们身上体现出的矛盾和困惑。广东电视台制作的《灾害报告竟可以买卖》，所揭示的官商勾结骗取国家资金的事件具有典型性。该专题围绕"地质灾害报告"的虚假炮制和非法买卖事件，记者经过6个月的深入采访，成功地揭露了一个由官商勾结形成的败坏风气、危害环境的不法团伙。

（二）选题要有新闻性

选题新闻性主要是指报道的人物、事件或现象要有新闻价值，这也是专题片具有时效性特点的体现。如果没有新闻性，那就不属于新闻类专题。因此，在选题时，要注重是新近发生的重大事件或出现的社会现象，新发现的重要人物或群众近来关注的热点问题。即使报道的主要内容是过去发生的，也要找个新闻由头，以旧带新。获奖专题《共和国不会忘记——兵团老战士北京行》，新疆兵团电视台派出了记者跟随老战士进行了为期六天的采访报道，同时，该片在制作的过程中采用了大量老战士生活戍边真实历史资料，反映了老战士为守卫边疆、发展边疆所作出的贡献。内蒙古电视台制作的专题《富豪自杀的背后》，作品以独家获得、第一时间授权发布的自焚现场切入，以令人震撼的新闻现场带领观众逐步深入事件核心。

（三）选题要有导向性

选题导向性主要是指选题时要注重题材本身所具有的舆论引导性。这就需要作者

---

① 周墨．选题好，拍片是种享受［EB/OL］．《见证〈焦点访谈〉》，http：//book. sina. com. cn/longbook/1087981255_ jiaodianfangtan/21. shtml

要有深邃的目光，洞悉题材内涵。导向性的体现主要是通过选取重要的新闻事件或社会上人们关注的热点问题，来实现以正确的舆论引导人，通过详述事实与精辟评论，为社会发展营造一个良好的、健康的舆论环境，充分发挥公众舆论积极正面的作用。佛山电视台制作的获奖专题《顺德缘何要当全国机构改革先锋?》，作品选取顺德启动党政机构大部制改革题材，对广东省及全国1700多个县级党政机构具有示范和借鉴意义。江门广播电视台制作的获奖专题《劳资关系也能爽起来》，记者抓住不断爆发的劳资矛盾这个题材作新闻述评，可谓独具慧眼。作品客观生动地反映了江门一些企业在改善劳资关系方面的成功探索和经验，对全国其他地方改善劳资关系具有良好的示范作用。

（四）选题要有群众性

选题群众性主要是指选题时要站在群众的角度来思考题材是否是群众感兴趣的，是否符合群众利益。要以群众普遍关心的重大事件、社会现象或热点人物等作为题材。也就是说选题要体现“三贴近”，即贴近实际、贴近生活、贴近群众。例如目前社会群众普遍关注的强拆迁、高房价、就医难、食品安全、交通事故等，均可成为专题片题材。四川电视台制作的获奖专题《利益下的疯狂》，以成都市区连续发生两起运渣车肇事，致人死亡的恶性交通事故为题材，深入调查运渣车屡治屡犯这一现状，引起全社会的关注。中央电视台制作的获奖专题《茅台镇上的强迁之痛》，作品以维护群众利益为出发点，把目前基层政府工作中一个较为典型的现象——一些基层政府为创发展、求政绩，在工作过程中不依法行政，简单粗暴的问题揭露出来。

（五）选题要有深度性

选题深度性是指题材本身所具有内容的丰富性与情节的复杂性。对于重大新闻事件和社会问题，观众不仅仅满足于知道“是什么”，更想知道“为什么”与“怎么办”。因此，对这种题材的开掘，作者要多层次、多角度进行采访调查，了解事件的现状与背景，阐明事件的因果关系，分析事件的发展趋势或提出问题的解决办法等。题材本身的深度决定专题报道的深度。中央电视台制作的获奖专题《七年，未完成的拆迁》，报道的是在北京市朝阳区曙光西路，一处平房院落横在交通要道的马路中央，历时七年，拆迁一直陷入僵局，背后的原因究竟是什么？记者对钉子户、拆迁办、开发商等当事各方展开平衡、客观的调查，平等、深入的采访，探寻拆迁僵局背后的深刻原因，完整呈现拆迁背后的利益纠葛和法律问题。

上面五点要求是专题片选题时的共性要求。其实在具体实践中，由于栏目的定位各不一样，题材本身所蕴含的主题各不相同，因此，选题的个性化要求也就十分明显。以《新闻调查》为例，该栏目选题要求有五点：其一，选择有影响力的选题。主要是与公众利益相关的，公众十分关注且具有一定时效的事件和现象。其二，选择信息量较大的选题。让公众多角度多方面了解事实真相。其三，选择故事性较强的选题。能满足受众好奇心吸引受众。其四，选择有命运感的选题。关注事件进程中涉及的人物。其五，选择独家的选题。发现有新闻价值的题材。《新闻调查》栏目选题遴选的标准有三个：第一是调查性，第二是故事性，第三是命运感。并且提出“主题事件化、事件故事化、故事人物化”，强调挖掘新闻事实的故事性、曲折性和人物命运，以增强报道的可看性，进而得到观众的认可和喜爱。①

二、专题片类型

从不同的角度来分类，专题片有不同的类型。从题材内容来看，专题片可以分为新闻性专题、社教性专题、文艺性专题、服务性专题等四大类，每一大类下面又可分为许多小类。对于新闻性专题而言，依据其外在表现可以分为报道型专题、情感型专题、理性型专题。

（一）报道型专题

报道型专题主要是指对重大新闻事件或社会现象运用纪实手法进行深入报道的一种视听节目体裁。相对于情感型专题、理性型专题来说，报道型专题时效性最强。报道型专题以报道事件的深度见长，着重于对事件过程的完整报道，深挖事件的背景满足观众的好奇心，较多地运用现场同期声，给观众身临其境之感。获奖专题片《两岸三地骨髓捐受者相见欢活动》报道了来自海峡两岸及香港 12 对骨髓捐受者真情相见的情况。该片立意积极鲜明、现场生动精彩、笔触细腻深刻，以点带面的讲述了海峡两岸及香港骨髓库的真情互动和中华骨髓库发展历程。《傲慢的丰田向浙江车主低头》深入报道了浙江省工商局带领全省丰田车主率先站出来叫板丰田一事。该片以时间节点为主线，记录了丰田从最初的傲慢及强硬，到后来向浙江车主低头，愿意做出赔偿的整个变化过程。对于新闻事件或社会现象的深度调查也应归入报道型专题之列，可称之为调查性报道专题。中央电视台的《新闻调查》栏目所播节目就属于这种类型。“做空中概股”，区区五个字，成为 2011 年度财经领域众所周知的重磅新闻。作为专业财经媒体，第一财经通过一周时间的深度调查和仔细剖析制作的调查性报道专题《谁在猎杀中国公司》，节目独家采访到了浑水公司负责人 Carson Block，并在节目中报道了做空机制在中国的状况。《新闻调查》栏目从开播那天开始，栏目记者对于调查性报道的天然追求就一直没断过。原制片人张洁明确提出调查性报道将作为《新闻

---

① 百度文库．有关《新闻调查》[EB/OL]．（2011－12－11）．http：//wenku. baidu. com/view/2d46b94ec850ad02de8041ee. html###

调查》节目发展的终极追求目标，把调查性报道作为《新闻调查》在电视市场上进行竞争的唯一优势。在中国社会发生重大变革的时候，《新闻调查》注重研究真问题，探索新表达，以记者调查采访的形式，探寻事实真相，追求理性、平衡和深入。

（二）情感型专题

情感型专题是指报道对象的感人事迹或不平凡经历足以引起观众情感强烈震动的一种深度报道形式，人物类专题就属于这种类型。情感型专题常常以人物情感的跌宕起伏来结构全片，所有叙述均围绕人物情感的表现展开。情感型专题往往以“情”来打动观众。例如广东电视台制作的获得第23届中国新闻奖电视专题一等奖作品《老兵，回家》，通过个人命运的沉浮，穿越时空的真实记录，展示历史与现实的厚重感。该专题片一改以往单纯采访回忆的方式，以纪实拍摄的手法，运用大量真实记录的现场同期声，例如邱联远在妻子坟前与她话别；他乡的亲人们用歌声为他送行；邱联远与佛山亲人久别重逢时，蓄积心底多年的情感暴发；邱联远在70年后再次回到广东的第一感受等，构建节目的亮点。虽然是记录邱联远回家的故事，但并不仅仅局限于邱老个人，记者尽可能在云南腾冲县寻找那些为数不多的还活在世上的远征军老兵，通过他们的故事、他们的泪水，反映了远征军老兵群体真实的生存现状，发人深省。获奖专题《一个人的路》，主要讲述被称为“万州张海迪”“玻璃女孩”苏相宜的感人经历。苏相宜从小被父母遗弃，又患有先天性成骨不全症，全靠养父母细心的照顾和教育，才拥有乐观的性格和面对苦难的自信。节目展现了苏相宜的曲折经历以及积极进取的生活，让观众无不为主人公坎坷的人生和乐观的天性而动容。

（三）理性型专题

在关于电视节目体裁的界定中，学界与业界常常把电视专题与新闻评论分开，在实际操作中却又常常混合在一起，以致有些深度报道既可以说是专题，又可以认为是新闻评论。为了统一认识，方便论述，我把电视新闻评论归属理性型专题。理性型专题是指对重大新闻事件、社会现象或群众普遍关心的社会焦点、热点、难点问题进行叙议结合的一种深度报道形式，评论类专题属于理性型专题。这种专题既有对事实的深入报道，也有对所报道事实的精彩评论。理性型专题中叙述事实是基础，精辟言论是节目的灵魂，所有事实都是围绕中心论点来选取，叙述与评论紧密结合，注重论据的形象性与说服力，讲究叙述事实的权威性与典型性，以观点的深刻性、思辨性、哲理性、针对性来赢得观众。中央电视台的《焦点访谈》、广东电视台的《社会纵横》等栏目所播节目大多属于理性型专题。获奖专题《名不副实的“公考”培训班》，该专题敢于向名不副实的“公考”培训机构“开炮”。节目揭露了“公考”培训机构采取无证办学、夸大宣传、假借名师和命题老师名义等恶劣手段欺骗考生，以攫取高昂的培训费。记者用细致的调查、充分的证据，揭开了这个行业的混乱内幕，戳穿了他们的欺骗行为。由于有了前面的充分叙述作基础，节目最后的评论水到渠成："2010年广西公务员考试泄题事件其实就是培训市场混乱无序、监管缺位所导致的恶果，今年的公务员考试开考在即，我们希望有关部门真正负起责任，净化和规范'公考'培训市场，堵塞权利寻租空间，为国家选拔人才创造一个健康良好的外部环境。"

结合以上分析，我对近两年中国新闻奖（第22届、第23届）获得电视专题奖与新闻评论奖的作品加以归类，制作成如表3－3所示。

表3－3　2011－2012年中国新闻奖电视专题类获奖作品一览表

时间	作品标题	选题	类型	等级	制作媒体
2012	"寒山闻钟"新"官"念，自揽监督网民意	以伽玛刀事件为由头，强调了论坛重建政府与民众间沟通渠道这一事实	理性型专题片	一	苏州广播电视台
2012	胶囊里的秘密	调查"毒胶囊"的产销过程	报道型专题片	一	中央电视台
2012	老兵，回家	云南腾冲县远征军老兵群体的生存现状	情感型专题片	一	广东电视台
2012	公交让座"让"与"坐"	从"让"与"坐"的双方、两种行为方式进行多维度探讨	理性型专题片	二	重庆广播电视集团（总台）
2012	"如此"会议	双流县教育系统舍弃县教育局会议室不用，到大邑县花水湾五星级温泉酒店开会	理性型专题片	二	成都市广播电视台
2012	"蛟龙"探海——中国载人深潜海上试验纪实	"蛟龙"7000米级载人潜水海上试验	报道型专题片	二	青岛广播电视台
2012	7·21生命大救援	北京市房山区遭受500年一遇特大自然灾害	报道型专题片	二	北京市房山区电视台
2012	双肩背出鱼水情	贵州长顺县敦操乡"背篼干部"勤政为民的感人故事	理性型专题片	二	黔南广播电视台

（续）

时间	作品标题	选题	类型	等级	制作媒体
2012	熊胆之争	以生产熊胆制品为主业的药品企业归真堂为题材，剖析熊胆之争	理性型专题片	三	福建广播影视集团
2012	强扭的“枣”能甜吗	武威市凉州区政府拆了大棚强迫农民种枣树	理性型专题片	三	甘肃省广播电视总台
2012	东方白鹳被毒杀——谁之过?	天津北大港湿地发生国家一级保护动物东方白鹳被毒杀事件	理性型专题片	三	天津电视台
2012	矮寨大桥“蜘蛛”人	湘西矮寨大桥建设者涂装工的工作状态	报道型专题片	三	湘西广播电视台
2012	苏丹捐肝日记	内蒙古姑娘苏丹捐肝救夫的过程	情感型专题片	三	内蒙古电视台
2012	营救两名被困可可西里澳大利亚探险者	格尔木市救援队在无人区营救两名澳大利亚探险者	报道型专题片	三	青海省格尔木广播电视台
2012	魂系海天	以航空英雄罗阳成长与奋斗历程为题材	情感型专题片	三	辽宁广播电视台
2012	如此烧烤	围绕着哈尔滨市“烧烤行业内幕”来展开深入调查	理性型专题片	三	黑龙江电视台
2011	聚焦医患“第三方”	医患纠纷	理性型专题片	一	上海广播电视台
2011	石玉精神	诠释和展示“执政为民、艰苦奋斗”的精神	理性型专题片	一	山西广播电视台
2011	温州：让民间资本回归实体经济	温州民间金融问题	理性型专题片	二	浙江电视台
2011	名不副实的“公考”培训班	“公考”培训混乱现象	理性型专题片	二	广西电视台
2011	一个人的路	“玻璃女孩”苏相宜的感人故事	情感型专题片	二	重庆广播电视集团

（续）

时间	作品标题	选题	类型	等级	制作媒体
2011	凡人的慈善情怀	普通新疆人阿里木十多年坚持做慈善的故事	情感型专题片	二	新疆电视台
2011	谁在猎杀中国公司	“做空中概股”现状	报道型专题片	二	上海广播电视台
2011	茅台镇上的强迁之痛	茅台镇上的强迁，基层政府不依法行政问题	理性型专题片	三	中央电视台
2011	领导干部如何面对“被问政”	官员“被问政”	理性型专题片	三	武汉广电总台
2011	利益下的疯狂	渣运行业乱象	理性型专题片	三	四川电视台
2011	开往泉州的团圆号	“留守儿童”问题	报道型专题片	三	中央电视台、泉州电视台
2011	富豪自杀的背后	巨额民间借贷真相	报道型专题片	三	内蒙古电视台
2011	钱云会之死	对轰动全国“钱云会案”的深入调查	报道型专题片	三	中央电视台
2011	七旬老人还债记	靠捡破烂17年偿还17万元债务的77岁老人田祥	情感型专题片	三	赤峰电视台
2011	共和国不会忘记——兵团老战士北京行	在兵团工作过的31位老战士赴京参加建党90周年系列活动	报道型专题片	三	新疆兵团电视台

说明：2011年西宁电视台制作的《西宁表情》获得了第22届中国新闻奖电视专题三等奖，我认为这部专题不属于新闻类专题，应该属于城市形象宣传片，所以没有列入上表之中。

第三节　专题片拍摄

在确定选题及其专题片类型后，接着就是采访拍摄。不同类型的专题片由于其拍摄重点、表现手法及其作品主题不一样，因此，拍摄要求与拍摄技巧也有所不同。下面就常见的三种类型的专题片拍摄分别加以阐述。

一、报道型专题拍摄

报道型专题主要包括新闻事件性专题与调查性报道专题。这两种专题片的拍摄手法与要求，虽然很多方面是相同的，但是由于二者题材特点有所不同，因此，拍摄的方式还是有所不同。

（一）新闻事件性专题拍摄

新闻事件性专题主要是指对新闻事件进行深入报道的一种体裁。这种新闻事件往往是公开的、群众十分关注的、对社会产生重大影响的事件。记者常常采用显性拍摄方式，重点记录新闻事件过程，着重于拍摄好事件现场，录好现场同期声，通过镜头多方面多层次展示新闻事件，表现作品的主题。对于新闻事件性专题拍摄来说，要求做到下面几个方面：

1. 重点拍摄新闻事件现场，体现事件过程

对于新闻事件来说，现场的拍摄尤其重要，因为，用现场画面来告诉观众事发过程，远比旁白转述更有魅力，正是“百闻不如一见”。一般来说，要记录好事件过程，合理运用长镜头显得十分重要。长镜头可以保证时空的统一性与事件的完整性，增强节目的真实性，强化观众的参与感。为了保证拍摄效果，摄影师在拍摄前要做足功课，要熟悉与拍摄事件相关的内容，要有较强的画面思维能力，知道重点拍摄什么内容，用哪些内容去表现作品的主题。拍好事件过程的关键是要赶在事件发生之前，而不要等事情发生之后再去拍摄，原汁原味的记录“第一现场”是事件性专题制作人的永远追求。在现场拍摄中，变化的场景要先拍，相关人物的采访可往后进行。为了防止错失重要的情节，拍摄中要做到提前开机，延后关机，特殊情况不关机。2010 年，全球 500 强企业丰田汽车在召回过程中“中美有别”，歧视中国消费者。杭州电视台记者在得知浙江省工商局带领全省丰田车主率先站出来叫板丰田时，第一时间介入拍摄，获得了很多独家的新闻素材，例如浙江工商和丰田的两次约谈，双方激烈的交锋过程。记者通过现场镜头翔实地记录了丰田问题车在浙江获得召回赔偿的来龙去脉，记录了日本丰田如何从傲慢拒赔到道歉赔偿的过程。最终制作出专题《傲慢的丰田向浙江车主低头》获得了中国新闻奖二等奖。下面从节目中截取丰田与浙江工商第一次约谈针锋相对的现场画面，可见用现场画面记录事件过程的精彩魅力。

（字幕：2010 年 3 月 22 日，丰田与浙江工商第一次约谈）

3 月 22 日，一汽丰田销售有限公司总经理松木秀明率团，与浙江工商局官员在杭州进行了 5 个小时的闭门会谈，这也是丰田自 1 月 29 日宣布在中国召回问题车以来，第一次与中国官员面对面谈判。

【同期声：马柏伟　浙江省工商局副局长

浙江的4S店他们不肯满足消费者的要求，来赔偿有关损失，这个是你们销售总部的意思，还是他店里自己的意思?】

【同期声：松木秀明　一汽丰田销售有限公司总经理

大家一直觉得中国和美国的车主在待遇上有所不同，在这一方面我们想解释一下，实际上，中国的待遇和美国的待遇基本上是相同的。】

【同期声：马柏伟　浙江省工商局副局长

我们现在希望你们就这个问题，要有一个明确的态度。你给我的函当中，对这个问题，避而不谈。】

【同期声：苏涛　一汽丰田销售有限公司销售企划部部长

如果是说个别消费者，有消费者投诉误工费，精神损失费，就像马局长你讲的一样，我希望他能照司法程序举证，按照司法程序举证。】

【同期声：马柏伟　浙江省工商局副局长

按照我们的法律规定，我们工商局，我们消保委可以组织双方调解处理，如果不接受处理，我们是可以支持消费者起诉，你现在的意思就是叫我们不要处理，去起诉就是了，是不是这个意思?】

【同期声：苏涛　一汽丰田销售有限公司销售企划部部长

可以是这样，如果你这么讲，也可以按这个方式，可以走。】

2. 拍摄好事件的亲历者与目击者，深挖事件背景

在拍摄好事件过程的同时，对事件的参与者及其目击者的采访也很重要。让当事人解释说明事实的前因后果，便于让观众了解当事人的态度，丰富新闻事实内容。让目击者叙述自己的见闻，可以从另外角度补充并证实事件的过程。对于已经过去事情的拍摄，让当事人与目击者到事发现场，触景生情地回忆，这样他们会生动形象地讲述事发过程。通过拍摄事件的亲历者与目击者，记者可以挖掘到许多事件背景，从而满足观众的信息“深度”欲望。在以车祸、火灾、空难、地震、水灾等突发事件为题材的专题片中，由于事发时记者、摄影师等并非在现场，因此，事后对亲历者与目击者的采访拍摄尤其重要。例如专题片《生死考验》，该片讲述湖南湘潭旅行社的一辆大巴在去延安途中突发车祸，车上导游文花枝因为指挥抢救受伤旅客而错过自己抢救最佳时机导致截肢一事，片中就请当时参加抢救的交警到事发现场讲述抢救情景以及旅客的亲身经历，表现了导游文花枝的感人事迹。

3. 抓拍现场细节，以细节感人

细节是指构成人物性格、推动事件发展、表现社会情境的最小组成单位。细节可

以是人物的某个动作与表情，事物的某个细部，也可以是事件变化最具表现力的精彩瞬间，等等。实践表明：获奖专题往往有许多感人的细节画面，细节画面是通过特写镜头来体现的。细节在叙述事件、表达情感等方面具有非凡的表现力。在事件性专题拍摄中，记者在事发现场要有敏锐的洞察力，迅速抓拍最能说明问题本质的典型细节，用典型细节来突出节目的可视性，提高视觉冲击力，改变画面的节奏，从而达到感染观众，深化主题的作用。一部富有典型现场细节的专题，往往能在观众心目中留下深刻的印象，由此打动观众的情感，产生心灵上的共鸣。例如获得第 23 届中国新闻奖电视专题三等奖的《苏丹捐肝日记》，以日记形式展现给观众，详尽记录并报道了苏丹从下定决心为夫捐肝，到复婚，再到经历两次伦理审查委员会审核的波折，直至顺利通过审核，最后完成肝脏移植手术和苏丹夫妇康复出院的全过程，专题片中通过大量的细节展示了苏丹姑娘的质朴、善良、坚强的美好形象，细节饱满，感人肺腑。

4. 围绕节目主题有选择地拍摄，不干涉事件进程

在新闻事件现场尤其是突发事件现场，要拍摄的事物很多，这就要求记者在复杂的事发现场能立即作出选择，决定哪些内容先拍，哪些内容后拍，哪些内容不拍；哪些内容重点拍，哪些内容简单拍等，也就是说记者在现场迅速确定“拍什么”“怎样拍”。这就要求记者在事发现场能迅速提炼出将要制作专题的大致主题，预测事情发展的趋势。由此，毫不犹豫地确定拍摄的内容及其角度。在复杂甚至混乱的场面中，保持思路的清晰，思维的敏捷，立即用镜头记录事件的重点，抓拍精彩的瞬间，围绕节目主题来选择拍摄内容。拍摄中，记者绝不能干涉事件的发展进程，要以旁观者的身份自始至终忠于现场，一丝不苟记录现场，确保拍摄的内容真实可靠，从而保证了专题片的公信力。例如获奖专题《7·21 生命大救援》以纪实的手法真实记录了当北京市房山区遭受五百年一遇特大自然灾害时，房山人民与特大暴雨、山洪抗争，营救生命的惊心动魄大事件。节目中运用了记者摄像机拍摄、当事人手机抓拍、执法记录仪拍摄、马路探头拍摄以及实景照片等方式，记录还原了灾情和大救援全貌。现场感强，真实准确。

（二）调查性报道专题拍摄

调查报道作为一种报道形式，最初起源于 20 世纪初叶美国新闻界的“扒粪运动”。1972 年，美国《华盛顿邮报》对“水门事件”的揭露，直接导致美国总统尼克松的下台，将调查报道推向高潮。美国哥伦比亚广播公司（CBS）于 1968 年开设的《60 分钟》栏目，奠定了电视在调查报道中的显著地位。1996 年中央电视台开设的《新闻调查》栏目，以记者调查采访为主要形式，对社会普遍关注的事件或现象进行

深入的电视调查。栏目定位经历了“新闻背后的新闻，正在发生的历史——探寻事实真相——做真正的调查报道”三个阶段，影响广泛。可见，调查性报道已经成为一种独立的电视体裁，日益受到电视人的重视。

什么是调查性报道？中外学者下了许多定义，普利策奖获得者《新闻日报》记者鲍伯格林认为：“调查报道是对某人或某集团力图保密的问题的报道”，而且“报道事实必须是你自己发掘出来的”。① 复旦大学李良荣教授认为调查性报道又称为“揭丑”报道，它是西方国家报刊上的一种特殊报道形式，专门用来揭露社会阴暗面、政府的黑幕、大企业的罪恶勾当以及黑社会的内幕等。② 甘惜分主编的《新闻学大辞典》把调查性报道定义为：“一种以较为系统、深入地揭露问题为主的报道形式。”③ 由以上定义可以看出，调查性报道是运用调查手段对群众关注的社会重大问题或事件进行深入的报道。把电视调查性报道归入专题片之列，是因为它具有专题片的特点。对于调查性报道专题的拍摄，摄影师要强化两种意识：揭露意识与质疑意识。在具体拍摄中，要把握以下几个方面：

1. 把握“偷拍”原则，记录调查过程

偷拍是指未征得当事人同意采用隐秘方式进行拍摄的一种行为。一般情况下，偷拍行为应是禁止的，因为，这种拍摄方式容易侵犯个人隐私。当然也有例外，正如《英国新闻投诉委员会的实践准则》第 11 条所讲“不正当手段”的运用：“只有为了公众利益及材料不可能通过任何其他方式获得时，方可使用计谋手段获取材料。”④ 也就是说，拍摄者要进行偷拍，必须满足两个条件：其一是为了公共利益，其二是通过正常渠道无法拍摄，只有采用偷拍手段才能获得材料。两个条件，要同时满足，缺一不可；否则，就不得偷拍。对于调查性报道专题，如果采用偷拍方式，就得遵守上面两个条件。

调查性报道主要运用于对社会问题或事件的揭露，往往通过正常渠道拍摄难以获取所需材料。中央电视台制作的专题《假酒真相》，记者历时两个月暗访河北省昌黎县，深入调查，发现当地部分葡萄酒厂用酒精、色素、香精加水勾兑劣质假酒，又贴上假名牌标签，行销全国，数量巨大。从造假酒出发，记者又挖出当地从添加剂销售到假商标制作的一条龙造假酒产业链。另外，节目还反映出当地一些正规的大酒厂用“大厂里套小厂”的方式造假酒，规避监管，而相关执法部门的一些监管措施也

① 特德·怀特等．广播电视新闻报道写作与制作［M］．北京：中国广播电视出版社，1987：294.
② 李良荣．西方新闻事件概论［M］．上海：复旦大学出版社，1997：134.
③ 甘惜分．新闻学大辞典［M］．郑州：河南人民出版社，1993：153.
④ 克劳德让·贝特朗．媒体职业道德规范与责任体系［M］．宋建新译．北京：商务印书馆，2006：94.

形同虚设。

下面片断通过偷拍记录了制造假酒的过程。

……

在记者的追问下，更好酒业公司的销售经理，终于透露了葡萄酒如此便宜的秘密。

记者：是不是全汁啊？

王敬宇：最低档的不是全汁。我们灌的汁是水多酒少。

记者：酒汁少，这个酒汁啊占百分之五十？

王敬宇：占不上。

记者：大概能占百分之多少？

王敬宇：占百分之二十差不多，百分之二十汁。

记者：其他的是啥呢？

王敬宇：其他的是水呗。

解说：他告诉记者，酒汁里酒少水多自然便宜，但要当真酒卖，仅仅掺水还不够。从外观到口感，还要用特殊的原料调制。

记者：那颜色怎么弄呢？颜色不淡了吗？

王敬宇：颜色用色素嘛。

记者：那味怎么弄？

王敬宇：味嘛，要加辅料，全靠辅料调呗。

记者：啥叫辅料呢？

王敬宇：这就是里面加酒的成分，调酸、调色的往里加。

……

假酒调制好了，想要卖得出卖得火，还需要一个重要的环节。在嘉华酒厂，销售经理从一个立柜里搬出一个纸箱，里面全是假冒的各种国内外名牌葡萄酒的标签。

程和明　昌黎嘉华葡萄酿酒有限公司销售经理：

（仿真度）95%以上，一模一样不可能，咱没人家的真软件。谁说做得一模一样，我跟你说，那是谁也做不出来。

记者：一般的消费者？

程和明：消费者看不出来。

解说：假酒贴上假标签，摇身一变成了名酒，销量自然不成问题。

记者：你这儿一年大概能走多少酒？

程和明：40万箱。

记者：40 万箱啊？都是贴标的吗？

程和明：对。

解说：

按照一箱六瓶计算，仅嘉华这么一个小酒厂，一年就能销售240 万瓶假冒的名牌葡萄酒。那么这些假商标又是从哪儿来的呢？这里是离昌黎县城不到五公里的抚宁县留守营镇凡南彩色包装公司。车间里机器轰鸣，正在印刷假冒的名牌葡萄酒包装和标签。

记者：你印这些大牌的标没事吗？

常磊（秦皇岛凡南彩色包装有限公司业务员）：

没事，现在拉菲啊、长城啊、张裕。

记者：都能做？这事会不会有风险？

常磊：有呗，现在查得相当严。

解说：

公司业务员告诉记者，他们生产的假酒标在当地供不应求。虽说查得严，但公司做这种生意已经十几年了，没有出过什么大事。从各种勾兑原料到假商标、假包装，昌黎县及周边已经形成了一个造假酒一条龙的完整链条。经过这样的产业链，最终出炉的假葡萄酒经过批发，再销售到零售市场，利润相当惊人。

知情人：它的原汁的成本不会超过一块钱，但到市场之后就不一样了，如果采取贴牌或者傍名牌，或者纯造假的情况下，它的利润的比例就会在几倍几十倍甚至上百倍。

像这种以制造假冒伪劣产品为题材的调查性报道，如果采用明访，就不可能得到上面第一手材料。由于制造假酒严重地危及到人们的生命安全，而正常拍摄渠道又行不通，因此，采用偷拍方式是合理合法的。调查性报道专题重在记录调查的过程，让观众看清事物的真实面相，还事实以真相。

2. 注重镜头稳定，确保同期声清晰、完整

在调查性报道专题的拍摄中，如果采访对象不会配合，就得采用隐秘拍摄方式来获取相关素材。在拍摄中，既要防止对方知道拍摄，又要保证拍摄效果，因此，拍摄前记者要做好各种准备，包括拍摄设备准备、采访问题准备以及自己的心理准备。先试好哪种姿势拍摄既不会让对方知道，又能拍到有效画面。拍摄中尽量不要随意晃动偷拍设备，要注重镜头的稳定性。与此同时，要确保现场同期声既清晰又完整。在许多情况下，由于受偷拍现场条件限制，画面效果并不理想，但是同期声采录完好，同样能保证传播效果。例如黑龙江电视台制作的获奖专题《如此烧烤》节目组提前40

多天就开始精心准备，派出多路记者卧底拍摄近一个月，在哈尔滨多家烧烤店展开调查，为了能够相对全面地展现这一行业的现状，卧底记者分别选择了多家大中小型的烧烤店，真实地记录下了表面热闹、繁荣的烧烤市场中存在的惊人内幕和潜规则。再如广州白云区电视台制作的获奖专题《水厂水源严重污染该谁来管》，该专题开头画面具有很强的视觉冲击力："饮用水源一级保护区界"的石碑与界内乌黑发臭、漂浮着垃圾的河水，画面对比强烈。接着暗访了有关管理部门的负责人，他们相互推诿、不负责的官僚形象在清晰完整的同期声中得到充分体现。

……

【暗访同期声】（环保部门负责人）好多部门以为是由我们承担，实际上不是由我们承担。我们只是对基本的情况去看看，其他不用管。因为它（养猪场）很散，调查取证不知找谁，全部是无牌无证的，散养的嘛，去酒楼收些潲水回来煮，煮完给猪吃，就是这种情况。

【暗访同期声】（工商部门负责人）我们也想管，但很多东西我们也管不到啊。我们没那么多人，没那么多力量。我们也想管，关键是力量达不到。农业部门也存在这个问题。有一些养殖场成规模的，它要领营业执照。有一些在家养三五头、属于农民致富的问题，你说它是养殖场，可这是农民自己操作的事情嘛，他也没有领执照，你怎么去说？你说不让他养？养十来二十头的，领什么营业执照？所以这个问题很难界定。

【暗访同期声】（城管部门负责人）职责嘛，是要综合治理的。我觉得哪个部门都不好做。养猪的事涉及农业，农田养猪是绝对不行的……一、二级水源保护区、广从路以西，都一律不准养，包括三乌都不能养。下一步我们要一律拆迁。城管办作为职能部门的协调单位，我们依赖的是执法主体，工商、环保、规划、建设，都是这些部门做的，我们负责总牵头、总负责。

……

3. 提倡隐性拍摄与显性拍摄相结合

显性拍摄是指征得当事人同意公开采访目的的拍摄，是与隐性拍摄（偷拍）相对的一种拍摄方式。在调查性报道专题的拍摄中，虽然隐性拍摄可以得到正常情况下拍摄不到的素材，但是如何解读这些材料，有时还需要采访知情者及其相关专业人士，这时就可采用显性拍摄。因此，在调查性报道专题的拍摄中，提倡把隐性拍摄与显性拍摄结合起来，使得观众可以多层次、多侧面、全方位地认识事物的本质，从而达到舆论监督的效果。陕西电视台制作的获奖专题《揭开钢筋"瘦身"的秘密》，报道了钢筋加工行业泛滥，竞争激烈，建筑施工单位不仅不向他们支付加工费，还向他们索取回扣和好处费。因此，把钢筋拉细"瘦身"就成了这个行业的潜规则。记者通过大量的隐性拍摄，展示了瘦身钢筋加工的细节，同时记者也暗访了大量的瘦身钢筋加工者和幕后操纵者。在此基础上，记者采用显性拍摄采访了权威的建筑界人士，剖析了问题的严重性，揭露了建筑行业多年暗藏的黑幕。例如对陕西省黑色冶金产品质检站高级工程师张仲儒与陕西省建筑科学研究院顾问总工程师吴成材的采访就是采用显性拍摄。

……

陕西省黑色冶金产品质检站高级工程师张仲儒同期声：光圆钢筋属于咱们国家的强制检验产品，外观尺寸主要有三项强检指标：一个是直径，直径正负不能偏差到0.3以外，要在正负0.3之内。他们送来（检测）的光圆钢筋，它们（钢筋）的直径严重超差，重量偏差更厉害，就是说它的重量偏差将近30%。这样的钢材要是用在工程上去，可以说没有办法保证工程质量。

陕西省建筑科学研究院顾问、总工程师吴成材同期声：从1976年的唐山大地震开始，以后大小地震是不断的，所以我们国家的抗震专家、结构专家都提出来，希望我们国家的钢筋有比较好的延伸，万一这个楼倒了，它会慢慢倒的，人还能跑出去，楼突然之间倒，人不是就跑不出去了嘛，就是这样一个道理。

记者：那这种钢筋对建筑的质量安全是有影响的？

吴成材：对，抗震的性能就减低了。

……

上面通过对两个高级工程师的公开采访拍摄，钢筋“瘦身”对建筑工程的质量造成的危害一清二楚，让专业人士来说，更具权威性与可信度。

二、情感型专题拍摄

情感型专题能否感人，关键在于拍摄的内容是否感人。动人先动己，拍摄者首先要被拍摄的人物所感动，然后才能使拍摄的内容感动别人。情感型专题重在以情动人，拍摄时要抓住人物的感人事迹与曲折经历来作为拍摄的重点，用镜头叙述或佐证人物的事迹，以真情打动观众的心灵，达到引起观众情感共鸣的目的。因此，情感型专题拍摄要求从以下几个方面着手：

（一）正面拍摄人物先进事迹， 展现人物精神风貌

正面拍摄在这里不是指拍摄时摄影机相对于被摄人物的位置，而是指直接拍摄所要报道的人与事，可以理解为直接拍摄。一般来讲，人物专题片的拍摄要得到被摄人物的配合，因此，拍摄前要把拍摄的目的告诉对方且希望得到他（她）的同意。如果对方不想张扬自己的先进事迹，就得通过多种方式做些沟通工作。为了更好地完成拍

摄任务，记者要全面了解先进人物的事迹，甚至可以与对方接触一段时间，解除对方在镜头前的紧张感。如果被摄人物先进事迹很多，就要从中选取典型的事迹来拍摄，通过不同场景下做的不同事迹，展现人物的精神风貌。新疆电视台制作的获奖专题《凡人的慈善情怀》，该专题在新疆、贵州、北京三地拍摄，采用正面跟踪报道阿里木的事迹，并用纪实的方式讲述了阿里木朴素的感人故事。阿里木出生在新疆巴音郭楞蒙古自治州和静县，1997 年从部队退役回家，怀揣着创业的梦想离开了新疆，2000 年，他来到了贵州毕节市，在身陷绝境之时，在一个当地好心人的帮助下，他靠卖羊肉串开始新的生活，滴水之恩当涌泉相报，阿里木也是在这一年开始了他的慈善之路：看到很多的贫困学生上不起学，阿里木主动的资助他们；为了能帮助更多的学生，2006 年，他在毕节学院开设了阿里木助学金，每年帮助十名贫困大学生。从 2000 年到 2010 年间，阿里木靠卖出 40 多万串羊肉串攒下的 16 万元，全部资助给了汉族、苗族、布依族等贫困孩子。2010 年 9 月，阿里木获选“第二届贵州省道德模范”。2011 年 1 月，阿里木荣获“中国网事·感动 2010”年度网络人物，2011 年 7 月荣获第六届“中华慈善奖”慈善楷模称号，2011 年 9 月又获得了全国助人为乐道德模范奖。2012 年 2 月 3 日，阿里木荣获“感动中国 2011 年度人物”。

（二）侧面拍摄相关人与事，衬托人物思想境界

侧面拍摄可以理解为间接拍摄，是指通过拍摄与被摄人物相关的人与事，从另一角度衬托出人物崇高的思想境界。先进人物往往不是孤立生活的，他（她）总是生活在一定的社会环境中，与周围群众有着密切的联系，对社会产生积极的影响，因此，通过选择拍摄与先进人物有某种联系的有代表性的群众，可以从侧面反映出先进人物的崇高品质。间接采访拍摄可以丰富人物的思想内涵，使人物显得更真实、更亲近，从而提高节目的可信度与亲和力。例如获第 23 届中国新闻奖的电视专题《魂系海天》在特殊的背景下完成的。2012 年 11 月 25 日，罗阳同志在顺利完成歼 – 15 舰载机航母起降飞行训练任务后，突发急性心肌梗死，经抢救无效，以身殉职。《魂系海天》专题片是全国范围内大面积宣传罗阳事迹中的精品节目。由于主人公罗阳已经故去加上他所在的中航工业沈飞集团属于特殊的保密单位，罗阳生前承担的重要工作更是涉密行业。因此，只能从侧面采访罗阳生前航空战线的战友，以此来展现人们心中的罗阳形象及其罗阳的贡献对国家安全的意义。下面选取片中部分采访罗阳战友的同期声，从中可以看出罗阳的思想境界。

……

中航工业沈飞党委书记谢根华：

因为罗阳是 6 月 29 号生的，正好跟我们企业是同一天的生日，所以我们都说罗阳是为沈飞而生的，结果没想到罗阳为沈飞而死。

罗阳的母亲吴传英：

原来儿子工作得那么好，现在我才知道，党和国家给他那么多荣誉，我都不知道，我就知道他很忙，他从来不说工作上的事儿。

沈阳飞机设计研究所所长赵民：

可能责任心这种东西是看不到的，但它是沉在心里的，它可能对他来说是个持续的。我们承接一个型号，实际上就是承接一份责任，咱们承担的项目应该说都是国家重大装备，所以说我们航空人有自豪感，我们干这个事儿，我们也很骄傲，成功了我们都很愉悦，很多同志都激动得流泪。但是，如果它失败了，我们就对不起国家，这种内疚感和自责是非常重的。

试飞大队长李国恩：

上飞机前，他会拍拍你的肩膀，国恩没问题，加油！但是罗总作为现场指挥，这一刻就给了你很大的自信，让你知道整个研制制造都是没有问题的，你上去，放心大胆飞吧。

同事赵霞：

他那一刻，作为总指挥，飞机制造现场的总指挥，他是最紧张的，因为航母真正着舰的时候，飞行员的心理素质、技术水平是要求非常高的，罗总从设计到制造，在这个时候飞机要万无一失。但真正能不能着舰，就那一瞬间，就那一刻能不能安全地着陆。

辽宁舰起飞助理张乃刚：

飞机起飞离舰的时候，我看到对面的舰岛上有一个人特别特别激动，特别兴奋，他就振臂高呼喊。

原沈阳飞机设计研究所副所长施明荣：

其实，罗总他这次的去世，我那天就将他是个累积损伤的概念，要是没有前面这个型号，他这次就不会发生这事，它前面这个型号花费了，他就是累积损伤已经达到90%，我这么分析最后这一个就10%。

同事：他为祖国作出的贡献，祖国和人民都会永远铭记的。

同事：我的老战友，也是好学长，离开我们，他是我们学习的榜样！我会永远记住他，我们要继承他的遗志，为强军富民、航空报国作出我们自己的努力，做个对祖国对人民有所贡献的人！

……

（三）拍摄人物闪光点， 刻画人物性格

人物闪光点是指人物身上存在的优点。一滴水可以反映太阳的光辉，一处闪光点

可以反映一个人的思想性格。虽然每个人身上都有闪光点，但是闪光点仍然需要去挖掘、去发现、去捕捉。情感型专题片中的人物具有许多的闪光点，因此，拍摄中要紧扣人物工作、生活、学习或成长过程中的闪光点来拍摄，通过人物闪光点来表现人物的心灵境界，感染观众。专题片中要把人物性格鲜明地表现出来，这就需要记者、摄影师在现场细致地观察人物的行动、言语、表情、心理活动等，及时抓拍最能体现独具个性的闪光点，平凡之中见伟大，细微之处见真情。一部好的情感型专题往往离不开被摄人物身上随处散发出来的闪光点。重庆广播电视集团制作的获奖专题《一个人的路》，通过报道患有先天性成骨不全症的苏相宜的坎坷遭遇，摄录她身上的闪光点，体现她坚强乐观的性格以及积极向上的思想。苏相宜从小被父母遗弃，全靠养父母细心的照顾和教育，她从来没有进过一天学校，11 年来没有出过一次家门。在如此艰难的环境中，她身残志坚，刻苦自学，她不但学习了英语专业的大专课程，还有多篇原创文学和翻译作品，在报纸杂志上发表。而隐藏在这些成绩背后的，除了女孩和养父母超乎常人的付出，还有一段夹杂着悲欢离合的坎坷命运，养父母因病先后离逝，她成为一个孤儿，但仍然顽强地生活。生活的磨难并没有使她灰心丧气，所有这些引起观众心灵的震撼。

（四）记录人物心路历程， 以情动人

情感型专题要通过记录人物的心路历程，反映人物所思所想，以此展现人物的个性特点与精神品德。记者要做到轻松自如地拍摄到人物的心路历程，事前就得熟悉拍摄对象，与被摄人物交朋友，用真情换取对方的真心，使对方愿意向你倾吐心中的喜怒哀乐，乐意向你讲述自己的非凡经历，在这种状态下，就能拍摄到许多有用的素材。内蒙古赤峰电视台制作的获奖专题《七旬老人还债记》，讲述了内蒙古赤峰市松山区庆昌德村村民田祥曲折感人的还债经历。他从五十岁开始在乡间经商创业，从乡亲处筹款用于资金周转，后因谣言而致使生意横遭变故，田祥一夜之间破产倒闭，蒙受冤屈。为了还债，六十岁的田祥只身前往陌生的沈阳，捡破烂攒钱。期间，遭遇了失去亲人等种种挫折，但田祥始终没有放弃还债的信念。终于，在七十七岁时，他攒够了欠下的 17 万元，亲手送还到了乡亲们的手中。在一个诚信日渐缺失，全社会都在呼唤诚信回归的时代大背景下，田祥老人无疑是为当今的时代树起了一根诚实守信的道德标杆。记者在采编过程中介绍，他们用了三天时间与田祥老人同吃同住，经过二十多个小时的聊天，拍摄了 900 多分钟的人物同期声，了解了老人从经商到欠债再到还债的整个经历。由于老人是在完全放松的状态下讲述的，所以十分真实可信。其中的一些细节生动感人，令人难忘。

三、理性型专题拍摄

理性型专题是叙议结合的一种深度报道形式，是形象思维与抽象思维结合的产物，往往集叙事、采访和评论于一身，以精辟的言论来打动观众，赢得观众。理性型专题中叙述是基础，评论是建立在事实之上，因此，在拍摄实践中，重点是拍好主要事实，围绕中心论点来拍摄，用事实来证明观点。事实服务观点，观点统帅事实。有鉴于此，理性型专题拍摄要求注意以下几个方面：

（一）拍摄能体现观点的事实， 用事实说话

事实胜于雄辩。中央电视台的王牌评论栏目《焦点访谈》的制作理念就是“用事实说话”。在实践中，要抓住最能体现观点的事实来拍摄，用事实说话更有说服力，更有可信度。如果事实不够，就用观点来凑，这种理性型专题就显得空洞无物，难以服众。依据所摄事实来表明自己的观点立场，肯定什么、否定什么、赞扬什么、批判什么等，旗帜鲜明地表明自己的态度，这就能体现评论的力量。在拍摄中，要注重画面的表现力，事实的形象性，以此增加专题片的可视性。佛山电视台制作的获奖专题《顺德缘何要当全国机构改革先锋?》，通过大量的事实论述了顺德为什么要实施大部制改革，把41个党政部门整合成16个。为了使评论有深度、有力度，记者之前随时关注大部制的进展，做了大量准备工作。为了将主论点阐释清楚，记者花了大量时间，精心组织人员，多次走访市民、政府机关、大部制改革实施者及专家。尤其是针对大部制改革前后，顺德部门面貌发生了什么变化，给市民带来什么样的实惠，以大量的新闻事实、群众意见作为论据，以专家学者的观点来论证。本专题围绕中心论点来采访拍摄有关人与事，充分地论述了顺德为什么要改革，如何改革，为何要这样改、改革的成效怎样等问题，令人信服。

（二）拍摄各方当事人， 用同期声佐证事实

在理性型专题拍摄中，记者要采访涉事各方，让当事人在镜头面前讲述事情的经过与原由。通过采录当事人的同期声，佐证事实，从而为节目的言论增添事实论据。只有拍摄到各方当事人，才能把事实交代清楚，正是“兼听则明，偏信则暗”。乐山广播电视台制作的获奖专题《政策性农业保险为何理赔难?》，本片记者通过深入采访与政策性农业保险有关的各方，让他们在镜头面前讲述各自的情况，从而明白政策性农业保险为何理赔难这一问题。从2007年开始，乐山市政府在全市范围内开始政策性农业保险的试点和推广工作，但是，因其理赔难，引起群众强烈不满。许多群众表示，这样下去，他们不再愿意买政策性农业保险了。记者调查了解到，理赔难既有保险公司从事这方面的人财物力投入少、勘查理赔程序较繁琐等表面现象，更有政策性

农业保险目前运行的机制很难调动保险公司的积极性、法律法规缺失等深层次的原因。所有这些原由均是通过村民、村主任、保险公司经理、政研室副主任、律师、农工办领导等的同期声加以印证。例如：

……

乐山市中区土主镇铁牛村村民万明祥同期声：这两次灾发生后，我都及时把灾情报给了村上，村上接着又报给了镇上。

乐山市中区土主镇农业中心工作人员游仲民同期声：我们镇政府统计过后，然后我们就把统计的灾情及时反馈给了保险公司。

乐山市中区土主镇铁牛村村民万明祥同期声：现在谷子都收了一两个月了，受了这样的灾害还没有赔偿下来。

乐山市中区土主镇铁牛村村主任毛启国同期声：确实我们70%的老百姓对这个政策性农业保险有意见。

乐山市中区九峰镇明月村村民汪贵明同期声：5月份我们的生猪就发生疾病，死了十几头，兽防站给我们做了现场勘查和登记，我也向保险公司报告，报告过后两三个月都没有赔付，四、五个月才赔了我们前期的（几头死猪），十四头猪还有三头没有赔。

中华联合财产保险股份有限公司乐山分公司农险部经理胡万斌同期声：牵涉到农民面积的核实，种子的鉴定，因为损失的鉴定是要通过农业局把收割完以后的损失与前三年损失平均值减产量，来制定赔付的标准，这里我们存在工作难度和查勘难度。

乐山市委政研室副主任熊军同期声：只是依靠政府来做农业保险不现实，建议政府让保险公司在经营种植业和养殖业保险以外，还可以兼顾经营财产保险、责任保险、短期人身意外伤害保险和健康保险等，达到“以险养险”的目的。

中国人民保险公司乐山分公司农险部经理张林同期声：我国至今还没有一部完整的法律法规对政策性农业保险业务予以扶持，地方也没有管理条例。

乐山市法律援助中心律师闫青同期声：应该加强立法工作，从赔偿的种类、标准、赔偿的程序通过法律的形式把它固定下来。

乐山市委农工办农经科雷春同期声：政府要加强对保险公司的绩效和服务考核，促进保险公司不断提高服务水平。

乐山市委政研室副主任熊军同期声：要建立问责机制，对不能及时进行查勘理赔的情况，要追究相关部门，相关工作人员的责任。

……

（三）摄录相关人物访谈，作为观点的论据

理性型专题拍摄中，如果是明拍，就要选择知情人物、权威人士、专家学者等，让这些人在镜头面前发表自己的看法，可以为节目的论点提供直接的论据，从而增强节目的评论力量。因此，拍摄前要先确定好采访对象，可把要谈的话题告诉对方，让他们有所准备地发表自己的观点。如果是暗拍，就要注意摄录被摄人物的言行，以证明节目的观点。无论明拍还是暗拍，拍摄中要保证同期声的质量，既要清晰又要完整，这样有利于后期制作的选用。例如天津电视台制作的获奖评论《东方白鹳被毒杀——谁之过?》，节目以记者调查天津滨海新区北大港湿地管理现状为明线，以警方破案和救治东方白鹳为暗线，用事件进展推动论证，通过明访滨海新区大港水务局渔苇管理所、农业服务中心、公安局、管委会等单位的负责人以及市民，了解到湿地管理混乱，人们环保意识不高；通过暗访大港港起饭庄与胜利饭庄经营者，了解到捕杀盗猎产业链猖獗的现实问题；明访与暗访得来的第一手材料都是支撑节目观点的论据。再如获奖专题《强扭的“枣”能甜吗?》，采用记者调查的方式，通过村民与干部的大量同期声对事实进行了展示，作为节目评论的依据。并采取“新”“旧”对比，“收”“种”对比的方式，反映了地方政府不顾老百姓利益，只重视完成任务追求政绩的错误做法。

第四节　专题片写作

在选好题且采访拍摄完后，接着就进入专题片文稿的写作阶段。写作前，作者必须先要熟悉整个素材，包括人物访谈、背景资料、事件现场、已有报道等直接或间接得到的材料，把握整体，从中提炼出节目的主题，精心设计节目的结构。在具体写作中，要求做到以下几点。

一、主题要突出

主题是节目的中心思想，是节目的灵魂。在从收集的大量材料中确立了节目的主题之后，作者在专题片的写作中要精选材料及运用各种表现手法来突出节目的主题。

（一）围绕主题精选材料

一般来讲，在视听节目制作过程中均要受到时间版面的限制，专题片也不例外。虽然专题片时间长度比电视新闻（消息）要长，但是由于其报道的事情复杂，采访的人物众多，收集的背景材料丰富，因此，制作者必须从所掌握的材料中加以精选。如何精选？即围绕主题来精选。在专题片的采访中，材料越多越好，就如“韩信点兵，多多益善”；但是在专题片的写作中，材料越典型越好，就像“孙子兵法，以一当十”。写作中，作者要选择最能揭示事物本质的有个性的材料；要选择能体现创作者观点、思想、情感的事实材料；要选择能佐证事发过程的现场材料；要选择具有说服力权威性的现场同期声材料；要选择揭示事情来龙去脉的背景材料，等等。例如由广西电视台制作的获奖评论《名不副实的“公考”培训班》，节目围绕“名不副实”，通过采访当事人、现场取证、寻访知情人和向权威职能部门核实等调查手段，最终将那些非法办学机构的谎言一一戳穿，将真相告知于天下。

（二）调用各种视听表现手法突出主题

电视文字稿写作不像报纸文字稿写作，由于有了画面的加入，因此，在写作中，要运用画面思维，即在写作中要考虑如何通过视听形式的表现手法来突出节目的主题。视听节目是用来看与听的。节目要做得好看、好听，还得从形式上讲究制作手法，以此来突出节目的主题，提高节目的可视性。例如通过图表、动画的运用，使节目内容的表达更为简洁，更加直观；通过现场音响的加入，使节目显得更加真实，更具感染力；通过编配恰当的音乐，使节目传递的情感更加丰富，更加感人，等等。在保证专题片真实的前提下，能突出节目主题的视听表现手法在写作过程都要有所考虑。

二、事实要详尽

如果说电视新闻（消息）是电视从业人员的轻武器，那么电视专题则属重武器。电视新闻（消息）以“快”取胜，电视专题则以“深”取胜。观众在看了电视新闻（消息）的报道后，往往对事实的来龙去脉并不是很清楚，这时，专题片的作用就体现出来了。前面所讲在专题片选题时要注重题材的深度性，也就是题材要有可掘性。通过运用各种调查采访手段，创作者要把报道的事实详详细细地弄清楚；通过对所占有材料的分析，把握事物的本质及其发展趋势；要分清报道中主要事实与次要事实、概括事实与具体事实。对于能突出节目主题、展现人物性格的事实要充分叙述。美国学者特德·怀特认为：“新闻专题不能简单地报道事件结果，简单地介绍事件过程，简单地进行某种是非判断，简单地传达某种结论，而要着重于过程和原因的分析，要再现生活的复杂性和矛盾性，要展现生活的丰富性和种种出人意料又在情理之中的一些特性。”① 例如珠海广播电视台制作的获得 2011 年度广东省广播电视节目一等奖的

① 特德·怀特. 广播电视新闻写作与报道［M］. 北京：新华出版社，2000：285.

电视新闻评论《国有土地不是唐僧肉》，作者敏锐地抓住了违法占有使用国有土地的两个典型事件：一件事是陈庆昌三兄弟违法占地抢种树木并在身为市公安局处级干部的哥哥陈宏昌的支持下暴力抗法；一件事是南屏镇居民“跑马占地”，私建房屋，酿成房屋倒塌事故。创作人员通过对违法占地现场事实与背景事实、具体事实与概括事实的详细叙述与分析，揭示了珠海市违法占用国有土地问题的普遍性、严重性，给人们敲响了警钟。

三、背景要充分

专题片中报道的人物或事件总有与它形成有机联系的一定的环境和历史条件，有它产生的原因，这些就是背景。现实生活告诉我们，任何新闻人物和事物的产生，都不是孤立的，都有它产生、成长、发展、变化的原因，都与周围的人与事产生某种联系。因此，在专题片的写作中必须把事实的来龙去脉挖掘出来，让观众明白其中原由，认识它的意义和作用。背景材料多种多样，主要有对比性材料、说明性材料、注释性材料等。在专题片中，恰当使用背景材料，不但能解答观众心中的疑惑，而且能深化节目的主题，使节目内容更显深度。例如新疆兵团电视台制作的获奖专题《共和国不会忘记——兵团老战士北京行》，叙述的是在中国共产党成立 90 周年之际，北京市委、市政府专门邀请兵团各师直属机构以及曾经在兵团工作过的 31 位老战士赴京参加北京市委庆祝建党 90 周年系列活动。本片在重点记录这些老战士在北京行程的同时，还插入了他们当年解放新疆屯垦戍边的往事，例如由三五九旅七一九团改编的中国人民解放军第一兵团第二军五师十五团到达新疆哈密后，步行十六天，行程近千公里，走到了南疆重镇阿克苏。正当他们与各族人民欢庆阿克苏解放之际，突然接到一项特殊的命令。消灭和田的国民党残余势力，阻止民族分裂势力武装叛乱的步伐。于是，十五团横穿荒无人烟的塔克拉玛干大沙漠直奔和田，成功进驻和田，粉碎了反动分子暴乱的阴谋。十五团进驻和田，冒天寒地冻、漠原荒野，风餐露宿，创造了史无前例的进军纪录。1950 年 1 月，新疆军区下达生产命令，要求驻疆部队以集体劳动、集体经济的优越性，示范于新疆人民，全体官兵驻守新疆，不吃地方，一律参加劳动生产，等等，专题中通过这些背景材料，让人们进一步认识这些平均年龄 82 岁的 31 位代表是新中国屯垦戍边事业的开拓者和建设者，为解放新疆，建设新疆，保卫边疆作出了不可磨灭的贡献。试想如果没有这些背景材料来支撑，仅仅是记录他们在北京的活动，主题就会显得肤浅，内容就没有深度。广州花都区广播电视台制作的获奖专题《王明健的奇特人生》，讲述了 20 世纪 50 年代，大学毕业生王明健受组织派遣，从北京来到广东下庄这个山沟里，克服重重困难，发明了简易炼铀法，终于为中国第一颗原子弹提炼出急需的核原料的感人故事。节目中，作者恰当地运用了大量的历史资料作为背景材料，如刘少奇签署命令，为新组建的309队选调干部；1958年，二机部召开秘密会议，要解决原子弹的原料问题；八一电影厂的新闻影片《土法炼铀的一面旗帜》；1964年，我国成功爆炸第一颗原子弹，等等，这些背景材料的运用，为表现主人公王明健的崇高道德品质起到了很好的衬托作用，也展示了新中国成立以后人们普遍具有的革命激情。

四、细节要感人

专题片中的细节包括画面细节、声音细节与屏幕文字细节等。在文字稿的写作中，要抓住那些具有感染力能突出节目主题的细节，加以放大，引起观众的注意力，达到情感的共鸣。获得第21届中国新闻奖电视新闻专题奖的《水愿》，片中通过现场画面与旁白，把2009年下半年至2010年5月中国西南大地遭遇百年罕见大旱、人畜饮水告急的状况形象地展示出来，尤其令人难忘的是片中的许多细节。例如："库底没有了一滴水。整个库底，就是一片连绵不绝的'土林'了，比距离它不远处的石林，绝不逊色。林立的红土柱矗在一个平面上，间隙是大地裂开的伤口。伸出一只拳，或一脚踩空，胳膊和脚都会深深地陷进裂隙中。土林漫延着，在裂缝中，或是在干泥柱中，嵌着已经晒干的蚌壳，还有泛着白光的鱼儿。鱼儿不大，但那游动的姿势依稀可见。"声音与画面把林立的红土柱、裂缝、晒干的蚌壳、干死的鱼儿游姿等细节一一再现，干旱之严重令人震撼。在专题片中用文字（声音）叙述细节，用画面证实细节，声音与画面围绕同一个事实细节来叙述，容易引起观众心灵的共鸣。在写作中，作者还要考虑哪些内容需要通过屏幕文字细节来强化，达到最佳传播效果。

五、叙述要生动

在叙述、说明、议论、抒情等表达方式中，专题片文字稿写作常常以叙述为主要表达方式，节目内容主要靠叙述方式来传播。美国电视深度报道的叙述方式主要有三种：调查式叙述方式、分析式叙述方式和白描式叙述方式。调查式叙述方式一般用于犯罪新闻和事故新闻的调查取证与推理归纳。节目往往以记者（或主持人）概述新闻事件为开端，然后根据掌握的资料和证据询问罪犯或当事人。在结尾部分向观众交代事件发展的结果与影响，告诉观众当事人的结局或下场。在分析式叙述方式中，记者的角色相当于社会评论家。他根据新闻事实来分析社会中存在的某种现象、新闻本身所造成的影响以及对未来作出某种预测等。白描式叙述方式目的在于通过记者近乎"纯客观"的描述与记录，反映现实生活中的原生态新闻事实，让观众自己从中得出合理的判断与结论。[①] 无论采用哪种叙述方式来撰写专题片文字稿，都要求做到叙述生动。叙述生动主要是指叙述语言既要具体形象，又要精练准确。例如电视新闻评论《国有土地不是唐僧肉》，在片中写道：

如果说“陈宏昌暴力抗法事件”是不法者与公职人员勾结成利益链条的话，永安村圈地盖房出租赚钱或卖地得钱，就是由一些普通村民通过违法买卖建楼出租形式的致富方式。

【字幕入】据统计，自2009年以来，我市通过动态巡查发现土地违法立案237宗，已结案193宗，目前仍有44宗还在查处中。【字幕出】

违法占地的现象不降反增。一边是大肆侵占国有土地，一边是土地的严重不足制约着经济转型。在珠三角，深圳的土地开发强度已经到了47%，东莞超过40%，而国际公认土地开发强度超过30%的已经到警戒线、临界点。珠海，目前的土地开发强度也已经达到30.44%，同样无法回避“成长中的烦恼”。

这段叙述既有对上文的精辟总结又有对下文的引导过渡，既有概括事实又有具体事实，既有现实材料又有背景材料。用“成长中的烦恼”生动地表达了珠海发展与土地保护之间的矛盾。

六、评论要点睛

无论是报道类的专题、人物类专题还是评论类的专题，节目中的评论必须建立在叙事的基础上。没有叙事作为基础，评论就显得无病呻吟，空洞无物，因此，事实清楚是评论的前提。适当进行评论，可以表明作者的态度、观点立场；可以引导观众深刻地认识事物、明白事理；可以升华节目的内涵、突出主题，等等。评论切忌空话、套话，评论要精辟，要富有哲理，要击中要害，要起到画龙点睛的作用。例如上海广播电视台制作的获得第22届中国新闻奖电视评论一等奖的节目《聚焦医患“第三方”》，完整记录了一起医患纠纷的调解全过程，充分采访了医院、患者家属对立的双方，对专家咨询会的全过程进行了放大，以客观报道有力地阐明观点，最后节目记者出镜加以评论：“采访中，患者家属告诉记者，医患纠纷人民调解让他们体会最深的是沟通方式的不同，和医院谈往往是直奔主题，目的就是分清对错，但是医调委介入后，往往首先是互相倾听，纾解情绪，消除误会，看似多了一道程序，其实是以柔化刚，以退为进，让矛盾双方回归理性，让调解得以继续。我们不能说第三方的出现就能马上治好医患纠纷中的种种顽症，但至少它提供了一个沟通的新渠道，一个重建信

---

① 姚治兰. 电视写作教程［M］. 北京：中国传媒大学出版社，2010：162－164.

任的新平台，一个社会管理的新角度。”由于有了前面深入的采访调查得来的事实材料为基础，因此，这样的评论显得具体充实。

再如中央电视台《焦点访谈》播出的获奖专题《假酒真相》，节目紧扣民生，首度揭露了整个假酒产业链条。基于扎实深入的调查，节目最后主播对昌黎假酒泛滥、监管失利的状况进行了犀利的质疑和评论：

在昌黎县，一些葡萄酒厂的老板造起假来似乎已经没了什么顾忌，您听这话“我都不怕你怕啥”，表面看起来是那些安装在造酒车间里的探头成了摆设，可是实际上是当地各个部门的监管成了摆设，成了空壳，这就纵容甚至催生了一条造假酒的产业链。大量假葡萄酒就这样源源不断地被制造、被销售，坑害着消费者。那么造假者为什么不害怕？监管体现在哪儿？昌黎县的监管部门如何面对着这样的问题？

如此评论与质疑一针见血，击中要害，说出了观众心中想说的话，颇有力量，令人酣畅。

第五节　专题片编辑

在采访拍摄、文字稿写作及其录音完成后，接下来进入节目制作的最后一个环节——编辑。对新闻性专题片来说，编辑任务往往由记者来完成，这样安排既可以保证专题片的质量又可以保证专题片的按时播出。因为，记者对节目素材高度熟悉，可以节省大量的时间；同时记者对专题片的主题、结构、同期声的选用、声画的配合等，在前期工作中已有充分考虑，编辑起来就会得心应手。不管是编辑报道型专题、情感型专题还是理性型专题，均要从内容与形式两个方面下工夫，总的编辑原则是：内容上求深，形式上求活。下面分别加以阐述。

一、内容上求深

新闻性专题不同于一般的电视新闻报道（消息），其最大特点就是内容的深度性，这也是吸引观众的最大卖点。虽然在前期采访拍摄中深挖了许多材料，在文字稿写作中也注意了事实的详尽与背景的充分展示，但是这些还不是成品，至多算是半成品。准确地说它们是属于后期制作的材料，只不过这些环节所做的工作为专题片后期制作打下了坚实的基础。如何在后期编辑中开掘出专题片的深度，需要从下面三个方面着手：

（一）精选同期声，处理好同期声与旁白的关系

在新闻专题片中，同期声是指在拍摄人物讲话时录下的讲话声和背景声，包括现场效果同期声（新闻现场的各种音响）和现场采访同期声（新闻现场人物说话的声音）。用好同期声是视听新闻从业者具有专业理念的充分体现。

但是，在制作专题片时，电视新闻从业人员对同期声的运用存在两种错误观念。

第一种错误观念是：同期声占用时间较多，影响传播的信息量。由于存在这种观念，以致有些专题片中不用或少用同期声。原因有二。其一，视听从业者误解新闻性专题中的“时间节约”含义。认为新闻性专题中运用同期声，浪费时间，减少了传播的信息量，不如旁白传递的信息多。其实不然，同期声和旁白作为一种有声语言符号，担负着新闻专题的逻辑叙事功能，专题片内容的准确传播，在很大程度上讲要依赖于这两种语言。新闻性专题的时间节约主要是指把采访中的废镜头、废话、无效同期声（不含信息量的同期声）等删去，以保证同期声的信息含量。其二，认为同期声中的方言、外语，观众听不懂，不如让旁白来代替。其实这是一种懒惰的表现，难道不能用屏幕文字来体现同期声内容吗？要知道：不管多么流畅的旁白也不能取代被采访者谈话的权威性，和被采访者所处的特殊地位所带来的真实性。

第二种错误观念是：同期声多比同期声少要好。由于存在这种观念，以致产生滥用同期声。其主要表现在两个方面：其一，无效同期声过多。无效同期声是指偏离节目主题、不是观众“欲知而未知”的内容、不含信息量的同期声。无效同期声的拖沓冗长，致使观众心理时间放大，产生厌倦情绪。因此，对于无效同期声要毫不留情地删除。其二，同期声运用不当。主要表现在人为地制造同期声，要被摄人物按记者的意图背稿甚至念稿的“导演同期声”与“表演同期声”，势必将因照本宣科的呆板而令人生厌。在新闻性专题中运用方言、外语同期声而又没有屏幕文字，也是运用不当的表现。产生滥用同期声的原因主要是某些视听从业者认为：新闻性专题中同期声多比同期声少要好。其实不然，同期声的运用必须精当；否则，物极必反，收不到预期的效果。

鉴于以上认识，在专题片制作过程中，要准确运用同期声。一般来说，在前期采访中，往往录制了大量的同期声，不可能都可用进节目中，因此，对同期声要加以精选。如何精选同期声？其一，要选择能突出节目主题的同期声。主题就是节目的中心思想。表现主题有多种方式，同期声是其中主要一种。通过同期声可以表现节目的思想观点，或肯定，或否定，或批评，或赞扬，等等。其二，要选择能突出人物个性的同期声。新闻性专题中人物鲜明的个性，在同期声中可以得到充分的体现。由于每个人的成长经历、教育背景、生活环境、职业习惯等方面各不相同，因此说话时表现出来的语气、语调、快慢、情感等方面也不相同。在后期制作中，编辑要把最能突出人物个性的同期声编入节目中，使人物形象显得更为真实。其三，要选择能够交代事态关键内容的同期声。虽然可以用旁白叙述事件，但是如果把能交代事态关键内容的同期声编入节目中，则传播效果大大加强。因为，用亲历者或目击者的同期声来叙述事态关键内容，可以增强节目的权威性与真实性。例如，记者暗访河北昌黎县制造假葡萄事件，专题片在叙述假冒的各种国内外名牌葡萄酒的标签时，用了一位销售经理的同期声："(仿真度) 95% 以上，一模一样不可能，咱没人家的真软件。谁说做得一模一样，我跟你说，那是谁也做不出来。"这处同期声道出了假名酒的来源，不容置疑。

在编辑同期声时，要处理好同期声与旁白的关系。其一，处理好同期声与旁白各自功能的关系。在专题节目中，虽然同期声与旁白有机结合共同完成节目主体内容的叙述，但是在大多数情况下，抽象的理念、评论往往用旁白来体现，同期声更多地用于叙述事件，同期声直接构成新闻事件的核心事实，可以表达现场气氛和人物的思想感情。不过，当人物同期声表达不清晰、不准确或现场录音效果差的情况下，可以考虑用旁白转述同期声的内容，但要注意不能让同期声与旁白重复叙述同一内容，以免啰唆。其二，处理好同期声与旁白占用专题片时长的关系。由于受节目时长的约束，因此，同期声与旁白各自占用多长时间在后期制作中要有所考虑。一般来讲，同期声语速比旁白要慢些，在单位时间内传递的信息量比旁白要少些，这就要求后期编辑中避免拖沓冗长的讲话，适当把握同期声的长度，尽量淡化记者的"上镜"意识，删除记者的提问过程，只将被采访者重要的同期声编入节目中，从而有效提高传播质量。同期声占用节目多长时间，后期编辑要根据节目内容的容量以及前期采录同期声的质量及其重要性来决定节目中同期声占用时间的多少。其三，处理好同期声与旁白之间的先后顺序关系。运用同期声时应从实际出发灵活安排好其在新闻专题中的位置，要注意同期声与旁白之间的衔接，力求做到过渡自然，因此，必要的过渡词、过渡句或过渡段不可或缺。

（二）用好背景材料，处理好背景材料与事实材料的关系

在新闻专题中，采访得来的第一手事实材料是构成节目的主体，也是观众急需知道的新闻事实。新闻事实的发生离不开一定的环境，总有其内在的原因，要向观众交代好新闻事实发生的来龙去脉，回答观众心中的疑惑，离不开背景材料的合理运用。用好背景材料可以拓展专题的深度与广度，满足观众对新闻专题的深度需求。在前期采访中积累的各种背景材料，在后期制作中要从突出节目主题及其叙述事实需要角度加以精选，处理好背景材料与事实材料之间的关系。在新闻专题中，事实材料处于主

体地位，背景材料处于从属地位，背景材料围绕事实材料展开，补充、说明、深化事实材料，因此，要精选背景材料，不可喧宾夺主。

在专题片编辑过程中，要把背景材料与事实材料有机融为一体，防止生硬脱节，牵强附会。背景材料必定是与新闻事实、新闻人物有内在联系的，因此，何时编入背景材料，没有硬性规定，要根据节目主题及其叙述事实的需要，灵活运用，恰当地把背景材料嵌入节目中。例如获奖专题《生命相髓——两岸三地骨髓捐受者相见活动》，节目重在叙述骨髓捐献双方见面这一特殊节点，通过两对捐受双方的人物命运来展现海峡两岸及香港的同胞情，以点带面讲述了海峡两岸及香港骨髓库的真情互动和中华骨髓库发展历程。由于记者从活动筹备期就开始搜集素材、熟悉背景，因此，专题并不拘泥于活动本身的宣传报道，而是力图对事件进行更深刻的挖掘。在后期编辑中，由于恰当地运用了海峡两岸及香港骨髓捐受的有关背景，使观众更全面更深入了看到了海峡两岸及香港骨髓捐受的历程。专题开头通过屏幕文字来体现海峡两岸及香港骨髓捐受的背景材料："1997 年 4 月 18 日，台湾首次向大陆捐献骨髓。捐者：杨秀霞；受者：刘金权。2007 年 7 月 20 日，大陆首次向台湾捐献骨髓；捐者：杭彬；受者：容容。截至 2010 年 10 月，已有近 1000 例骨髓跨越海峡，数百人得以重生。"节目之中，当叙述内地配对成功的章莹与台湾的林碧玉见面时，就自然地插入了 10 年前林碧玉捐献骨髓给章莹的故事。节目中现实见面的欢乐与过去捐献骨髓的情景有机整合一起，给观众以完整的视听信息。

（三）聚合相关内容，处理好叙述节奏与观众接受信息节奏的关系

报道聚合是指一种媒体在报道新闻时吸取其他类型媒体相关内容以提供更多更深的信息来满足受众需求的一种媒体报道方式。① 随着网络与手机等新兴媒体的迅速发展与日益普及，人人都可成为信息的采集者、发布者、接受者与评论者。在专题片后期编辑中，为了全面深入地报道新闻事实或新闻人物，往往把报纸、网络、手机等媒体上报道的相关内容汇聚在一起，以满足观众的信息需求；例如聚合网络视频、手机视频、博客与微博上的文字与图片等相关内容。

在聚合网络内容方面，有些新闻专题把相关的网友留言、微博信息、网络视频等内容编入节目中，以增加信息含量或表达某种观点。汶川大地震期间，《焦点访谈》制作的几期专题把许多网友沉痛哀思的留言编入节目中，例如："有网友说，今天，我无法凝视，因为双眼满是泪水；今天，我不会悲痛，因为心早已破碎。"江西卫视《传奇故事》，播出的 QQ 视频婚礼，甚是感人。该传奇讲的是辽阳市公安消防支队的

① 周建青．媒体报道聚合现象探析［J］．现代传播，2013（5）．

郎孟在婚礼前三天奔赴重灾区青川县，女友常芳决定不改婚期，要把自己的婚姻与祖国的命运联系在一起，于是两人通过 QQ 视频，举行了短短 18 分钟的婚礼，这些网上视频内容编入专题中，极大地突出了节目的主题，增添了节目的可视性。在台湾电视、CNN、BBC 的新闻专题中，常见把网络视频或视频监控影像内容聚合到节目之中，拓展了专题的深度与广度。当然，在后期编辑中，也可以聚合报纸与手机媒体上的相关内容，关键是看是否需要。选择标准有三：一是所聚合的内容与专题内容紧密相联；二是所聚合的内容可以更好地突出主题，增加信息量；三是所聚合的内容在节目中的处于从属地位，对节目的主要内容起着补充、深化的作用。

在专题片编辑中，聚合其他媒体报道的相关内容，就像增加了一个新异刺激物，必定会引起叙述节奏的变化，这种变化更能引起观众的有意注意，增强传播效果。但是，如果聚合的内容过多节奏过快，就会与观众观看时接受信息的心理节奏脱节，使观众应接不暇，容易产生视觉疲劳，达不到应有的传播效果。反之，如果聚合的内容过少节奏过慢，就会使观众感到厌倦，难以保持观看的注意力。因此，在专题片后期编辑时，一定要注意把握好节目内容叙述节奏与观众接受信息节奏之间的关系，力使二者和谐统一，给观众以完美的视听享受。

二、形式上求活

专题片要编得好看，除了内容上以“深”满足受众需求外，还要求做到形式上的“活”——生动活泼，吸引观众的注意力。在后期编辑中，如何加强形式上的活，编辑要处理好以下三个关系：

（一）精选现场画面， 处理好现场画面与旁白的关系

在前期拍摄中，要注重拍摄现场画面；在后期编辑中，就要注重精选现场画面。因为，现场画面能体现事件的过程，确保事件的真实性，突出节目的主题。由于受节目时长的限制，在编辑时要精挑现场画面。一般来说，精选现场画面要注意三点：一是所选现场画面要能交代事件的关键过程；二是所选现场画面内容是观众最想知道的内容；三是所选现场画面能突出专题的主题。专题片后期编辑中常患的毛病是毫无选择地把大量的现场画面编入节目中，使得节目拖沓冗长，达不到应有的传播效果。现场画面中的现场细节是最生动最精彩的画面，因此，编辑中要重视选用现场细节来表现人物性格，突出节目主题，感染受众。在街区、社区、商场等地突发事件中，视频监控影像记录着事发现场过程，为专题制作提供了原始的现场画面，极大地满足了观众的窥视欲望，因此，在编辑中，要充分利用视频监控影像确保专题的真实性，杜绝情景再现的画面。

在目前许多专题片中，现场画面与旁白的关系处理欠妥。主要表现在该用现场画面时，却用了很多旁白，导致旁白成为噪音，干扰受众正常观看。何时用现场画面，何时用旁白，二者谁先谁后，谁主谁次等问题，在后期编辑中，要认真思考，具体情况具体分析。在专题片后期编辑中，有些制作人员喜欢用旁白来叙述事件现场，不重视把体现事件变化过程的现场画面编入节目中，结果导致专题报道不生动，叙述节奏缺乏变化，传播效果大大减弱。处理好现场画面与旁白的关系是编辑人员业务素质良好的表现。

（二）精心制作动漫图表，处理好事过境迁内容与表现形式的关系

在编辑新闻性专题中，对于已经发生过的新闻事件，若没有事件现场画面与资料可用，能否用情景再现来补拍呢？答案是否定的。“情境再现”是指将事过境迁的新闻事实通过导演摆拍，重演事件发生的过程。目前，无论是专题片、纪录片还是谈话节目，均大量存在情境再现内容，且有愈演愈烈之势。纪实影像的本质是真实，其魅力也在于真实；而“情境再现”再如何生动、如何逼真，也是对纪实影像的严重伤害，是对受众极不负责的表现。现在许多电视台与网络视频频道推出的演绎真实故事的栏目剧，正是适应“情境再现”之潮，受到大众欢迎。因为是“剧”，所以就要“演”，“情景再现”在栏目剧中完全可以。栏目剧与其他剧没有本质区别，只是其剧情来源于现实生活，由于冠名以“剧”，所以受众能完全接受。新闻性专题的本质在于真实，对于事过境迁的事件要制作成专题片，不能运用“情境再现”手法。弥补方法有二：一是请目击者或亲历者到事发现场，让其身临其境讲述事发过程；后期编辑中把目击者或亲历者的同期声编入专题中，同时借助新闻资料、照片等手段来辅助报道。二是运用动漫形式来表现事件发生的过程。在一些突发事件中，由于没有现场画面，单靠旁白叙述显得抽象、单调。如果改用动漫形式把事件过程表现出来，就显得具体、形象，增加节目的可视性。① 例如7·23甬温动车追尾事件发生时没有现场画面，有的记者在专题中运用动画演示动车追尾过程，大大增强了传播效果。

在专题片后期编辑中，根据传播内容的需要，除了运用动漫语言外，还可考虑运用图表语言来传递有关内容，加深观众的印象。例如获奖专题《会说谎的作文》，记者用饼状图直观显示小学生写撒谎作文的原因：43.3%的学生认为题材不好找；26.7%的学生说是缺少生活实践的缘故；另有20%觉得是因为题目范围太窄，局限在“难忘的”“感动的”一件事；还有10%认为作文有标准化倾向，只能写正面不能写负面，成了八股文。该部专题片用饼状图简洁形象地告诉观众要点，加上字形字色的美化，画面

① 周建青．全媒体时代电视新闻报道如何异彩纷呈［J］．中国出版，2013（11）．

可视性极佳。电脑作图、电子动画、图表语言为补充专题新闻中的有效画面创造了条件，是新闻专题语言中极富叙述力的非语言符号，在实践中应充分重视之。

动画与图表是对新闻专题内容的形象叙述和抽象细节的说明，是丰富视觉信息的一种表现技巧。它可以使抽象复杂的事理简单化，抽象的概念形象化，突发的事件直观化，从而易于信息传达，方便观众接受。

（三）适当选用背景音响与音乐，处理好多种声音主次关系

从是否真实角度来看，音响与音乐可以分为两大类，一是指前期拍摄中采集到的来自现场音响音乐，二是指后期制作编辑加上去的音响音乐。在专题片后期编辑中，强调采用现场的音响音乐，以确保新闻专题的真实性。但是也有一些新闻专题，因为营造情绪氛围的需要，适当加入少量的音响或音乐，更能强化专题的传播效果。在编辑专题片时根据需要适当编入背景音响与音乐，可以突破画面容量的限制，扩大节目的信息容量，延伸画面空间，调动观众的想象，达到“听声见景”的效果。在新闻专题中如果出现两种以上的声音，就需要编辑处理好多种声音的主次关系。此时，编辑要把握好三个原则：“（1）在同一时间里，只能有一种声音为主；（2）在两种以上声音出现时，主次声音的音量比例要控制好；（3）在一般情况下最好只控制两种声音，如出现两种以上声音，次要声音不要控制时间太长。”①

一般来说，专题片中同时出现两种以上的声音有以下几种情况：（1）同期声 + 音响或音乐；（2）旁白 + 音响或音乐；（3）旁白 + 同期声 + 音响或音乐。前两种情况较为普遍，后一种情况极少出现。因此，在后期制作时，编辑一定要区分好主要声音与次要声音，主要声音音量要高些；次要声音作为背景声，音量要低些，至于音量高低到什么程度合适，要以编辑试听效果为准，千万不能让每种声音音量相同，造成彼此干扰，成为影响观众观看时的噪音。从专题片制作实践来看，常以同期声或旁白为主声，音响或音乐为次声。后期编辑关键是要控制好音响或音乐背景声的音量大小，既不能让它们音量过大掩盖了主声，也不能使它们声音过小影响了传播效果。

---

① 黄著诚. 实用电视新闻编辑［M］. 北京：中国广播出版社，2000：136.

第四章

The fourth chapter

广告片编导与制作

广告，无处不在，与我们的生活密切相关。报纸广告、杂志广告、路牌广告、灯箱广告、电影广告、电视广告、互联网广告、手机广告、广播广告等，可谓品种繁多。在众多品种广告中，影视广告影响最大，因此，广告主不惜重金制作广告片，在电视、网络、手机等媒体上播放，以期获得更多的回报。如何编导与制作广告片，本章从广告片的概念与特点、创意与方案写作、布光与拍摄技巧、后期制作等诸多方面加以探讨。最后，对近年来常见的城市形象宣传片、企业形象宣传片以及视听汇报片的编导与制作要领进行阐述。

第一节　广告片概述

在制作广告片之前，我们先要对广告片总体上有所认识，如什么是广告片，其有何特点，广告片分哪些类型，它有哪些传播功能以及广告片的创作原则等，本节就这些内容加以简述。

一、广告片定义与特点

广告片是指运用图像与声音符号推销商品或服务，传播主张或观点的时长短小可反复播放的视听节目；由于过去播放媒介主要是电影与电视（现在还包括网络媒体、手机媒体与户外媒体），因此，也称影视广告。广告片既有图像又有声音，其表现形态与广播广告、报纸广告、期刊广告等有着显著的不同，呈现出自己独有的特点。

（一）声画兼备，易受性强

广播广告主要靠声音来传播，报纸广告与期刊广告主要靠文字与图片来传播，而广告片则靠图像、声音与文字等多种符号来传播。即在用画面直观表现广告形象的同时，还可用声音传递广告内容，用音乐表达情感诉求，用屏幕文字突出广告的关键内容。广告片的易受性主要体现在看（画面）、听（声音）、读（文字）多通道同时感知的综合效应中。因为多通道输入同一个信息，各单个通道信息负荷量相对减轻，受众心态处于放松情景下，使信息量输入最大。这便是传播符号综合效应带来的易受性。①

（二）传播面广，影响力大

广告片传播面广主要表现在两个方面，一是指传播的渠道多；广告片除了在电视、电影等传统媒体上播放外，还可在网络、手机、地铁电视、公交电视、楼宇电视等新的媒体终端上播放。二是指收看广告片的人数多。无论男女老幼，只要能正常收看影视节目，就必定会看到广告片。由于广告片声画兼备，视觉冲击力强，因此，它的影响力与传播效果远大于广播广告、报纸广告与期刊广告，颇受广告主重视。

（三）顺时传播，强制收看

广告片是按照时间版面来编排的节目，受众必须按照节目声画结合的先后顺序观看。由于广告片常常插入在影视节目播放之前、之中或之后，观众完全在被动的状态下接受，无法自主选择观看内容，强制性非常明显。这与报纸、期刊等平面媒体广告不同，平面广告是以文字或图片符号通过空间版面编排来传播商品或服务信息，受众选择性强，先看什么、后看什么不受别人操控，可以自主选择。

（四）时长短，成本高

由于受到播出时间的限制以及观众观看心理时间承受度的影响，广告片时长很短。电视广告主要分为 5 秒、10 秒、15 秒、20 秒、30 秒五种形式，60 秒的广告很少，1 分钟以上的广告是例外。如何在有限的时间内把广告的诉求内容有效传递给观众，是广告制作人员面临的一个重要问题。广告片制作工序复杂，设备昂贵，涉及的人员工种多，有策划师、导演、演员模特、摄像师、美术师、灯光师、录音师、后期制作人员等，因此，广告片制作费用高。同时，播出的费用也是相当可观的，例如中央电视台 2013 年黄金资源广告招标预售总额达到 158.81 亿元，其中，“加多宝”以 8600 万元拿下央视“新闻联播后 10 秒标版”第一时间单元第一播出位。与此同时，“加多宝”的竞争对手广药集团“王老吉”获得“新闻联播后 10 秒标版”第四单元第一播出位，中标金额为 6080 万元。

---

① 黄匡宇．理论电视新闻学［M］．广州：中山大学出版社，1996：45.

二、广告片分类与功能

广告片如何分类，在学界与业界有不同的看法。其实，从不同的角度划分，广告片有不同的类型。

（一）根据播放的媒介来划分

可分为电影广告片、电视广告片、网络广告片、手机广告片。

电影广告片是由电影胶片摄制，在播放电影前通过电影放映机放映的广告节目。

电视广告片是指通过电视台播送的广告节目，有贴片广告、插播广告和节目广告等形式。

网络广告片是指通过网络播放软件在电脑屏幕上播放的广告节目。

手机广告片是指通过手机播放软件在手机屏幕上播放的广告节目。

（二）根据是否具有商业目的分为商业广告片与公益广告片

商业广告片是指通过传递商品与服务信息，引起消费者的注意和好感，通过劝说与诱导使消费者产生购买欲望从而达到推销商品目的的广告节目。商业广告片的出资方往往是生产商品的企业或销售商品的商家。商业广告片可分为商品广告片、促销广告片、企业形象广告片三种形式。

公益广告片是指通过传递社会公德、公共价值观，唤起公众对各种社会现实问题的关心，呼吁人们以实际行动来解决或制止有损社会公众利益的不良行为，以达到为公众利益服务目的的广告节目。公益广告片的出资方往往是政府、电视台或公益组织，现在也有一些社会责任感强的企业参与公益广告片的制作。

此外，还可根据制作方式分为现场直播广告片与事先录制广告片；按照制作工艺分为电影胶片广告片、录像带广告片、存储卡广告片、幻灯片广告片；按照画源性质分为实景广告片与动画广告片，等等，从不同的角度划分有不同的类型。

不管哪种类型的广告片，均是联结广告主与消费者之间的重要桥梁，对推动社会经济发展与倡导社会文明有着重要的功能。其主要表现在以下四个方面：

第一，传递商品信息，激发消费需求。广告片中要把商品名称、形象、作用等商品信息告知观众，通过影视艺术引起观众的注意，激发观众的兴趣，进而产生购买欲望，最终实施消费行为。

第二，开拓产品市场，增加销售数量。企业推出新产品后，广告片承担着在没有市场的地方开拓市场、在已有市场的地方增加销售份额的重任。由于广告片直观形象，容易打动消费者，因此，在诸多类型广告的选择中，广告主往往重视广告片的制作与渠道播放的选择，以此拓展市场的占有份额。

第三，树立品牌形象，提高竞争潜力。目前，企业竞争进入品牌竞争阶段，许多厂家商家不再重视对某一产品的宣传推广，而是着重自身整体形象的推介，让自身价值形象、企业文化牢牢植入于消费者心目中，从而提高其在市场经济中的竞争力。

第四，推动经济发展，传播文明公德。商业广告片对于生产与消费两个环节有着直接的推动作用。广告片激发消费者的购买欲望，进而产生购买行为；消费量的扩大刺激着生产规模的扩大与产品数量的增加，良性循环由此进行。公益广告片着重于传播社会主流价值观，倡导精神文明，信守社会公德，对社会整体良好风尚的形成有着重要的作用。

值得一提的是，2013 年 10 月 17 日，由中国教育部和日本株式会社电通联合主办的电通学生广告讲座在广州华南理工大学进行，来自全球最大广告公司株式会社电通东京部的三位讲师，以“现在进行时——广告的未来”为主题，他们站在专业和实践的角度并结合鲜活生动的案例对广告业界的最新潮流和未来走向进行介绍和阐述。他们认为，广告的宗旨不能是仅仅展现商品的物质性价值，而是要深入挖掘广告给人类和社会带来的根本性价值，要通过沟通让世界变得更美好；要通过运用大数据平台，使厂商、流通商和广告商这三者以对等的立场共同面对消费者。他们指出，伴随着科技的进步，广告主与广告公司的合作关系和合作模式也在发生着变化。广告公司的业务领域已不仅仅是接受广告主的委托来策划和执行广告活动，作为社会潮流和社会需求的感应器，广告公司的业务领域越来越宽，它不仅可以协助企业进行商品开发、策划经营战略，而且在创造社会、创造文化乃至国家建设方面也日益凸显出其独特的作用，广告公司这一名称或许不久也会消失。可见，广告的功能在不断拓展且日益强大。

三、广告片创作原则

在广告片的创作过程中，是否有些原则或标准可供遵循呢？回顾广告发展历史，广告业界与学界有关人士提出了一些颇有价值的广告创作原则。人们往往以此来判断、评价广告之优劣。

19 世纪末 20 世纪初，美国的 E. S. 普易斯提出了广告四原则，简称为“AIDA”法则，即：1. Attention（引起注意）；2. Interest（产生兴趣）；3. Desire（发生欲望）；4. Action（促成行动）。后来，有些广告学者在此基础上加进一个要素 M，即 Memory（形成记忆），于是“AIDMA”五原则诞生。这些原则沿用已久，虽然是按照消费者接触广告至产生消费行为的过程来要求的，程式呆板，但是实践证明这些原则还是行之有效的。

国际广告协会为优秀广告制定了五个条件，即“5P”：1. Pleasure（给消费者愉悦的感觉）；2. Progress（要有首创、改进）；3. Problem（要能为消费者解决问题）；4. Promise（要有承诺）；5. Potential（要有潜在的推销力）。

国际广告界提出成功广告必备的五个要素，即“5I”：1. Idea（明确的主题）；2. Immediate Impact（直接的冲击力）；3. Interest（生活的趣味）；4. Information（完整的信息）；5. Impulsion（强烈的推动力）。

综合上述国际上对优秀广告的评判标准，结合广告片传播特点，制作人员在广告片创作过程中要注重以下五个方面。

（一）创意要新

广告片创意是决定广告能否吸引观众注意力并进而产生购买行为的前提。如果广告片创意缺乏新奇，就无法引起观众的兴趣，也就无从激发观众进一步了解广告内容的欲望。从满足观众好奇心的角度来看，广告片创意是决定广告是否成功的关键因素。因此，凡是从事广告片制作的机构均十分重视广告片创意的出新、出彩。广告片创意之新表现在诸多方面，就表现形式来说，可以是巧妙组合的传播符号，与众不同的传播手段，别出心裁的作品结构；就表现内容来说，可以是新颖独特的广告主题，耳目一新的广告语，扣人心弦的广告情节，等等。例如我指导学生创作的视频广告蒙牛真果粒《水果忍者篇》，作品巧妙地把在 iPad 切水果游戏与真实的蒙牛牛奶完美地结合在一起，屏幕上不断跳出的各种水果——西瓜、凤梨、猕猴桃、草莓、香蕉、苹果等一一被主人切割，掉进真实牛奶杯中，杯中呈现的是各种真实的水果。创作者巧妙把虚拟的水果与真实的牛奶完美地结合，印证了广告语：“完美搭配，天生绝配。”该部作品最终在全国广告大赛中获奖。

（二）诉求主题要鲜明

一般来说，广告商品的特点与功能多种多样，在制作广告片时是否可以面面俱到？答案是否定的。因为广告片时长短，一条广告一般不超过一分钟，不可能在这么短的时间内把商品所有特点与功能说清楚，因此广告内容必须得有选择，这就要求广告诉求主题要鲜明，要突出商品独特之处，让观众容易记住。例如农夫山泉矿泉水广告片，其广告语是：“我们不生产水，我们只是大自然的搬运工，农夫山泉有点甜。”该片突出了一个“甜”字，不仅传递了农夫山泉水质好，而且让人联想到甘甜爽口的泉水，喝起来自然感觉“有点甜”。再如格力变频空调广告片突出其掌握核心科技与节能效果，直接打动消费者。

（三）画面冲击力要强

画面冲击力主要是指广告片画面唯美，信息含量高，给观众以视觉享受。在前期拍摄中，要保证画面的清晰度，注重画面构图，拍摄角度的变化，光线影调的和谐以及拍摄技巧的合理运用等；在后期编辑中，要精选突出广告主题的画面，合理组接画面，注重景别的变化，重视画面细节的感染力等。例如“加多宝”广告中，精美红罐凉茶的特写，众多美女靓仔手握“加多宝”的激情画面，给观众留下了深刻的印象。

（四）声音要动听

广告片的声音主要表现在同期声、旁白与音响音乐。如果是请形象代言人或群众演员出镜，就要重视其同期声的内容设计与节奏把控。由于受广告时长限制，同期声要少而精，突出重点，其语速与广告片的整个节奏要相吻合。旁白即画外音，根据广告主题与目标消费者决定采用男声还是女声，一般来说，男声要求声音雄厚有磁性，女声要求声音温柔清脆；如果是儿童广告片就得考虑采用童声配音，以贴近儿童心理。音乐是广告片不可缺少的元素，根据广告主的投入来确定是专门创作音乐还是购买现成音乐。不管采用哪种音乐均要依据广告片的诉求、商品特点以及观众接受心理来决定音乐的使用。广告片中的同期声、旁白与音响音乐，要悦耳动听，直击观众心灵，给观众以听觉享受。例如美的空调广告为了突出“安静”的特点，用温柔甜美的女声配婴儿睡觉的画面，以“声”衬“静”更显“静”。格力空调广告为了突出采用核心技术达到“省电”效果，让雄厚的男声说出广告语：“好空调，格力造”，声音动听。

（五）要有人情味

广告片是给人看的，推销的商品是给消费者使用的，因此，在制作广告片时要有人情味。富有人情味的广告更易被人们接受与认可。广告片人情味主要表现在四个方面：其一，广告内容要有生活情趣，不能远离消费者，不能欺骗消费者，更不能把消费者当傻瓜；其二，广告语言要生活化，要有点幽默感；其三，表现手法要自然，让观众感觉真切可信；其四，广告创意易激发观众兴趣，引起情感共鸣。例如“黑芝麻糊咧，一股浓香，一缕温暖——南方黑芝麻糊”这段经典广告，曾获全国广告设计大奖。该片的画面、背景、色调、人物装束打扮和声音的处理上，处处渲染和营造着一种怀旧的氛围。广告中，温馨的南方小镇、贪吃的小男孩、慈祥的奶奶等画面，拉近了与观众的心理距离。这则广告营造亲切又温馨的氛围，颇有人情味。

第二节　广告片创意与文案写作

在广告片摄制过程中，创意与文案写作是必不可少的一步，也是整个制作流程中的一个关键环节，这一环节直接决定了广告传播效果的优劣，因此，必须加以重视。

一、广告片创意

何谓广告创意，广告创意过程怎样，其思维方法主要有哪些，国外广告创意理论有哪些值得借鉴，下面就这些常见问题逐一展开介绍。

（一）创意与广告创意

创意是指有创造性的主意、构思或点子。广告片创意是指综合运用视听语言符号颇具新意地推销商品与服务、树立形象或传播社会公德的构思与想法。美国权威广告杂志《广告时代》认为："广告创意是一种控制工作，广告创意是为别人陪嫁，而非自己出嫁，优秀的广告创意人员深谙此道，他们在熟知商品、市场销售计划等多种信息的基础上发展并赢得广告运动，这就是广告创意的真正内涵。""别出心裁""与众不同"是创意的基本要求，是前提。"适者为美"就是要寻求最适合于广告信息策略的，最能有效传达表现独特诉求的广告语言、表现手法和形式。也就是说，广告创意就是在广告主题确定之后，关于广告表现形式的艺术构思，这种构思必须是合适的、独特的、富有创意性的。①

广告创意是广告创作的核心与灵魂，创意之优劣决定广告作品之成败。因此，在广告片的创作过程中，往往集中优秀人才从事广告创意。创意的最终目的是促成购买，提升形象。一个好的创意，可以使企业产品销量节节攀升，给企业创造丰厚的利润，甚至可以使濒临破产的企业起死回生。广告大师大卫·奥格威说："要吸引消费者的注意力，同时让他们来买你的产品，除非你的广告有很好的点子，不然它就会像黑夜中行驶的船只一样，无声无息，不留痕迹。"可见，广告创意多么重要。

（二）广告片创意过程

广告片创意过程是指创作人员根据广告主题与目标，运用创造性思维方式，提炼出新颖的适合推销商品或公益理念的策略过程。其一般分为四个阶段：准备阶段、分析阶段、孵化阶段、测评阶段。每个阶段有各自的思维特点与工作内容。

准备阶段：创意人员要了解产品的特点、功能与应用情况，与同类产品比较，有什么突出或改进之处，潜在的消费人群，目标市场，明确广告的定位主张与广告的目的任务。准备阶段是一个资料收集与调查积累的阶段。

分析阶段：这个阶段对收集来的资料，进行整理、归类、消化，多角度多侧面深入分析，运用已有的理论知识或经验积累，从中探寻产品表现形式与消费者容易接受

① 苏夏．影视广告创意与制作［M］．上海：上海人民美术出版社，2009：26.

的最佳结合点，这个过程是个不断“否定—肯定—再否定—再肯定”的过程，是个冥思苦想耐住寂寞的过程，也是最能体现创意人员综合素质的过程。

孵化阶段：这是创意形成阶段。在深思熟虑的基础上，有时灵感一闪，创意即现，正如辛弃疾词中所写“众里寻她千百度，蓦然回首，那人却在灯火阑珊处”的那种境界。不过，这时的创意往往是粗糙的不完整的，需要及时记录下来，再不断修改完善。

测评阶段：这个阶段主要是对广告片的创意进行验证、评价。从广告创意的新奇、消费者的心理、民族文化背景、广告投放的环境以及广告效果的预测等方面进行综合评价，反复论证，最终形成适合制作广告片的创意方案。

（三）广告片创意思维方法

广告创意是创造性的思维活动。了解了广告片创意过程后，我们应该掌握常见的创意思维方法。

1. 头脑风暴法。头脑风暴法也叫“集脑会商思维法”“脑力激荡法”，奥斯本在1938年用之于他所主持的公司。头脑风暴的英文是brainstorming，其原意是运用暴风雨似的思潮以撞击问题（using the brain to storm a problem）。其正式定义是“一组人员运用开会的方式将所有与会人员对特殊问题的主意，聚积起来以解决问题”①。头脑风暴法至今仍是广告公司普遍采用的创意思维方法。其方法是集合众人智慧，共同思考，以寻求最佳广告创意。在运用头脑风暴法时，注意所选人员要有不同的知识结构，可以是来自不同部门的专家、技术员或其他人员；在会商中，大家要畅所欲言，不要有任何顾忌，要相互启发，相互激励，相互补充，不要作任何的评判。会商主持人要善于引导、协调，营造自由和谐的氛围，充分发挥每个人的潜能。同时，记录员要忠实地做好记录，便于会后分析总结。

2. 发散思维法。发散思维法又称“辐射思维法”“多向思维法”“扩散思维法”，是从一个目标或思维点向四周各个方向发散，提出各种设想以求解决问题途径的思维方法。美国学者吉尔福特研究认为：与人的创造力有密切相关的是发散性思维能力与其转换的因素。他指出：“凡是有发散性加工或转化的地方，都表明发生了创造性思维。”发散思维法表现为思维视野广阔，思维呈现出多维发散状。例如《中国石化，为北京奥运加油》广告片，由中国石化员工给汽车加油联想到了给中国奥运健儿加油，于是，不同职业不同年龄的人群喊出“加油”，一语双关，既喊出了奥运的心声，又喊出了中石化的心声。

---

① 郭有遹．创造心理学［M］．北京：教育科学出版社，2002：242.

3. 聚合思维法。聚合思维法是指从已知信息中产生逻辑结论，从现成资料中寻求正确答案的一种有方向、有条理的思维方式。聚合思维法又称为求同思维法、集中思维法、辐合思维法和同一思维法等。① 聚合思维与发散思维相对应，它强调把四面八方的材料聚合成一个点，即由面到点的思维方法。其思维过程一般分为三步，首先采取各种方式方法收集与目标有关的信息；其次，对掌握的各种信息进行分析清理和筛选，把重要的信息保留下来，把无关的或关系不大的信息淘汰；最后，客观地、实事求是地得出科学结论，获得思维目标。

以上常见的思维方法从思考的目的与方向来看，难免有交叉之处；但是它们各有自己的特点与优势，在广告创意实践中，常常综合运用。

（四） 广告创意理论

好的创意是成功广告的灵魂。纵观国外广告史，广告创意理论多种多样，这些创意理论对广告片创意颇有参考价值，下面选择五种主要创意理论加以介绍。

1. USP 理论——独特销售主张②

20 世纪 50 年代初美国人罗瑟·瑞夫斯（Rosser Reeves）提出 USP 理论，要求向消费者说一个“独特的销售主张”（Unique Selling Proposition），简称 USP 理论。这是广告发展史上最早提出的一个具有广泛深远影响的广告创意理论。

USP 理论主要内容包括下面三点：

（1）利益承诺。每一个广告都必须对消费者有一个销售的主张，即强调产品具体的特殊功效和利益。

（2）独特。销售主张必须是竞争对手无法也不能提出的，须是具有独特性的。

（3）有强劲的销售力——销售主张必须强而有力，集中一个诉求点并使之具有强烈感染力，足以影响消费者来购买相应的产品。

20 世纪 70 年代，USP 理论从满足消费者对产品的实际功效逐步走向追求消费者心理和精神的满足。20 世纪 90 年代，达彼斯将 USP 定义为：USP 的创造力在于揭示一个品牌的精髓，并通过强有力的、有说服力的证实它的独特性，使之所向披靡，势不可挡。

90 年代后，USP 理论的策略思考的重点上升到品牌的高度，强调 USP 的创意来源于品牌精髓的挖掘。经过不断发展与完善，USP 理论并没有过时。现在许多广告商更强调它的独特性与针对性，且与品牌形象结合起来，使之既能帮助企业销售产品，

① 百度百科．聚合思维［EB/OL］．http：//baike. baidu. com/view/1504669. htm

② 百度百科．USP 理论［EB/OL］．http：//baike. baidu. com/link？url = nhjFCx4PBx – l8wx2Tg – TLlCL – WptD6D6sLOflUlcX2YyWwNsdCnJmog4jp4gz9zt

又能使企业品牌不断增值。

下面列举 USP 理论在广告实践中的应用例子，看看这些企业产品广告独特的销售主张。

“只溶在口，不溶在手。”（M & M 巧克力）

“不满意就退还！”（国美电器）

“百事可乐：新一代的选择。”（百事可乐）

“雀巢咖啡：味道好极了。”（雀巢）

2. BI 理论——品牌形象论

20 世纪 60 年代中期大卫·奥格威（David Ogilvy）提出的创意理论——品牌形象论（Brand Image）是广告创意策略理论中的一个重要流派。

品牌形象论主要观点包括下面四点①：

（1）为塑造品牌服务是广告最主要的目标，广告就是要力图使品牌具有并且维持一个高知名度的品牌形象。

（2）任何一个广告都是对塑造品牌维护品牌的长期投资，为了维护好品牌形象，可以牺牲短期效益。

（3）随着同类产品的差异性减小，品牌之间的同质性增大，消费者选择品牌时所运用的理性就越少，因此描绘品牌的形象要比强调产品的具体功能特性重要得多。

（4）消费者购买时追求的是“实质利益 + 心理利益”，对某些消费群来说，广告尤其应该重视运用形象来满足其心理的需求。

21 世纪是品牌竞争的世纪。随着市场竞争的加剧，品牌形象越来越受到企业的重视；创建国际品牌无疑是企业参与世界竞争的必由之路。品牌是企业的无形资产，引领企业发展方向，驱动企业的经营战略，优化资源配置。

成功的典型案例有许多，其中大家熟知的莫里斯公司万宝路（Marlboro）品牌形象就是一例。万宝路香烟一推出以妇女为主要诉求对象，不管如何做广告销量总是上不去。莫里斯公司找到当时著名的营销策划人李奥·贝纳，李奥·贝纳经过深入调研后，向莫里斯公司提出：将万宝路香烟改变定位为男子汉香烟，变淡烟为重口味香烟，并大胆改造万宝路形象。让万宝路和西部“牛仔”“骏马”“草原”的形象结合在一起，广告中一再强调万宝路香烟的男子汉气概，以粗犷、豪迈、英雄气概的美国西部牛仔为品牌形象，吸引所有喜爱、欣赏和追求这种气概的消费者。2009 年万宝路已经成为全球仅次于可口可乐第二大品牌，其品牌价值高达 500 亿美元。

---

① 百度百科．品牌形象论［EB/OL］. http：//baike. baidu. com/view/1035434. htm

3. Positioning 理论——定位论

20 世纪 70 年代早期由美国两位著名的营销专家艾·里斯（AlRies）与杰·特劳特（Jack Trout）提出来的 Positioning（定位）理论。到了 80 年代，定位理论不断与时俱进，在业界广为流传并运用。两人合著出版的《广告攻心战略——品牌定位》（台湾，刘毅志译）指出定位是一种新的传播沟通方法，强调“攻心为上”，抢占消费者的心灵位置。

定位理论的主要观点有三：（1）对产品的潜在顾客的脑海里确定一个合理的位置，占据有利的地位。（2）应用广告创造第一，“第一说法、第一事件、第一位置”等。与同类产品或品牌区别开来，加深该产品品牌在顾客心目中的印象。（3）定位理论采用“攻心为上”战略，当消费者产生有关需求时，首先会想到心中定位的品牌。

定位理论在许多大企业的广告中得到成功运用，例如海尔定位于中国造，长虹定位于以振兴民族工业为己任，VOLVO 汽车定位于安全，BMW 汽车定位于驾驶乐趣，劳斯莱斯汽车定位于贵族气派，大众甲壳虫汽车定位于小型车。

4. BC 理论——品牌个性论

BC 是英文“Brand Character”的缩写，译为“品牌个性”。20 世纪 50 年代，对品牌内涵的进一步挖掘，美国 Grey 广告公司提出了“品牌性格哲学”。他们认为品牌的性格可以用公式来表达，即：品牌性格 = 产品 + 定位 + 个性。该理论认为广告不只是“说利益”、“说形象”，而更要“说个性”。目前，许多学者偏重于从消费者视角来定义品牌个性，认为品牌个性是消费者所感知的品牌所体现出来的一套个性特征。

品牌个性理论的主要观点如下①：

（1）在与消费者的沟通中，从标志到形象再到个性，“个性”是最高的层面。品牌个性比品牌形象更深入一层，形象只是造成认同，个性可以造成崇拜。

（2）为了实现更好的传播沟通效果，应该将品牌人格化，即思考“如果这个品牌是一个人，它应该是什么样子……”（找出其价值观、外观、行为、声音等特征）。

（3）塑造品牌个性应使之独具一格、令人心动、历久不衰，关键是用什么核心图案或主题文案能表现出品牌的特定个性。

（4）寻找选择能代表品牌个性的象征物往往很重要。

例如，德芙巧克力：牛奶香浓，丝般感受。品牌个性在于那个“丝般感受”的心理体验。人头马 XO：人头马一开，好事自然来。品牌个性在于强调喝人头马给人以希望。

---

① 百度百科：品牌个性论［EB/OL］. http：//baike. baidu. com/view/1116023. htm

此外，还有 ESP（Emotion Selling Proposition）理论，即情感销售主张理论；IMC（Intergrated Marketing Communication）理论，即整合营销传播理论；CI（Corporate Identity）理论，即企业识别理论；ROI 理论（Relevance、Originality、Impact），即"关联性 + 原创性 + 震撼性"理论，等等，这些广告创意理论在广告创作实践中均有重要的现实价值。以上广告创意理论，要根据商品特点、市场环境、竞争对手、消费心理等诸多方面因素，在广告实践中加以灵活运用。随着社会的发展与人们生活观念的变化，广告创意也要与时俱进，相信以后会有更多更好的广告创意理论诞生。

二、广告片文案写作

在明确广告创意之后，接着要用文字把广告创意具体地叙述出来，供广告主、广告公司与制作公司沟通领会，这就涉及广告片文案写作。广告片文案包括广告片文学脚本、分镜头脚本以及效果图，一般由广告公司承担。

（一）广告片文案写作要求

1. 要理解广告主题与创意，了解目标受众。在动笔写作之前，要深入理解广告片的主题、诉求、定位以及创意，只有这样，写作才能有的放矢，事半功倍。否则，盲目写作，不得要领，难以达到理想广告效果。与此同时，文案创作者还要了解目标消费者的心理及其消费特点，考虑广告片的目标受众，要站在目标受众（同时也是目标消费者）的角度来进行写作，考虑到他们的接受心理特点，用适合他们接受的语言来写作。

2. 要考虑时间限制，语言要简洁易懂。由于广告片时长短，基本上限制在 60 秒以内，因此，写作时一定要有强烈的时间意识，控制好文案的长度。与此同时，要惜语如金，多用短句、短语，句子要精练。由于广告片是视听节目的复合体，因此，广告语言要通俗易懂，不能晦涩难懂；要多用口语，少用书面语；多用双音节词，少用单音节词；多用单音字，避免用多音字，等等。所有这些做法的目的是让受众容易看懂听懂。

3. 要运用蒙太奇思维，把握好声画节奏。在进行广告文案写作时，要运用蒙太奇思维，知道什么内容配什么画面，能想象出画面的具体形象以及要传递的广告信息。要控制好声音与画面的节奏以体现整部广告片的节奏，要做到声音、画面与屏幕文字的有机结合，以突出广告主题，表现广告创意。

4. 要综合运用多种传播符号，提高传播效果。在撰写广告文案时，不仅要考虑画面与声音符号，还要考虑屏幕文字与音乐音响符号，甚至还要考虑特技与动画符号，以通过众多传播符号的恰当组合达到最佳传播效果。

（二）广告片文学脚本

1895 年 12 月 28 日，法国的奥古斯特·卢米埃尔和路易·卢米埃尔兄弟在巴黎的卡普辛路 14 号大咖啡馆里，公映了《火车到站》《水浇园丁》《工厂的大门》等 12 部纪实短片，标志着电影正式诞生。由于录音技术问题没有解决，因此，电影诞生后近 30 年间，均是无声电影，剧本写作非常简单，由故事梗概与字幕组成。默片时期电影剧本通常是文人在咖啡馆里聊天时，把一些有趣的故事或点子写在随身携带的便条或香烟盒上。有时因手头没有纸张，就把剧本写在袖口上或裤脚上，因此，剧本又称为“脚本”。1926 年有声电影诞生后，电影情节复杂多变，剧本写作日益受到重视，好的剧本是电影走向成功的基础。广告片文案写作与电影文学剧本创作有许多共同之处，均要运用蒙太奇手法与视听语言来展现情节内容，因此，广告片文案又称为广告片剧本或“脚本”。广告片文案写作是制作广告片的重要环节。

广告片文学脚本是指在明确广告主题、获得广告创意的基础上用文字叙述画面与声音内容的剧本。其写作步骤主要包括以下几个环节：熟知产品定位或品牌形象定位→理解广告创意→文字表达声画内容→修改完善。常用的格式是把画面与声音分开来写，即左边是描述画面内容的文字，右边是叙述声音内容的文字，中间用一条竖线隔开。例如招商银行视频广告《不一样篇》15 秒版的文学脚本如表 4－1 所示。

表 4－1　招商银行视频广告《不一样篇》15 秒版的文学脚本

画面内容	声音或字幕
1. 品酒师行走在酒窖中 2. 品酒师举着红酒杯喝上一口 3. 品酒师闭眼品味着杯中的红酒，感受它的味道	一样的年份（字幕） 不一样的酝酿（字幕）
4. 郎朗弹奏钢琴 5. 一双灵巧的手弹奏着钢琴 6. 郎朗弹奏音乐时忘情的表情 7. 郎朗在演奏会上，忘情地弹奏 8. 黑屏，出字幕	一样的乐章（字幕） 不一样的演绎（字幕） 一样的财富，不一样的财富管理（声音与字幕）
9. 标板出，招商银行 Logo	招商银行，因您而变（声音与字幕）

在创作广告片文学脚本时，广告词传播方式主要包括画外音、人物语言和屏幕文字。广告词用哪种传播符号合适，要具体情况具体分析。对于描述画面内容的文字要求具有直观性、形象性，充分考虑画面运动感与节奏感。在撰写脚本时，要注意文字

的简洁与准确，注意画面与声音的相互配合。由于有了画面的介入，文字叙述可以不连贯，呈现跳跃性。写完后要仔细检查，看广告主题是否突出，广告语言是否准确，广告内容是否真实，等等，同时把文学脚本送给广告主、广告公司内部专业人士及其有关消费者阅读，多方征求意见，再加以修改完善。

（三）广告片分镜头脚本

广告片分镜头脚本是导演在广告片文学脚本的基础上运用蒙太奇思维和蒙太奇技巧对文学脚本进行镜头分切并作文字说明而形成的一个供拍摄与剪辑用的脚本。文学脚本是分镜头脚本的基础，分镜头脚本是对文学脚本的再创作。广告片分镜头脚本有利于摄影师、音响师、灯光师、剪辑师、演员等所有参与广告片制作的工作人员领会导演的意图，提高工作效率，确保广告片质量。

广告片分镜头脚本内容包括镜头序号、景别、拍摄技巧、画面内容、时长、声音内容、屏幕文字、音乐、音响等。常用表格形式来囊括这些内容，例如招商银行的视频广告《不一样篇》，其分镜头脚本如表 4－2 所示。撰写分镜头脚本要有较强的画面意识，保证每一个画面的有效性，注重声画对位，调动多种传播符号，在有限的时间内把广告诉求告知观众，激发观众的购买欲望。撰写广告片分镜头脚本最忌的是声画“两张皮”，广告主题不突出。

表 4－2　招商银行视频广告《不一样篇》分镜头脚本（30 秒版本）

镜号	景别	画面内容	技巧	旁白	屏幕文字	时长	音乐音响
1	远景	品酒师行走在酒窖中	正拍			1 秒	
2	中景	他走到另一桶酒前，审视它的标记，严肃的看着它	正侧拍		一样的年份	1 秒	音乐起 舒缓轻音乐
3	特写	一个红酒杯，一滴红酒落入杯中，红色的酒液光影在杯中摇曳	仰拍			1 秒	
4	近景	品酒师闭眼品味着杯中的红酒，感受它的味道	正侧拍		不一样的酝酿	1 秒	
5	特写	品酒师抿嘴感受酒的气味，同时不断点头，他的表情告诉我们，这酒真不寻常	侧拍			2 秒	
6	近景	一块布被风吹动飘动着，接着，它像是被风吹走一样的飞起掀开	平拍			1 秒	

（续）

镜号	景别	画面内容	技巧	旁白	屏幕文字	时长	音乐音响
7	全景	画面转换成为一个时装秀的现场，我们看到台上的model正穿着由这布料所做成的一件不凡的时装	仰拍		一样的面料	2秒	
8	中景	慢动作，T台上，model朝着镜头走来，穿着这套衣服，她的身影显得自信、优雅，一旁闪光灯不断的闪烁着	正斜仰拍			2秒	
9	特写	数个短接镜头，展现model于T台走动时，这件衣服不同部位的局部	正拍			2秒	
10	近景	再一个转身，模特儿持续用自信的台步展现这件服装不凡的气质	正拍		不一样的灵感	1秒	
11	远景	慢动作中，我们看到一个穿着讲究、贵族气息的男子，驾驭着他的马，奔驰在林间草地上	固定镜头		一样的骏马	1秒	
12	全景	画面由慢动作变换为速度感，男子驾驭着马，树影晃动间，快速地奔驰	正侧拍			1秒	
13	特写	慢动作，镜头捕捉马蹄在草地上踏跃的动态美感	侧拍			1秒	
14	近景	画面由慢动作变换为速度感，快速奔驰间，镜头捕捉了男子专注驾驭的神情	侧拍		不一样的驾驭	1秒	
15	全景	画面回到静态慢动作，我们看到男子驾驭着马，人与马在奔驰间的静态、优雅的美感	仰拍			2秒	
16	中景	郎朗弹奏钢琴	正拍			2秒	

（续）

镜号	景别	画面内容	技巧	旁白	屏幕文字	时长	音乐音响
17	特写	一双灵巧的手弹奏着钢琴	侧拍		一样的乐章	1 秒	
18	特写	郎朗弹奏音乐时忘情的表情	正拍			1 秒	
19	中景	郎朗在演奏会上，忘情地弹奏	仰拍		不一样的演绎	2 秒	
20	全景	黑屏，出字幕		一样的财富，不一样的财富管理	一样的财富，不一样的财富管理	2 秒	音乐止
21	全景	标板出，招商银行 Logo		招商银行，因您而变		2 秒	

（四）广告片效果图

广告片效果图是指广告片文学脚本与分镜头脚本中描述画面内容的文字部分通过运用美术手段所作的表现性绘画与文字说明，在国外称之为广告故事板（Shooting board）。这类似于建筑师绘制建筑蓝图，未建造房屋之前，先把房屋的样子画出来。广告片效果图通过把文字内容视觉化，便于与广告主交流，让广告主准确理解创意文案，同时，为日后拍摄制作提供依据，让参与制作的各个工种人员明确各自的任务与职责，统一大家的行动。例如招商银行关于财富管理的电视广告《不一样篇》，其连续效果图如 4－1 组图所示。

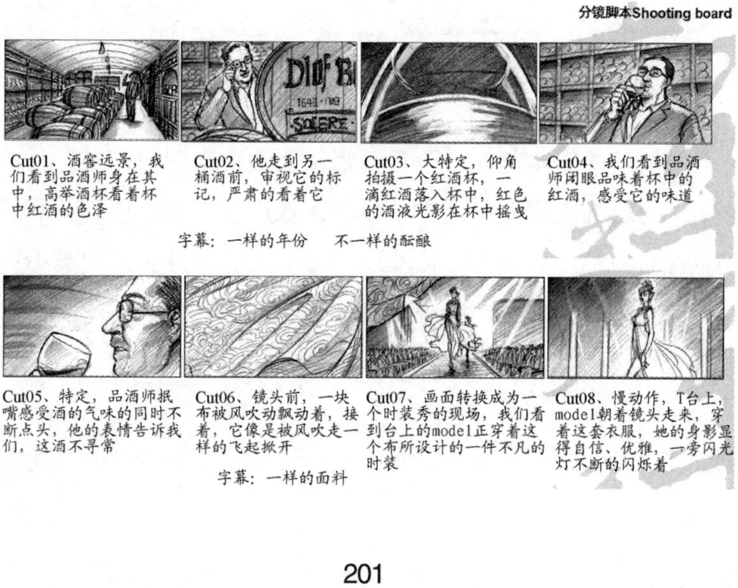

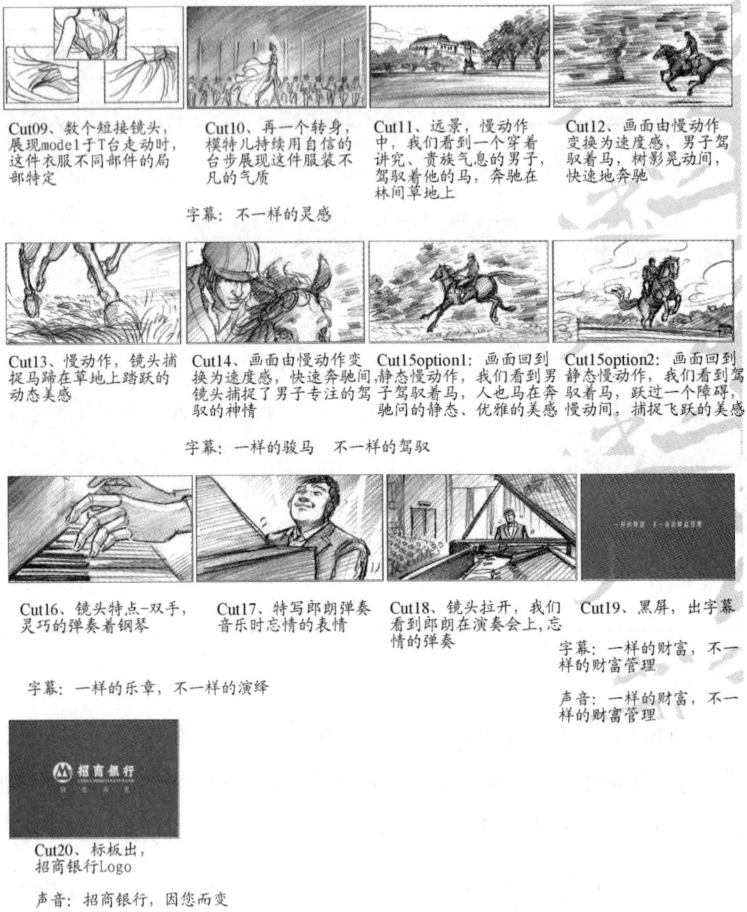

图4－1　电视广告《不一样篇》连续效果图

第三节　广告片拍摄

完成了广告片分镜头脚本与效果图后，紧接着就进入拍摄环节。从广告片制作所使用的材质来看，可分为电影胶片广告、数字摄像广告、动画广告、实拍与动画合成广告、实拍与抠像合成型广告等等。除动画广告不要实拍外，其他类型的广告片制作均离不开拍摄，拍摄是广告片制作的一个重要环节。

一、广告片拍摄前的准备

广告片的制作涉及广告主（客户）、广告公司与制作公司等多机构的合作。在制作过程中涉及导演、摄像师、灯光师、美术师、录音师、剪辑师、演员等诸多专业人员的投入与配合。因此，拍摄前需要多次召开会议，统一认识，明确各自分工，领会拍摄要求，然后制作简报与拟订拍摄计划。

（一）制作简报

广告片拍摄前一般要召开多次会议，即 PPM（Pre - Production Meeting）。一般来说，第一次 PPM 由制作公司就广告片拍摄中的各个细节向广告主与广告公司呈报，并说明理由。在会上，制作公司通常提供多种制作脚本（Shooting board）供对方选择，导演阐述要尽量详细。灯光影调、场景选择、布景方案、演员试镜、演员造型、道具、服装、音乐样本、剪辑、特技、二维及三维制作、配音及合成等有关广告片制作的所有细节情况均要讲述，供客户和广告公司选择，并加以确认，作为以后拍摄与剪辑的基础依据。如果有些内容在此次会议上无法确认，则安排第二次甚至第三次 PPM 直到最终确认。制作准备会召开的次数通常是不确定的，由制作公司与广告主、广告公司根据实际情况来确定。为了保证制作公司与广告主、广告公司的有效沟通，一般来说，在每次 PPM 后，要制作一份简报，把会议要点记录下来，供相关人员参考，这也是以后拍摄制作中的依据。

（二）拟订摄制计划

通过多次 PPM 会议，制作公司与广告主、广告公司就摄制内容与要求全部达成共识后，就进入准备阶段的最后一项工作，拟订摄制计划。摄制计划是对前期拍摄与后期制作进行的总体安排，是统一摄制组各方人员的行动纲领。科学的摄制计划有利于提高摄制效率，确保如期完成任务。在拟订摄制计划时，可用一览表形式把拍摄时间、地点、参加人员、负责人、拍摄内容、拍摄设备以及注意事项等全部列入进去；在野外拍摄时，还要考虑移动轨、交通工具、通信、发电车、天气状况等。摄制计划尽可能详细，日程安排尽可能合理；一旦制订好了摄制计划，就要及时发给相关人员，严格按照计划执行。当然摄制计划也要有一定的灵活性，要有应急预案，以备不测。

二、广告布光技术与方法

有光才有影，有影才有形。无论是摄影还是摄像，均离不开光线的运用。光线就像摄影师的画笔。在影像界，常言道：摄影师是用光作画的画家。光线是一种造型手段，光线表现出来的影调、层次、对比、基调、色彩还原以及各种特定的光线效果直接影响着影视节目的品质。对于广告片拍摄，如何布光，尤为重要。下面就广告片布光依据、特点与方向设计加以阐述。

（一）布光依据

布光是指摄影师或灯光师根据拍摄意图调控人造光的行为。在广告拍摄中，无论是内景拍摄，还是外景拍摄，均要考虑光线的强弱对拍摄效果的影响，布光必不可少。布光首先要依据广告片创意的要求。广告片制作就是要把广告创意变成视觉化形象，在这个转化过程中，光线效果要体现创意要求。其次，布光要依据广告片色调的整体风格要求。广告片是以暖色调为主还是以冷色调或其他调色为主，通过布光，控制色温，从而保证画面色调的统一。最后，布光要依据广告商品特点与现场拍摄要求。在布光过程中，应按照不同广告商品的质感（是否反光）和拍摄现场实际光线条件，选择合适的光源，并通过不同光种灯具的灵活组合，以表现广告主题为依据，合理调整各类光线的强度和位置，使广告传播达到最佳效果。

（二）布光方向设计

布光方向是指光源位置与拍摄方向之间的光线照射角度。具体来说，可以分为正光、侧光、正侧光、逆光、侧逆光、顶光、脚光等，如图 4－2 所示，这些光的各自特点与功能分述如下。

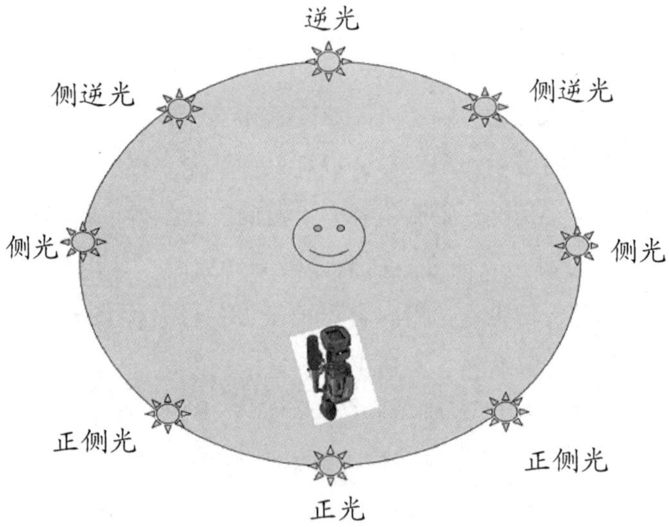

图 4－2　光位设计示意图

正光：也叫顺光，指光源与摄像机镜头基本在同一高度并和摄像机光轴方向基本一致的照明。正光投射到被摄体的影子很小，受光面得到同等程度的表现，影调层次不够丰富，缺乏立体感。正光常用于拍摄景物。

侧光：指光的投射方向与摄像机光轴成 90 度的照明。侧光照明画面层次丰富，立体感强，被摄对象明暗各半。侧光常用于表现有个性的人物或表面粗糙的物品。

正侧光：又称为前侧光、斜侧光，指光的投射方向与摄像机光轴成 45 度左右的照明。这是摄影摄像中常用的主光形式，正侧光照明使被摄对象受光面多，阴暗面少，影调自然，被摄体纵深感强，层次分明。无论是拍摄人还是物，这种照明方向在广告拍摄中经常运用。

逆光：也称轮廓光，指光的投射方向对着摄像机的照明。逆光照明看不到被摄对象的受光面，只能看到其亮的轮廓。逆光能把被摄对象从背景中分离出来，从而得以突出。逆光用于环境造型中，可使空间感增强；用于拍摄人物中，可以揭示人物的精神气质。如果要把被摄体拍成剪影效果，就离不开逆光的运用。

侧逆光：又称为后侧光、反侧光，指光的投射方向与摄像机光轴方向成 130 度左右的照明。侧逆光照明使被摄对象受光面少，阴暗面多，影调层次丰富，立方体感强。在拍摄自然环境中，能很好地表现大气透视效果；在拍摄人物中，要注意光比的合理性，避免人物脸部大面积过暗。

顶光：指来自被摄体顶部的照明。光的投射方向与被摄体垂直在 60 ~ 90 度范围内的光，均可称为顶光。顶光一般不适合拍摄人物的近景与特写，因为这种光照射下的人物，其前额、鼻梁、颧骨都很亮，而眼窝、两腮和鼻子下部均很黑，丑化人物形象。但在野外拍摄自然景物时，合理运用顶光有时可以拍出优美的画面。

脚光：指光源低于被摄体，由下向上照射人物或景物的光线。与顶光一样，脚光也是一种反常的光位。照射人物时，其下颌、鼻孔、两颊很亮，而鼻梁、眼窝和上额部分阴影很重，造成一种奇特的效果，丑化人物形象，因此，拍摄人物时一般情况下不用脚光，但常用此来表现特定的光源效果，例如台灯、篝火等。

（三）常见布光法

广告拍摄布光，既是一项技术工作，又是一项艺术创作。布光时要求做到突出广告主题，指向明确，布光简洁。按照广告创意要综合考虑光型、光比、光位、被摄主体特点及其环境光线的强弱等诸多因素。广告拍摄布光主要把握两点：一是光的照射方向，二是光的明暗比例，即光比。下面介绍广告拍摄中常见的布光法。

1. 三点布光法

三点布光法也称三光照明或三角形布光，是摄影摄像中最常用的布光方法，由主光、辅助光、背光组成。如图 4 – 3 所示，在人物的正前侧按放主光，人物脸部受光面大，层次丰富；同时，在另一侧放置辅助光，冲淡主光在脸部造成的阴影；在人物的后面设置背光，使人物肩部轮廓从背景中分离出来，该画面人物形象效果就是通过三点布光法达到的。

图4－3　人物拍摄中三点布光法的运用

在布光时，先确立主光的位置与角度，广告拍摄中主光确立被摄体的形态，一般用聚光灯，光线较强，方向明确，投影清晰；光位一般采用斜侧光位。辅助光用于补充主光照明的不足，丰富影调层次，冲淡主光造成的阴影，辅助光一般采用散光灯或者使聚光灯间接照明转变为散射光，与主光比控制在1∶2至1∶4之间，光位在被摄主体阴影或投影的一侧，通过移动辅助光源与被摄主体的距离来控制光线的强弱。背光也叫轮廓光，从被摄体的背面方向投射过来，有助于把被摄体从背景中分离出来。背光通常使用聚光灯照明，光线亮度大且强硬，一般超过主光，光比约为2∶1，一般采用逆光位或侧逆光位，置于被摄对象的背后或稍高的地方，光源不能进入摄像机的镜头。有时，人们使用反射光作为背光，即光线投射到天花板或被摄者背后的墙壁上，再反射到被摄者的背面，形成较柔和的背光。

2. 全面布光法

全面布光法是指在三点布光法的基础上，为了营造更好的光线效果，有时在拍摄广告时采用更多的辅助光源，例如背景光、装饰光、效果光等，以达到理想的传播效果。如图4－4所示，拍摄中除了运用三点布光法外，还运用了眼神光、发光以及背景光。

图4－4　人物拍摄中全面布光法的运用

背景光：也称为布景光，是用于照明被摄对象周围环境和背景的光线。其作用主要是照亮景物背景，突出被摄主体，说明主体与环境的关系，增强环境空间的真实感。常用散光灯来对环境的整体照明或平面背景的照明，用聚光灯照亮局部区域以造成背景有较强烈的明暗层次。运用背景光时应注意避免对主体布光效果的影响，背景光的强度一般以主光的1/2或3/4为宜，过亮的背景会产生逆光效果，减弱前景主体的相对亮度，造成喧宾夺主。

装饰光：装饰光用于弥补各种光线照明的不足以及强调被摄体的某些局部。表现头发特征和质感的头发光，表现道具形态与质感的道具光，使人眼产生较亮反射光点的眼神光等都是装饰光。装饰光有利于对被摄体的造型，对光线的整体效果起润色、调节作用，增强被摄体的立体感与真实感。应用装饰光时要防止它对主光、辅助光照明效果的破坏，必要时要作适当的遮挡。装饰光适宜使用发出小光束的聚光灯或功率较小的散射光灯具，具体选用哪种灯具，要根据装饰光的效果来决定。

效果光：指用于表现各种光源特殊效果的光线。例如迅速闪动光源前的遮光板可以造成闪电的效果，用主光照射水面产生的水面反射效果，把燃烧物放在前面制造火光效果，用小型球面镜在旋转中反射光亮制造各色流动光效，等等。

3. 不同质感的广告商品布光技法

在拍摄广告商品时，不同的商品具有不同的质感，不同的光线反射效果，因此，布光时要考虑商品表面的质感。一般来说，表面粗糙的商品宜用硬光斜侧照明，表现物体凹凸不平的质感，辅助光用软光减弱反差；光表面滑的商品宜用软光选择合适的角度照射，以减少反光和光斑，表现光滑表面的质地；对于透明的商品，宜用侧逆光或逆光以表现透明感，并使商品的轮廓线有较好的体现。常见的不同质感的商品布光方法如下：

水果——表面光滑的水果，例如苹果，宜用软光照明；表面粗糙的水果，例如菠萝，宜用硬光照明，并用辅助软光配合。

玻璃器皿——宜用逆光照明，光质要软，并配合正面散射光照射。

纺织品——表现光滑的纺织品宜用侧软光；表现粗糙的纺织品宜用侧硬光，并用辅助弱光；半透明的纺织品宜用较强的逆光显示透明效果，并在正面加辅助软光。

金属制品——反光性强，宜用软光全包围式拍摄，例如对首饰的布光就是这样。

……

图4－5是不同质感的广告商品布光技法运用效果组图。

图 4－5　不同质感的商品布光效果组图

当然，广告拍摄布光技法远不止这些，以上介绍的这些广告布光法常用于拍摄静态事物，还有更为复杂的动态布光法、人造光与自然光混合的布光法、拍摄人物的蝶形布光法等，在广告拍摄实践中，根据实际情况，在掌握上面常见布光法的基础上，加以灵活应用，以求通过布光达到理想的广告传播效果。

三、广告拍摄技巧与方法

广告片拍摄既要讲究影视拍摄共性的技巧与方法，也要注重体现其个性的拍摄技巧与方法。就影视拍摄的共性来说，涉及影像角度、固定拍摄、运动拍摄、画面构图、声音采录等诸多方面，这些内容在第一章“节目前期采录”中已有阐述，在这里主要讲述体现广告拍摄个性的一些技巧与方法。

（一）抠像拍摄

所谓抠像拍摄是指把被摄对象置于纯蓝色或纯绿色背景中进行拍摄（一般在演播室或摄影棚中进行），然后通过抠像特技把背景去掉，再与其他视频素材合在一起，从而产生一种新的画面。如图 4－6、图 4－7 显示抠像前后同学们在不同地方玩手机的情况。

图 4－6　抠像前同学们在演播厅玩手机

图 4－7　抠像后同学们在太空中玩手机

抠像拍摄在广告片拍摄中日益普遍，原因主要有两个方面：一是通过抠像可以创造更好的视觉效果，二是可以节省广告制作时间与成本。我曾给一家上市公司拍摄宣传片，为了表现员工在不同地方演唱的场景，先在演播厅蓝屏前拍摄员工个人演唱的画面，然后在后期制作时运用抠像特技把蓝色背景去掉，用城市或景区画面作为背景，再用上 2D 滤镜特技把四个画面做成画中画，最后合成了图 4－8 的画面效果。最近，电视里播放的姚明给汤臣倍健做的电视广告，也是运用抠像拍摄制作的，既省时省钱，又能获得良好的视觉效果。

图 4－8　抠像后公司员工在不同地方演唱

抠像拍摄时，除导演与摄像师在拍摄现场外，广告创意者与后期制作人员也要参与进来。主要是要确定好拍摄对象在后期画面合成中的位置，以确保画面构图合理，实现广告效果。在进行抠像拍摄时，要特别注意两点：一是要确保背景照明要均匀；不均匀的照明将影响抠像效果，出现抠像不干净。二是要确保背景颜色的高度饱和与均匀，以及被摄对象与背景颜色不能有同色之处，为互补色关系最好；否则，被摄对象有同色之处也会一同被抠掉。

（二）停机再拍

停机再拍是指在拍摄某一场景时，将摄像机或摄影机固定在某一角度（拍摄距离、方向、焦距不变）进行拍摄，依据画面内容要求中途暂停拍摄，然后把场景中被摄对象移出或移入其他被摄对象，或对场景中的被摄对象进行变更、调整或重组等，再进行开机拍摄。停机再拍可以使被摄对象在画面突出消失或突然出现，给人一种类似动画的视觉效果。例如我指导本科生创作的获奖公益广告片《积极乐观，美好生活》，创作者通过停机再拍方式，不断地移入巧克力豆，通过雨后天晴画面暗示人物心情的变化。如图 4－9 至图 4－11 所示：

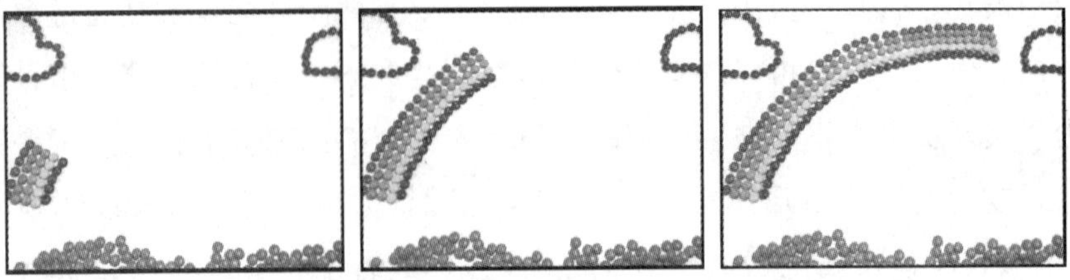

图4-9至图4-11 停机再拍在公益广告《积极乐观、美好生活》中的运用

（三）模型拍摄

模型拍摄是指用事物模型代替实物的拍摄，这种拍摄既可达到以假弄真的效果，又可节约制作成本。在广告片制作中，模型拍摄也是常见的拍摄方式。模型拍摄与后期特技、三维动画结合，可以制造出震撼的效果。例如在演播厅蓝屏前拍摄广告代言人开着模型船（有个船头即可），抠掉蓝色背景后，再与用动画方法做成的海水合在一起，就好像广告代言人真的开着船在大海上航行。

（四）航空拍摄

航空拍摄简称“航拍”，是指借助直升机、热气球、飞艇等飞行器在空中所进行的拍摄。航拍中通过俯拍镜头，可以展现景色的优美，大地的开阔，在城市形象广告片中经常运用。在航拍中，由于飞行器震动大，速度快，因此，很容易造成画面不稳。为了解决这一问题，一是要求摄像师尽量用短焦镜头拍摄全景或远景，二是运用减震装置，如航拍防震垫、斯坦尼康（摄像稳定器）。同时，航拍中要注意随着飞行器高低变化而使线条透视发生变化的规律，根据光线的不同变化，借助景物线条透视原理，使画面产生强烈的纵深感和开阔的空间感。航拍中往往采用侧逆光，画面呈现竖线条较多，给人强烈的视觉冲击力；当然，斜线、曲线的运用也较广泛，梯田、海湾等地方曲线，给人以优美愉悦的感觉。例如湛江城市形象宣传片，通过运用航拍，把湛江城市的美丽及其海岸线的优美展现出来，给观众以强烈的视觉冲击力。

（五）高速拍摄

高速拍摄（High - speed photography）是指拍摄速度很快、曝光时间很短的一种拍摄方法。高速摄影是采用“快摄慢放”技术将快速变化的过程放慢到人眼的视觉暂留时间（约为0.1s）可分辨的程度。高速摄影的拍摄频率（帧/秒）必须与流动变化速率同步，变化越快要求拍摄频率越高。一般普通摄影机的拍摄频率最多达100帧/秒，高速摄影机的拍摄频率每秒可达数千帧，甚至每秒数万、数十万帧。拍摄后再以正常速度（PAL制式25帧/秒、NTSC制式29.97帧/秒）播放出来，从而让人眼看清事物变化的过程，这种把动作放慢的高速摄影，在科研、军事、体育等众多领域具有广泛的用途。在广告片中，如果运用高速拍摄，就可看清事物瞬间变化的过程，展现事物特有的艺术魅力。在电视广告中，一滴果汁落进水果杯里产生优美的涟漪，女人的长发轻柔地漫漫飘过等画面就是用高速拍摄方法达到这种效果。例如国际影星张柏芝代言的蓝月亮全效洗衣液广告片中，她出场时整个人及其长发给观众飘逸的感觉通过运用高速拍摄就可达到这种效果。

（六）延时拍摄

延时摄影（Time - lapse photography），也叫定时摄影、低速摄影，是以一种较低的帧率拍下图像，然后用正常或者较快的速率播放画面的摄影技术。延时摄影与高速摄影相反，它是采用“慢拍快放”技术把物体或者景物缓慢变化的过程压缩到一个较短的时间内，呈现出平时用肉眼无法看到的奇异景象。延时拍摄通常应用在拍摄旅游风光、城市风景、天文现象、生物演变等题材上。延时摄影时一定要使用三脚架，且一开始拍摄就不要再移动三脚架，直到整组照片拍摄完成为止。延时拍摄时间间隔的确定要根据拍摄对象的变化速度，一般来说变化快的场景拍摄间隔时间要短。在城市广告片中，云雾的快速移动、湖水波纹的快闪、花蕾的绽放等效果都是通过延时拍摄获得的。

第四节　广告片后期制作

在广告片前期拍摄任务完成后，旋即进入广告片的后期制作。后期制作是实现广告创意及决定广告效果的关键环节，必须认真对待。对于用胶片电影机拍摄的素材，首先要对胶片进行冲洗，然后再进行胶转磁，即把电影胶片的光学信号转变成磁信号，最后才能采集进入剪辑程序。转磁过程中一般会对拍摄素材进行色彩和影调的处理。对于用摄像机拍摄的高清或标清素材（拍广告片一般用高清摄像机）可直接采集到电脑里再用非编软件进行编辑。与纪录片、专题片、栏目剧、微电影的后期编辑比较，广告片编辑有其自身的特点，下面从粗剪与精剪两个阶段阐述广告片编辑要点。

一、粗剪：重在对广告画面的选择与排列

由于广告片在拍摄前就有分镜头脚本或效果图，因此在粗剪时，对照分镜头脚本，从拍摄的画面中挑选出能表现广告创意及其主题的画面，挑选出富有广告信息含量视觉冲击力强的画面。利用非编软件的插入法或覆盖法进行画面编辑，对所选出画面的入点与出点要打准，如果有同期声，就把同期声也放进去。与此同时，对精选出

来的画面，要按照逻辑顺序进行组接。由于广告片时长短，要在规定的时长里传递广告内容，表达广告诉求，因此，在剪辑时需对每一个画面的时长进行压缩，打破常规的蒙太奇句子规律，多用短镜头、近景与特写镜头，多角度切换表现细节场面，对于显示商品商标、体现广告关键信息的画面要留足时长，以保证广告信息的有效传播。在剪好画面之后，适当加上屏幕文字与音乐音响，最后合成一部广告粗剪片。

粗剪片出来后，由广告主和广告公司创意人员共同审片，从画面内容、视听节奏、广告风格、音乐音响等方面进行把握，提出修改意见，在此基础上就进入下一个环节——精剪。

二、精剪：重在对广告语言的精雕细刻

无论是理性诉求广告还是情感诉求广告均离不开对广告语言的综合运用。广告语言是指传递广告内容表达广告诉求增强传播效果的抽象语言与具象语言。抽象语言是指传递广告具体内容的旁白语言、同期声语言及其文字语言；具象语言是指增强广告视觉效果、营造情感氛围的造型语言、动画语言、音乐音响语言、特技语言等。下面从编辑角度阐述如何正确运用这些广告语言增强广告传播效果。

（一）造型语言

造型语言是指画面中表现广告内容的总形式，它包括线条、光线、色彩、影调、构图、景别、形体、表情、着饰、空间、图表等多种语言。造型的目的是使广告内容得到准确传播的形象结构；造型的过程，是广告内容形象化的过程。广告片中，要获得视觉冲击力的画面，离不开完美的造型语言。因此，在前期拍摄中，导演与摄像师要从光线、色彩、影调、服饰、表情、构图等方面认真研究造型语言，拍好每一个镜头，目的是为后期剪辑提供精美的有效画面。后期精剪时，要考虑整部片的色彩与风格是否协调，画面影调是否和谐，景别变化与组接是否顺畅，构图是否合理，画面节奏控制是否恰当，剪辑点的确定是否准确，声画结合是否完美，等等，只有综合考虑这些方面，才能把广告画面剪辑得恰到好处。

（二）旁白语言

旁白语言是指传播广告内容的画外音。在精剪时，要考虑好旁白语言在广告片中出现的时间，何时出现，何时退出，与画面语言如何结合。旁白语言要精准到位，不能游离广告画面，导致声画“两张皮”；也不要重复画面内容，浪费广告时间。旁白语言要少而精，突出广告诉求，点到为止。使用旁白语言时最忌啰唆，生怕观众不明白而喋喋不休。

（三）同期声语言

同期声语言是指广告片中人物的讲话声与现场效果声。在许多广告片中，常常请

明星作为形象代言人。由于明星的讲话事先设计好了，因此，在后期剪辑中，就直接把明星的同期声全部采集进来，编入到脚本指定的位置。精编时要注意同期声与旁白的衔接与音量的统一，音量不能一大一小，给人以突兀之感。

（四）音乐语言

音乐语言是指广告片中出现的乐曲。广告片中的音乐来自两个方面，一是专门为广告片制作的音乐，二是购买现成的音乐素材。从目前视频广告来看，绝大部分都配有音乐，可见音乐语言已经成为广告片中一种主要语言。广告片中的音乐往往以背景声出现，其作用主要是吸引观众注意力，传递广告信息，调动观众情绪。“背景音乐吸引注意力的作用与音乐——信息的一致性是相互影响的：增加观众对与信息一致的音乐的注意力可以强化对广告信息的记忆，因为广告中的语言文字和音乐所传递着相似的内容。而增加观众对与广告信息不一致的音乐的注意力，则不能强化对信息的记忆，而且还可能干扰观众对文字信息的接收。”① 因此，选用背景音乐要与广告信息密切相关。在后期编辑中，当广告音乐以背景声出现时，一定要控制好与旁白或同期声音量的比例，注意所选用的音乐要与广告内容、情感、节奏相吻合，不要成为影响广告传播效果的“噪音”。

（五）音响语言

音响语言指除旁白、同期声与音乐语言之外广告片中所有声音的统称。在广告片中根据广告内容的需要，适当加入相应的音响，可以增加现场的真实性，烘托环境氛围，拓展观众的视野。在音效素材中音响多种多样，有动作音响、自然音响、动物音响、环境音响、交通音响等。在后期剪辑中，对音响的运用要注意两点：一是要根据广告内容来确定是否需要运用音响，如要运用则要选择合适的音响；二是控制好音响与其他声音音量的比例，不能让音响喧宾夺主，也不能使音响音量过小以致达不到应有的效果。

（六）文字语言

广告片中文字语言包括画内文字语言与画外文字语言。在拍摄广告商品时，商品名称、功能等文字一同拍入画面中即是画内文字语言，即画面本身已有的文字。在广告片后期编辑中，要重视画外文字语言的运用，即后期制作中人为地加上去的屏幕文字。一般来说，广告片中屏幕文字要把广告的关键信息、主要诉求点、广告语体现出来，以加强观众的记忆深度。后期制作屏幕文字时，要注意屏幕文字的停留时间与摆放的位置，注意字体、字号、字色与画面其他内容的搭配，注意屏幕文字出现与消失

---

① 戴世富、徐艳．背景音乐在电视广告传播中的作用［J］．新闻界，2008（1）．

的方式。广告片中屏幕文字的运用要少而精，不宜大量使用，以免观众目不暇接，影响广告传播效果。

（七）动画语言

在广告片中动画语言的运用主要有两种情况，一是纯动画广告片，二是由实拍与动画合成的广告片。纯动画广告片可分为卡通动画广告、三维动画广告、木偶动画广告等不同类型。动画广告制作相对于实拍广告来说，制作成本相应要低些。对于由实拍与动画合成的广告片的制作，一般在创意确立之后，就决定了哪些内容用动画来展现，哪些内容由实拍来完成。在后期编辑时，要把广告动画内容与实拍内容巧妙地合在一起，达到天衣无缝的效果，这就要求编辑人员注意动画内容与实拍内容转场的自然，注意动画内容与实拍内容在同一画面中的构图处置，达到逼真效果。

（八）特技语言

广告片要给观众以强烈的视觉冲击力，离不开特技语言的运用。在广告片后期制作中，特技的运用比纪录片、专题片、栏目剧、微电影等视听节目中的特技要丰富得多。一般来说，广告片中运用特技有三个目的，一是使画面转换自然流畅，二是突出要传递的广告内容，三是吸引观众的注意力。在后期编辑中，根据广告目的需要，选用恰当的特技，不能为了形式上的花哨而滥用特技。在运用特技时，要讲究形式创新，一个画面中可能要运用多种滤镜特技，目的是要达到好的传播效果。

下面通过对国际影星张柏芝代言的蓝月亮全效洗衣液广告片《张柏芝篇》（30 秒版本）的分析，了解广告片语言在后期制作中是如何运用的，如表 4－3 所示。

表 4－3　蓝月亮广告片《张柏芝篇》广告语言一览表

造型语言	旁白语言（张柏芝）	景别语言	音乐语言	文字语言	动画语言	特技语言	编辑技巧
		特写	全片贯穿轻快音乐	国际影星张柏芝			
		全景			虚拟背景		切

（续）

造型语言	旁白语言（张柏芝）	景别语言	音乐语言	文字语言	动画语言	特技语言	编辑技巧
	我现在不洗衣服了	中景			虚拟背景		
		中景			虚拟背景		切
	洗衣服全交给蓝月亮洗衣液	近景			虚拟背景		切
		近景			虚拟背景		切
		中景			虚拟背景		切
	去污柔顺除菌	近景		去污柔顺除菌	动画抽屉间隔		切

（续）

造型语言	旁白语言（张柏芝）	景别语言	音乐语言	文字语言	动画语言	特技语言	编辑技巧
		近景			动画抽屉间隔	扫光	切
	几步合成一步	近景			动画抽屉间隔		切
		近景					切
		近景					切
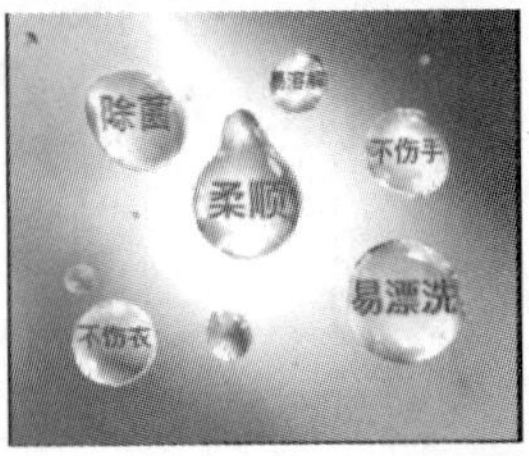		全景		柔顺 除菌 易漂洗 不伤手 不伤衣 易溶解	动画字幕	溶化	溶化
	全效洗衣	特写		全效	动画字幕		溶化

（续）

造型语言	旁白语言（张柏芝）	景别语言	音乐语言	文字语言	动画语言	特技语言	编辑技巧
	一步好简单	近景			动画洗衣液围绕张柏芝		实拍与虚拟合成
		中景			动画洗衣液张柏芝		实拍与虚拟合成
		近景			动画洗衣液围绕张柏芝		实拍与虚拟合成
	蓝月亮洗衣液	全景			动画洗衣液围绕蓝月亮		实拍与虚拟合成
	好的，我就不会错过	全景			月亮动画		实拍与虚拟合成
蓝月亮	蓝月亮	全景		蓝月亮			

广告语言运用分析：本片创意的核心概念是“几步合成一步，洗衣好简单”。从表4－3可知，这部广告片综合运用了多种广告语言达到了良好的传播效果。先从造型语言来看，以张柏芝活泼、轻松的洗衣过程演绎来表现蓝月亮全效洗衣液带来的洗衣方便之感和高品质的生活质感。片中景别语言丰富，开头用张柏芝的特写镜头以引起观众的注意，然后由全景到中景再到近景不断推进，以中近景为主，展现张柏芝洗衣的形体动作。虽然片中没有使用同期声，但是由张柏芝来配音，使得旁白语言达到同期声的效果；旁白语言简洁，突出广告诉求：“我现在不洗衣服了，洗衣服全交给蓝月亮洗衣液，去污、柔顺、除菌，几步合成一步，全效洗衣，一步好简单，蓝月亮洗衣液，好的，我就不会错过，蓝月亮。”旁白不是一下子全部说完，而是随着洗衣过程渐次展现。屏幕文字语言突出产品的关键功能：柔顺、除菌、易漂洗、不伤手、不伤衣、易溶解等，尤其是特写字幕“全效”强化产品卖点，最后以字幕“蓝月亮”结束，进一步加深观众对品牌的记忆。片中画面产生强烈的视觉冲击力，离不开动画语言的运用，全片运用实拍与虚拟相结合，达到完美有传播效果。宽敞洁白的虚拟大厅、动画抽屉间隔、动画字幕，最后张柏芝被晶莹透亮的液体环绕并形成坐在月亮上的画面，进一步赋予了产品和品牌的“洁净”内涵，形成独特的品牌识别记忆。片中在介绍产品功能“去污、柔顺、除菌”时，运用扫光特技让字幕消失；以及在用一个画面介绍“柔顺、除菌、易漂洗、不伤手、不伤衣、易溶解”功能时，通过溶化特技形成“全效”画面，这两处特技的运用既使画面转接流畅，又强化了产品的功能，加深了观众的印象。全片使用了节奏鲜明的轻快音乐，与广告诉求、情感表达、画面节奏以及旁白节奏相吻合，使广告片增色。

三、合成：根据不同播出平台合成不同的版本

在广告片精剪完成后，接着就进入了节目合成环节。在合成之前，在非线性编辑软件上再次播放，作最后一次检查，以保证广告片的合成质量。如果发现有些细节不到位，就立马进行修改。例如画面色彩与整部片风格是否和谐，节奏控制是否合理，字幕停留时间是否恰当，音量大小调整是否合适等，检查无误后，根据广告主与不同播出平台的需要，合成输出不同时长、不同格式的版本。例如合成5秒、10秒、15秒、20秒、30秒、60秒等不同版本，供电视台、网络、地铁电视、楼宇电视等不同平台播放。合成视频文件的格式主要有MPEG－2、AVI、MOV、VOB、FLV、MP4、H246、WMV、3GP等，具体选用哪一种格式要由播放平台来定。

第五节　宣传片摄制要点

本节所讲的宣传片，从广义上讲可归属广告片之列，可称之为广告式宣传片。与偏重于推销商品时长较短的广告片相比，宣传片内容丰富，时长较长，一般在4分钟至20分钟之间。由于节目制作目的与传播的内容不同，因此，宣传片的摄制与一般广告片的摄制有所不同，下面阐述常见的形象宣传片与视听汇报片的编导与制作要点。

一、形象宣传片

形象宣传片是指通过视听语言符号宣传某个领域、地方、单位、品牌等形象的视听节目。形象宣传片可分为国家形象宣传片、城市形象宣传片、企业形象宣传片、品牌形象宣传片等。下面着重介绍常见的城市形象宣传片与企业形象宣传片的摄制要点。

（一）城市形象宣传片

在中国，为城市做形象广告始于1999年。当时山东省威海市为发展当地旅游业，做出了以广告传播吸引八方游客的决策。为形成差异化竞争，广告采用了“一个新的创作思路，那就是从单纯的宣传个别旅游景点转到推介一座城市；从宣传景点形象转到宣传城市形象；从发掘景点特色转到发现城市之魂。……城市广告不再把焦点对准城市中的某一个别事物，而是综合考察整个城市，通过城市中各部分资源的组合，产生一种整体的冲击力，表现和展示城市形象”。①

近年来，城市形象宣传片日益受到城市政府宣传部门的重视，这与城市形象宣传片有利于提升城市形象，打造城市品牌的重要作用密切相关，城市形象宣传片是吸引旅游、招商引资、展现城市软实力、推动经济发展、提升城市美誉度的重要手段。与城市形象广告片相比，两者区别在于：其一，时长不同。城市形象宣传片一般在5分钟至10分钟之间，而城市广告片一般在10秒钟左右。其二，信息含量不同。由于城市形象宣传片时长较长，信息量多，可以展现城市的历史与现状、城市的特色、城市的社会、经济与文化等诸多方面；而城市形象广告片由于受时间限制，只能抓住城市一两个诉求点，用精练的语言、唯美的画面展现城市的特色与亮点。其三，播放的目

① 周怡、黄伟．城市发展中的城市形象广告——中国首家城市形象电视广告的诞生及其影响分析［J］．新闻界，2007（2）．

的与平台不同。一般来说，城市形象宣传片重在宣传城市形象，一般用于大型展会、大型赛事、大型推介会、融资洽谈会等重要活动中，常在公共场合、网络与户外媒体中播放；而城市形象广告片商业目的明显，一般在电视台播放。目前，凤凰卫视、中央电视台每天播放的城市形象广告片基本上是为了吸引游客，开发城市旅游资源。下面重点阐述城市形象宣传片的摄制要点。

1. 摄制要求

城市形象宣传片与企业形象宣传片、汇报片在拍摄与制作方面虽然有许多共同之处，但是由于传播的内容、目的以及观看的对象不同，因此，摄制侧重点有所不同。在城市形象宣传片摄制过程中要求做到以下四点：

（1）目的要明确，主题要突出。不同类型城市形象宣传片的主题往往不一样，有的侧重于全方位宣传城市的历史与现状，介绍城市的经济、社会、人文、生活、自然景观等诸多方面，目的是树立城市在人们心中的综合形象，塑造城市品牌；例如上海城市形象宣传片《世界篇》，将上海与巴黎、纽约、伦敦、威尼斯等享誉世界的大城市相比较，展现上海的国际大都市风貌。有的侧重于宣传城市旅游资源的特色，对历史景观、人文景观、风俗景观、自然景观等进行介绍，目的是为了吸引广大的游客前来观看，从而刺激当地旅游经济的发展，如《浪漫之都，中国大连》，通过海边、绿地、游乐场等场景展现大连生活的丰富多彩，体现这座花园城市丰富的旅游资源。有的侧重于城市经贸与科技发展介绍，展现城市优势资源和良好的投资环境，目的是为了招商引资，推动城市经济发展，等等。不管哪种类型的城市形象宣传片，在摄制过程中均要突出形象宣传的主题。

（2）个性要鲜明，内涵要丰富。每座城市有每座城市的特色，在摄制过程中要抓住最能体现城市个性的内容，不要给人“千城一面”的感觉；要挖掘城市的内涵，展现城市的精神，不要仅仅停留在湖光山色、高楼大厦等物质表面中。每座城市都有自己的历史，有地标性建筑、独特民俗、人文景观等，这些都是城市个性的体现。如威海城市形象宣传片，抓住了威海独特的地理位置、著名历史事件、和谐的城市景观、宜居的城市环境等特点，威海市的整体形象得到这样的展现：“这里弥漫过甲午战争的硝烟，这里被秦始皇称为天之尽头，如今，这里是世界上最适合人类居住的范例城市之一——威海，CHINA！”

（3）信息量要大，信息质要高。在制作城市形象宣传片时，不仅要注重片子的信息量，还要重视片子的信息质。张艺谋在谈北京申奥片时，说：“为了让观众能够在短时间内尽可能多地了解北京，我们着重扩大片子的信息量，除了从运动员角度、运动会的角度讲以外，还要从历史的角度、文化的角度去阐释，其中包括北京的历史与现状、北京独具魅力的文化色彩、北京人乃至中国人的生活现状以及精神风貌。”① 5分钟的申奥片容纳这么多信息，不得不佩服其构思的精巧。信息质是指信息的质量，即信息传播产生的效果。中国传媒大学胡智锋教授认为，信息质至少有三个层面的内涵：第一，信息的新鲜、独特性——基本层面；第二，信息的理性深度，即能够对同质同类信息进行深刻理性分析，提出有分量的主体观点——较高层面；第三，信息的感染力，能够激起观众情感、心灵的共鸣，有力地影响、感染观众——最高层面。②城市形象宣传片要达到感染观众进而使观众在态度与行为上对该城市产生强烈认可，制作者就要从多方面下功夫提高信息质。

（4）要注意跨文化传播差异，提高国际传播效果。制作对外传播的城市形象宣传片，要注意内外有别，即注意跨文化传播的差异，否则，达不到应有的传播效果。1993 年北京第一次申办奥运会时制作的申奥片中，有一场景是一位北京老人拎着鸟笼子在大街上闲逛，北京人俗称“遛鸟”，这是很平常的一个镜头，但是在西方人眼里，认为把鸟关进笼子里使鸟失去了自由，是不人道的行为。2001 年版的申奥片去掉了“遛鸟”镜头，特意安排了一个少女与斑点狗亲吻嬉戏的镜头，得到了西方评委的好评。2002 年上海申博片也使用了这个镜头，还增加了小女孩在广场给鸽子喂食的镜头，这些展现人与动物和谐相处的画面，赢得了西方人的称赞。上海申博片采用江苏民歌《茉莉花》作为主旋律，获得了 2010 年世博会主办权投票现场各国代表的肯定。因为，在西方人眼里茉莉花是美好的象征，用这样的音乐再配上城市人生活的精彩画面，使世博会的主题——“城市让人们生活更美好”得以更好地表现。

2. 表现手法

城市形象宣传片通过什么方式呈现给观众，从表现手法来看，大致有下面三种类型。

（1）音乐+画面，即 MV 型。MV 是 Music Video 的缩写，习惯称之为音乐电视。对 MV 来说，画面是音乐听觉的外在形式，音乐是画面的潜在形态，常用音画对位方式来剪辑。我国第一部 MV 型城市形象宣传片是 2008 年汶川地震后由张靓颖主唱的成都城市形象片《I love this city》，该片是地震后成都城市形象提升工程的一部分，片中歌词充满感谢和鼓励，画面中的成都显得安详、和谐与美丽。片子表达来自四面八方的爱让成都依然美丽——因为有你，成都更美好。伦敦申奥宣传片以英国黑人女歌手希瑟斯·莫尔（Heather Small）演唱的富有穿透力的优美歌曲《Proud》贯穿始终，

① 张艺谋谈申奥片的艺术构思［EB/OL］. http：//www. zaobao. com/special/newspapers/2001/07/lndaily250701. html

② 胡智锋. 电视节目策划学［M］. 上海：复旦大学出版社，2006：6-7.

画面由一名奔跑中的女子作为串场线索把近150个镜头分类剪辑而成，分为城市景观、文化遗产、运动健身等24个场景，展现出了伦敦申奥的10个方面的优势。片中有体育明星、影视明星与政治明星等十多位明星参与，以普通百姓与明星“角色互换”的方式出场，在诙谐轻松的氛围中体现出伦敦申奥片“全民奥运”、“实现自己的运动梦想”的主题，让评委们和观众的心灵受到震撼，产生共鸣。北京申奥片、上海申博片《茉莉花开》都是采用“音乐+画面”表现手法来完成的。

（2）音乐+画面+旁白。“音乐+画面+旁白”的表现手法是制作城市形象宣传片中运用较多的一种。这类城市形象宣传片的内容与情感的传播由音乐、画面与旁白三者有机结合共同完成。其音乐往往是没有歌词的乐曲，在片中起着渲染氛围、烘托情感的作用，常常处于背景声的位置；其画面主要是用来展现城市形象，给观众以视觉冲击；其旁白主要是用来介绍城市形象内容的方方面面。例如城市形象宣传片《南海明珠——湛江》就是运用“音乐+画面+旁白”的表现手法，湛江地理概况、港口、城市交通、生态家园、经济与文化等内容全部由旁白来介绍，画面在佐证旁白内容的同时，给观众以视觉美的享受；作为背景声的音乐提供一种轻松喜悦的氛围。

（3）音乐+画面+旁白+同期声。这种类型的城市形象宣传片在上一种表现手法的基础上增加了同期声的运用。由于同期声语速慢，而宣传片时长短，因此，片中运用同期声宜少不宜多，要用到关键处，表达主要内容。广东台山城市形象宣传片，全片画面以体现台山城市特色为主，旁白叙述台山的地理位置、交通网络、侨乡历史、中西合璧建筑、旅游资源、台山文化等，音乐处于背景声位置，起烘托情感作用；片尾让一所学校的学生在教学大楼不同楼层的走廊栏杆前齐声高呼“台山欢迎您”，同时放飞手中的气球，最后屏幕定格“台山欢迎您”五个字。该片通过同期声鲜明地表达了片子的主题。

3. 结构方式

城市形象宣传片的结构是指片子的展开顺序。按什么顺序来展开，要依据节目的创意与主题需要，具体情况具体分析，没有千篇一律的结构方式。从现有的城市形象宣传片来看，其结构方式主要有以下三种。

（1）人物故事型结构。人物故事型结构指以人物讲故事形式来安排片子的展开顺序，片中以与城市密切相关的人物贯穿始末，一般以第一人称“我”来讲述，讲述的内容是城市的现状与历史，把“我”在城市的所见所闻所想所思告诉观众朋友，显得亲切、自然、真实。由张艺谋执导的成都形象宣传片《成都，一座来了就不想离开的城市》，片子开头以第一人称“我”说出故事的起因：“我奶奶跟我说过，成都，是一个你去了就不想回来的地方。她现在年纪大了，出不了远门，就让我把成都拍回去，给她看看。”片子就以“我”在成都的主观视点及游踪顺序为结构，由成都女孩小谭带领“我”走遍成都的大街小巷，由“我”叙述着在成都的所见所闻，体会成都的风土人情，表达“我”对成都的眷恋。片子最后以“成都，是一个你去了就不想回来的地方”呼应开头，片子叙事结构完整。西宁电视台制作的西宁城市形象宣传片《西宁表情》（该片获得第22届中国新闻奖电视专题三等奖，我觉得归入城市形象宣传片更妥）以归乡游子“我”下飞机直奔西宁开头，片中通过“我”的视角主观描述，以叙事性和情绪化风格为基调，立足不同的方位角度，从门户、韵律、风情、清凉、温情、味道等多层面放眼西宁，描摹出这座古城无与伦比的风姿轮廓，彰显出西宁独有的精神风貌和文化内涵；片子结尾，“我”离开西宁来到陌生城市，思念着西宁的宁静与美丽。乌镇旅游宣传片《乌镇，来过便不曾离开》由刘若英讲述自己游历乌镇的见闻来结构，最后以“我不再是一个过客，来过便不曾离开，乌镇”点题结束。

（2）旁白介绍型结构。旁白介绍型结构是指对城市地理概况、自然风光、社会发展、历史文化等诸多内容通过旁白逐一介绍来安排片子的顺序。有全景式介绍的，如湛江城市宣传片通过旁白全方位介绍湛江地理、交通、景点、经济与文化等诸多方面；也有特色式介绍的，如杭州城市形象片《特色篇·杭帮美食》、北京城市形象片《国际导演拍北京之品味北京》等着重反映了地方饮食文化特色。介绍型结构的城市宣传片介绍的内容一般没有主次轻重之分，呈并列式结构，一般用小标题在片中提示。如青岛城市形象宣传片《魅力青岛》分为“山海家园”“人文荟萃”“度假天堂”“四季欢歌”“帆船之都”等篇章，分别从地理环境、城市经济发展、艺术文化氛围、城市知名企业等方面突出青岛整体形象。石家庄形象宣传片《古韵新城·活力石家庄》全片围绕石家庄“古”“红”“绿”“新”四个部分展开介绍。

（3）画面叙述型结构。画面叙述型结构是指通过一组组内容相关的镜头叙述一小段情节，再把这些情节通过一条线索连接在一起，从而表达宣传片的主题。这类片子没有旁白，内容的传递主要靠画面。画面是世界语言，观众通过画面叙述完全可以看懂片子内容。由于城市形象宣传片时长短，内容多，因此，每个画面停留的时间短，单个画面没有叙述情节功能；而用一组画面就可叙述一小段情节。例如伦敦申奥宣传片把奥运融入伦敦人生活的每个细节，智慧而不失精彩；既表现出了英国人的幽默，又突出了奥运在普通生活中的存在和人们心中的追求。该片以一个女孩的晨跑为线索，途经伦敦桥、白金汉宫、国会大厦、圣保罗大教堂等伦敦著名文化古迹，再一路经过公园、广场，以及伦敦城的街头巷尾。她那飒爽的跑姿不禁激发了路边人们的运动热情：汽修厂的工人拎起轮胎练举重、空姐在斑马线上竞走、宾馆服务生在行李箱上作起了“托马斯全旋”、足球明星贝克汉姆（Beckham）在街边的咖啡店里玩填字游戏因为晨跑的女孩而茅塞顿开、伦敦市长乘坐公交车外出、英国绅士在街头用伞练习击剑、环卫工人击打易拉罐玩起了曲棍球、广场小女孩做起了高难度的自由体操、建筑工人用铁杠玩起了撑竿跳等。片中24个故事情节全是通过编排紧凑的画面来叙述，这些情节由奔跑女孩连接在一起，共同表达“快乐运动、全民奥运”的主题。上海形象宣传片《无数个姚明，好一个上海》也是属于画面叙述型结构。

4. 编辑要点

从节目内容与主题来看，城市形象宣传片不同于纪录片、专题片、广告片、栏目剧、微电影等视听体裁，它信息量多，时长短，结构散，因此，在后期编辑时要把握以下四点。

（1）节奏要和谐。城市形象宣传片和其他影视节目一样，节奏的形成有多方面的因素，主要有由宣传片的主题与内容决定的内在节奏以及通过造型手段而表现的外在节奏。由于宣传片时长短，而要传播的信息多，因此，一般来讲宣传片整体节奏稍快，这就不难理解为什么很多宣传片的声音以旁白或音乐为主，很少用同期声，因为，旁白或音乐的速度比同期声要快些，即在相同时间内传播的信息量要多些。在后期编辑时，要根据旁白语速或音乐的节奏，合理控制画面的节奏；在镜头组接时要注意镜头的运动速度、主体运动速度及其运动方向的一致性。例如，北京申奥宣传片前半部分随着鼓点的变化，画面切换较快；而后半部分音乐舒缓，画面切换较慢，在4分多钟内传递了大量的信息。伦敦申奥宣传片以抒情歌曲《Proud》与奔跑女孩贯穿始终，把日常生活中24个场景串起来；由于片中主体人物在运动，因此，大多数镜头是运动镜头，镜头的运动速度、方向与主体的运动速度、方向保持一致，做到了内在节奏与外在节奏和谐统一。

（2）画面要唯美。城市形象宣传片可以说是一座城市的名片，有利于城市品牌形象的提升与塑造，片中画面代表了城市脸面，因此，作为城市形象宣传片的投资主体城市政府往往非常看重画面的品质，常常不惜重金打造城市形象宣传片。电影胶片机、高清摄像机的使用保证了画面的高清晰度，航拍的运用全方位立体式地展现了城市的开阔与美丽，城市建筑、城市公园、城市人物、城市风俗、城市文化等拍摄主体通过不同拍摄技巧的运用，给观众以视觉享受。画面构图的合理、不同景别的变化、虚实关系的处理、光影色调的调配等确保了画面的精美。北京、上海、广州、南京、青岛、长沙、威海等城市形象宣传片无一不是展现出唯美的城市画面，给观众以强烈的视觉冲击力，达到了良好的宣传效果。因此，在后期编辑中，要挑选那些能体现城市美丽与特色的精美画面，以再现城市的美好形象。

（3）音乐要合适。几乎所有的城市形象宣传片均运用了音乐，可见，音乐是其主要表现手法之一。音乐的出现有两种方式，一种是以主声出现，即用音乐作为主要声音来叙述或表达宣传片的情感内容；另一种是以次声出现，即用音乐作为旁白的背景声。作为主声的音乐大多是为制作宣传片专门请人谱写或改编的音乐，这样的音乐能更好地表达宣传片的主题，引起观众的情感共鸣。作为次声的音乐大多是从音乐素材中选来的，用作旁白的背景声，起着烘托情感、营造氛围的作用。例如2008年的北京申奥片以改编过的《茉莉花》作为主声，威海城市宣传片以音乐作为背景。宣传片中的音乐，不管以哪种方式出现，“合适”最为重要，即音乐传递的内容、情感、节奏、风格等诸多方面要与片子的主题、情感、节奏、风格等相符。选择、制作与编排合适的音乐音效，可以提升宣传片的传播效果和感染力。

（4）特技要恰当。由于城市形象宣传片重宣传，不重报道，因此，片中运用特技的种类比专题片、纪录片、栏目剧、微电影等片中的特技要多。宣传片中运用特技的主要作用有三点：一是画面之间、场景之间转换的需要，二是改变画面传播节奏，三是为了营造一种视觉效果，突出宣传主题。在后期编辑中，特技的添加要恰当，不能为了形式的花巧，漫无目的地随意添加特技。例如台山宣传片的结尾，用成百上千的气球化成屏幕文字“台山欢迎您”，再通过扫光特技，从左到右扫一遍，强化这五个字，深化了宣传的目的，给观众留下了深刻的印象。

（二）企业形象宣传片

随着企业竞争的日益激烈，越来越多的企业重视自身形象的塑造。企业形象宣传片是树立企业形象、展示企业实力、宣传企业文化、增强企业的知名度和美誉度的重要手段。企业形象宣传片可以激发广大员工的敬业精神，获得社会的信赖，赢得客户的合作，凸显企业理念，帮助企业发展。由于每个企业定位不一，发展目标不同，因此，制作企业形象宣传片时，宣传的重点也有所不同。有的侧重于宣传企业产品的质量及其营销手段，有的侧重于宣传企业的社会责任与企业文化，有的侧重于宣传企业的整体状况与企业理念等。不管哪种类型的企业形象宣传片，其摄制要领大致相同，下面我结合给日资企业丰达公司制作的企业文化宣传片来谈谈企业宣传片的制作过程及要点。

1. 明确目标受众与企业形象宣传片的主题

做任何一部片子，首先要明确目标受众是谁，企业形象宣传片也不例外。有的企业形象宣传片是对外宣传，用于社会公共场合播放；有的主要是对内宣传，用于企业内部教育培训；也有的内外兼顾。由于《丰达企业文化宣传片》目标受众是全厂员工，其主题是宣传企业文化的精神，其目的是让全体员工通过观看该片理解企业文化的精髓，激发员工的凝聚力、创造力与向心力，在日常工作中自觉践行企业文化理念。

2. 实地调研企业，收集相关材料，深入理解企业文化精髓

制作团队实地走访生产车间、质检车间、成品展示室、厂史陈列室等场所，访谈

各部门领导与有关员工，收集丰达公司发展过程中的一些文字与影像资料，全方位了解企业。在此基础上，理解丰达公司的企业文化核心价值观：诚实——持续不懈的现场改善；成长——自我完善和共同提高；丰达愿景：做一流的 OEM 生产供应商。我们要围绕这三句话制作一部丰达企业文化宣传片，直观形象地阐释丰达公司的企业文化，让全体员工理解接受并化为自觉行动。

3. 筛选并采访能体现企业文化精神的代表

为了使这部企业文化宣传片达到好的传播效果，不至流于空洞的说教，我认为要有充足的典型代表来展示企业文化的形象。于是，我要丰达公司企划负责人联系各部门的领导，要他们推荐各自领域中两个先进人物。我们共对全厂十多个先进人物进行了专访，他们中有课主任、班长、科长以及高级管理员等，从不同角度了解他们的事迹与想法，进一步熟悉他们，为下一步拍摄打下良好基础。

4. 拍摄

采访十多个先进人物之后，我们在征求企业领导意见的基础上，从紧扣企业文化核心价值观“诚实”与“成长”角度，考虑到不同部门不同级别的代表性，反复筛选了 6 个先进人物作为重点拍摄对象，深入车间现场拍摄并同期录音。由于有了前期采访，大家彼此熟悉，消除了他们在镜头前的紧张感，针对不同对象，从体现企业核心价值观的角度设置问题。虽然他们学历不高，但是把自己在工作中践行丰达企业文化理念的做法讲出来还是颇有说服力，体现出榜样的力量。此外，我们拍摄了大量的厂区与车间的画面，注意从不同角度拍摄同一对象，以保证后期有足够的画面素材用来编辑。在车间拍摄时，由于有些地方较乱，因此要注意画面的构图与美观，同时还要注意光线的方向，同期录音时要选择较安静之处拍摄，避免现场机器噪音的干扰，以保证同期声效果。

5. 构思节目样式，撰写文字稿

在采访拍摄完毕之后，我就开始考虑宣传片的样式。全片时长控制在 15 分钟以内，文字稿控制在 3000 字以内，以企业文化核心价值观为主体，用 6 个先进人物的具体做法与成长故事来阐释企业文化的核心内容，点面结合。全片分为四个部分，第一部分是企业概况简介；第二部分是企业文化核心价值观之一：诚实——持续不懈的现场改善，用三个典型人物讲述他们如何进行现场改善；第三部分是企业文化核心价值观之二：成长——自我完善和共同提高，通过三个只有初中文化的员工的成长故事，诠释成长是员工与企业的共同目标；第四部分是展示丰达愿景：做一流的 OEM 生产供应商。在每一部分的写作中，要注重段落之间的衔接，旁白与同期声的自然过渡，叙述与议论的完美结合。

6. 配音

文字稿出来之后，不要急于配音，而要交给主管领导审阅，在领导定稿之后才能进行配音，否则，配音之后若再要修改文字稿那就麻烦了。我写出丰达企业文化宣传片文字稿后，通过电子邮件直接发给了董事长，由董事长亲自把关。董事长定稿后，其他领导的修改意见可以不用考虑。配音工作非常重要，好的配音可以掩盖画面的瑕疵，使节目增色。因此，根据节目风格与客户要求，必须重视选择合适的配音员。配音中要注意音质、音调、节奏与情感的处理。《丰达企业文化宣传片》由某省卫视知名配音员配音，效果不错。

7. 编辑

在后期编辑时，虽然有个分镜头脚本可供参考，但是发挥编辑的创造性十分重要。不管如何编辑，目的是要达到好的传播效果。在编辑丰达企业文化宣传片时，我们强调了以下四个方面。一是片头的视觉冲击力与片尾的回味力，片头通过体现企业文化价值观的画内文字、画外关键词、精彩现场画面与节奏鲜明的音乐，立马抓住观众的眼球；片尾通过配有底图的上滚字幕与强有力的音乐传递丰达企业成长大事。二是用三个精美的片花穿插片中，既能突出片子的主题，又能调节节目的传播节奏。三是注重旁白与同期声无缝对接，同期声与现场画面的完美结合。四是注重合理使用特技与背景音乐，增加节目的观赏性。

8. 审看样片

企业形象宣传片全部编完后合成输出样片，再由客户方组织相关负责人审看样片，制作方逐一记录修改点，对片中有些地方可作必要的解释说明，以帮助客户方理解。对要修改的地方可稍作讨论，达成共识，以企业把关人的意见为主。值得一提的是丰达公司领导在审看《丰达企业文化宣传片》样片时，给予了充分肯定，样片一次通过。

9. 修改样片，提交作品

对照修改意见逐一修改，最后合成输出不同格式的视频文件，再刻成 DVD 光盘，根据合同要求提交供不同平台播放的宣传片。

附：

表 4－4　《丰达企业文化宣传片》文学脚本

画面内容	文字内容	背景音乐
片头	1. 丰达地标性建筑、核心价值的标语 2. 员工工作现场画面 自动化设备工作 字幕：诚实 现场改善 3. 员工培训、微笑和谐画面 字幕：成长　共同提高	节奏强有力的音乐

（续）

画面内容	文字内容	背景音乐
	片名：丰达企业文化宣传片	舒缓的轻音乐
厂史图片 陈列室展品全景 员工现场工作 扬声器、耳机、音箱、麦克风、功放器中近景 董事会议 旧水坑经济开发区牌子 资料图片 丰达厂区风景 厂房 员工培训 员工现场工作	【旁白】番禺旧水坑丰达电机厂是1988年在番禺旧水坑设立的扬声器、耳机等音响产品的生产工厂，该厂隶属于日本丰达电机有限公司的全资子公司丰达电机（香港）有限公司。 创立20年之际，该厂已形成了由部品到产品生产并拥有产品设计开发中心的完整的生产体系。有近2万员工在这个工厂里工作。就综合能力而言，它应该是世界上最大的扬声器、耳机制造厂。这2万员工中，除了35名日本总公司派遣的技术指导和经营管理人员外，日常的生产主要由国内的干部和员工完成。它在中国的土地上吸收了日本制造业的优秀管理方法和技术，并把它与中国文化相结合，形成了它独有的价值观。我们把这2万人称之为丰达人，把这个环境下的文化提炼成丰达文化。	
核心价值观牌子 高层会议画面 象征性画面 运输车队 员工现场工作	大家知道高品质的工业产品来不得半点马虎。每一道工序，每一个操作，如果不按标准做就会反映在产品的综合质量上。不单如此，电器行业的激烈竞争，使我们的产品在3年内售价降低一半，当然，成本也要随之降低。为了降低成本更需要员工和管理者在保证质量的前提下，不断地提高生产效率。这种努力已经进入了人体工程学的领域，即：什么样的动作和姿势能够更好更快地生产出产品来。这些活动都靠日常工作中一丝不苟的持续改善。	
片花 核心价值观字幕	诚实——持续不懈的现场改善	
厂史照片 作业流水线	【旁白】日本丰达立足音响行业60年始终坚持“诚实”的经营理念，通过持续不断地现场改善，以富有创意的产品与卓越的品质赢得了广大客户的信赖。	节奏强劲音乐
扬声器、耳机、音箱、麦克风、功放器中近景 奖牌 QIC活动大会 技技研发中心	为了向顾客提供满意的产品，建厂以来以基层员工为中心开展了各种改善活动。有提高品质、改善生产能力、降低成本的活动。在每年4次公司的QIC活动大会上，每次都有20多个代表向大家报告他们的改善情况。	舒缓的轻音乐
邓永生工作画面 邓永生在电脑前制图 邓永生	对于现场改善，D12制工课主任邓永生有自己的做法。 【邓永生同期声】用旧模具进行改造，进行第二次回收利用，针对不良率高的几种，进行持续的改善，尽量把不良降到最低，减少浪费。	无音乐
邓永生工作画面 邓永生工作画面 指导员工	【旁白】邓永生毕业于湖南工程学院机电专业，2004年至2006年，他在D12制工课从事新机种治工具的设计、开发、制作以及旧机种治工具的改善。在他的带领下，D12治工具逐步标准化，SPK品质不断提高，不良率逐渐下降。	舒缓的轻音乐

（续）

画面内容	文字内容	背景音乐
蔡惠珍深入现场 检查工作现场 蔡惠珍指导员工 检查现场 开早会 锦旗	为了降低产品不良率，D81部门的蔡惠珍科长经常深入现场，寻找问题，有针对性地加以解决。 【蔡惠珍同期声】我首先通过分析、开检讨会了解产生不良情况的原因，然后归纳起来，现场一步步检查、寻找原因，到底问题发生在哪些工序。现场看了之后，发现有一部分员工方法有些不正确，个别没有按要求去做。我就从第一个工序开始，拿作业标准一个个教他们正确作业，然后坐下来示范给他们看，按正确方法操作，以后反复多次的抽样，看看员工真的明白理解没有。每天坚持和员工开早会，将不良的问题点一步步解决，让员工知道当天的情况，改善的程度，一个月下来后，投诉就基本上降下来了。	无音乐
方莎现场检查 方莎 方莎工作镜头	【旁白】D22生产2课的方莎主任，把降低产品不良率落实到现场。 【方莎同期声】首先对这个不良品进行分析，分析部品不良，或是作业不良，或是机器设备产生的不良，要想出一个对策。对策完之后我就会落实到现场去，把我的对策传达给每一个员工。之后，我就要根据效果看有没有改善，就是我实施的对策是不是有用的。	无音乐
厂区夜景 姜老师培训镜头与相关课件、核心价值观牌子、领导会议、ISO9001等认证书、作业流水线、员工生活、运输队 厂区风景 先进机器工作镜头	【旁白】对于丰达人来说，诚实不仅仅是说真话这么简单，诚实是为人处世的重要原则，更是一种专业精神的体现。为了规范企业生产与管理，提高产品质量，丰达先后通过ISO9001、QS9000、ISO14001及TS16949等认证。现场的每一道工程都要按标准去做，没有专业精神的诚实，很难保障有高质量的产品。 【旁白】人生处处皆现场，现场的改善不仅仅是对自己负责、对企业负责，更是对客户负责、对社会负责！	明快动感的轻音乐
片花 核心价值观字幕 培训画面 娱乐活动照片	**成长——自我完善和共同提高** 【旁白】成长是员工与企业的共同目标。自我完善和共同提高的员工队伍，是丰达茁壮成长的力量源泉。	强劲动感音乐
象征性画面 厂区风景、厂区医院 培训画面 OHSA18001职业健康安全管理体系、SA8000社会责任管理体系标志 培训画面 娱乐活动照片 FHP技能大赛与QIC大赛照片	丰达通过制定一系列制度与政策来保障员工的健康安全，促进员工不断成长，例如新员工指导员制度、OHSA18001职业健康安全管理体系、SA8000社会责任管理体系。其中，新员工指导员制度是指丰达为进厂的每一位新员工配备指导员，为新员工提供工作和生活上的指导。 为了增强员工的文化认同，丰达定期举办各种培训，以提高员工的业务技能与沟通能力。为了丰富员工生活，丰达还定期举办各项娱乐活动。与此同时，每年定期举办的FHP技能大赛与QIC大赛，可以促进员工技能和产品品质的不断提高，也为员工提供了一个施展才华的平台。	舒缓的轻音乐

（续）

画面内容	文字内容	背景音乐
比赛、颁奖、 证书照片 象征性画面 培训画面	丰达浓郁的自我完善与共同成长的文化氛围锻造了丰达人坚强的毅力，铸就了丰达人的精神。在成长的过程中，丰达人始终怀抱着一颗对知识的虔诚之心，不断地学习，不断地锻炼自己！	
刘桂华现场指导 获奖证书 刘桂华培训员工 颁奖现场照片	刘桂华来丰达已经 11 个年头，只有初中学历的她从没想过升迁，对她来说，自我学习与成长才是重要的。通过自己的不断努力，她多次被评为中核技能工、中核技能指导员，并在技能大赛上获得过一等奖。2008 年 3 月，由于工作突出，她被调到教育课担任教育培训及指导。	
刘桂华 刘桂华训练 企业产品 获奖证书 刘桂华培训员工	**【刘桂华同期声】**听说有技能大赛，心里就很高兴，很想去比赛。后来想到比赛的音箱不是我们听的那个音箱，我就去学，每天下班就去学一两个小时，人家下班了我就在那里练。我们听的是很大的音箱，都没有贴着耳朵听，而小音箱要耳朵贴在上面才能听出不良品，所以我每天练，练了好多天。我们队比赛比了几年了，没有哪一个拿到一等奖，我那一批一去就拿了个一等奖，管理员很高兴，我自己也很高兴……	无音乐
培训讲课画面 潘叶萍工作镜头 培训画面 潘叶萍给员工开会	**【旁白】**像刘桂华这样通过自己努力而不断成长的员工还有很多，初中毕业的潘叶萍 2006 年夏进入丰达，半年之后，她从 D3 生产线调到了 QC 检查线。虽然临时的工作调动让她感到有点意外，但她认为，人只有尝试多种工作环境才能成长。在丰达，她不仅学会了技能知识，还掌握了人际沟通的技巧。升为班长后，她更加严格要求自己。	明快动感的轻音乐
潘叶萍 潘叶萍现场指导 与员工交谈 潘叶萍现场示范	**【潘叶萍同期声】**只要你想做好，有那个拼搏的干劲做事，大家都是可以看得到的。而且作为管理的你，首先要对自己的行为负责任，要知道你就像员工的一面镜子，你的所作所为会直接影响到员工，要想员工做好，首先要自己做好，这样才为一个好管理者。如果有新员工进来，我会对他说：不要看到什么都不懂，你就很灰心。首先你要对自己有信心，而且不懂一定要问，比如说问老员工，或者问助理以上的管理者。	无音乐
象征性画面 黄丽芬工作画面	**【旁白】**成长要靠自己努力。这一观点在黄丽芬身上得到了最好的体现。1991 年 4 月初中毕业的黄丽芬来到丰达上班，从普通员工一直做到 HP 本部 D21 部门的高级管理员。当问她升到高级管理职位主要靠什么时，她说：	明快动感的轻音乐
黄丽芬	**【黄丽芬同期声】**第一是靠积极向上的工作态度和永不退缩的奉献精神；第二是除了做好自己的本职工作以外，还协助其他部门开展相关工作。	无音乐
黄丽芬工作画面	**【旁白】**尤其值得赞扬的是她那锲而不舍地自学日语的精神。	

（续）

画面内容	文字内容	背景音乐
黄丽芬 在不同地方学习日语画面	【黄丽芬同期声】我从1995年开始学习日语，当时经常有日本同事到现场来指导工作，找日语翻译很难找，所以就有了自学日语这个念头。开始学习时就买了一套书、磁带和录音机，每天早上五点钟起床，学习两个小时再上班，中午饭后再学习半个小时，晚上下班后学习两个小时再休息。这样的学习持续了一年，这一年里听坏了6台录音机，现在，日常工作中能与日本同事正常的交流。	
象征性画面 运输队 员工工作画面 员工培训画面	【旁白】在竞争日益激烈的商业环境中丰达可能不是温馨的港湾，它的环境可能也只是珠江三角洲企业的一般水平，但是它有一个基本的原则，就是真正投入到工作的员工，公司会为他提供让他施展才华和能力的场所。他会同公司一起成长，成为一个对社会有用的人才。	明快动感的轻音乐
片花：字幕	**丰达愿景：做一流的OEM生产供应商**	明快音乐
厂区外景 核心价值观牌子、会议画面 字幕 员工工作 颁奖画面 象征性画面 双视窗画面 企业产品 象征性画面 片尾	【旁白】企业文化是丰达参与市场竞争的软实力。在履行诚实和成长的企业核心价值观时，丰达员工应当做到：以创意，诚实，专业精神做持续不懈的现场改善；努力做事，团结协作，不断成长，与企业共同发展。 因为专业所以优秀，因为成长所以常青。丰达电机厂始终屹立在行业的最前沿，掌握着行业的尖端技术与先进工艺，成为世界电声制品行业的领航者和代言人。用美妙的声音造福人类，这就是丰达的使命。	舒缓轻音乐
滚动字幕 以透明的厂区、飘扬的旗帜作为背景底图	**广州市番禺区丰达电机厂成长大事记** 1991年7月　员工康乐楼（员工娱乐中心）建立 1998年7月　第一次QIC（PT）品质改善发表会 1998年10月　取得ISO9001：1994认证 1999年3月　取得QS9000认证 1999年7月　第一位国内干部升高级管理（香港雇员） 2003年5月　取得ISO14001：1996认证 2004年7月　取得ISO9001：2000认证 2004年7月　取得TS16949：2002认证 2005年4月　第一次琢磨会（干部培训摇篮） 2006年1月　第一回员工技能大会 2006年5月　第一次国内员工出国（日本）研修 2006年10月　技技中心（技术开发及培训中心）建立 2007年4月　第一次员工拔河比赛 2008年9月　丰达企业文化项目启动	节奏明快的背景音乐

（续）

画面内容	文字内容	背景音乐
定格 让丰达文化 源远流长	目前工厂有国内高级管理干部47人（其中副部门长以上32人） 从员工升为高级管理职/高级专门职6人 从员工升为副部门长/部门长5人 从大学生升为子公司总经理、董事、本部长3人 良好的丰达文化（诚实、成长），培育了优秀的丰达人；优秀的丰达人，造就了卓越的品质；卓越的品质让丰达基业常青；丰达持续发展，让丰达文化源远流长。	

二、视听汇报片

视听汇报片也叫电视汇报片，是下级部门向上级部门汇报工作、反映情况、介绍成果、提出建议与展望未来的一种视听节目形态，是宣传片中常用的一种节目形态。与以往书面文字汇报相比，视听汇报片以生动形象、真实可信而深受人们欢迎。目前广泛应用于各行各业，例如学校汇报片、医院汇报片、旅游景区发展汇报片、灾区情况汇报片、某某地区环境治理汇报片、创建文明城市汇报片、改革开放30周年汇报片等。与电视专题片相比，视听汇报片时效性弱，针对性强，目标受众少；但准备更充分，内容更广泛，宣传味更浓，目的更明确，制作更精细。从摄制过程整体来看，二者大致相同；但从每个具体环节来看，视听汇报片又有自己的鲜明特色。下面就视听汇报片制作要领加以阐述。

（一）积累素材

视听汇报片的制作离不开平时影像素材的积累，这与专题片制作截然不同。汇报片的选材一般选取一个时期一个地方或一个单位具有普遍性、现实性、典型性与时代性的重大事件，时间跨度比较长，影像素材来源就得靠平时的拍摄积累。例如金融危机后，广东省政府委托广东电视制作一部汇报片向国务院汇报金融危机时期广东所采取的措施及其所取得的成绩，这些影像素材不是短时间内拍摄的，而是长达一年多的积累。再如惠州抽水蓄能电站制作的创先争优活动汇报片，时间跨度一年，该片的影像素材来自于工作中开展创先争优活动时的影像积累。随着影像制作门槛的降低，许多单位购买了影像制作设备，用于记录日常工作活动，因此，从事宣传策划的工作人员要做影像资料积累的有心人。要了解本单位的一些重要事项进展，重要会议的召开，如果有上级领导来视察就要有领导交流的镜头。在拍摄一些重大活动时尽量用高档设备拍摄，以保证画面的清晰度。注意从不同角度去拍摄，讲究拍摄技巧，重点记录活动过程，同时采访不同代表性人物，拍摄好同期声影像。每次拍摄完毕要做好影像资料的编号登记，注明拍摄时间与内容，方便以后做汇报片时取用。

（二）撰写解说词与分镜头脚本

汇报片解说词的撰写十分重要，因为汇报片内容主要由解说词来叙述。在写解说词之前，要明确汇报片的主题与汇报的重点，要充分占有材料并熟悉、消化材料。在写作时，要运用蒙太奇思维，合理安排汇报的顺序，做到条理明晰；要注重解说词口语化以及与画面的有机结合；解说词要以叙述为主，确保事实准确，在叙述的基础上可以适当的议论抒情，切忌空话、大话、套话；要注重点面结合，概括材料与具体材料结合。由于是向上级领导汇报，写完之后，解说词要送单位主要领导审阅并把关。在此基础上，撰写解说词分镜头脚本，为后面拍摄与编辑提供依据。

（三）根据汇报主题与脚本补充拍摄

汇报片的影像主要来自于过去影像资料的积累，这并不是说再也不要进行拍摄了。其实，不管哪类汇报片，均要根据汇报的主题与分镜头脚本进行补充拍摄。补充拍摄前，要清楚哪些画面素材已有，哪些画面素材没有，重点还需要拍摄哪些内容。一般来说，补充拍摄包括近期的一些重要会议、重要活动、各类获奖证书、单位外景以及工作场景，还可采访主要领导与典型人物，等等。拍摄时要讲究拍摄技巧，注重拍摄角度与画面构图，注重拍摄能突出汇报主题的场景，用心拍摄画面细节。

（四）后期编辑

在后期编辑之前，先要对解说词配音，配音时要注意语速与语调的把握，注意节奏的控制。在后期编辑时，要重视以下五点：一要重视片头与片尾的作用。汇报片的片头通过选取突出汇报主题的精彩画面与强有力的片头音乐结合以引起观众的注意，然后再出标题。片尾一般要给人鼓舞与希望，因此，旁白要铿锵有力，音乐要有气势，画面要有冲击力。二要重视片中叙述内容的充实，注重选择有感染力的画面细节以及体现某些事件过程的部分现场画面，确保叙述的事实真实可信。三要重视屏幕文字的运用。屏幕文字在汇报片中既可强化汇报重点，又可调节片子的节奏，使片子结构清晰。例如深圳电视台制作的电视汇报片《风帆起珠江，春潮涌鹏城》，前半部分介绍深圳改革开放 30 年来取得的成绩，通过七个屏幕小标题来体现。例如“特区使命：改革先锋，探路尖兵”“青春之城，移民之都”“改革之城，创新之都”“口岸之城，物流之都”“金融之城，资本之都”“创意之城，设计之都”“爱心之城，文明之都”，每一小标题引领下部分内容。后半部分重点介绍落实《珠江三角洲地区改革发展规划纲要》的前景，其主要观点也是通过屏幕文字体现出来。四要重视背景音乐的运用。汇报片要做得好看好听，离不开选用合适的背景音乐。一般来说，片头的音乐要强有力引起观众的注意力，片中的音乐要舒缓、优雅，片尾的音乐要有气势。注意所用背景音乐要与汇报内容、情感、节奏相吻合，不顾传播效果强行添加，适得其反。五要重视图表与动画的运用。由于汇报片的内容多又杂，因此，根据汇报内容如果恰当运用图表语言就可使汇报的内容直观、形象，通俗易懂。例如用柱形图展示逐年升降，用扇形图表现百分比，用动画演示事件过程等。

（五）审定把关

由于汇报片是用于下级向上级汇报工作所采用的一种视听传播方式，因此，对样片的把关十分重要。除了参与节目的制作人员及其编导对节目的质量把关外，还要由单位主要领导亲自审定，把好内容关、政治关、政策关以及提法是否准确等。只有经过层层把关，才能确保汇报片不会出现差错。

第五章
The fifth chapter
微电影编导与制作

“微”字是2012年被网络、报纸等媒介热捧的一个字，也是《新周刊》2012的年度汉字，微博、微小说、微信等，都被冠上了“微”字头，以手机与网络为代表的新媒体技术的不断发展，带领着人们走向了“微时代”，微电影也成了这一时代中的一员。微电影的概念至今为止都没有一个统一的界定，它是在争议中不断发展壮大的，从2010年底号称第一部微电影《一触即发》上映后，微电影便进入了高速发展阶段，每年产生成千上万部微电影。不论是大牌导演、明星演员，还是普通民众、在校学生，无一不在试水微电影，微电影已成为影视行业的香饽饽。然而，如何在微电影这股大潮中找到制高点与获胜点，如何制作出优秀的微电影，是当前微电影制作者应该考虑的问题。本章从微电影的概念界定、发展现状、剧本创作、拍摄技巧、后期剪辑以及微电影的营销等诸多方面对微电影进行分析。

第一节　微电影概述

无论是微电影的观赏者，还是创作者，颇有必要认识微电影的内涵、类型及其特点。为此，本节就微电影的这些内容加以阐述。

一、微电影概念

自微电影兴起以来，关于微电影的概念学界并没有一个统一的说法。2012年5月24日在北京师范大学举行的“新潮影像：微电影命名与形态”学术研讨会上，来自学术界和电影界的20余位专家、学者对此展开了研讨，表达了各自的看法，但并没有对此达成一个统一的共识，会上有不少学者对微电影的概念作出了自己的界定。

现在流传较广的定义来自于百度百科：微电影（Micro film）即微型电影，又称微影。是指专门运用在各种新媒体平台上播放的、适合在移动状态和短时休闲状态下观看的、具有完整策划和系统制作系统支持的具有完整故事情节的“微时”（30 秒到 300 秒）放映、“微周期制作（1 至 7 天或数周）”和“微规模投资（数千、数万元/部）”的视频短片。① 也有学者认为微电影是除影院电影、电影短片之外的“第三电影”，抑或是加长版的广告、视频短片的一种等。

综观各种微电影定义，结合微电影的发展现状，与传统电影比较，我给微电影作如下界定：微电影是指以互联网与移动终端等新媒体为播放平台、创作自由度较高、故事情节相对完整的视频短片。这个定义可从下面四个方面来理解。

（一）播放平台

电影的播放平台一般在影院，而微电影的播放平台一般在网络与移动终端上。网络包括有线网络与无线网络，移动终端包括智能手机、移动电视、平板电脑、手提电脑等。这些播放平台满足了人们随时随地播放微电影的需要。

（二）创作自由度

微电影的创作自由度远远高于影院电影创作的自由度。我国没有电影分级制度，但有严格的审查制度，从题材、拍摄、播出等诸多环节都有一定的限制。电影的最终目的是院线上映，赢得更多票房，但是在制作过程中又要考虑各种限制，不能越规，否则无法上映。微电影的创作比传统电影有更高的自由度。无论是从选题与拍摄，还是后期制作与播放平台等各个方面都要比传统电影自由得多，这就使得各种不同风格、不同类型的微电影不断涌现。2012 年 7 月，国家广电总局和国家互联网信息办公室联合下发《关于进一步加强网络剧、微电影等网络视听节目管理的通知》，要求互联网视听节目服务单位，对播出的网络剧、微电影等网络视听节目负责，实行“谁播出谁审查”的政策。这在一定程度上限制了微电影的创作自由度，但是相比于传统电影，微电影创作与播出的自由度仍然很高，这也是其区别于传统电影的一个特征。

（三）故事情节

微电影与传统电影都有完整的故事情节，但是，微电影由于受时长限制，其故事情节单纯且简单得多，有时省略了情节发展中的一些环节。相对于传统电影，它有更多的灵活性和可塑性，它不拘泥于传统电影比较固定的叙事方法和策略。在现有的微电影中，我们可以看到穿越、搞笑、品牌融入故事等叙事手段的运用，在短短的几分

---

① 百度百科．微电影［EB/OL］．http：//baike. baidu. com/view/4342291. htm

钟之内浓缩了传统电影几十分钟的精华。

（四）视频短片

传统电影时长一般是 90 分钟或 120 分钟，最多 150 分钟，而微电影时长大多是 10 分钟以内，最长也不过 40 分钟左右（例如微电影《老男孩》时长 42 分钟）。由于微电影时长短，因此，它迎合了人们“碎片化”时间娱乐的需要。把电影的制作手法融入到视频短片中，就形成了微电影。可以说，微电影是视频短片的一种。

二、微电影类型

如何对微电影进行分类，从不同角度划分，有不同的类型。从是否具有广告性质来看，可划分为广告式微电影与非广告式微电影。广告式微电影又可分为商业性微电影与公益性微电影，非广告式微电影又可根据内容划分为多种类型。从制作方式来看，可分为三类：即草根队伍制作的微电影、为广告主量身定做的由专业人士制作的营销类微电影、由视频网站或门户网站发起寻求广告品牌合作的剧集型微电影。从微电影的内容来看，可分为城市形象类微电影、企业产品类微电影、爱情类微电影、公益教育类微电影、生活类微电影、时尚类微电影、励志类微电影、惊恐类微电影等不同类型，下面就常见的六种类型加以简要分析。

（一）城市形象类微电影

城市形象类微电影主要是指以传播城市形象为主题的微电影，是广告式微电影的主要组成部分之一。与城市形象宣传片不同的是，城市形象类微电影不是把宣传目的直白式地灌输给观众，而是通过故事情节的铺垫与电影叙事策略的运用，巧妙地宣传了城市形象，更易为观众所接受。例如我国首部官方城市形象微电影《苏州情书》以新加坡姑娘韩梅梅为主线，将苏州独有的古典风韵、新潮时尚和唯美的爱情故事相结合，并借助微电影形式展现出来，区别于此前国内千篇一律的官方宣传片。

（二）企业产品类微电影

企业产品类微电影是指把企业产品融入剧情中或企业以赞助的方式摄制的微电影。例如百事可乐公司投资拍摄的微电影《把乐带回家》，片中把故事与产品有机融合，演绎了一段有爱、有家、有快乐的温馨故事。片中的“乐”有两层含义，一个是百事三个乐品牌带给消费者的快乐，另一个是与亲人团聚带来的快乐。体现父子之间深厚感情的微电影《看球记》是由佳能公司赞助的。纵观微电影的发展，从雪佛兰赞助筷子兄弟拍摄的《老男孩》到凯迪拉克投资拍摄的《一触即发》；从为三星手机打造的由周迅主演的《四夜奇谭》到胡戈的七喜广告系列微电影，等等，可以看出，微电影的发展与企业广告有着密不可分的联系。

（三）爱情类微电影

爱情类微电影是指故事情节以爱情为主题的微电影。例如戛纳获奖微电影《符号》是一部平淡如水却又精致无比的爱情微电影。男主角是一个典型奔波在两点一线上的上班族，白领阶层朝九晚五的生活令人生丧失乐趣，直到在茫茫人海中，隔楼的惊鸿一瞥，男女主人公纸片传情，擦出了爱的火花。

（四）公益教育类微电影。

公益类微电影是指把公益主题融入故事情节中的微电影。从公益类微电影现状来看，既有名星参加拍摄的，也有普通大众参加演出的。例如以消防为主题的微电影《无言》与《守护》，以气候为主题的微电影《红苹果》，以戒烟为主题的微电影《不再吸烟》，以交通安全宣传为主题的微电影《呼唤》，以传递法治理念的廉政法治微电影《闪爱惹的祸》，等等，这些微电影通过剧情潜移默化地对观众进行了防火、保护环境、吸烟有害健康、遵守交通规则、遵守法律法规等方面的教育，都属于公益类微电影。

（五）励志类微电影

励志类微电影是指以鼓励人们克服困难、磨炼意志、积极进取为主题的微电影。例如微电影《追梦人》讲述设计公司的一个小职员为了实现小时候的梦想，从深圳骑自行车到天安门的故事，向人们传递“有梦想就要去努力实现”的主题思想。《城市，有我奋斗的青春》系列微电影第一集《修·车》剧情围绕“奋斗、改变”展开，描述了一个在城市底层打拼的男青年奋斗和梦想的故事。

（六）惊悚类微电影

惊悚类微电影是指情节惊险、令人恐惧的微电影。例如法国获奖微电影《调音师》，讲述为了获得更多订单假装盲人的调音师阿德里安，在一次上门为客户钢琴调音中目击的一桩谋杀案，导演通过调音师的内心独白、镜头的调度来设置悬念，营造影片的惊悚氛围，尤其是影片的开放式结尾：老妇人手持钉枪正对着调音师的后背，有点令人不寒而栗。

三、微电影特点

虽然微电影的概念，学界与业界一直争论不休，但是微电影的几个显著特点还是得到了大家的认可。

（一）微时长

微电影区别于院线电影最显著的特征是时长的差别，相对于 90 分钟、120 分钟与 150 分钟的电影时长，微电影大部分都在 1 至 30 分钟之内（据统计时长为 5 分钟左右的微电影占的比例最多）。对于微电影时长的界定，没有统一的规定，国内外许多微电影大赛要求微电影时长控制在 10 分钟以内。要在有限的时间内把一个故事讲得精彩，几十秒的广告式微电影可以精彩，例如《一触即发》；几十分钟的微电影同样毫不逊色，例如《老男孩》。微电影时长到底多长为好，要根据题材内容与制作要求来定。可见，微电影的时长不像传统电影有统一的时长限定，其所以冠名“微”字，时长短是其主要原因之一。只要具有电影传播特点的视频短片都可称之为微电影。

（二）微制作

现在的商业大片投资大都已经上亿元，《金陵十三钗》投资 6 个亿，《1942》耗资两个亿，就算是非大牌导演制作的电影投资也已经达到了几千万。而微电影的投资大都集中在几千元至几万元之间，高的在几十万、几百万，低的不过几百元，投资的高低取决于微电影的制作方与投资方。例如《天堂午餐》片长 6 分钟，总投资 200 元；《老男孩》片长 45 分钟，投资 70 万元等，这些投资都远小于传统电影的投资。从制作团队来讲，草根制作人、非专业演员参加也是微制作的一个体现。微电影制作门槛低，即使普通 DV 爱好者，只要有故事，敢拍敢做，就可以完成一部微电影的制作。

除了投资少，微制作还体现在制作周期短。传统电影的拍摄与后期制作少则要几个月，长则要几年时间，如王家卫导演的电影《一代宗师》单单筹备期就达 8 年之久；但是微电影的制作周期大都在几天到十几天。高校学生的拍摄周期大多在一周左右，投资较大的片子时间会稍长一些，例如《老男孩》拍摄了 16 天，但跟传统电影相比，制作周期短了很多。

（三）微放映平台

传统电影投资较大，需要依靠院线票房来获得回报，而微电影就不存在票房问题，大多在网络、手机等新媒体平台上免费播放，更加贴近普通大众。观众可以在上下班公交车上、地铁里甚至等电梯的时候，利用随身携带的移动终端观看微电影，而传统电影就做不到这一点。微电影最大程度上利用了现阶段传播环境下碎片化的传播语境，普及度远大于影院电影。现在，网络已经成为人们生活中必不可少的一部分，手机成为人们形影不离的私密工具。通过网络与手机看视频、看电影已经成为网民上网的主要内容之一，所以网络、手机等这些微放映平台成为了微电影传播的重要渠道。

（四）互动性强

由于微电影主要在网络与手机等平台上播放，因此，其互动性特点十分突出。观众在看的过程中可以随时发表自己的观点，对剧情、演员、拍摄手法等各个方面加以点评，对于优秀的微电影积极推荐、转发，引来众多网友点击。目前，有些门户网站自制微电影，邀请网友参与制作，甚至请网友参与编剧与演出，在多个故事结局选择中广泛征求网友意见。有些广告式微电影为了达到营销效果，发动网友对片中演员进行有奖竞猜活动，等等，可见微电影互动性远胜过传统电影。

第二节　微电影的发展

在微电影概念诞生之前，国内就已经存在许多类似微电影的视频短片，只是当时没有这个称呼而已。随着2010年年底《一触即发》的上映，“微电影”术语正式步入了人们的视野，且迅速得到了业界与学界的认可。随着网络、智能手机、影视制作设备的普及以及微电影作用的日益加强，越来越多的人加入了微电影制作队伍，使得微电影产业在近两年内得到了迅猛发展，每年生产的微电影数以万计。本节就微电影兴起的历程、产生的背景及其发展现状加以简单介绍。

一、微电影的兴起

2010年年底，世界尊贵汽车品牌卡迪拉克投资拍摄的《一触即发》，这部耗资巨大的片子成为了第一部微电影。也是在这部片子之后，出现了“微电影”这个概念。关于微电影的最早起源，一直都没有一个明确的定论，因为在《一触即发》之前，已有很多片子具备了微电影的特征。

2001年，美籍导演伍仕贤拍摄的短片《车四十四》，片长为11分钟，讲述一位女公交车司机在偏僻路途上的遭遇，反映了人性的光辉与黑暗，引人深思。这部短片获得第58届威尼斯国际电影节评委会奖、2002年美国圣丹斯电影节评委会特别表扬奖等，在2007年的新浪首发上正式与国内观众见面。

视频网站的兴起为拍客们的作品提供了很好的传播平台。Podcasting是一种新媒体形态，它是利用互联网发布音视频文件，用户可订阅、自由下载且同步播放的一种新的媒体形态，2004年诞生于美国。同年年底引入中国以后，衍生出“播客”这一中文概念。中国播客的发展几乎与世界同步，2004年9月“六间房”视频网站诞生，2005年4月“土豆网”和56.com（我乐网）先后上线，2006年，播客视频网站大批诞生，从年初的30余家猛增至200多家。2006年被称为中国网络视频元年。2007年，国内许多视频网站为了提高拍客的兴趣，通过设立数额不等的奖金来提高视频节目的质量。2008年，新浪播客重金打造“拍客联盟”，每日设立现金大奖，获奖作品还有可能登上门户网站的首页，拍客也有可能成为网络红人。从视频网站发布的原创作品来看，大多数视频记录的是拍客在日常生活中的所见所闻；当然也有突发事件，例如汶川大地震、央视新楼大火、成都公交车燃烧等重大事件中，拍客们通过影像使自己成为公民记者，满足了人们信息的需要。与传统电视比较，网络电视具有传播的互动性、内容的个性化、平台的开放性、信息的海量性与选择的主动性等特点与优势，深受广大用户与投资者的青睐。网络电视的传播特点与优势进一步推动着视频制作的普及。

2005 年，胡戈以《无极》和《中国法治报道》为素材剪辑制作的恶搞视频《一个馒头引发的血案》在网络上引发点击狂潮。时长 20 分钟，无厘头的对白和搞笑的台词使这部片子迅速蹿红网络。之后，恶搞视频不断涌现。这期间，无论是拍客们制作的视频短片还是恶搞视频，离微电影的要求尚有一定的距离。

2010 年 6 月，由中国电影集团联手优酷网共同出品的同主题系列短片电影《11 度青春》正式启动，从 8 月到 10 月底，十一部短片在优酷全部上映完毕。其中的《老男孩》一经上映便引起轰动，青春怀旧的主题引起无数 80 后的共鸣。截至 2012 年 12 月初，这部短片电影在优酷的点击率就超过了五千万次。

2010 年 12 月 27 日，凯迪拉克投资拍摄的《一触即发》正式上映。主角由国际巨星吴彦祖以及凯迪拉克的 SLS 赛威车型共同担纲。90 秒的“微时间”里具备了电影的叙事风格。这部微电影给凯迪拉克赢得了过亿的点击量。“微电影”这个名词也被正式提出。随着凯迪拉克携手吴彦祖打造的首部微电影先锋巨制《一触即发》的诞生，2010 年被称为微电影元年。

2011 年是微电影的丰收年。自《一触即发》后，专业团队制作的《66 号公路》《四夜奇谭》、百事投资的《把乐带回家》、七喜穿越系列，草根团队制作的《红领巾》《天堂午餐》等微电影在网络上不断刷新着点击纪录。由国家语言资源监测与研究中心等多家权威部门联合发布的“2011 年度中国媒体十大新词语”中，微电影与伤不起、政务微博、云电视等词语一起入选。

二、微电影的发展背景

微电影兴起并获得迅速发展，是多方面合力推动的结果。这些合力来源于新媒体技术、广告主、受众环境、微电影特点以及广电政策等诸多方面。

（一）新媒体的发展，为微电影提供了极好的播放平台

随着网络技术、通讯技术与计算机技术的迅猛发展，新的媒介形态不断诞生，为微电影的传播提供了许多平台。手机电视、网络电视、公交电视、地铁电视、楼宇电

视、平板电脑等媒介都成为了微电影的播放平台。微博、社交网站、视频网站等新媒体为上传、下载以及播放微电影提供了极大的方便。尤其是3G手机的普及以及4G手机的推广，满足了人们随时随地观看微电影的需要。

（二）制作门槛低，有利于微电影的普及

电影制作业长期以来是高投入、周期长、风险大的行业，只有极少数人才有资格涉足这个行业。电影艺术属于高雅艺术，是专业制作者的专利，普通民众处于被动的地位——观看者的地位。进入本世纪以来，随着高科技的发展，操作简单、功能多样与价格低廉的手机、数码相机、小型DV以及高清摄像机等前期拍摄的数字设备，日益走进了寻常百姓家。在后期制作中，非线性编辑软件的应用，使得视频制作日益大众化。专业级的非线性编辑软件如绘声绘影、Premier、Edius、Pinnacle Studio9等可从网上免费下载；广播级的非线性编辑软件如大洋、苹果、索贝、AVID等价格也日益便宜，成为影视工作室、专业制作公司及电视台后期制作的主要软件。在新媒体环境下，制作微电影与传播微电影的门槛降低，使得人人都可成为微电影的创作者、传播者与观赏者。

在微电影创作队伍中，专业制作队伍人数很少，业余爱好者占的比例很大，尤其以在校大学生为多，除了学导演、摄影、编剧、电视编导等对口专业的学生外，许多学广告学、新闻学、数字媒体艺术、动画、传播学等相关专业的学生也纷纷加入这个行列。其实，只要有兴趣，不管什么专业的人员都可加入微电影的创作队伍。

（三）广告主的加盟，助力微电影快速发展

微电影最初来自于传统企业、广告与电影的三方合作，被称为“一种拍得像电影的更高级别的广告”。2003年德国宝马汽车聘请世界八位著名导演拍摄八部6~8分钟不等的广告片，2006年雅虎邀请冯小刚拍摄电影形式的广告，其他还有香奈儿的《秘密情史》和力士的《金纯魅惑》等。随后，较大的门户网站、视频网站、网游公司争相进入微电影营销的蓝海。从2010年凯迪拉克的两部微电影《一触即发》和《66号公路》到雪佛兰赞助筷子兄弟拍摄的《老男孩》；从彭浩翔为三星电子拍摄的《四夜奇谭》到姜文为佳能拍摄的《看球记》，胡戈的七喜广告系列等，微电影的发展与广告有着密不可分的联系。① 不论是企业投资拍摄为企业品牌做广告，还是企业作为赞助商出现，广告式微电影都为现在传统广告的模式带来了新的生机，它打破了长期以来“说教式”的营销方式，在故事中融入品牌，易让观众接受。

国家广电总局于2011年10月11日下发了《关于进一步加强广播电视广告播出

① 徐海龙．微电影及其跨媒体整合［J］．中国电视，2012（4）．

管理的通知》，针对电视剧中插播广告的时间、长度以及广告类型作出进一步规定，禁止在片头之后、剧情开始之前以及剧情结束之后、片尾之前插播任何广告，等等。“限广令”的出台使得广告投放或更多地流向自由度较高的视频网站，广告主对微电影的投资日益增多。

（四）受众观影方式的变化，有利于微电影的传播

随着社会竞争的加剧，人们生活工作节奏的加快，受众看电影的方式与环境发生了很大的变化。过去常常花两个小时看一场电影，现在已经少见。人们习惯于在短暂休闲、等车坐车的时候观看微电影，以打发无聊的时间。微电影的“微时长”的特点吻合了受众碎片化的时间。看微电影已经成为人们释放压力、调节心情的一种娱乐方式。

据中国互联网络信息中心（CNNIC）发布的第32次《中国互联网络发展状况统计报告》显示，截至2013年6月底，我国网民规模达到5.91亿，互联网普及率44.1%。手机网民规模达4.64亿，网民中使用手机上网的人群占比提升至78.5%。网络视频网民达3.89亿，网民中上网收看视频的比例为65.8%。在手机上在线收看或下载视频的网民数为1.6亿，手机视频在手机网民中的使用率为34.4%。通过手机和PC电脑看视频的人数不少，其中就包括看微电影。手机功能的改进与提升，3G手机的普及，4G手机的推广，极大地满足人们在移动状态下观看微电影的需求。可见，互联网改变的不仅仅是微电影的播放平台，更重要的是改变了受众的观影方式与视听习惯。

三、微电影的发展现状

微电影的发展速度与微信一样，势态迅猛；仅仅两年时间，就获得了大众的普遍接受。微电影在网络上、移动终端上遍地开花。内容丰富、类型多样的微电影满足了人们在碎片花的时间里娱乐的需要，微电影在视频的海洋里呈现出一片引人注目的浪花。

（一）微电影地位确立，影响日益显著

虽然微电影概念诞生时间短，但是很快就得到了影视业界与学界的认可。截至2013年9月底，在百度中输入“微电影”三个字可以找到约一亿个网页，上万部微电影，在中国知网中可以找到近800篇研究微电影的论文。与此同时，微电影也得到了国家新闻出版广电总局的认可。2012年，首届“中国国际微电影大赛”由中国网络电视台（CNTV）、中国国际广播电视网络台（CIBN）、中国网络视听节目服务协会、北京互联网宣传管理办公室、中国互联网新闻中心、国家广电总局电影卫星频道电影网、全国省级电影频道联盟、湖南乐田电影媒体有限公司共同主办。中国网络电视台和中国国际广播电视网络台分别建立国内和国际赛区，面向全球的微电影爱好者征集作品。除国际级的微电影大赛外，每年还有全国性、地方性、行业性的微电影大赛，如"最美中国"全国大学生摄影及微电影创作大赛、南方微电影大赛、金鸡百花电影节微电影大赛，等等，这些微电影大赛吸引着微电影爱好者参加。此外，全国性或地方性的微电影组织相继成立，例如微电影协会、山东省大学生微电影创作工作室。可见，微电影已经区别于传统电影与电视广告，成为一种新型的视听样式，影响越来越大。

（二）微电影产量多，播出渠道宽

传统电影，制作成本高、周期长，产量有限，2012 年我国生产各类电影总量 893 部（2010 年 526 部，2011 年 791 部），大多限于影院或电影频道放映，且有些电影由于种种原因无法上映。微电影就不一样，制作成本低、周期短，每年的产量成千上万。虽然微电影不适合在影院放映，但是在手机、电脑、公交电视、地铁电视等屏幕上大放异彩。目前，国内主流视频网站均设立了微电影频道，如爱奇艺微电影专区、新浪视频微电影频道、迅雷看看微电影频道等，V 电影、点点微电影、飞米网等微电影网站也为数不少。同时，门户网站、传统媒体网站的视频频道也为微电影播放提供平台。此外，随着新媒体对传统媒体的冲击，许多电视频道纷纷开设微电影栏目，进行微电影展播。可见，微电影播出渠道远胜传统电影。

（三）微电影制作队伍不断壮大，类型日益多样化

当前，微电影的发展呈现出一片欣欣向荣的景象，创作队伍与受众面不断扩大。微电影创作队伍主要来自两个方面，一方面来自于草根阶层的视频爱好者，另一方面来自于影视行业的专业人员。视频爱好者纷纷加入微电影的制作队伍，主要是因为微电影制作门槛低，不受资金、设备、政策以及专业水平等方面的限制，创作自由度高，加上年轻人有创意、有想法，通过微电影制作，容易实现自己的导演梦。草根阶层的视频爱好者更多的来自于高校学生，每年全国有数十场微电影大赛，吸引着数以万计的在校大学生参加。专业人员涉足微电影主要是应品牌广告主的要求，参与制作广告式微电影，满足品牌营销的需要。随着微电影创作队伍的不断扩大，微电影表现的内容日益丰富，类型日益多样，除前面介绍的主要类型外，还有时尚类微电影、校园类微电影、少儿类微电影等。虽然微电影产量多，但是高质量的少。主要原因是草根制作为主，专业制作为辅。

（四）微电影盈利模式单一，产业化趋势初现

微电影如何赚钱？这是创作人员最为关心的问题。从微电影诞生之日起，便和品牌推广、商业营销紧密相连。这就决定了要与市场接轨，走向商业定制路线。对于看惯了免费视频的观众来说，如果实行收费，那么微电影寸步难行。因此，微电影的盈利模式与传统媒体一样，主要是靠广告，其次是赞助方或基金公司。为是微电影的主体收入。而微电影的广告又分广告客户专门定制的微电影和有广告植入的微电影两大类。商业化定制占主流，例如公认的首部微电影《一触即发》就是为汽车品牌凯迪拉克量身定做的。微电影中广告植入不宜太多，否则容易引起观众的反感。2012 年 2 月 9 日，国内首个微电影基金在北京宣布成立，这意味着微电影开始走上了产业化道路。此基金致力于鼓励更多的优秀微电影剧本创作。由华影盛视和超过 20 家国内知名企业共同出资完成，总规模超过 1000 万元，未来这一基金规模还将日益扩大，最终希望建成有超过百家企业共同参与的大型微电影基金。目前，华影盛视旗下的微剧本创作有两种模式，一种是客户定制，另一种是自由创作，两种模式已经初具产业化发展趋势。

第三节　微电影剧本创作

剧本是制作微电影的前提，没有剧本，无从谈及摄制微电影。好的微电影离不开好的微剧本，一部不好的剧本不可能拍出一部好的微电影，因此，剧本对微电影来说十分重要。随着微电影业的蓬勃发展，一批微电影的附属产业也迅速火热起来，其中就有微剧本创作。在华影盛视旗下的微电影平台“美我网”上，一个优秀的微剧本价格甚至要达到每个字 1 元的高价格，如此算下来，一个优秀的微剧本可以拿到 5000 元到 1 万元的稿费。中国国际剧本网上有专门的微电影剧本频道，上面列有“最新微电影剧本”“青春爱情微电影剧本”“励志微电影剧本”“企业微电影剧本”“城市形象微电影剧本”等 10 多个栏目，是全球最大的微电影剧本创作交易中心。此外，中国编剧网也专设“微电影剧本”频道，成为微电影剧本发表与交易的平台。由于微电影时长短，它不可能像传统电影或电视剧那样展现复杂的故事，因此，微电影剧本创作有自己独特的地方，本节就微电影剧本创作要点、叙事策略及其分镜头等方面内容加以阐述。

一、微电影剧本创作要点

前面所讲微电影具有“微时长”“微制作”“微放映平台”“互动性强”等特点，

这就决定了微电影剧本创作与传统电影、电视剧的剧本创作有所不同。在微电影剧本创作中，编剧者要把握好以下几个方面。

（一）故事要有创意

有创意的故事能吸引受众观看，进而评论与转发。创意是微电影的核心竞争力之一，没有创意，微电影就显得平淡，难以引起观众的兴趣。故事情节的发展不一定要沿着“开端—发展—高潮—结束”模式来写，由于微电影时长有限，故事冲突要短平快，有些环节可略写或不写，着重于写矛盾冲突的高潮，例如《一触即发》省去了情节的开端，直接进入高潮部分。故事不宜有太多的分枝，尽量简单化。写剧本有一句格言：“Simple is the best！”愈简单的故事就愈好。

（二）内容要新颖，主题要集中

微电影必须在短时间内吸引观众并使之持续观看，这就要求微电影的内容要新鲜有趣，贴近生活，不能老调重弹，缺乏新意。由于受时长限制，因此，微电影的线索要单一，主题要集中，不宜过多展开故事情节。微电影内容要健康，不能庸俗、低俗、媚俗，要体现人文关怀，引人思考，传播社会正能量。

（三）编剧要有画面意识

写剧本不像写小说，小说的对象是读者，剧本的对象是编导、导演及演员。写小说可以用抒情句子，修辞手法和角色内心世界的描述，但剧本就不可以。写剧本的目的是要用文字去表达一连串的画面，所以你要让看剧本的人见到文字而又能够实时联想到一幅图画，将他们带到影像的世界里。剧本创作多用写实句子，多用动词叙述事件过程。肢体语言的内涵及表现力远比对白要强得多，如果可以不用对白，就尽量不要用。写剧本要注意用细节描写表现人物的思想性格，推动故事的发展，但尽量不要用修饰性词语，例如“她长得像花儿一样漂亮，心地善良”，这些内容无法用镜头语言来表现。因此，编剧要有画面意识，要用画面思维来写作，时常想到自己写出的内容能否用于实际拍摄。

（四）情节要有逻辑性

剧本的情节要符合生活逻辑与思维逻辑，不可牵强附会，否则，观众不解或误解，达不到应有的传播效果。尤其是广告式微电影，有些编剧为了满足广告主的要求，天马行空，想象出来的情节叫观众无法接受。对于广告式微电影，编剧的最高境界是：巧妙地把产品、品牌、观念顺其自然融入故事情节中去，使观众在观看时没有意识到植入广告的存在，但又潜移默化地受到了影响。即使故事结局出乎意料，也应该是情理之中的出乎意料。

（五）人物言谈举止要有个性

微电影中的主要人物虽然不多，但是编剧要仔细研磨人物的个性，思考如何通过人物的言语、动作、细节来表现人物的个性。不同职业、不同身份、不同学历的人说话的方式、语气、语句往往不同，因此，剧作者平时要多观察、多记录、多体验不同人物的言谈举止，使剧本中的人物活灵活现地体现出鲜明的个性。例如职场上白领的言谈举止与小商贩有着明显的不同，编剧时就要区别对待。

（六）对白要口语化、 生活化

微电影不像电视剧，可以让剧中人物有长时间的对话。微电影要充分发挥画面的叙事功能，不宜有太多的对话（除非是剧情的需要），否则整个故事会变得不连贯，缺乏动作，观众看起来就似听读剧本一样，觉得沉闷。写剧本要用电影语言，而不是文学语言。只适合于读而不适合于看的剧本不是好剧本。因此，一部优秀的微电影剧本，对白越少，画面感就越强，可视性就越好。剧本中的对白，要求做到口语化与生活化，即剧中人物的说话就像我们生活中说话一样，要接地气。剧本中可以适当采用较为诙谐的网络语言，但不宜书面化，同时，对白尽量要用短词、短句，不宜用长词、长句，这样演员说出来顺口，观众听起来顺耳。

（七）格式要规范

写微电影剧本不能像写小说或人物传记，可以创新不同的写法，微电影剧本有相对固定的格式，且得到了业界的认可，如果不照做，就显得不够专业，甚至说是外行，也不利于剧本的推销。微电影剧本由一个个场景组成，因此，写作时要分场景来写，每一场景首先要写明时间、地点（有的包括场景内容小标题）。人物的对话要用冒号，但不用引号，不同人物的对话要另起一行标明。在写作中不必要标明所用镜头、拍摄技巧、景别变化等，因为，这是导演的工作。下面以戛纳获奖微电影《调音师》为例，介绍微电影剧本的格式。

场景 10　晚上—大厦内

阿德里安按下了门铃，这扇双开的门是奥斯曼风格的。没有人回应。

阿德里安再一次按下门铃，依然毫无反应。他从包里拿出日程本，核实了 Fontrailles 的名字，确定预约的时间和他按下门铃的时间是一致的。突然，他听到从房间里传来了声音。他急忙戴上眼镜，然后把笔记本塞到大衣的口袋里。门背后传来了一个女人惊慌的、不安的声音。

女人的声音：什么事?

阿德里安：我是调音师，夫人。

女人的声音：谁在那?

阿德里安：钢琴的调音师。

一阵沉默。门没有打开。

女人的声音：我的丈夫不在家。请改天再来吧。

阿德里安：夫人，我给钢琴调音不需要您的丈夫亲自在场。

女人的声音：这不重要。如果您愿意，你可以收取出访费。

阿德里安：夫人，这个不是问题。我是个盲人，来到您家是很不容易的。您和您的丈夫都没有取消这次来访。我感到不快的是，打开门来向我解释对您而言应该不难吧。

阿德里安等待了几秒。他再次按响门铃，比上次时间更长。在他身后，邻居的门打开了。从微微张开的门背后露出了一张老妇人的脸，警惕着门外的动静。

又过了一会，阿德里安正准备转身下楼的时候，门终于打开了。第一个场景中的女人站在了他的面前。

女人对阿德里安说：原谅我。我有点惊讶。我没料想到您的来访。我的丈夫并没有事先告诉我。

阿德里安：我们不必多说了。

女人站在半掩的门框里，仔细地打量着阿德里安，直到肯定他的确是盲人。她满意地侧开身子让路给他，同时视线越过阿德里安的肩膀。老妇人消除了疑虑，把门合上。

女人对阿德里安说：来吧，请进。

上面是微电影《调音师》场景10的剧本格式，既写清楚了拍摄场景，比如地点、内景、外景；也写清楚了拍摄时间，比如日间、晚上、黎明、傍晚。人物的动作、表情和对话一目了然，画面感很强，为下一步撰写分镜头脚本打下了良好的基础。

二、微电影叙事策略

微电影发展到今天，每年的高产已经让微电影类型化日益明显。虽然不同类型微电影的叙事策略存在着差别，但是结合电影叙事又不拘泥于电影叙事的框架，仍可以从中探讨出微电影叙事的共性，下面从叙事主题、叙事角度、叙事结构三个方面对微电影的叙事策略加以分析。

（一）叙事主题

主题是微电影之魂。微电影能否成功跟影片反映出来的主题及其情感价值息息相关。传统电影的主题一般都定位较高，大场面大制作下是深厚的爱国情结，或是个人价值的无限上升，比如《辛亥革命》《离开雷锋的日子》。但是微电影的微时长、微制作、微放映平台的“三微”特征决定了其在主题上与院线电影的不同，也正是因为这样，使得微电影“放低了姿态”，把关注点集中在普通人的情感层面。

现在80后、90后已经成为网络中的主流受众，能否与这部分受众产生情感共鸣值得微电影制作者深思。2010年最火爆的微电影莫过于11度青春系列短片中筷子兄弟制作的微电影《老男孩》。这部微电影上线几天就创造了点击量的奇迹。该片的主题是逝去的青春和梦想，仔细分析，我们不难看出这部微电影走的是青春怀旧的路子，片子中有流行天王迈克·杰克逊、李春波、八十年代的校园校服等，这些有着深刻时代印记的音乐、热点事件、物品符号很容易引起观众的情感共鸣，所以当很多观众在看《老男孩》的时候都流下了眼泪。再如姜文导演的首部微电影《看球记》，讲述的是一个离异的父亲带着儿子去看一场足球赛，到了现场却发现由于更换了衣服把球票落在了家中，为了能让儿子看上比赛，父亲想尽办法甚至不惜被骗来满足儿子的愿望。父子亲情的主题感动了许多观众，仅三天时间点击量就突破了1000万次。

在广告式微电影中，主题的确立和品牌的传播效果有着密不可分的关系。腾讯2011年推出“弹指间”系列微电影，制作了“弹指间，心无间”中的亲情篇，紧接着连续两年推出了兄弟篇和爱情篇，从母子之间的隔阂与沟通、朋友间的相互支撑到结婚多年的夫妻重新感悟，所选取的都是普通人生活中会遇到的事情；故事虽然普通，却能引发观众的情感共鸣，引发观众自主传播，与该系列微电影的情感主题息息相关。在2013年初，腾讯又推出了三部品牌系列微电影——《失恋狂想曲》《合影》和《最昂贵的婚礼》，同样把主题定位在“爱”上面——“跨出一步，让爱清晰”。三部片子涉及爱情、友情，其中《最昂贵的婚礼》是由真实的新闻事件改编的，主题的确立同样引发普通观众的情感共鸣。

（二）叙事角度

当代电影叙事学十分关注叙事角度问题，而“人称”和“视点”是电影叙事中两个最重要的因素。人称的确立就是叙事角度的确立，不同的人称定位决定了叙事角度和叙事风格的不同。视点则是某一叙事人称下具体切入角度，视点的存在使叙事形成了不同的层面和相应的讲述方法。① 热奈特在《叙事话语》中提出了两个概念：视角和聚焦，他极力推崇托多洛夫在对“视角”或“语体”的限定基础上提出的三分法，并在此基础上提出了聚焦三分法：（1）在全知叙事角度，叙事者 > 人物，叙事者比人物知道得多，即热奈特提出的“零聚焦”或“无聚焦”；（2）在限制叙事角度，叙述者 = 人物，表示叙述者只说某个人物知道的情况，即“内聚焦”；（3）在纯客观叙事（视角外叙事）角度，叙述者 < 人物，叙述者说的比人物知道的要少，即“外聚焦”②。热奈特等一些前人的观点在今天看来存在一些缺陷，热奈特也公开承认

① 宋家玲．影视叙事学［M］．北京：中国传媒大学出版社，2007：178.
② 李权文．当代叙事学的奠基之作——评热拉尔·热奈特的《叙事话语》［J］．文艺批评，2009（2）.

"聚焦方法并不总是用于整部作品之中，而是运用于一个可能非常短的特定的叙述段落"。

如果说"人称"是从外部将叙事方式进行分类从而确定叙述主体与所叙之事的主客体关系的话，那么"视点"就是从内部来区分不同的聚焦角度所形成的不同叙事层面①，简单来说，叙事人称是指作者对叙述者、叙述对象（人物）、接受对象（观众）三方面关系的把握，叙事视点是指叙述者的选择以及叙述者与叙述对象的远近正侧变化，即叙事性作品中对故事内容进行观察和讲述的角度，也就是叙述人是站在怎样的位置上给观众讲故事的②。我们在讨论微电影叙事角度的时候，不拘泥于前人所框定的角度，而是从影片本身出发进行讨论分析。

七喜的广告一直都以搞笑、创意著称，七喜从一开始单纯的广告宣传到穿越系列的微电影，叙事角度也发生了变化。一开始只是纯粹宣传性质的灌输式广告，在改变了传播方式之后，七喜获得了空前的传播效果。比如七喜的蝴蝶效应广告，采用的是多种叙事角度相结合的方式，一开始蝴蝶效应产生到引发地球爆炸的部分都是非人称叙事，采用全知视点，叙述者知道所有事情发展的原因，但是片中人物不知道，直至为了拯救地球防止地球爆炸，叙事人称变成了第一人称，剧中人不停地想要阻止事件的发生，此时是限制叙事角度，叙述者和人物知道的情况是相同的；到了影片最后，剧中人从监狱出来之后，想要水喝抢了别人的七喜，观众才恍然大悟，原来这一切的始作俑者是他，此时又变成了非人称叙事和全知叙事。这个只有 3 分 26 秒的影片，叙事人称和叙事视角有了三次变化，多视点交叉和叙事人称变化是七喜系列广告式微电影赢得高点击率的原因之一。

但并不是叙事角度的多元化就可以保证微电影的成功，单一叙事角度依然可以取胜。2013 年护舒宝推出了第二部微电影《分手前的那 7 天》，主角为从《爱情公寓》走出来的悠悠和关谷，两人依旧是情侣，整部片子时长 7 分 40 秒，采用的是女主角悠悠第一人称的叙事视角，讲述了在女孩子每个月的那几天情绪会变得焦躁、敏感，对男朋友平常可以忍受的事情开始无法接受，全知视点的叙事角度把观众带入了两人之间感情的漩涡中，不少观众都对关谷的角色捏一把汗。这部微电影的叙事角度很简单，没有像七喜一样的变化多端，但是仍获得了不错的传播效果，我们不否认一部分原因来自《爱情公寓》的观众缘，但是影片简单、细腻的叙事角度也为这部微电影增色不少。

---

① 宋家玲．影视叙事学［M］．北京：中国传媒大学出版社，2007：179.
② 封洪．视点与电影叙事——一种叙事学理论的探讨［J］．当代电影，1994（5）.

（三）叙事结构

罗伯特·麦基曾说："结构是对人物生活故事中一系列事件的选择，这种选择将时间组合成一个具有战略意义的序列，以激发特定而具体的情感，并表达一种特定而具体的人生观。"电影的叙事结构和叙事角度有着密不可分的关系，叙事角度的不同直接影响叙事结构的变化。微电影不同于传统电影，在短暂的时间内容纳不下庞大的叙事结构，所以在当前碎片化的社会传播环境下，微电影的叙事结构有其自身的特点。

微电影具有相对完整的故事情节，但是由于时长和播放环境的局限性，叙事情节比院线电影要简单得多，这就导致了微电影在叙事结构上简单紧凑的特点。有的影片省去了开端，直接以发展和高潮撑起剧情，以达到对观众最大的吸引力，凯迪拉克的《一触即发》就是这种叙事结构。影片没有交代事情的起因，直接进入剧情的高潮，一系列的追逐打斗之后汽车出现，吴彦祖利用汽车成功脱身，短短 90 秒，没有拖沓的演绎，观众看得很过瘾，也达到了凯迪拉克预期的效果。

慕思寝具先后推出过两部品牌微电影，一部是张元导演的《床上关系》，这部片子从一只安全套的失踪开始，夫妻间的争吵，小偷躲在房间内的无奈构成了平行叙事结构，最后落点在"床"上。这部微电影的叙事结构很紧凑，让观众在全知视点的角度看着剧中人物的争吵和滑稽，但是这部微电影最后是一个开放性结局，两位主人公在床上回味之前关于买床的经历，跟慕思寝具打造健康睡眠的品牌理念相结合，这是一个不错的尝试。近期，慕思寝具和南都娱乐周刊联合推出的微电影《一睡成名》，叙事结构就远不如《床上关系》，这部影片整体叙事节奏缓慢，采用了传统电影的线性叙事结构，因为主人公是 B 角，演出的时候被替换掉，伤心之后，刻苦训练，最终获得成功。整部片子没有高潮，太过于平淡，把慕思寝具的品牌理念生硬地加进去，只能降低观众对影片的好感度。

微电影的叙事结构是在不断地探索过程中形成的，没有统一的定式，比如《时光相册》采用传统电影宏大的叙事结构，在不到半个小时的时间内营造了三个时空，过去与女友在一起、现在与人谈判和未来穿越的场景。三个时空来回交错，结构层次分明，这种叙事结构在微电影里面是比较少见的。再比如微电影《天堂午餐》，开头是儿子在洗菜做饭，镜头回忆跟母亲在一起的场景，现实、回忆、幻想不停交换，母亲出现，紧接着儿子微笑，瞬间母亲消失，变成了凳子上的遗照，观众此时才恍然大悟，原来母亲早已离去，剩下的是儿子对母亲的愧疚和深深的自责。这两部片子都是时空交错的叙事结构，《时光相册》虽然制作比较精良，构图和色彩也属上乘之作；相比之下，《天堂午餐》显得比较粗糙；但就传播效果来讲，后者远超前者。可见，同样的叙事结构和时空变化下，叙事主题起了决定性作用。

微电影发展至今，无论是叙事结构，还是叙事主题，都随着时间的推移和当前的传播环境经历了不同的变化，现阶段微电影的叙事策略还不成熟，仍处在探索阶段，虽然中间不乏一些出色的作品，但相对于每年成千上万部的产量来说，优秀作品的数量所占比例还是甚少。微电影独特的叙事策略相对于传统的院线电影有着许多创新的地方，初看会觉得惊艳，但频繁地使用就失去了新意。相对于传统电影 100 多年的发展历史，微电影的发展才刚刚起步，如何在“微时间”内，利用“微放映”平台，运用叙事策略讲好一个故事，达到好的传播效果，仍需要不停地探索。

三、微电影分镜头脚本

在微电影剧本确定后，接着由导演撰写分镜头脚本。分镜头脚本是前期拍摄与后期剪辑的蓝本，是统一所有制作与参演人员行动的依据，因此，导演往往会精心撰写分镜头脚本。如第一章所述通常分镜头脚本包括场号、镜号、机号、景别、拍摄技巧、画面内容、对白、时长、音乐、音响、特技等内容，但是对于电影分镜头脚本来说，导演考虑拍摄与后期制作的需要，对每一场景拍摄的时间、地点、道具、角色以及器材等均会清楚写明，对场景的转换有所说明。一部微电影往往由许多个场景组成，分镜头脚本就要细分一个个场景，可以用表格样式，也可以用文字样式，具体采用哪种样式以及包括哪些内容由导演决定。下面以微电影《寻找 80 后回忆的纪念馆——健力宝》前 4 个场景的分镜头为例，介绍微电影分镜头脚本的写法，如表 5－1 所示。

表 5－1　《寻找 80 后回忆的纪念馆——健力宝》分镜头脚本

镜号	拍摄技巧	画面内容	对白	备注
场景 1：玩具工厂办公室（优酷）【晚上】 道具：Ipad、大量现代玩具、领带、收拾箱 角色：男主角，工厂老总，外国人 A + 外国人秘书（阿 heart + 外国女秘书【如果太贵或太难就找个中国女秘书】），白领人员 7 人（其中一男一女需要会演技。） 特殊器材：对讲机组				
1	全景，跟镜头	众白领同事正在会议室外着急等候，男主角边记着领带边加入众人行列。 男主角话音刚落会议室门打开。女白领 B 紧张了，一下把领带往上一推，直推得男主角喘不过气。	男主角：“喂，怎么样？” 男白领 A：“老总和两只鬼正在里面开会。” 女白领 B：“看你领带打得。”（女白领 B 上前为男主角打领带。）	

（续）

镜号	拍摄技巧	画面内容	对白	备注
		老总与两外国人从会议室走出来，有说有笑。 老总欢送两老外离去。回头看着众同事。 同事看见老总一脸欢欣的表情，也表示出同样的愉悦。	男主角：“说实话就是今天打破了我上班从不打领带的神话。” （会议室门打开） 老外男：“Thank you, we hope that the cooperation happy!” 老总：“Yes, Yes! Thank you, see you! 拜拜。Have a good day!”	
2	近景	老总欢欣地说话，慢慢表情变得沉寂下来	老总：“好了各位，我宣布，我们玩具公司今天正式结业。”	
3	中景 pan 上	男主角正在收拾台面的东西，并把领带往下拉开。 背后一男同事收拾好了东西往外走	男同事 C：“我先走啦！88。” 男主角：“不是说一起吃宵夜吗？” 男同事 C：“下次吧，哎……回去都不知道怎么跟老婆解释。”	
【回闪】会议室中				
4	透过窗外看会议室内	男主角向老总说话	男主角：“我们工厂设计玩具不是一向很受欢迎的吗？”	
5	上 Pan	玩具往上看着男主角等同事的表情		
6	中景	老总说话	老总：“你们这一代是玩这些玩具长大的，我们这一代是看着你们玩这些玩具长大的。”	
7	中景	老总说话	老总：“那你知道你们下一代眼中什么是玩具吗？”	
8	近景	老总说话	老总：“喜欢玩具的人都是有梦想的人。希望你们为梦想找到一个好归宿。”	
9	特写	老总推开桌面上的玩具，扔下了一部 Ipad		
【回闪】 场景 2：室外大街【晚上】 道具：箱子中放满玩具 角色：男主角				
10	中景	男主角失落地走在大路上		
11	特写			

（续）

镜号	拍摄技巧	画面内容	对白	备注
场景3：男主角之家（饭厅）【晚上】 道具：箱子中放满玩具、碗碟等吃饭用具 角色：男主角，男主角妻子，男主角儿子				
12	全景	妻子吃完饭正在收拾碗碟，男主角在看报纸，儿子喝完最后一杯饮料开始走开，男主角发话。	男主角："做完功课才能玩玩具知道吗？" 儿子："早做完啦！"	
场景4：男主角之家（客厅）【晚上】 道具：箱子中放满玩具，iPad，卡通地毯、健力宝饮料 角色：男主角，男主角妻子				
13	中景	男主角打开冰箱并拿出一罐健力宝打开喝掉。		
14	特写	打开健力宝的瞬间。		
15	前虚后实	男主角入镜，前景为儿子，背景是男主角在喝健力宝。男主角一脸不悦。		
16	前实后虚	前景是儿子，背景是男主角，男主角放下健力宝往儿子方向走去。		
17	中景，背面	儿子正在玩 iPad，男主角坐了下来。		
18	中景，正面	男主角开始跟儿子谈话。	男主角："宝贝，这台东西有什么好玩的，来，老爸给你玩这些真正的玩具。"（拿走他的玩具） 儿子：（又拿回来）"你的才不好玩呢，你又不是小孩子，你怎么知道人家不好玩。" 男主角："我也有小孩子过好不好！" 儿子："那你小孩子的时候玩什么玩具呢？" 男主角："噢……你问对人了！要不要看二十多年前的玩具？" 儿子："好啊！" 男主角：（背对儿子）"上马。"高兴地放下 iPad 爬到老爸身上，往房间里走。	

微电影《寻找80后回忆的纪念馆——健力宝》共有17个场景136个镜头，从上面所列前4个场景的分镜头脚本可以看出，该部微电影分镜头脚本涉及的内容主要有镜号、拍摄技巧、景别、故事情节、对白以及每一场景拍摄的时间、地点、参演人员、道具等，同时对场景之间的转换有时用“闪回”说明。至于每一镜头的时长、音乐、字幕等并没有说明，这些内容也可以放在后期制作中再加以考虑。总体来看，这部微电影分镜头脚本简洁、实用，重点突出，用表格样式一目了然。

第四节　微电影拍摄

微电影拍摄手法、技巧与纪实类节目拍摄有所不同，纪实类节目追求客观事实的真实，因此不允许摆拍。微电影属于虚拟类节目，追求影视艺术的真实，所以需要摆拍，直到效果满意为止。微电影与传统电影、电视剧都属虚拟类节目，因此，其拍摄手法与传统电影、电视剧的拍摄手法有许多相同之处；但是它们各自的传播特点又有所不同，微电影的微时长、微播放平台等特点决定了它的拍摄方法、技巧与传统电影、电视剧又有所区别。因此，本节微电影拍摄的方法与技巧，既讲与传统电影、电视剧拍摄手法的共性，又讲微电影拍摄手法的个性。

一、微电影拍摄前的准备

拍摄前准备越充分，越能提高工作效率，确保拍摄质量。一般来说，微电影拍摄规模比传统电影要小得多，其前期准备工作量比传统电影也要少很多。虽然规模小，但是其准备环节、内容与传统电影拍摄大致相同，“麻雀虽小，五脏俱全”。微电影的拍摄涉及的是多工种的配合，因此，其准备工作涉及不同的部门，下面简述主要部门及其人员要做的准备工作。

（一）导演部门

导演在撰写微电影分镜头脚本后，一项主要的工作就是选好演员。好演员比后期制作更重要。根据投资方及剧本的要求，确定是起用专业演员还是用业余演员。对于广告式微电影来说，如果广告主要求高且愿意多投资，就可考虑起用专业演员，例如微电影《一触即发》邀请国际影星吴彦祖主演，是因为投资方凯迪拉克认为吴彦祖先生的气质与SLS赛威车型很匹配，稳重的同时透露出智慧和胆识，同时吴彦祖先生在生活中不断挑战自己，这一点也和凯迪拉克品牌的精神不谋而合。当然，对大多数微电影来说，“微成本”决定了演员是来自于不同行业的普通群众，尤其爱情类、励志类、教育类微电影中的演员基本上由高校大学生或职场白领来主演。

在确定演员后，导演要给演员集中说戏，以帮助演员尽快熟悉剧情，理解角色，认识自己合作表演的对象。在正式开拍前，导演还要对全体摄制人员做一次导演阐述，统一创作思想。此外，导演还要带领主创人员实地看景，设计拍摄方案，等等。导演在拍摄前要考虑诸多方面，以保证摄制顺利进行。

（二）摄影部门

摄影师、灯光师要熟悉分镜头脚本，了解其中的拍摄手法及其所要采用的灯光类型。在拍摄前要与导演一同看景，掌握拍摄场地特点，对拍摄手法、布光方式有所设计。然后根据剧本拍摄要求，向制片部门提供所需摄影器材清单及其灯光清单。器材到齐后，要试用几次，确保正式拍摄不会出现问题。

（三）美术部门

美术部门主要承担对影片美术、置景、道具、服装、化妆等各个方面进行指导与设计，使全体工作人员对影片的美学风格达成共识。美术师要与导演、摄影师一同去看景、定景。与置景、道具等工作人员共同完成拍摄现场的准备工作。服装师要设计演员的服装，化妆师要设计演员的化装。同时，美术、置景、道具、服装、化装等各个组要向制片部门提供所需物品清单，由制片部门购买或租赁。

（四）录音部门

正式拍摄前，录音师要与导演沟通，设计影片的声音效果。此外，录音师要同其他主创人员一同看景，了解拍摄现场的录音环境，提出所需录音器材清单，交给制片部门，由制作部门购买或租赁。收到录音设备后，要反复试用，确保录音效果。

（五）制片部门

制片部门是影片制作所有部门中管事最多最杂的部门。制订拍摄计划、日常拍摄管理、所有器材设备购买或租赁、签订各种合同、制作人员吃住行的安排、各种费用支出与结算等，均由制片部门来完成。

上面所列五个部门的准备工作是电影摄制中的必备工作，微电影也不例外。只不过微电影规模小，周期短，成本低，因此，在此基础上可以灵活应用。有些微电影摄制团队所有工作人员仅几个人而已，导演、后期制作等工作由一人承担，或摄影、灯光等工种由一人承担，这都是常见的。

二、微电影拍摄技巧和方法

一部微电影由许多个场景组成，一个场景由许多个镜头组成。虽然微电影时长短，但是每个镜头的叙事功能并不弱。因此，摄影师在导演的指导下，考虑到后期编辑的需要，充分发挥自己的主观能动性，精心拍好每一个镜头，与导演一起共同把握好镜头调度。具体来说，镜头调度涉及影像的角度、景别的变化、景深的控制、画面的构图、镜头的运动等方面内容；简单地说，就是要解决“拍什么、怎样拍”的问题。其目的是叙述内容，渲染情绪。下面结合微电影拍摄例子，分析如何通过镜头调度手段达到影像化叙事之目的。

（一）影像化叙事：单视点画面营造

微电影影像化叙事，可以通过单个固定镜头来实现。在固定镜头拍摄中，往往通过掌控主镜头、景别、景深、光线、色彩、构图、透视关系等方面来达到叙事之目的。

1. 主镜头与景别。主镜头有两种含义，一是指在总角度拍摄的全景镜头，二是指在一个完整的镜头段落中，具有承担实质性含义的镜头。在拍摄一个场景时，首先要明确拍摄的角度，即要考虑好由机位、焦距与光轴方向三者决定的影像角度。在总角度拍摄一个总括场景的全景，这个全景要能包括场景中的人、物、景，以明确它们之间的方位关系。在此基础上，根据需要再从不同角度拍摄不同景别的画面；对于微电影而言，要着重拍好近景与特写，因为，微电影播放的主要平台是手机、电脑及其他移动终端，这些播放平台屏幕小，为了让观众容易看清画面内容，因此，在微电影镜头中，近景、特写画面较多。例如微电影《寻找 80 后回忆的纪念馆——健力宝》以全景主镜头开头，让观众明确人物之间的位置关系，然后接着是近景与特写。纵观微电影镜头，近景、特写镜头占有 50% 以上，这与播放平台特点有密切的关系；如果远景、全景镜头多，要看清画面内容，就会容易造成观众视觉疲劳。

2. 景深大小控制。景深是指画面纵深方向清晰的范围。景深大（深），画面清晰的范围就大；景深小（浅），画面清晰的范围就小，前景或背景就会变得模糊。景深大小，与物距、焦距、光圈有关。物距越远，景深越大；物距越近，景深越小；焦距越长，景深越小，焦距越短，景深越大；光圈越大，景深越小；光圈越小，景深越大。景深镜头可以把画面分为两个区域：清晰区与模糊区，一般来说，编导与摄影师会充分利用清晰区域为表现画面主体服务。在微电影拍摄中，摄影师可通过景深的控制，强调被摄对象，让观众看清目标内容。例如微电影《寻找 80 后回忆的纪念馆——健力宝》场景 4 第 16、第 17 两个镜头通过控制景深变化来强调要表现的内容。第 16 个镜头主角爸爸在喝健力宝是清晰的，前景儿子在玩 iPad 是模糊的；第 17 个镜头则相反，前景儿子玩 iPad 是清晰的，转化为画面主体；爸爸喝健力宝转化为模糊的后景。前后两个镜头通过虚实转化，强调各自的叙述重点，逐渐引出后面情节：为什么要建造80后回忆的纪念馆。

3. 光线造型与色彩反差。在微电影的拍摄中，要充分利用好光线与色彩来突出重点，表达情感。光线在影视造型中的作用，无论怎么描述也不为过。导演与摄影师要掌握主光、副光、轮廓光、环境光、修饰光、效果光、眼神光等各种光的造型功能，根据剧情的需要，选用合适的光型。由慕思寝具出品的微电影《床上关系》讲述了一对年轻夫妻因为一只安全套的失踪，而引发的一场疯狂争吵，整个故事都在床边展开，方寸之地演绎了一场荒诞的家庭闹剧。该片拍摄时间在晚上，地点在室内，因此，全靠人造光源来造型。全片采用暖色调，以体现家的温暖，通过不同光源的组合突出画面叙述的重点。例如当夫妻俩争吵后，妻子想在离家之前再在床上待会儿时，丈夫也睡在床上，两人背对着背，回忆着买床的经历。这时有两个暖色主光从左、右两个方向，分别打向妻子与丈夫脸部，以突出夫妻俩痛苦的表情；再加上淡淡的局部环境光，整个画面明暗对比强烈。如图5－1所示。与此同时，穿插回忆的画面以黄褐色为主色，与现实画面形成色彩反差，加深观众的印象，如图5－2所示。

图5－1　明暗对比突出人物内心的痛苦

图5－2　回忆的画面以黄褐色为主色

4. 静态构图与透视关系。在固定拍摄中，要处理好画面静态构图与透视关系，可把拍摄主体安排在画面对角线上连成的黄金分割线附近，也可安排在画面视觉趣味中心，按照“对称与平衡、比例与节奏、对比与和谐、变化与统一”的构图法则，处理好主体、陪体、前景、后景、背景之间的位置关系；通过光线、空间、影调、色彩等元素强化透视关系，加强画面纵深感，从而产生逼真的艺术效果。例如微电影《老男孩》中当主角在舞台上演唱主题曲时，无论是台上台下画面，还是场外画面，均以静态构图为主，通过前后景虚实的控制以及光线、色彩、影调的变化，使画面的纵深感得以强化，如图5－3、图5－4所示。

图 5－3　静态构图中通过虚实关系突出主体

图 5－4　通过光线引导观众视线，突出主体

（二）影像化叙事：多视点画面营造

微电影影像化叙事，也可利用运动镜头或多个机位来实现。通过推、位、摇、移、升、降等运动镜头或多个不同机位的拍摄，以获得不同角度、不同景别、不同构图、不同景深的镜头画面，以展示人物关系、事件过程与环境气氛的变化，从而达到叙事之目的。下面从轴线规律、人物关系镜头、镜头运动节奏以及综合构图等方面阐述在微电影拍摄中，如何运用多视点画面来叙事。

1. 轴线规律

如前所述，轴线规律是保证画面主体方向明晰、空间统一的规律。轴线规律可分为运动轴线规律、方位轴线规律与关系轴线规律。这里主要阐述在微电影拍摄中如何运用轴线规律确保方向一致性以及如何合理越过轴线丰富拍摄内容。在拍摄时，一般首先要拍摄一个总角度主镜头，然后确定各种轴线，即依据被摄对象的运动确定运动轴线，依据被摄对象的朝向、视线方向确定方位轴线，依据被摄对象的交流关系、位置关系确定关系轴线。在轴线一侧的 180 度范围内无论从哪个角度拍摄，都不会造成方向混乱。但是，如果总是在轴线的一侧拍摄，则会丢掉许多生动的现场内容，因此，导演与摄影师要想办法，越过轴线，在轴线的另一侧拍摄。一般来说，通过拍摄以下几种镜头，可以实现合理越轴。

（1）拍摄中性镜头。中性镜头也叫骑轴镜头，是指在轴线上拍摄被摄对象的镜头。由于中性镜头没有明显的方向性，因此，在后期编辑中插入两个越轴镜头之间，不会造成方向错乱。

（2）拍摄运动改变的镜头。在多机拍摄中，如果在轴线两侧都设置了机位，那么可以通过其中一侧的镜头运动，可以形成新的位置关系轴线，实现越轴。也可以通过被摄对象的自身运动完成越轴，如跟或摇拍被摄对象转向过程的镜头，观众就明白方向已经改变。

（3）拍摄空镜头与特写镜头。空镜头是指没有人物出现的景物镜头。特写镜头是对被摄对象局部放大的镜头。空镜头与特写镜头都没有方向性，因此，插入在两个越轴镜头中可以减弱越轴造成的方向错乱感。

（4）拍摄主观镜头。主观镜头是指从画中人物视点所拍摄的镜头。如果在两个越轴镜头之间插入上一个镜头中人物的主观镜头，则可以实现合理越轴。

例如七喜出品的微电影《解救白雪公主》，其中有一场英雄为了解救白雪公主与一条巨龙搏斗的场景，摄影师在这个场景中通过拍摄中性方向镜头顺利实现了越轴，从而丰富了镜头表现的内容。如图 5－5 至图 5－10 所示：

图 5－5　全景镜头，交代位置关系

图 5－6　中景镜头，英雄挥刀从左向右冲

图 5－7　中景镜头，巨龙从右向左冲

图 5－8　中性镜头，英雄挥刀对着镜头冲来

图 5－9　中性镜头，巨龙对着镜头冲来

图 5－10　全景，英雄与巨龙方向改变，合理越轴

图 5－5 至图 5－10　通过中性镜头实现合理越轴示意图

2. 人物关系镜头

在微电影的拍摄中，在涉及人物交流的场景时就要处理好人物关系镜头。要拍摄好人物关系镜头就必须掌握三角形机位布局，即通常所说的三角形原理。具体来说，在人物关系轴线的一侧选择三个点，使这三个点相连构成一个底边与关系轴线相平行的三角形，摄像机就安排在这三个点的位置，如图 6－11 所示。三角形机位布局最大的优点是使所拍摄的对象在画面中始终保持在固定的一侧，使人物的视线方向和空间位置保持一致性与连贯性，不会产生越轴现象，如图 5－11 至图 5－13 所示的机位，均是运用了三角形原理来安排机位。

在微电影的拍摄中，人物关系镜头主要包括主镜头、外反拍镜头、内反拍镜头、平行镜头，其机位如图 5－11 至图 5－13 所示。

主镜头是指交代人物位置关系的全景镜头，具有统摄全局的作用。如图 5－11 至图 5－13 中的 1 号机镜头都是主镜头，用来拍摄两人谈话的全景，其拍摄画面如图 5－14所示。

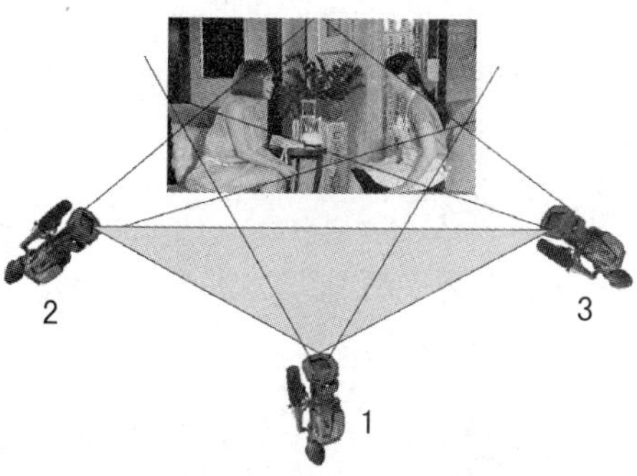

图 5－11　1 号机镜头为主镜头，
2、3 号机为外反拍镜头

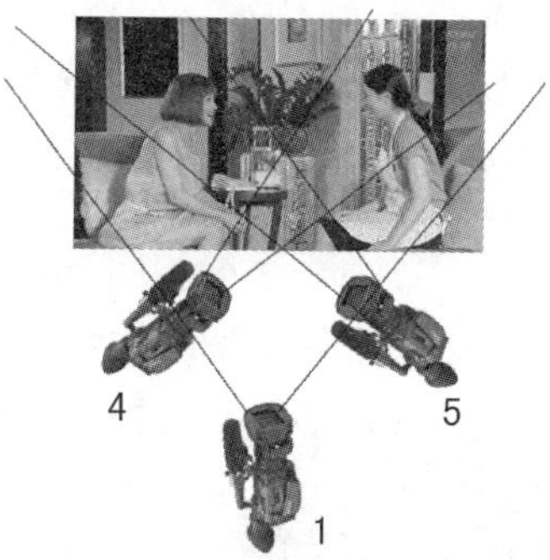

图 5－12　1 号机镜头为主镜头，
4、5 号机为内反拍镜头

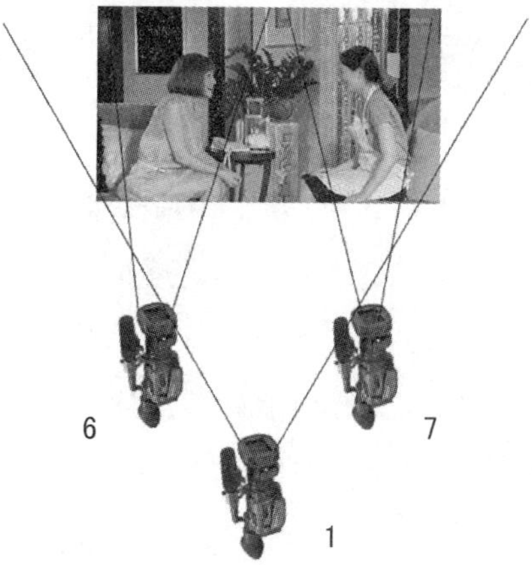

图 5－13　1 号机镜头为主镜头，
6、7 号机为平行镜头

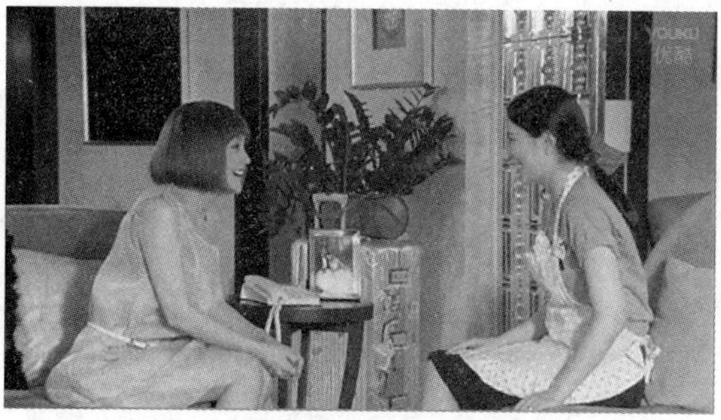

图 5－14　主镜头用来交代两人谈话的位置关系

外反拍镜头也叫“外反打镜头”，是过肩镜头的一种，指与前一个过肩镜头方向相对的镜头，即把两台摄像机安排在靠近关系线的三角形底边上，从被摄人物的背后向里进行拍摄把两人拍入画面中的镜头。在外反拍镜头中，两个人物互为前景与主体，使画面产生纵深感；如果将前景拍得虚一些，更能突出画面的主体，引导观众的注意力。在外反拍镜头中，值得注意的是背向观众的人在画面中只出现其脸部的一侧，以不露出鼻尖为宜。

外反拍镜头主要用来交代对话双方的关系与部分环境。在没有主镜头的情况下，一定要用一组互为外反拍的镜头，只有这样，才能交代清楚双方的位置关系，镜头2、镜头3互为外反拍镜头，其拍摄效果如图5－15、图5－16所示。

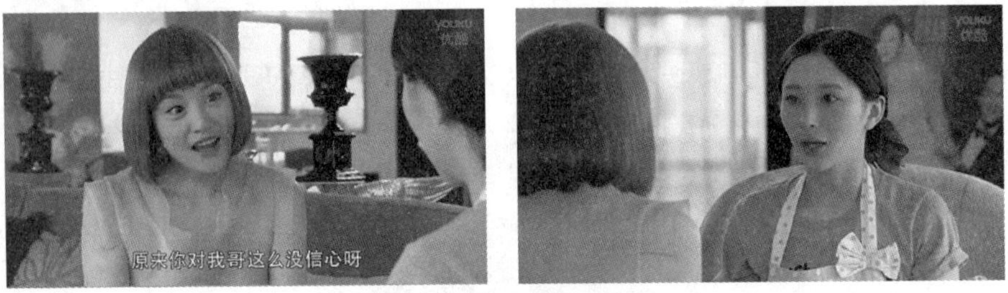

图5－15、图5－16　过肩镜头，互为外反拍镜头，用来交代对话双方的关系

内反拍镜头也叫“内反打镜头”，与外反拍镜头原理相同，只是镜头里不带人物关系（肩、头等）的单人镜头。从理论上讲，内反拍机位一般要安排在两个人物的内侧，即两个人物前面向三角形外进行拍摄；但是当两个人物距离很近时，如果摄像机放在两个人物之间，那么摄像机会离人物很近，这样拍出的景别过小，甚至出现人物失真，也会干扰人物表演情绪。因此，在实际拍摄中，两个机位布置在人物的外侧，甚至与人物保持较远的距离，确定好拍摄角度后，再通过光学变焦把镜头推上去，将离镜头近的人物排斥到画外，然后调好镜头的焦点，就可以拍出清晰的单人形象镜头，同样达到内反拍造型效果。把镜头4与5两个内反拍镜头组接在一起，可以呈现被摄对象的交流关系，其画面效果如图5－17、图5－18所示。

图5－17、图5－18　单人镜头，互为内反打镜头，呈现对话双方的交流关系

平行镜头是指在轴线同侧设置两个或两个以上视轴平行的机位而拍摄的镜头。平行镜头给人以客观、平等交流的感受，常用于拍摄两人对话场景，拍到人物侧面。如图5－13中的6号镜头与7号镜头就是平行镜头。

由此可知，在轴线一侧运用三角形原理安排机位，可以得到7个机位，即外反拍机位、内反拍机位及平行机位，使得画面景别、角度富有变化，有利于突出要表现的内容与情感。三角形机位布局不仅仅可用于人物关系的拍摄，其实，它可用于一切场景的拍摄，是摄像机机位安排的普遍规则。因为，按照三角形原理拍摄的镜头组接在一起，均遵循了轴线规律，不会让观众方向错乱。

3. 镜头运动节奏

镜头运动包括机身运动（摇摄）、机位运动（移摄）、焦距运动（变焦推拉）及其综合运动。在微电影拍摄中，导演与摄影师要掌握好每一种镜头运动的特点及其功能，根据主题、情节及其营造节奏感的需要，确定运用哪种运动镜头。许多影视剧人物出场的镜头，往往先拍摄人物的脚步或背部，再摇摄或移摄人物的侧面或正面，其目的是先制造悬念，引起观众期待的心理。在镜头运动中，要依据剧情节奏和观众观看时的心理节奏控制好运动的节奏，确保运动过程的完整性，对同一动作或运动过程不能随便中断，必须尽量把一个完整的动作记录下来，注意镜头的起幅与落幅。法国获奖微电影《调音师》在影片的高潮部分，导演通过调音师的内心独白、镜头的运动来设置悬念，营造影片的惊悚氛围。在调音师一边弹着钢琴，一边担心老妇人会从他口袋里翻出那本日程本时，老妇人缓慢而又清脆的脚步声响起，此时，镜头移到调音师的脚下，老妇人的脚步进入镜头并停住，站在调音师的背后。在男主角激烈的内心独白之后，琴声响起，摄影师这时运用摇镜头，从琴面缓慢摇过弹琴的调音师、摇过手持钉枪正对着调音师的老妇人，一直摇到老妇人身后墙上的那面镜子，镜子里映照着老妇人手持钉枪正对着调音师后背的全景；这一场景中摇的速度与剧情气氛、琴声节奏以及观众此时的心理节奏十分吻合。影片通过摇镜头，一点一点地展现令人毛骨悚然的情节，惊险气氛越来越紧张，悬念不断持续发酵，观众不禁为调音师的生死捏把汗。如图 5－19 至图 5－21 所示。

图 5－19　镜头起幅：琴面，然后摇过琴面

图 5－20　镜头摇过手持钉枪正对着调音师后背的老妇人

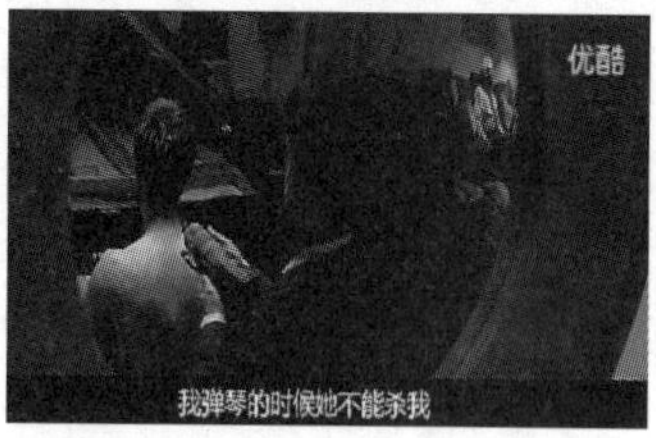

图 5－21　摇到老妇人身后墙上的那面镜子，落幅：墙上镜子

图 5－19 至图 5－21　摇镜头运用示意图

4. 综合构图

在微电影的运动拍摄中，运用综合构图时要注意场面的调度。随着镜头的运动，画面中不断有新的内容呈现出来，表现的重点随之改变，场景中主体、陪体、前景、背景的位置关系也会随之产生相应的变化，因此，构图方式灵活多变。拍摄前，摄影师要考虑好镜头的起幅与落幅，保持起幅与落幅镜头的稳定性及其构图的和谐性，控制好镜头运动的速度，突出拍摄重点。百事可乐公司投资拍摄的微电影《把乐带回家》，片中结尾通过空中俯角摇摄方式使画面构图主体发生明显变化，把观众的注意力集中到导演希望强调的事物上。如图 5－22、图 5－23 所示，画面起幅的主体是救护人员，随着摇摄的到位，落幅主体是雪地上的五个大字“把乐带回家”，这种构图简洁有力地突出了影片的主题，给观众留下了深刻的印象。

图 5－22、图 5－23　通过空中摇摄使画面主体发生改变

此外，在微电影拍摄中，除了重点拍摄上面两类叙事性镜头外，还要重视非叙事性镜头的拍摄：转场镜头与后备镜头。转场镜头主要有：挡黑镜头、出画入画镜头、虚焦镜头、相似体镜头等，具体阐释在第一章第五节“无技巧转场”中已有介绍。后备镜头是指额外拍摄以供后期剪辑的备用镜头，主要有：空镜头、特写镜头、反应镜头等。

第五节　微电影剪辑

前期拍摄的一个个镜头仅仅是制作微电影的素材，如何把这些素材通过选择、分割、组接，制作成一部优秀完整的微电影，就需要发挥导演与剪辑师在后期剪辑中的创造性。在微电影后期剪辑中，虽然有分镜头稿本可作为参考，但是在实际操作中根据主题、情节、结构、人物塑造的需要，还要作出修改调整。微电影的特点决定了其剪辑方式与纪录片、专题片、广告片、栏目剧剪辑有所不同，微电影主要是靠故事情节吸引观众，不是靠影视特技取悦观众，因此，确保流畅的画面叙事，淡化影视特技的运用，强调无技巧剪辑，是微电影剪辑的主要特点。在剪辑过程中，如何做到叙事画面流畅，可从两个方面下功夫，一是要使相邻画面的组接必须具有内在的逻辑依据，做到思维逻辑上的流畅，即内在逻辑的流畅；二是要使画面组接符合视觉规律，做到人们观察事物的流畅，即外在视觉的流畅。当两者不可兼顾或两者相冲突时，以画面内在的逻辑流畅为主，外在的视觉流畅服从于内在的逻辑流畅。纵观微电影剪辑，其剪辑方式主要有两种，即串联式剪辑与交替式剪辑，下面结合具体微电影例子谈谈这两种剪辑方式的特点及其运用。

一、串联式剪辑

微电影后期剪辑，简单地说，就是把这一个个镜头串联成一个个场景，再把一个个场景串联成一部完整的微电影作品。串联式剪辑是指按线性叙述方式进行画面组接的一种剪辑方式，这种剪辑方式最能体现微电影的画面叙事功能，也最容易让观众理解，与第一章所讲“连续式蒙太奇”类似。串联式剪辑主要特点是按照故事情节发展的先后顺序或人们活动的时间顺序进行组接，相邻画面、上下场景相互依托产生较完整的叙事功能。剪辑中应遵守的规则和需要使用的技巧多种多样。在运用串联式剪辑方式时，要注意以下几个方面。

（一）注意控制节奏，合理压缩时间

微电影时长短，不能像电视剧那样靠大量的对白来推动情节发展，也不能像传统电影那样有着复杂的情节，因此，如何在微时长里精耕细作，节奏的控制就显得十分重要。具体来说，可从下面三个方面着手。

1. 压缩故事开端与结局，突出故事高潮部分。一般来说，电影故事情节可分为四个阶段：开端—发展—高潮—结局，传统电影故事情节按照这四个阶段逐一展开，叙事较为完整，注重情节的逻辑性；而微电影却不然，由于微时长的特点，决定了故事发展的四个阶段不可能一一周全，必须作出详略的取舍。例如微电影《一触即发》一开始就进入故事高潮，主角吴彦祖现身酒店交易密码箱，却遭神秘黑人组织跟踪追击，危急时刻他纵身从顶楼跃下，与神秘组织展开一场分秒必争的殊死较量，在另一位主角凯迪拉克赛威的帮助下，吴彦祖一连闪过顶楼刺客、飞车党、火箭炮三批阻击者，最终化险为夷，完成高科技交易任务。观众对为何追逐，谁在追逐并不清楚，该片只有高潮与结局，省去了故事的开端。当然，并不是所有微电影都要这样，有些微电影对故事的开端与发展也有介绍，只不过篇幅较短而已。

2. 压缩动作中能省略的部分，选准动作剪辑点。微电影画面叙事，离不开主体动作的展现。剪辑中，要保持主体运动过程的完整性，但这并不意味着要按照运动过程

的实际时间进行组接。因为，如果按照实际运动时间去组接，就会放大观众的心理时间，使观众觉得烦躁、难以忍受，这也与微电影的微时长特点不符。动作激烈的场面，镜头的长度要缩短。压缩动作中可以省略的部分并不会影响观众的理解。例如戛纳电影节获奖微电影《符号》开头通过男主角乘坐公交、转乘地铁、走到街上再到进入办公室，共17秒钟的四个镜头就表现了男主角从家里到公司上班的过程。在剪辑主体动作时，要选好动作剪辑点，省去同一动作的部分中间镜头，再进行组接，可以大幅度地缩减时间，增加影片的速度感，从而达到良好的传播效果。在剪辑时，必须考虑好要省去哪部分动作镜头，又能保证动作画面组接流畅。因此，动作剪辑点的确立十分重要。一般选择动作刚开始或停下的瞬间，以及在动作过程中本身暂停的那一刻作为剪辑点，不能剪掉动作的高潮点。例如投篮时手臂举到最高处可作为一个剪辑点，进球瞬间可作为剪辑点，等等。

3. 浓缩部分情节，突出精彩片段。微电影由于时长短，无法逐一展开情节，因此，在剪辑时，根据主题的需要，可把情节高度浓缩，只把精彩的片断编入作品中。例如微电影《老男孩》叙述了一对中学的好朋友在他们中年时，组合成乐队参加“欢乐男生”选秀节目，因为一首歌让他们回到青春，回到过去。影片主题是逝去的青春和梦想，通过撷取过去难忘的精彩片断，用镜头叙述了这些年轻人以及这个时代的变化。微电影《致我们不堪回首的童年》通过回忆童年的一些难忘经历，反映了电影中“我”的童年生活。微电影《习惯·爱》讲述垃圾围城的今天，男设计师林康文有很多宏大的想法，参加垃圾围城解决方案的提案会却屡屡受挫，妻子姚小惠与他结婚7年，林康文在家做设计，家里的一切完全依赖妻子来维持。妻子越来越受不了他的坏习惯，觉得他不够爱她，他却习惯了她的爱，原本幸福的家庭，在结婚七年后却面临破裂。该片对部分情节高度浓缩，推动故事发展，加快影片节奏，突出影片主题。

（二）注意镜头之间、场景之间的匹配，确保画面造型具有视觉美感

在剪辑微电影时，要注意整部影片镜头之间、场景之间的相互匹配，即具备一致性，具体表现在景别、角度、影调、色调、光线、方向、运动等诸多方面的一致性。下面择几个方面具体介绍。

1. 景别。一般来说，在剪辑时，可以按照蒙太奇前进式句子、后退式句子或循环式句子进行。但由于微电影时长短，情节进展快，因此，完全按照上面三种句式进行剪辑是不现实的，这就需要剪辑师根据具体情况，灵活运用剪辑手法，不必拘泥于景别依次变化，要考虑镜头之间景别的协调性，不要给观众造成明显的画面跳跃感。如果是两极镜头相接，导致画面组接不流畅，这时，就要考虑画面的内在逻辑性。如果相邻画面具有内在逻辑性，那么外在的画面跳跃感也就不明显了。在剪辑时，要注意具有确定位置关系的全景镜头与方向性不明显的近景、特写的相互配合，方便观众理解人物位置、视觉朝向及其交流情况。相邻画面景别呈现主要事物的位置、朝向、动态都不应有明显的变化；如果有变化，就要把这一变化过程展现出来，否则，会让观众觉得突然或跳跃感明显。

2. 角度。在剪辑时，要注意画面主体角度的一致性。一般来说，如果是同轴镜头上拍摄同一个对象的两个画面组接，景别就要有明显的变化；如果第二镜头景别变化不明显，则要改变拍摄的角度，通过变化角度拍摄同一个对象，则两个镜头组接就显得流畅。因此，在前期拍摄时，要注意从不同的角度来拍摄同一个对象，这样方便后期剪辑。剪辑时可把互为反打角度的镜头组接在一起，以便观众了解主体双方的情况及其环境。

3. 影调。相接的两组画面，影调应尽量趋于一致，以给观众和谐的感觉；特殊需要时，也可将反差强烈的画面接在一起，形成强烈的对比，以唤起观众的注意，其间还有转场的效果。同一场景中，不同镜头的影调、色调与光线应保持统一；不同场景中如果要有变化，则要有内容上的依据。例如法国微电影《调音师》前半部分色调明亮，光线充足；后半部分色调灰暗，光线幽暗。前后色调对比鲜明，与影片表现的内容、主题密切相关。前半部分是交代人物关系与故事背景，后半部分是影片故事的高潮所在，也是表现影片主题的关键所在。

4. 运动。剪辑时，要注意镜头运动与画面主体运动的方向与节奏的一致性。不同速度节奏的推拉摇移，画面的视觉效果迥然不同。为了保证视觉反映的一致性，相接画面镜头运动的速度和节奏应当尽量一致。此外，相邻画面不能随意越过轴线，造成观众方向迷乱。如果要越轴，就要运用合理的越轴方法，例如插入中性方向镜头，或插入改变运动方向的镜头，或插入特写镜头，或插入主观镜头，等等，最大限度地使相邻画面组接流畅。

（三）注意无技巧转场， 确保场景之间转换流畅

在运用串联剪辑方式时，剪辑师与导演一起要想办法确保场景转换流畅。一般来说，微电影剪辑中转场主要靠无技巧转场，其场景转换的方法有：同体转场、空镜头转场、特写转场、主观镜头转场、挡黑镜头转场、运动镜头转、虚焦转场、声音转场、出画入画转场等，这些转场方法在第一章第五节“如何组接镜头”中有所阐述。通过转场，把一个个场景有机串联起来从而构成一部完整的微电影作品。例如微电影《130 秒穿越一生的爱情》截取了男女主角恋爱、结婚、产子、带小孩玩与年老漫步江边等五个精彩片断，把人生爱情路上的重要转折点展现出来。该部影片的剪辑特别

注意了场景转换中无技巧转场方法的使用。在恋爱与结婚场景转换中，用“拉手方式”顺利实现场景转换，即通过男女主角恋爱时拉手进入电梯，到拉手步入婚姻殿堂；产子与带小孩玩之间场景转换，是通过夫妻之手紧握在一起的特写及大人牵着小孩之手的特写实现转场；夫妻带小孩玩与年老漫步江边场景之间的转换又是通过黄昏日落的空镜头来实现，等等，整部影片场景转换自然流畅。

二、交替式剪辑

交替式剪辑是指把两种或两种以上相互关联的事件或兴趣中心的画面交替出现，以形成一种链式叙述的剪辑方式，这种剪辑方式与“交叉式蒙太奇”类似。在运用交替式剪辑方式时，交替的画面在内容上必须密切相关。如果内容方面毫无联系，则不适合用这种剪辑方式。交替式剪辑不像串联式剪辑要讲究场景转换技巧，它一般直接采用切换方式交替画面，切换的依据是画面的内在逻辑，由于相邻画面内在逻辑严谨，因此，观众不会感觉到画面的跳跃。根据场景时空是否相同，交替式剪辑可分为两大类：不同场景的交替式剪辑与同一场景的交替式剪辑。

（一）不同场景的交替式剪辑

不同场景的交替式剪辑又可分为同一时间不同场景和不同时间不同场景两种情况的剪辑。对于不同时空内发生的相互联系、相互依存的事件，通过交替式剪辑，可以推动情节发展，增加情节的紧张度，激发观众对事态发展关注的兴趣。例如剪辑时，把双方打电话的镜头不断切换，可让观众看见双方的态度与表情；把比赛双方的镜头不断交替，可以增加比赛的紧张气氛，给观众造成悬念。微电影《红豆花开》讲述了一个生于粤剧世家的女生爱上街舞而和母亲产生摩擦，最后在青梅竹马的男友帮助下，一起努力将街舞与粤剧相融合，从而消除了两代人的隔阂。该影片后半部分，主要采用交替式剪辑手法，把女儿参加街舞比赛的场景与母亲从街头赶赴比赛现场路上的情景交替切换，以及赶到现场比赛结束后，母亲与女儿画面的切换，母亲回忆以前与女儿在一起的场景，等等，这些片段的组接都是通过交替式剪辑方式完成的。戛纳电影节获奖爱情微电影《符号》（英文名《signs》）是一部叙述上班族的爱情短片。男主角 Jason 是一个典型的奔波在家庭与公司两点一线的上班族，生活单调无聊。直到有一天，他凭窗望见对面写字楼内的一个女孩，枯燥的生活才开始出现生机。他凝望着她，而她也报以友善。两人将言语写在纸上进行无声的交流，在多天的玩笑与寒暄中，爱情开始萌发，最终走在一起。故事的开端（相互回眸）、发展（借纸条相互寒暄）直到高潮（双方见面）均是采用交替式剪辑，节奏紧凑。如图 5－24 所示。

图5－24　微电影《符号》交替式剪辑示意组图

在有些微电影中，常常插入回忆过去的情景，通过现实与过去画面的不断交替，拓展了影片的深度，丰富了情节内容。例如微电影《寻找80后回忆的纪念馆——健力宝篇》，影片讲述男主角为筹建80后纪念馆的故事，片中多处运用交替式剪辑，在找他儿时的朋友现在做股票经纪的Peter时，插入了Peter儿时玩贴片纸的画面；在找儿时喜欢画画现在成为修车技术工的张万年时，插入了张万年小时候临摹西游记小人书的情景；在找儿时是玩弹珠高手现在是娱乐摄影记者的李嘉禾时，插入了李嘉禾小时候玩弹珠的画面，等等，通过现实与过去的交替，让观众了解到影片中的这些人物小时候的爱好与梦想，理解男主角为了筹建80后纪念馆为什么要找这些儿时的朋友，因为贴纸、小人书、弹珠等都是纪念馆要收藏的物件。

（二）同一场景的交替式剪辑

对于同一时间同一场景中相互关联的事物运用交替式剪辑，可以营造一种紧张的氛围，加快影片节奏，提高观众的兴趣。对同一场景的内容运用交替式剪辑时，首先要用一个大景别的画面来交代同一场景内有关人与物的位置关系，（即前期拍摄中所讲的主镜头）让观众明白画面中相关事物的方位。然后通过交替式剪辑把外反拍镜头、内反拍镜头与平行镜头拍摄的画面组接在一起，以形成呼应，完成影片的叙述。例如姜文首部微电影《看球记》讲述一个父亲带儿子看足球比赛，忘带球票最终用镜头记录进球精彩瞬间的故事。该片主要由五个场景的对话组成，即：片头是父子在车旁的对话，片中父亲在球场外被骗子拦截时的对话、父亲欲进场被女警察拦住时的对话、父亲在无法进场情况下求助骗子时的对话、片尾父子俩站在吊车上知道受骗后的对话等，对每一场景对话的剪辑，都是通过短镜头的交替显现（对话时每个镜头大约

1 秒)，营造一种诙谐幽默的氛围，使影片节奏紧凑。对于同一场景中打斗、追逐、赛车等涉事各方运用交替式剪辑方式还有利于为双方冲突埋下伏笔，加剧情节张力，吸引观众注意。例如微电影《一触即发》中追逐的镜头，每个镜头 1－2 秒，快速的镜头切换表现追逐双方的紧张程度，制造悬念，推动了情节的发展。

以上介绍微电影剪辑的两种方式串联式剪辑与交替式剪辑，在实际运用中，并不是孤立的；根据影片内容表现的需要，往往要综合运用。只不过有的影片以串联式剪辑为主，交替式剪辑为辅；或者相反。例如公益类微电影《不再抽烟》就是以串联式剪辑为主，交替式剪辑为辅。

在微电影主体部分剪辑完成后，导演与剪辑师还必须重视片头与片尾的包装，使微电影产生完美的传播效果。整部作品剪辑包装完成后，剪辑师要根据不同的播放终端，输出不同视频格式的微电影。

第六节　微电影营销

剪辑完成一部微电影后，剩下最后一个环节，就是微电影营销。传统电影营销目的是为了吸引观众走进影院，从而获得更多的票房收入；而微电影目前无法通过影院播放来赚取利润，因此，其营销目的是为了得到大家的认可，在社会上产生良好的影响，传播社会正能量。如果是广告式微电影，则营销目的是为了更好树立企业品牌或推广企业产品。微电影营销与传统电影推广宣传有相似之处，也有不同之处，这由微电影的传播特点所决定。总体来说，微电影的营销可以分为两个阶段，即策划准备阶段营销与摄制完成后的营销，每个阶段又有各自的营销方式与特点，下面分别述之。

一、策划准备阶段的营销

如果说传统电影制作具有贵族化倾向，那么微电影制作就具有平民化趋势。在“人人可以成为导演”的新媒体环境下，人人也可以成为微电影的营销者。相对于传统电影的营销，微电影营销渠道更广泛，营销方式更灵活，这与微电影具有微时长、微制作、微放映平台与互动性强等特点密切相关。许多广告式微电影早在策划准备阶段就已开始营销。

（一）广泛征集微电影剧本

剧本创作是微电影制作的第一步，没有好的微电影剧本就难以诞生优秀的微电影。许多公益教育类微电影与企业产品类微电影，为了达到良好的传播效果，早在剧本创作阶段就开始向全社会征集微电影剧本，先造声势，以引起大家的关注。例如广州市在大力宣传推广垃圾分类时，通过传统媒体公开征集垃圾分类微电影剧本，得到了广大市民的响应。东莞市为了提高城市的形象，市委市政府非常关注微电影创作，公开征集传播东莞形象的微电影剧本，出台系列政策扶持鼓励微电影发展，批复成立东莞微电影协会，该协会拟推“百影百人”计划方案，通过拍摄百部反映东莞文化的微电影，来培养百位本土微电影创作方面的人才，更好地宣传东莞形象。

（二）海选演员

微电影剧本出来后，海选演员是微电影策划阶段营销的一种方式。从现有微电影来看，虽然有专业演员乃至明星参加演出，但这种情况仅局限于广告式微电影，且投资方往往是知名企业，例如《一触即发》是由品牌企业凯迪拉克投资国际影星吴彦祖主演的。绝大多数的微电影是由非专业演员出演的，这也是微电影平民化的表现。有些微电影为了达到更好的营销效果，通过海选演员方式，在社会上引起人们广泛关注。例如广州市为了拍摄一部垃圾分类的微电影（推广垃圾分类工作是广州市政府一段时间内的一项重要工作），在媒体上刊发公告征集演员，且把筛选出来的候选人情况登报介绍，调动市民积极参与评选，从而达到宣传垃圾分类的目的。

（三）选择制作团队

对于广告式微电影来说，由于投资方看重广告效果及其品牌的塑造，对于微电影的质量要求比较高，因此，选择好的制作团队，尤其是选好导演极为重要。《一触即发》的导演是国际广告界赫赫有名的 Frank Vroegop，《看球记》由著名演员、导演姜文团队制作。选择知名制作团队本身就是一种营销。值得一提的是，微电影制作团队更多的来自于 80 后、90 后的年轻人，目前，80 后制作团队中较有名气的北方有筷子兄弟（肖央、王太利组合），拍摄的主要微电影作品有《老男孩》《父亲》《赢家》等，南方有新锐导演吴亚春，导演的主要作品有《红豆花开》《习惯 · 爱》等。

二、摄制完成后的营销

微电影营销，策划准备阶段营销仅仅是营销的前奏，起着预热作用；摄制完成后的营销才是重点，其营销的方式多种多样。下面重点介绍几种微电影营销方式。

（一）发布预告片

对于投资较大、有知名导演或明星参与的公益类微电影与企业类微电影，为了达到理想的传播效果，往往重视预告片的发布。预告片是指微电影公开上映前，将影片的精华片段，经过特意剪辑安排，重新整合成一部 1 分钟左右的短片。微电影预告片，一般发布在视频网络、门户网站、地铁电视、公交电视或传统电视媒体上，目的是为了先造声势，激发观众的观看欲望。例如《一触即发》正式上映前，预告片登录网络后，一周内点击量就超过了6000万次。

（二）举行首映礼

微电影首映礼是指微电影正式上映前举行的一场仪式。仪式结束后公开播放该部微电影及其拍摄花絮。首映礼的目的是庆祝、宣传、造势，扩大微电影的影响力。一般在首映礼上导演与他的主创团队成员均要参加，与观众进行互动；同时还可邀请同行知名导演、演员助阵，邀请当地政府部门、电视台、报纸、网络、影视公司等各界人士参加。我国首部垃圾分类公益环保微电影《习惯·爱》的首映礼，除了主创人员参加外，还邀请了广州市市长陈建华、中国工程院院士钟南山、新快报社长总编辑李宜航等嘉宾出席。此外，根据影片的内容与主题，还要选择好首映的日期。例如讲述母女两代人之间关于沟通和爱的微电影《红豆花开》，选择母亲节这一天在广州军区礼堂影视大厦隆重举行首映礼，这是南方第一次举办微电影首映礼。《一触即发》《把乐带回家》作为贺岁档微电影，选择在新年来临前举行首映礼。

（三）跨媒介整合营销

微电影的微放映平台特征，主要是指微电影最适合在网络与手机等新媒体平台播放。就网络而言，除了优酷、爱奇艺、酷六网、我乐网等专业视频网以及搜狐、腾讯、新浪等门户网的视频频道主要播放微电影外，近年来，还出现了微电影专业网站，主要有自称“中国最大微电影门户网站、国内首家专注提供免费微电影、高清网络视频服务的大型专业网站”——爱奇鱼；号称“汇集史上顶级微电影，享受五星盛宴”的专业网站——V电影；自称“中国最专业的微电影平台”——美微网，自称“国内最大的微电影众筹平台，专注筹资拍电影”的网站——淘梦网，等等，这些微电影专业网站的出现，极大地满足了微电影爱好者的需要，为微电影的营销开辟了新的重要渠道。例如淘梦网为电影人免费提供推广，包括视频网站首页推荐、视频付费、影院放映、媒体报道等。

第32次《中国互联网络发展状况统计报告》显示，截至2013年6月底，我国网络视频网民达3.89亿，网民中上网收看视频的比例为65.8%。在手机上在线收看或下载视频的网民数为1.6亿，手机视频在手机网民中的使用率为34.4%。据《2011年底中国网络视频用户行为调查》显示，网络视频用户更希望观看的微视频类型排在第一位的是微电影，占63.5%，如图5－25所示。网络视频用户对不同终端的使用行为趋势排在首位的是PC，其次是智能手机，如图5－26所示。由此可见，微电影营销首选的渠道是网络。

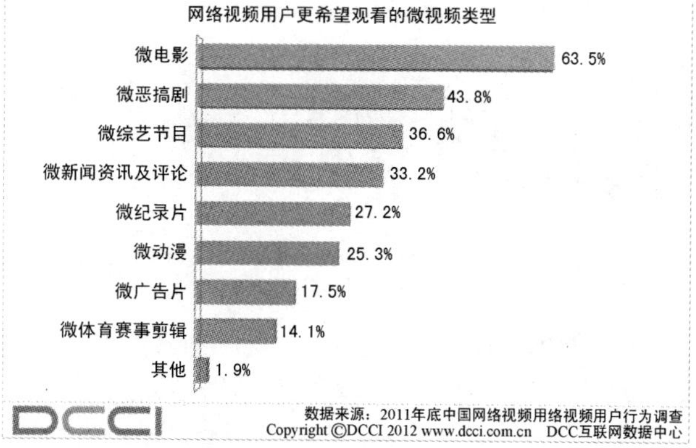

图 5－25 视频用户更希望观看的微视频类型调查表

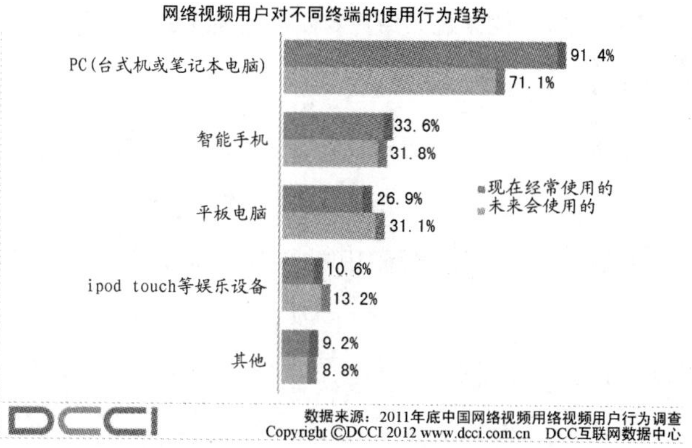

图 5－26 网络视频用户对不同终端的使用行为趋势调查表

随着微电影影响日益扩大，其在媒介中的地位也得以确立。现在传统电视从中央电视台的电影频道到省级电视台的卫视频道与地面频道，许多频道开设了微电影栏目。从微电影播放的界面来看，主要有四种界面：电脑、平板电脑、智能手机、传统电视，这四种界面对微电影用户实现全天候无缝的跨媒介包围覆盖。如图5－27所示。

此外，地铁电视、公交电视、楼宇电视、户外屏幕等界面，也是观看微电影的重要终端。可见，微电影播放平台的多样化，决定了对其进行跨媒介整合营销的必要性。

（四）病毒式营销

病毒式营销（viral marketing，也可称为病毒性营销）是一种常用的网络营销方法，常用于进行网站推广、品牌推广等，病毒式营销利用的是用户口碑传播的原理，在互联网上，这种“口碑传播”更为方便，可以像病毒一样迅速蔓延，因此病毒式营销成为一种高效的信息传播方式，而且，由于这种传播是用户之间自发进行的，因此

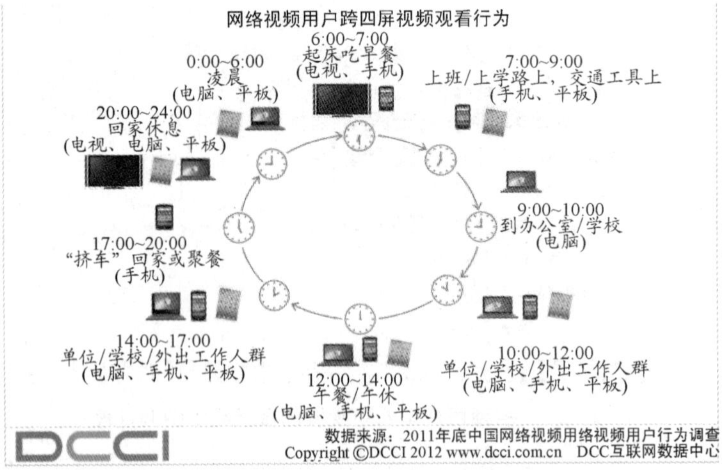

图 5-27 网络视频用户跨四屏视频观看行为图示

几乎是不需要费用的网络营销手段。①

在微电影营销中可利用微博、社交网络、论坛、贴吧等多种新的传播形式，让网友展开讨论并自主转发，使微电影的点击量呈几何级增长，短时间内迅速提高微电影的知名度与影响力。例如吴彦祖主演的微电影《一触即发》上映后，短短几天时间网络点击量超过1000万次，后来破亿，微博转发达8万多次；莫文蔚演绎的《66号公路》累计点击量超过2亿次，微博转发量突破26万多次。以青春怀旧为主题的《老男孩》上线一周，其站内浏览量就破了500万次，微博、SNS、QQ对它的讨论与转载不计其数，两年时间内点击量高达5000多万次。病毒式营销对微电影的推广具有短时的强大效应，但并不是所有的微电影都可以进行这种营销方式。因为，普通网民与网络大V是否转发取决于自己，不存在任何强制性。因此，对微电影进行病毒式营销首先要使微电影具有传播价值，使网民产生极大的观看兴趣，并希望尽快与其他网友分享，如此才会自主转发。如果是意见领袖转发，则传播效果更好。其次，作为微电影的营销者，对微电影病毒性营销方案要有个整体规划和设计；最后，对微电影病毒性营销效果要进行跟踪与管理。

（五）互动式营销

互动式营销是指微电影制作团队在制作过程中或微电影作品完成后，充分考虑观众的意见和建议，让观众参与进来，从而达到提高微电影质量、扩大知名度的一种营销方式。在微电影的摄制过程中，可以把微剧本上传到网上，让网友参与剧本的修改，尤其对故事结局的不同走向征求观众意见，最终主创者从不同的结局中择优而

① 百度百科. 病毒式营销 [EB/OL]. http://baike.baidu.com/link?url=Ry0iz0zfMx0MTSgWxL3lm_bb-5CgA8f6UzqInJ5aIhKNVh_RTl2-g5dC9xCAWIwp

用。在微电影作品诞生后，可通过举办系列活动让观众参与进来，进一步营销微电影。例如由凯迪拉克投资莫文蔚主演的微电影《66 号公路》，投资方曾开展寻找中国西部66 号公路的活动，同时邀请一些意见领袖到美国66 号公路实地考察66 号公路的文化与历史，有力地营销了这部微电影，最终达到了对汽车品牌凯迪拉克的营销。互动式营销中还可就影片内容搞有奖竞猜、影评评奖等活动，从而达到微电影营销之目的。

第六章
The sixth chapter
栏目剧编导与制作

栏目剧以栏目的形式制作和播出，以剧的形式来表现，讲述着平凡百姓的酸甜苦辣、人生百态，凭借着独特的剧本内容和栏目定位使其在各类视听节目形态中占据一席之地。其栏目性、仿真性、平民化、地域性、故事性以及参与性的特点决定了它在剧本创作、前期拍摄与后期剪辑等方面有着不同于其他类型视听节目制作的方法与技巧。本章在介绍栏目剧特点及现状的基础上，重点对栏目剧的剧本创作、拍摄与剪辑等制作环节的要点加以阐述。

第一节　栏目剧概述

1994 年重庆电视台推出《雾都夜话》栏目，在近二十年的发展中，它曾创下了长达十年排在重庆电视台文艺类栏目收视率的前列，是重庆地区家喻户晓的电视栏目。这一反映普通市民生活的电视栏目开创了中国电视节目形态的新品种——栏目剧。什么是栏目剧？其有何特点？如何对其进行分类，这些问题是我们编导与制作栏目剧前要理解的基本问题。

一、栏目剧概念

"电视栏目剧"概念是在 2004 年的国际情景剧研讨会上由重庆电视台《雾都夜话》栏目制片人马及人首次提出的，他认为栏目剧有相对固定的时间和长度，并以栏目的形式发布。

但事实上，对于电视栏目剧的概念并没有一个定论，学界与业界的观点也颇多。

在2006年杭州召开的全国电视栏目剧研讨会上，许多专家领导都发表了意见。中广协会副会长张振华认为栏目剧在某种意义上是纪实报道的戏剧化，也是戏剧化了的纪实报道，纪实性和戏剧性是电视栏目剧不可或缺的两条腿。中国传媒大学影视学院艺术系系主任关玲认为电视栏目剧是一种跨类型的形态，是栏目和剧的结合。这两个词中间更重要的是剧，但栏目不仅仅是播出载体，而且是其本身应该具有的重要的构成元素。按照栏目形态要求，它有自己固定的播出时间，有主持人、演播室等等，必须要有这些，才是栏目，如果没有这些栏目的特征，我们的剧有可能是一个其他的东西。央视股份研究公司高级经理靳智伟认为栏目剧是以栏目形态播出的电视戏剧故事。但它不是简单采用电视剧形式或戏剧形式和栏目播出形式的简单拼合；栏目的形态是传播方式。栏目剧不是一般意义上的电视剧：电视剧追求完整的戏剧结构，栏目剧实际上是戏剧故事情节的栏目化拼合。

本书中的栏目剧是指一种由“栏目”与“剧”构成的节目形态，它既有栏目的纪实性与新闻性，又有电视剧的艺术性与戏剧性，游走于虚拟与真实之间；它由非专业的演员对具有平民化视角且贴近老百姓日常生活的题材进行演绎，具有栏目形态，在固定时间播出，有固定的节目时长，还有主持人、演播室等。

二、栏目剧特点

若从创新的角度来看这种节目形式，栏目剧并不是原创性的，因为电视短剧这种节目形式很早就存在了。栏目剧除了继承电视短剧的诸多内容元素和形式元素以外，还融合了纪实报道、小小说、方言评书、戏剧等诸多文学、曲艺、戏曲等元素，并采用了电视栏目的编播方式。[①] 栏目剧不同于方言剧、情景剧、长篇电视剧，它不是这些不同剧种形式的简单拼合，它有自身的特点。

（一）栏目性

栏目剧是栏目与剧的结合，它是以电视栏目的形式出现的，具备电视栏目的特点。那何谓电视栏目呢？它是指由固定主持人主持、内容主题明确、风格和形式统一、定时定量播出的节目单位。[②] 首先，从栏目剧的时段上来看，它在固定的时间播出，播出的长度也是以栏目时长为标准，这种固定的播出时段与时长有利于培养既定的观众群。其次，大部分栏目剧有主持人出场介绍故事背景，为接下来播放的剧情做好铺陈，并且在故事发展到一定阶段时主持人会对前面的内容进行概括、提出疑问以引导观众关注故事的后续发展，在故事完结后主持人又会进行评说，主持人的出场在

---

① 孙宝国·电视栏目短剧节目形态简论［J］．东南传播，2011（1）．

② 石长顺，电视栏目解析［M］．湖北：武汉华中理工大学出版社，2003：5.

一定程度上能够起到联系观众与引导舆论的作用。这也是栏目剧和一般电视剧不同的地方，主持人成为节目故事的桥梁和栏目的标识，与栏目融为一体。①

（二）仿真性

电视栏目剧是一种糅杂了不同电视形式中多种元素的节目形态，电视新闻就是其中之一，它的题材是社会上的热门话题，是带有新闻性的故事。尤其在栏目剧的早期，真实性受到很大的重视，“这不是电视剧，这是真人真事，是地地道道的重庆人自己演自己的故事”，这个当时在全国独树一帜的片头就充分反映了真实要素的重要性。但是栏目剧并不是对新闻事件进行完全的还原，这种真实再现的表现手法具有一定的虚构性和修饰性，能使我们看到在观看电视新闻时无法感知到的细节，而叙事文本对新闻结构的重新组织与安排完成了真实拍摄时无法完成的叙事任务。并且随着电视栏目剧的演进，节目内容也有了更多的改变，许多栏目剧开始不断淡化新闻事件，突出故事与戏剧冲突。节目所讲述的故事与真实事件不再具有对应关系，原型被悄悄地从节目中剥离出去，每一个具体的故事，都可以被视为生活中的一种现实的人际关系或抽象观念的演绎。② 所以，栏目剧在真实性上的特点表达为仿真性更为恰当。

（三）平民化

栏目剧的平民化主要表现在演员来自于普通民众，题材来自于现实生活。从题材方面看，栏目剧不同于电视剧，电视剧的题材要广泛得多，而栏目剧主要表现的是当前社会上的热点问题，题材更加家庭化与生活化。例如中央电视台社会与法频道的《普法栏目剧》有一期内容便是讲述社区民警如何帮助事件女主角化解婆媳之间的矛盾。湖南经视《故事会》的一期《要命的春节红包》讲述的是一对辛勤工作了一年的夫妻为了能够风风光光回家过年，除了带上了自己一年的积蓄还外借了 2 万块钱，但当地攀比的风气让他们花光了所有的钱，不料女主角年后在同事的催债下走上了自杀的道路。封红包在我国是一种由来已久的习俗，但这种原本用来表达心意的方式却变成了大家相互攀比的工具。这个越来越多的人遭遇到的问题也告诉我们凡事都要量力而行，“红包少一点，心意多一点”才是“封红包”的本来意义。由此看出，栏目剧的立场与视点是较为平民化的，节目所表达的观点是平民百姓的，而不是政府官方的。如果像一些会议新闻一样，阐述的都是为官从政者的观点，观众无法产生认同，甚至嗤之以鼻。

---

① 项仲平，钟丽茜．论电视栏目剧的界定与特征［J］．中国广播电视学刊，2007（7）．

② 刘国强，曹锣．从戏剧化的新闻到新闻化的戏剧——电视栏目剧形态演进及其内在逻辑［J］．新闻界，2008（3）．

（四）地域性

地域性主要体现在语言的地方性上，许多栏目剧使用的都是本地的方言，即使使用普通话，也会出现许多俚语或者方言普通话。例如广东卫视珠江频道的《夜倾情》用的是粤语，湖北电视台的《经视故事会》用的是武汉话，陕西电视台的《都市碎戏》是以陕西方言形式来表现都市生活的。这种用老百姓熟悉的方言讲述发生在老百姓身边的生活故事，没有了居高临下的说教，放大了栏目的亲和力，很容易让观众找到心理上的沟通点。[①] 除了语言的使用外，栏目剧拍摄的环境也具有地域性，在观看的过程中你可能会发现许多场景都是你所熟悉的地方。此外，在音乐方面，栏目剧也具有明显的地方特色。例如陕西电视台的《都市碎戏》主题曲就是由来自西安的黑撒乐队用陕西方言演唱的，歌词“我住在南门城墙里，一个碎碎的犄角旮旯。每天早上喝碗油茶，想想今天该干点啥”，就是对当地人生活的写照。

（五）故事性

电视节目新形态的戏剧化是指很多新形态节目充分吸取戏剧艺术的精髓，使戏剧因素和戏剧手段向电视节目大量渗透的做法。[②] 栏目剧作为一种新型的电视节目形态，“剧”是它的中心词，它需要在较短的时间里通过悬念的设置、冲突的凸显以及气氛的渲染来吸引观众的注意力。不同于电视剧冗长、拖沓的形态，栏目剧通常是一个单集，或者上下集讲一个故事，当然也有栏目剧通过较多的几集来讲述，但这种情况还是少见。所以栏目剧的故事要求短小精悍，情节紧凑，矛盾冲突明显。湖南经视《故事会》的《千万身家的保姆》在名字上就引起了观众的兴趣，想要一探这个保姆如何身家千万的究竟。保姆来到雇主家做事，却连简单的粗活都不会做，说话办事处处形迹可疑，并且雇主在无意间发现了保姆的香港居民身份证，这是悬念一，吸引观众关注这张身份证背后的秘密。当知情人诉说了保姆过去是千万富婆的事实后，便设置了她是如何从身家千万沦落到寄人篱下的悬念，这是悬念二。去民政局补办离婚证却意外得知在内地办理的离婚证没有法律效力的消息，又设下了保姆是否还拥有对其财产的权利的悬念，这是悬念三。并且保姆与雇主的冲突、与生意伙伴的冲突以及与骗走其财产的丈夫的冲突都推动着故事的发展。

（六）参与性

参与性特点首先体现在栏目剧剧本创作的社会化，栏目剧除了有自己的编剧进行创作之外，还可以向社会征集剧本。例如一些栏目剧会在网络社区、小组发布征集剧本的信息。其次，参与性体现在栏目剧使用的演员大多是群众演员，普通人也能走到

---

① 孙宝国．电视栏目短剧节目形态简论［J］．东南传播，2001（1）．

② 张小琴，王彩平．电视节目新形态［M］．北京：中国广播电视出版社，2007.

幕前圆其演员梦。这些业余演员能够以生活化、常态化的表演方式吸引观众的注意，因为观众在观看栏目剧时焦点不再放在演员演技的好坏上，而是在他们身上看到了自己在生活中的影子，可能这些群众演员演得很生涩甚至有些做作，但正基于此才可以为观众创造一种更为真实的情境。正如《雾都夜话》制片人马及人所说，"栏目剧的最高境界就是让貌似粗糙的外壳有最真实、最实在的内容，让老百姓在它到底是戏剧还是真实的悬念状态中一直从开始琢磨到最后。"再次，参与性还体现在观众的心理参与，栏目剧因为内容的贴近性使观众产生心理认同。

三、栏目剧类型

从题材角度来划分，栏目剧大致可分为以下几种类型，当然每种类型并不是完全独立与固定的；有些类型可能有所交叉，只是侧重点不同而已。

（一）百姓生活栏目剧

生活类栏目剧是主要的栏目剧类型，主要表现的是老百姓的家长里短、柴米油盐，综合性比较强，只要是围绕百姓日常生活的内容都可进行演绎。例如陕西台的《都市碎戏》，"碎"在陕西话中就代表小的意思，希望通过细小有趣的生活片段展示百姓真实感人的市井生活。河北卫视的《村里这点事》是河北大地上唯一一档日播的农村题材栏目剧，"演戏的就是咱村里的人，演的就是你我身边的事"这句话既是《村里这点事》同名片头曲的歌词，也是这个栏目的特色。

（二）都市情感栏目剧

这类栏目剧关注人物的情感发展与变迁，重点展现现代都市人的情感纠葛，带有更多的话题性。例如广东电视台珠江频道的《夜倾情》是广东地区首档以情爱为主题，表现都市男女情感生活中的矛盾冲突与酸甜苦辣的栏目剧。该栏目所播出的《花美男老公》《该叫谁爸爸》《爱人真心话》等这些剧名清楚地反映了故事的主要内容。湖南娱乐频道栏目剧《欲望都市》除了主要由普通老百姓来表演，还有从选秀节目中走出的明星、主持人强力加盟，共同演绎一段段情感纠葛。

（三）法制故事栏目剧

法制栏目剧在栏目剧中也占有重要地位，其以现实生活中的法律案例或历史上的谜案、大案为故事蓝本，真人扮演部分角色。[①] 例如 CCTV—12 打造的以普法为核心内容，同时展示公、检、法、司等司法部门工作中突出成绩的栏目《普法栏目剧》，该栏目和全国普法办等部门充分合作广泛搜集素材，进行二度创作，生动普法，弘扬

① 姚洁．"剧"现老百姓身边的故事——栏目剧收视面面观［J］．收视中国，2009（6）．

正气。CCTV—2 的《经济与法》周末版将真实的法律案件以情景再现方式拍摄制作，力图以贴近生活的内容为观众提供实用的法律知识。

（四）新闻事件栏目剧

新闻事件栏目剧直接从社会新闻事件选材，用故事来生动演绎新闻事件。每一个真实故事都是社会生活中的一个缩影，而一系列的真实故事则是一个时代社会生活的纪录。例如广东南方电视台的《真实故事》以现实生活中真实新闻事件为故事题材，通过“讲述 + 故事”的叙述方式向观众讲述不同的人生经历。该栏目宗旨是“选取现实生活中真情感人、曲折离奇的真实新闻事件为故事素材，启用群众演员，用影视剧的拍摄手法和事件重演的方式将真实事件再现于受众，植入主持人的现场评述，同时强调人文关怀和道德关注，在表现故事性、人情味的同时，特别强化新闻事件的戏剧悬念或情感冲突的因素，让真实事件产生前所未有的戏剧张力与情节冲突，浓缩再现原生态的社会生活，震撼观众的心灵。”① 最近，该栏目进行了改版，由新闻事件栏目剧向法制故事栏目剧转变。

除了以上几种类型的栏目剧外，有的电视台还尝试结合其他领域，产生多种形态的栏目剧。例如广东卫视开播的《博客奇谭》，它将网络博客与电视相结合，以博客中的精彩故事为内容，由真人演绎，将故事的悬疑、奇异表现得淋漓尽致，并且《博客奇谭》还加入了网友讨论的板块，以演员演绎的方式将网友们对一个事件的不同态度加以展示，具有互动性与参与性。湖南卫视的创新节目《爱情魔方》引进韩国反转剧概念，当故事按照常理发展时，却在结尾峰回路转，每集都是一个独立的小故事，采用的是室内情景剧的拍摄手法。

第二节　栏目剧的发展

我国电视剧在初创期与发展期都是以短剧为主，到二十世纪九十年代，随着国内电视剧市场的日益火爆，长篇电视剧能够为投资者带来更大的利益，电视短剧开始受到冷落。但这并不意味着电视短剧已经完全消失在观众的视野中，相反，它以另外的形态出现了，电视栏目剧便是其表现形式之一。经过近二十年的发展，栏目剧逐渐形成了自己的艺术特征与表现形式，其以独特的优势受到电视台与广大受众的青睐。但是随着各电视台的大量制作与播出，栏目剧还在为小小成就沾沾自喜的时候

① 黄天文等．栏目剧在南方的实践．广东人民出版社，2013：105.

却已然陷入了困境，观众开始审美疲劳，制作者难以受到激励，商业运作未能带来可观的经济效益，这些问题的出现，迫切需要为栏目剧的持续健康发展寻找正确的方法与策略。

一、栏目剧的兴起

创办于1994年的《雾都夜话》开创了一种新的电视节目形态，十年后即2004年在上海国际情景剧研讨会上，这种节目形态才有了正式名字——栏目剧，它兼具栏目与戏剧的特点，“在栏目中演戏，在戏中做栏目”①。随后，全国各大小电视台纷纷效仿创办自己的栏目剧。主要有四川电视台的《麻辣烫》、湖南经视台的《故事会》、陕西电视台的《都市碎戏》、浙江电视台的《本塘第一剧》、浙江电视台教育频道的《大侦探西门》、江苏电视台的《百姓聊斋》、河南电视台的《故事聚乐部》等，到2006年年底，全国三分之二以上省级电视频道开办了栏目剧，栏目剧达到了150多家(个)，2006年被业界认为是“栏目剧年”。从2006年起每晚20：00播出每天一集的《雾都夜话》，成为重庆卫视最有地方特色、收视率最高的栏目，也是我国创办最早、最有影响的栏目剧。

马及人认为栏目剧的出现其实是源于一次误会。在与《雾都夜话》的出现差不多同步的时候，英达将英国的情景剧引入了中国，拍摄了情景剧《我爱我家》，其凭借着娱乐性、通俗性、艺术性以及群众性的特点创造了一个个收视纪录。之后，不断有导演模仿这种节目形式，却并不是真正意义上的情景剧。这些不像情景剧的所谓的剧，有一个共性，就是形态生活化、题材平民化、演员群众化、语言地方化、情境真实化，以及观众的参与性。② 马及人所发现的这些共性使得那些不像情景剧的剧被命名为“栏目剧”。

二、栏目剧的发展背景

栏目剧为什么能在如此短的时间内迅速发展，得到电视台与观众的认可，这里有着多方面的原因。

(一) 栏目剧的低投入、 高产出推动电视台积极开办

与制作成本上百万甚至过千万的电视连续剧相比，栏目剧属于低成本制作。据了解，栏目剧的制作成本每集大概在一两万元之间。制作团队精干，有的身兼数职；采

---

① 蒋昕臻. 电视栏目剧热播后的冷思考 [J] . 中国电视，2008 (3) .

② 马及人在“全国电视栏目剧研讨会”上的讲话，央视国际网站 http：//www. cctv. com/tvguide/special/C14736/20060601/102811_ 5. shtml

用群众演员，报酬很低，有的甚至不要报酬，只想过把演戏瘾；制作设备普通，制作周期短，大多采用日播方式。虽然投入低，但是收视率高，得到的广告回报也多，有的电视台栏目剧每年有上亿元的广告收入。高额的经济回报使得许多电视台纷纷开办栏目剧。由于栏目剧制作成本低，地域色彩浓，因此成为地面频道争夺收视的主要武器。

（二）电视连续剧陷入困境给了栏目剧发展机会

马及人在2006年的全国电视栏目剧研讨会上提到了栏目剧产生的一个很重要的背景，就是长篇电视剧的困境，表演做作、内容生硬、剧情冗长、经费越做越高。越来越多的影视剧远离大众心理与文化，跟风拍摄居多，什么火了就都一拥而上，东施效颦固然得不到理想的效果。除了跟风拍摄，重拍、翻拍也不断出现，不但没有给观众带来一丝新意，反而雷声阵阵。而小题材、小制作、低投入、高产出的电视栏目剧以草根风格满足了观众的收视需求，证明了百姓本位、受众本位意识是栏目剧产生的重要因素。

（三）民生新闻的发展带动了栏目剧的发展

2001年全国第一档电视民生新闻栏目《南京零距离》的诞生，引发了全国电视界民生新闻的浪潮，随后各电视台纷纷开设民生新闻栏目，民生新闻因为贴近生活、贴近实际、贴近群众大受观众喜爱，收视率节节高升。与此同时，反映百姓生活具有平民化的栏目剧也开始得到了重视。“栏目剧可以在全国生根发芽，跟民生新闻的火爆有类似原因，即市民化社会形成过程中，民众视角、民本取向和民生内容的电视产品非常受电视观众的需要。”① 例如诞生于2006年3月的栏目剧《真实故事》就是在民生新闻栏目《今日一线》的基础上发展起来。《真实故事》前六期节目中，有三期选题直接来源于《今日一线》的封面故事，可以说是《封面故事》的拓展版。《真实故事》开播当周收视率接近两个百分点，其后收视率直线上冲，最高接近8个百分点，稳居南方电视台收视率前列。

（四）每年栏目剧的评优与观众的积极参与给了栏目剧持续发展的动力

中国广播电视协会栏目剧委员会从2006—2013年连续8年分别在苏州、济南、广州、福州、西安、昆明、武汉、青岛等城市主办栏目剧年会，召开栏目剧学术研讨会与年度评优大会。这些活动的开展有力地提升栏目剧质量，推动着栏目剧的发展。除了协会的努力外，观众也十分给力。尤其是不断发展壮大的群众演员队伍，为栏目剧源源不断地输送了各种演员，满足了栏目剧长期发展的需要。

---

① 黄天文，韩晓飞，张伍生．栏目剧在南方的实践［M］．广州：广东人民出版社，2013：32.

三、栏目剧的发展现状

经过近20年的发展，栏目剧现状如何？下面从栏目剧的发展概况、存在问题以及发展趋势等方面加以简述。

（一）栏目剧发展概况

从1994年诞生的《雾都夜话》算起，栏目剧走过了近20个年头。栏目剧凭借着平民化、地缘性、低成本等优势成为省、市地面频道播出的主要剧种之一，也因为有着鲜明的地域特色，使其很难在全国范围内一炮而红，但能够在各地方市场抢到一己之位。并且作为自办节目的栏目剧有助于频道提升自身形象，那些打上鲜明城市烙印或频道特色的栏目剧让观众印象深刻，可以培养观众的收视习惯并唤醒他们对媒体品牌的认知。[①] 因此，在省市台的竞争中，栏目剧往往成为主要的竞争手段。

根据CSM对全国155所城市的统计数据，结果显示：2009年第一季度，在17:00至24:00时段，常规播出的栏目剧（日播和周播）有110档左右。栏目剧的播出平台分布广泛，全国有近80个电视台播出栏目剧，其中省台有27个（占35%，几乎涵盖了所有省），省会台有16个（占21%），地市台34个（占44%）。从以上数据可以看出栏目剧创作与播出数量已经达到了一定规模。但与顶峰期2007年的150档栏目剧相比，已经减少了几十个，一些栏目剧已经走到了尽头，早期较有代表性的栏目例如湖南经视台的《故事会》、河南电视台的《故事聚乐部》等均已经关停。

（二）栏目剧发展存在问题

由于电视栏目剧的进入门槛较低，许多栏目剧都是仓促上马。栏目剧被过度开发致使观众产生审美疲劳，一些质量不佳、内容低俗的栏目剧也难以让观众买单，有些台栏目剧的收视率逐年下滑。2008年以后，栏目剧繁荣的景象有所衰退，开始进入瓶颈期，其主要存在以下几方面问题。

1. 题材同质化严重，内容低俗。平民化、贴近性的属性被篡改为都市化、低俗化，尤其在收视率压力下，一味地满足观众的猎奇心理、夸大生活片段成了一些电视台提高收视率的措施。尤其是情感类栏目剧，总是将界限牢牢地划在现代都市男欢女爱之中，放大男女间的金钱、婚姻问题，似乎稍将触角伸向温情一方就会无法构成戏剧的冲突，就无法再称其为“剧”；而情感中的友情、亲情也被自动屏蔽与忽略掉了。例如2013年9月情感类栏目剧《夜倾情》播出的《美人计》、《错乱屋檐下》、《绯闻师奶》以及《天台情缘》中都涉及了复杂的男女关系，第三者、心机、勾引、背叛等

---

① 姚洁．“剧”现老百姓身边的故事——栏目剧收视面面观［J］．收视中国，2009（6）．

元素是构成故事的主体要素，而《冷血少年》主要讲述的是失去良知的儿子与父亲之间的故事，结尾处少年误杀父亲的峰回路转虽是该剧想要获得冲突效果的途径，却并没有让人看后感叹其戏剧性，反而觉得虚假苍白。

2. 节目制作粗糙，质量欠佳。栏目剧的低投入高产出是吸引各电视台进入这领域的重要原因，但这也成为难以制作出优秀栏目剧的重要原因。首先，从演员来看，为了符合栏目剧平民化的特点，并保持栏目剧不断出现新面孔带来的新鲜感，群众演员是栏目剧主要的参演对象。由于群众演员没有表演经验，在表演过程中缺乏镜头感、台词生硬、表演夸张做作等问题，难以给观众带来审美体验。其次，从节目制作水准来看，有些栏目剧为了追求戏剧的冲突而忽视了对细节的把握。此外，拍摄技巧简单、景别单一、节奏把握不当影响了节目的观赏性。

3. 缺乏普遍性的市场交流体系，盈利模式单一。栏目剧不像电影、电视剧，在国内有百花奖、金鸡奖、华表奖、金鹰奖等这些奖项来对优秀作品进行评选与表彰。虽然栏目剧也有中国广播电视协会栏目剧委员会每年举行一次评优大会，但这仅仅获得栏目剧业内人士的认可，无法让制作团队在更大范围内获得事业上的满足感与成就感。此外，在一个地方叫好的栏目剧到了另一个地方可能会遭遇诸如语言表达、生活习惯、审美心理等因素的影响，导致交流平台可操作性的降低，能够进行合作洽谈的至多是处于产业链上游的剧本。目前，栏目剧的收入来源单一，主要是靠广告。由于受栏目剧时长限制，加上题材的狭窄，广告主觉得与企业品牌形象不符，难以吸引目标消费群，从而减少对栏目剧的广告份额。面对广告商整段广告投入的不断减少，一些栏目剧为了获取经济收益采用植入广告方式，但植入痕迹明显，易导致观众的反感。

（三）栏目剧发展策略

虽然栏目剧在发展中存在诸多问题，但是这并非意味着它无可救药。在许多电视台，它仍然拥有旺盛的生命力。为了使栏目剧持续健康发展，可从以下几个方面努力。

1. 重视节目内容，营造美学享受。首先，合理定位题材类型，实现差异化发展。目前栏目剧面临着内容选材面过窄，同质化现象严重的问题，这就需要电视台重新审视题材类型。其次，拓展剧本空间，提高剧本质量。栏目剧在一个紧凑的故事演绎中，通过不断构设兴趣元素，加快节奏的叙事转换，三分钟一个冲突，五分钟一个悬念，通过矛盾冲突集中化、故事传奇化、人物性格化，一部二十分钟的短剧便高度浓缩了所有的戏剧元素。[①] 所以对剧作者的选题能力、结构能力和叙事水平有着很高的要求。但由于栏目剧稿费较低廉，对有一定知名度的编剧来说缺乏吸引力。许多栏目

① 韩鸿，谭正刚．警惕电视栏目剧制作中的五个误区［J］．中国电视，2007（5）．

剧选择公开征集方式，但真正符合要求的却是凤毛麟角。要想拓展剧本空间可以发展内部力量，鼓励栏目组的编导、摄像等工作人员进行创作，也可与当地文化团体、群众演绎团体合作，发展和培养有创作能力的人才；还可以与不同的行业合作，实现行业与行业间的碰撞，比如与电信、银行等行业合作，创作出带有行业文化更具专业性的优秀剧作。再次，突出生活故事性，提升情感感染力。大部分电视栏目剧取材于真人真事，随着栏目剧的发展，淡化事件、突出故事成了趋势，但这并不意味着可以一味地追求情节的刺激而胡编乱造。追求细节上给观众带来的感染力，以求获得观众的心理认同，注重情感的浇铸才是关键。文艺作品的灵魂仍然是情感，缺少了情感这一要素，就只剩下了蹩脚的情节，再是“真人真事”，也让人觉得是戏剧”。[①] 例如中央12 套的《普法栏目剧》中的一期节目《家家有本难念的经》讲述的就是婆媳之间的矛盾，虽然内容本身的吸引力、悬念与冲突的制造方面有所不足，但是情感始终贯穿其中，少了莫名其妙的离奇，多了带给观众的感悟——婆媳之间的相处更加需要宽容与谅解。

2. 加强节目生产的专业化与制度化建设，确保栏目剧质量。虽然栏目剧生产成本低，但是这并不能成为粗制滥造的理由。在生产的专业化方面，首先，要明确各个工作岗位的职责要求，如主持人、编剧、导演、摄像、制片、编辑、包装等岗位的职责。电视栏目剧相比于电视剧与电影，虽然在生产数量上已具有一定规模，但是受到成本限制，生产方式仍停留在小作坊的生产模式上，缺乏严格的专业化管理。栏目剧在生产过程中，只有根据不同环节的业务内容与特点进行专业化分工，才可提高工作效率，提升栏目剧生产的精细化程度。其次，建立相关制度，通过制度来，保证节目的质量。制作公司建立专业的学习制度，邀请专业的编剧、摄像和导演来授课培训，有利于提高摄制人员的制作水平。建立点评制度，每周或每月抽取一定数量的节目，从不同的角度进行打分点评，使工作人员对自己的工作有更清楚的认识。可以通过自评、内部互评，或邀请第三方专业机构进行评析，还可以调动电视观众、网友通过短信与网络投票的方式收集对节目的关注度与评价。

3. 实行制播分离，整合营销渠道。目前，全国电视栏目剧较为成熟的三种运营模式全部来自地方电视台。第一种是以苏州广电总台《故事会》栏目为代表的节目运营模式。这种运营形态完全采用体制内运作模式，从拍摄、编辑到后期制作与平台播放全部由电视台内部团队完成。第二种是以重庆电视台《雾都夜话》栏目为代表的节目运营形态。这种类型采用体制内的公司化运作模式，对节目的制作采取相对独立化、

---

① 韩晓飞. 中国内地栏目剧现存问题探析 [J]. 现代传播, 2007 (5).

市场化的承包制度，节目完成并通过审查后再由电视台花钱收购。第三种运营模式是一种更为彻底的市场化运作模式，以陕西电视台的《都市碎戏》为代表。这种模式制播完全分离，所有的节目制作环节全部实行社会化运作。① 制播分离可以将节目制作公司剥离出来，建立现代企业制度，成为独立的法人主体，成为自主经营的市场主体。虽然栏目剧单集成本较低，但始终靠自产自销依然会给地方电视台带来沉重的经济压力。走向市场，引入社会力量，发动各行各业的同时结合自身的特点，才能形成规模效应，从而提高经济收益。例如广东南方电视台成立了栏目剧创作基地，电视台与社会制作公司合作制作栏目剧，实现栏目剧生产向专业化与规模化方向发展。此外，通过充分挖掘演员资源，让更多的观众参与到栏目剧中来，通过人际传播培养更多的观众群体。南方电视台《真实故事》开办了演绎学习班，为该节目培养与输送表演人才。在《真实故事》的网站上我们可以看到学习班成员的表演视频以及成员的讨论区，帮助我们了解这些演员的同时也有利于吸引更多的观众参与其中。网站上还创建了“民星民戏大舞台”栏目，为老百姓展示自己提供了舞台。由于许多栏目剧都是日播剧，拍摄家长里短的内容需要到城市家庭与公共场所取景，这也是一个宣传的好机会，可以邀请观众观摩整个拍摄过程，让其产生身临其境的感觉。

（四）栏目剧发展趋势

栏目剧发展呈现两个基本态势：系列化和专业化。系列化指的是栏目剧的发展，日益呈现从单本剧向系列剧、连续剧转型的态势，传统意义上的电视栏目剧逐步升级，向自制栏目剧发展，本质上体现的是电视栏目剧从栏目属性向剧集属性靠拢的艺术追求。专业化指的是栏目剧制作从编剧、导演、演员到服装化妆和灯光道具等各个方面，由原发质朴的粗糙状态向电视剧制作水准靠拢。② 2010 年南方电视台在《真实故事》发展的基础上，开创百集系列剧《家大欢喜》，该剧是由南方电视台投资、制作的广东本土第一部都市时尚题材的百集系列剧，到 2012 年共制作了 300 集。此外，云南电视台的《快乐正流行》、浙江电视台的《梦想新生活》等系列剧的出现，标志着栏目剧在剧集形态上从单本剧向系列剧发展、演员从群众演员向准专业化演员发展、美学追求从仿真性向戏剧性发展等诸多特点。

2012 年中国广播电视协会栏目剧委员会主办的第 7 届全国栏目剧评优年会上，首次设立了中国栏目剧“金骐奖”，标志着国内栏目剧制作步入更高的发展空间，成为全国电视栏目剧新的标杆。第 7 届年会有 70 多家电视台及影视单位参加，据央视索福瑞现场发布的栏目剧年终盘点和数据分析显示，全国栏目剧质量整体水平上升，收

---

① 杨状振．电视栏目剧的发展趋势及问题探讨［J］．现代视听，2009（7）．

② 黄天文，韩晓飞，张伍生．栏目剧在南方的实践［M］．广州：广东人民出版社，2013：56.

视率也逐年递增，包括央视在内的不少上星频道都纷纷开办栏目剧，且制作投入越来越大。可见，栏目剧的春天又要来了。

第三节　栏目剧剧本创作

制作一部栏目剧首先要从剧本着手，一部好剧本是诞生一部优秀栏目剧的基础。栏目剧在经历了一个高速增长却又有些无序发展的过程之后，一些问题开始暴露出来，首先表现出来的就是栏目剧选题的枯竭与优秀剧本的短缺。尤其是许多采用日播栏目剧的频道，每天需要不同的题材、不同的故事内容来填充时间版面，因此，剧本创作尤为重要。对于栏目剧的主创者，如何讲好一个故事，如何对原始事件重新结构，就需要在叙事上下一番苦功，并且在叙事的过程中除了追求戏剧性带来的吸引力之外，还要力求使叙事技巧符合栏目剧特点，尤其是平民化特点。

一、栏目剧选题

从哪里获得栏目剧选题？一般来说，栏目剧选题主要来自于以下三条途径。

首先，栏目剧选题来自于日常生活。在日常生活中，栏目剧创作者要做生活的有心人，留心观察周围发生的事情；善于收集社会上的舆论。例如安徽亳州电视台的栏目剧《药都人家》剧组在乡下拍戏期间听说了这样一种现象：在农村，男孩从定亲到结婚一般至少需要 15 万～20 万元，这对许多家庭来说是很大的负担。所以有的家庭将女儿的彩礼用到哥哥或弟弟身上，许多恩爱的青年男女因为男方家庭拿不出彩礼而不得不分道扬镳。而《药都人家》以宣传婚姻法为主线，以农村致富人物打工学技术为辅线进行剧本创作，《药都人家》栏目组分三组到乡下进行了采访，创作出系列轻喜剧《都是彩礼惹的祸》《任杰的婚事》《媒婆的烦恼》等，片子在倡导自由恋爱的同时，对索要彩礼之风进行了有力讽刺，让观众在笑声中对现实生活进行深度思考。①

其次，栏目剧选题来自于媒体报道的新闻事件。栏目剧主创人员平时要浏览报纸、电视、网络、新闻期刊等各种媒体上的新闻热点，从中获取与百姓生活息息相关的题材，在此基础上按照剧本的要求进行深度加工，创作出优秀的栏目剧剧本。南方电视台的《真实故事》选题均来自于社会上发生的新闻事件，例如获奖栏目剧《京珠

① 刘琳，杜山．要走“寻常”路——浅谈地方台栏目剧的选题策划［J］．今传媒，2010（9）．

北》以2008年初发生的冰雪灾害为背景，把故事集中在一辆堵在京珠北高速公路上达10天的返乡过节的大巴上，讲述人在面临生与死的抉择与考验时，善良人性的释放。《京珠北》就是以真实事件为原型来创作的。

再次，栏目剧选题来自于网络微博、社区论坛、社交网站等社会化媒体。在这些社会化媒体里，各种信息汇集，栏目剧主创人员要有一双慧眼，从中发现鉴别可拍成栏目剧的素材。尤其是微博这种基于用户关系的信息分享、传播与获取的平台，可以接收到比传统媒体更加迅速、海量的信息。

在面对众多选题时，可从三个方面加以筛选：其一，选题要有故事性，即选题蕴含着矛盾冲突，有吸引人的情节；其二，选题要贴近生活，即选题要接地气，与百姓生活密切相关；其三，选题要注重价值导向，即选题要有正面价值，传递社会正能量。现在有一些栏目剧为了追求高收视率，将第三者、二奶、暴力、性等元素加入剧本中，并乐此不疲地换着方式将这些演绎得淋漓尽致，以为抓住了观众的猎奇心理就把住了观众收看的脉搏。或许起初这样的题材会刺激观众的感官系统，天生的好奇心使观众被离奇、惊悚的情节所吸引，这样的题材若反复出现不但会使观众怀疑其真实性，而且将内容联系到自己真实的生活，使其心态受到消极的影响。

二、栏目剧叙事

从叙述内容是否真实角度来看，视听节目叙事方式可分为两大类：真实叙事和虚拟叙事。真实叙事是指以反映生活真实事件和情境的叙事，如新闻片、纪录片、谈话片、真人秀等视听作品都是采用真实叙事方式；虚拟叙事是指以虚构事件和情景的叙事，如电视剧、电影、文艺片等视听作品均是采用虚拟叙事方式。对于表现手法，一般真实叙事以纪实手法为主，虚构叙事以艺术手法为主，但有时二者也可以融合。而作为游离在“真实”与“虚拟”之间的栏目剧来说，它绝不是将所有的新闻素材与事件原封不动地搬到电视屏幕上，而是在新闻故事的基础上融合纪实与艺术的手法进行戏剧化的演绎。下面从叙事领域中的叙事主体、时空、人物、故事、情节、结构等方面对栏目剧叙事进行分析。

（一）叙事主体的确立

叙事主体是指讲故事的人，即组织与传递信息的人。但这个“人”不一定是可见的人的实体，有可能隐藏于文本之外，却操纵着叙事的进度。从人称上来看，叙事可分为人称叙事与非人称叙事。所谓“人称叙事”是指在叙述中有明晰可辨的叙事主体，他（她）可以出现也可以不出现，可以是一个人也可以是几个人。人称叙事中最常见的是第一人称叙事和第三人称叙事。而“非人称叙事”则是指叙事文本中没有明晰可辨的“叙述人”出现，仿佛叙事行为在自主地进行。[①] 栏目剧大多采取的是第三人称叙事，开头由主持人对剧中主要人物、事件进行介绍，在故事发展过程中旁白起着解释与预示的作用，当故事发展告一个段落之后主持人会对后面部分出现的新的矛盾进行介绍，将观众的视点引导至其上面。这样一个叙事者的角色通常由主持人与旁白来担当，他可以客观地进行叙述，也可以带有自己的感情色彩进行评论，他能代替剧中人物表达出画面无法表达的心理活动，他有着全知的视角，是叙事中一个重要的“角色”。

（二）叙事时空的安排

影视叙事中的时间是一个非常重要的概念，它包括原始事件时间、文本叙述时间和播映时间。在一定的播映时间里，原始事件时间可以在叙事中被无限地放大或缩小，可以在很短的时间里表现漫长的岁月，也可以用相当长的时间展示短时间内发生的事情。栏目剧作为一种特殊的电视节目形态，必须要控制好叙述中的时间节奏。

有一定的时效性是栏目剧区别于其他剧的一个重要特点。栏目剧往往是在社会事件的基础上进行二次创作形成的，它能在较短的时间内确定剧本、完成拍摄，从事件发生到被搬上荧屏，时间跨度短，例如《真实故事》从选题、编剧、拍摄、制作到播出前后仅仅一个月。而电视连续剧从报批、编剧、拍摄制作到播出，往往要经过一年甚至数年时间。栏目剧叙述的故事时间跨度都不大，大多控制在几个月之内；而电视连续剧，讲述着几年、几十年甚至几代人之间发生的故事。例如《普法栏目剧》中的一期节目《我本神探·家家有本难念的经》讲述的是从丈夫出差到丈夫回到家中这段时间内妻子与母亲之间的婆媳故事，湖南经视台《故事会》中播出的《要命的春节红包》，讲述的是两夫妻在春节放假时间里发生的故事。相对于电视连续剧来说，栏目剧力求在最短的时间内为观众呈现一个完整的故事，从故事开端、发展、高潮到结束，一般在30分钟左右完成。在对于时间顺序的处理上，栏目剧大多是按照故事发生的先后顺序展开，即使中间穿插若干局部倒叙，但展现给观众的仍是清晰、流畅的故事脉络。这样的叙事安排符合受众群体的收视习惯。也有一些栏目剧对故事时间进行了重组，采用倒叙的手法，倒叙手法容易给观众制造悬念。倒叙是指“对故事发展到现阶段之前的事件的一切事后追述。”[②] 例如《经济与法·周末版》播出的《死婴复活记》采用的就是倒叙的手法。妻子看到当保姆的表姐所负责照看的孩子的照片与自己死去的孩子十分相像，于是对这个孩子的身份产生了极大的怀疑，随后出现了屏幕文字“四年前”，将故事拉回到妻子生育时的情景。

---

① 宋家玲．影视叙事学［M］．第1版．北京：中国传媒大学出版社，2007：178.

② ［法］杰拉尔热奈特．叙事话语新叙事话语［M］．北京：中国社会科学出版社，1990：17.

电视剧在处理叙事空间时大抵通过两种方式：一种是偏于写实的再现性空间；另一种是偏于写意的表现性空间。[①] 栏目剧因其平民化、低成本以及时间限制的特点，场面的配置更多的是通过写实性的再现。栏目剧作为用于家庭收视的节目形式，决定了它适合具有亲近感、现实感的话语传达以及空间展示，如果盲目去复制电影、电视剧的场景造型，过分着力于美学程度的提高，不仅不符合栏目剧制作成本的实际条件，也会容易令观众感到其不知所云。许多栏目剧讲述的都是家长里短的故事，所以许多场面都设计在主人公的家中。例如客厅是人物进行对话的主要场所，通过对话观众往往能够看到事件的矛盾、人物的情感。卧室相较于客厅更具私密性，夫妻间不愿意让他人知道的隐秘，或者需一个人独自承担的苦楚，都在这个小房间里展现着。《都市碎戏》播出的《偏见》，讲述的是一个母亲因儿媳与儿子在家庭背景与工作单位的悬殊而对儿媳产生极大的偏见，故事场景基本上设置在客厅与卧室里。故事一开始就是儿子带着女友小悦去见母亲，从母亲的质问"听别人说你是个洗脚的"，以及小悦走后母亲向儿子提出的不允许他俩结婚的四点理由，观众都可以看出故事冲突在于母亲对儿媳的嫌弃，而这个场景就安排在客厅里。两人结婚以后小悦答应婆婆以后不会再去洗脚房上班，但被婆婆的朋友看到她并没有辞去这份工作，这让婆婆生气不已，并让儿子好好质问她。小悦回来后，儿子走进卧室告知小悦让她以后上班小心点，不要被妈妈看到了。从房间里两夫妻的对话我们知道儿子实际上是知情并且对小悦是支持的。

（三）人物

英国小说家爱·摩·福斯特在他的《小说面面观》中将人物分为两种——圆形人物和扁平人物。圆形人物指性格有多个侧面并有发展的人物，扁平人物指仅有单一的性格特征并且没有发展的人物。[②] 若从构成格局上按照维度的简与繁，相对划分为单维度的符码型人物与多维度的复合型人物，以及具有浓厚意识形态色彩和强烈的性格向心力的"卡里斯马"型人物三大类别。[③]

首先，从人物性格角度来分析，栏目剧中的主要人物属于扁形人物。扁平人物最大的优势之一就是不论他们何时登场，都极易辨识——被读者的情感之眼认出，视觉的眼睛只不过注意到一个特定名字的再次出现……第二大优势是，他们事后很容易被读者记牢。[④] 若按照人物构成格局上分类，栏目剧中的主要人物属于单维度的符码型

---

① 张育华．电视叙事话语［M］．第1版．北京：中国广播电视出版社，2006：92.
② 宋家玲．影视叙事学［M］．第1版．北京：中国传媒大学出版社，2007：191.
③ 张育华．电视叙事话语［M］．第1版．北京：中国广播电视出版社，2006：155.
④ ［英］E. M. 福斯特．小说面面观［M］．北京：人民文学出版社，2009：58.

人物，这种人物性格、心理构成元素相对比较单一。在塑造这种人物时往往会从错综复杂的人物特点当中抽取某种突出的、明显的部分，如某种优点或某种缺陷，并将其进行夸张放大。例如前面也有提到过的栏目剧《死婴复活记》中孩子出世不久，就被医生告知已死亡，丈夫老实本分，对妻子孩子更是疼爱，当被医生通知孩子死亡后除了感到痛心以外并没有对医生产生更多的怀疑。《夜倾情》中的一期节目《冷血少年》，塑造的少年就是一个叛逆、冷漠的人，其开车撞死人后不仅没有感到愧疚，在其父亲的庇护下躲到了乡下。父亲无意间碰到了受害者的妻儿，为了帮儿子赎罪决定在接下来的日子里帮助这对母子，而在相处的日子里他俩也渐渐产生了感情。儿子因乡下日子无聊返回家中，却处处针对这对母子，父亲逼于无奈只得告诉儿子这个女人就是被他撞死的死者妻子。但儿子依然没有悔改，甚至在与女人争吵的过程中欲拿刀伤人，不料父亲上前挡住，刀捅向了父亲。从始至终少年都没有过一丝悔意，体现在其身上的只有叛逆、冷漠与畏缩。栏目剧中主要人物的这种类型化、单一化的特点符合栏目剧短时间内要完成叙事的要求，因为如果像电视剧中的人物一样对其性格特点进行详细、细腻的刻画需要大量的剧情铺陈，也需要较长的时间加以表现。并且栏目剧的主要任务是让观众看明白每一期节目表现了一个怎样的事件，而不会在意剧中人物是否被塑造得十分丰满与多面。角色的设置与演员的表演主要是为了叙述故事的需要。

栏目剧中的人物都是一些“小人物”，例如《冷血少年》中叛逆的学生、《错乱屋檐下》里富有心计想通过婚姻得到金钱、房产的女人，《要命的春节红包》中工作勤劳但收入不高的夫妻，等等，这些人物都有可能生活在我们身边、是我们可以接触了解到的普通百姓。在造型上，因为大部分演员是群众演员，在形象上自然不如明星一般靓丽；加上栏目剧要表现的就是本土化、平民化的气息，所以在演员的化妆、衣着等方面尽量要显得真实、富有生活气息。

其次，从人物关系角度来分析，栏目剧中的人物不是个体存在的，随着故事的展开，他们会与别人形成各种人际关系，并且在不同的关系网中开始发生抵触、冲突与纠葛。戏中人物处在行动中，行动中的人物关系是牵动人心的主体内容，随着人物性格的发展形成不同的行动组合，通过行动组合的巧妙设计触动观众的情感。栏目剧中人物关系比较简明，通常着重展现某一条线索与关系。在一些反映市民日常生活与伦理情感的以“情感关系”为主的栏目剧中，比如《偏见》，剧中的人物关系包括夫妻、婆媳、母子以及父女关系，其中最主要的人物关系是婆媳关系。从一开始婆婆就反对儿子的婚姻，儿子与女方秘密结婚后婆婆只能被迫接受了这段关系，但在往后的生活中并没有给儿媳好脸色，儿媳只能默默承受着。直到故事最后，在儿子的“离婚计谋”中终于使母亲开始反思自己，并提出要当面向儿媳道歉。这条婆媳关系的主线一直贯穿始终。涉案题材栏目剧《爱·迷失》分上下两集，涉及情节、矛盾、人物关系繁多复杂。上集主要展现的是女主角雪莲与闺蜜艾晓璐、雪莲与丈夫、雪莲与追求者肖凯之间的关系，主线是雪莲与艾晓璐从朋友关系变成了仇人关系。下集主要讲述的是雪莲与肖凯、雪莲与肖凯女儿间的故事，虽然看起来雪莲与艾晓璐的关系已经告一段落，但故事最后雪莲从一个善良能干的护士变成一个蛇蝎心肠的继母，艾晓璐给其造成的阴影以及她对艾晓璐的敌意是雪莲踏入歧途的重要原因。

（四）故事与情节

福斯特在其《小说面面观》中对“故事”与“情节”的区别有过举例说明——“‘国王死了，不久王后也死去’便是故事；而‘国王死了，不久王后也因伤心而死’则是情节。”① 比较二者我们可以得知，故事是“一系列为表现人物性格和展示主题服务的生活事件的梗概，是基本事件的自然联系和顺时序的叙述”②；情节则是指“人物与人物、人物与环境之间在矛盾冲突中所形成的一系列有因果关系的、追求特定审美效果的艺术事件的集合”③。故事体现的是时间顺序，而情节强调的是因果关系。

我们可以把“故事”看作一个“在特定的‘环境’中，‘叙述’出来的具有时空演变过程和因果关系的事件”④。所以说故事的产生首先来源于事件的发生。事件相比于故事属于原始的范畴，发生在我们的日常生活中，为故事提供原始素材。但并不是所有的事件都可以作为故事的题材，因为故事并不是对生活的简单记录与还原，而是将生活素材重新组织安排，所以说只有那些充满矛盾与冲突的事件才能构成故事。

情节是由一系列有矛盾冲突且存在因果关系的事件的集合。事件与事件之间环环相扣的因果关系，极大地满足了观众的好奇心与求知欲。栏目剧的情节设计尤其体现着因果关系的特点。例如《真实故事》播出的《赶不走的租客》，女主角小蕊卖掉了自己的房子，却因为房子里的租客不肯搬走必须每月赔偿买主违约金，所以为了将租客赶走小蕊想出了将电视机封住不让使用、在地上撒泥土这样的方式迫使租客主动离开。实际上这个租客是小蕊的父亲，因为父母离婚之后父亲没有尽到过义务使得小蕊对他十分痛恨，所以将父亲过户给自己并想要居住下来养老的房子卖掉，以此来报复父亲。父亲知道女儿对自己的怨恨后加上想到因为自己而使女儿每月要赔违约金给别

---

① ［英］爱·摩·福斯特．小说面面观［M］．广东：花城出版社，1984：75.
② 电影艺术词典（修订版）［M］．北京：中国电影出版社，2005：112.
③ 李胜利．电视剧叙事情节［M］．第1版．北京：中国广播电视出版社，2006：42.
④ 李显杰．电影叙事学：理论与实例［M］．北京：中国电影出版社，2000：29.

人，决定搬出房子。小蕊妈妈回到广州后却在路上巧遇小蕊父亲，并发现他双眼已几乎看不见了，原来父亲搬出小蕊房子后在给别人看门扫地，境况十分糟糕。妈妈生气地叫小蕊回家，告诉她父亲从来都没有忘记过小蕊，并且现在患有严重的糖尿病眼睛几乎失明，如果小蕊将父亲唯一的居所都夺走，父亲只能孤独终老。小蕊回想起父亲之前的举动以及现在糟糕的状况落下了眼泪。从中我们看出栏目剧的演绎是以因果关系为主的，强调前面的情节是后面内容的原因，因为有了前面故事的发展，才会导致后面的结果。这种因果关系与好莱坞电影叙事方式有些类似，要求剧情环环相扣。因为大部分栏目剧都是一集讲述一个故事，时间较短，这决定了栏目剧的叙事需要在短时间内按照大家看得懂的逻辑顺序推进，让观众觉得合情合理。

栏目剧情节发展在遵循因果关系的同时，大部分故事都呈现出封闭状态，也就是结局呈闭合式状态。美国电影剧作家罗伯特·麦基认为："如果一个表达绝对而不可逆转的变化的故事高潮回答了故事讲述过程中所提出的所有问题并满足了观众的所有情感，则被称为闭合式结局。一个故事高潮如果留下一两个未解答的问题和一些没有满足的情感，则被称为开放式结局。"① 还是以《赶不走的租客》为例，在故事结尾小蕊和妈妈发现父亲流落在街头，小蕊感到无比难过与愧疚，一句"我长这么大，都没有在爸身边，我也很想像别人一样跟爸一起散步、吃饭、看电视"说出了小蕊的心声，一家三口喜极而泣便是最完满的结局。而相比栏目剧，电视剧除了大结局几乎每一集都呈现出开放式的结尾，要想知道答案只能从下一集当中去找。而有些电视剧即使在大结局中也没有给观众留下确定的答案，观众只能凭借自己的想象以及对剧情的理解做出自己的猜测。

栏目剧还会利用巧合来增加情节上的戏剧性。例如《经济与法·周末版》中的一期《瑜伽教练之谜》，张伊是一名23岁的公司白领，也是一名31岁的瑜伽教练，但因为与公司签约而不能说出公司为其安排的瑜伽教练的身份是假的这个事实。经人介绍，张伊与条件颇好的刘浩成为了男女朋友。但张伊不知道自己竟然是刘浩妈妈的瑜伽教练，所以在看望刘浩妈妈时身份被戳穿。在上文提到过的《爱·迷失》中，雪莲没有想到破坏自己家庭的朋友艾晓璐竟然是继女男朋友的姨妈，本以为不会和艾晓璐再有交集的雪莲再次感到了害怕，也才会有之后自己做出的疯狂举动。这些意外与巧合都吸引着观众，也推动着剧情的进一步发展。

情节为了避免平铺直叙，为了拥有叙述魅力，常常并不追求故事的明晰性，往往颠倒故事的自然时序，隐瞒原事件的起因和关键环节，通过制造悬念和意料之外来吸

① 罗伯特·麦基. 故事——材质、结构、风格和银幕剧作的原理［M］. 北京：中国电影出版社，2001：54－55.

引观者的注意。[①] 虽然栏目剧不同于电视剧与电影，在叙事上大都采取的是自然时序，但要在很短的时间内吸引观众的注意力，必须直接导入主要矛盾，设下悬念，并且解开悬念。例如《赶不走的租客》，一开始便是一个女人向老人要房租的画面，并且金额是一个月一万块，本以为这下老人就可以搬走了，但没想到老人竟然答应了。从这里我们可以得知女人小蕊是屋主，老人是租客，但老人连一万块一月的房费都愿意付为何屋主反而很生气呢？随后小蕊来到楼下给了陈先生一笔违约金，我们知道了原来是因为小蕊已经将自己的房子卖掉，但租客却不肯搬走，只得赔偿违约金给新的买主。这时我们的疑问又出来了，房东若与租客合约期满，应该是有理由让租客离开的，但为何如此困难呢？当小蕊找到做律师的朋友询问租客若执意不肯搬走是否违反法律时，我们得知原来小蕊与这个老伯是父女关系，而当朋友劝诫小蕊其对父亲有赡养义务不能让父亲居无定所时，小蕊以“你不明白的，我们家和别人家不同”的回答告诉了我们他们父女关系的特殊。

最后，还可以通过控制叙事节奏让情节变得更加紧凑。节奏应用到电视剧叙事模式里，是专指叙事结构在外部事件发展和内部场景的情势营造中体现出来的情节运动状态及变化规律。[②] 首先栏目剧通过合理划分时间，设立情节点来保证情节的紧凑性。在情节处理上，栏目剧从某种程度上来说借鉴了电影，它根据“1/4—1/2—1/4”的时间划分来设立情节点。[③] 例如《瑜伽教练之谜》中，整个故事，故事开端大约用了8分钟，故事从发展到高潮大约用了15分钟，从高潮到结尾大约用了10分钟，情节紧凑有序。并且栏目剧会将更多的时间花在能够表现矛盾的情节上，将不能使节奏紧凑的部分快进或者省略掉。《瑜伽教练之谜》一开始就表现了张伊作为瑜伽教练的身份，之后当被长辈介绍给刘浩认识时观众却看到这时的张伊是长辈口中名牌大学毕业、大公司的白领，观众对张伊身份的疑惑由此开始。并在之后的故事发展中，仍然围绕着张伊如何游走在双重身份之间，而对于张伊如何从逃避刘浩到同意与他交往的这个过程给予了省略。而当故事发展到高潮，张伊的身份被识破，从而开始回忆与讲述自己是如何陷入这场迷局中的，一直到结尾，始终围绕着张伊的双重身份，并牵扯出与之签约公司的违法行为。

（五）叙事结构

悉德·菲尔德说：“结构就是把故事按照一定位置安排好的东西。”[④] 在电影的叙

---

① 宋家玲．影视叙事学［M］．第1版．北京：中国传媒大学出版社，2007：198.
② 卢蓉．电视剧叙事艺术［M］．第1版．北京：中国广播电视出版社，2004：18.
③ 吴希媛．我国电视栏目剧叙事探究［D］．南京师范大学，2011.
④ ［美］悉德·菲尔德．电影剧本写作基础［M］．北京：中国电影出版社，2002：9.

事结构中，一般分为五种形态：戏剧式线性结构，戏剧式段落结构、散文式线性结构、套层非线性结构和梦幻式心理结构。栏目剧的叙述结构大都属于戏剧式线性结构。这种结构，首先注重的是故事的戏剧性，也就是故事内部的戏剧冲突、因果关系等情节性元素，同时以线性的方式来推进叙事。也就是说，戏剧式线性结构的基本特征是：以时间的顺序发展为主导，以事件的因果关系为叙述动力，追求情节结构上的环环相扣和完整圆满的故事结局。① 吉安乃蒂在《无情节电影的传统》中也说道："一部影片的结构是指它的结合原则——部分如何同整体相结合。所以一部影片的情节只是一种结构——一种强调事件和各事件之间因果关系的结构。"② 所以说情节与结构之间存在密切的关系。在上面论述的栏目剧情节特点中已对栏目剧的因果性、闭合式结局有了分析，这里不再赘述。只强调栏目剧叙事的线性结构特点与该节目形态的属性分不开。

电视属于大众媒介，电视栏目剧自然具有大众化传播特性，这就决定了它必须考虑到它的收视群体，在目标群内实现收视范围的最大化，所以线性的叙事结构更容易为观众所理解，如果形式过于另类与复杂不利于观众的接受。电视具有娱乐功能，电视剧的娱乐功能也格外突出，而完成这个功能的叙事手法几乎全部是经典的叙事手法，如戏剧性、故事性、因果关系、虚构、情节等。③ 虽然许多栏目剧的内容题材是以真实的新闻事件为依据的，但它毕竟不是新闻，其中心词是"剧"。

三、栏目剧语言

栏目剧作为一种平民化、生活化的电视节目形态，不像电影那样十分强调表现的艺术性，尤其是影像造型的构成，其故事的表达更多的是依靠朴实、简洁的语言来诠释，同时它又不同于长篇电视剧语言，由被塑造得丰满又复杂的人物朗诵、表演出来，它只是经由普通群众之口自然而然说出的话语。下面从对白、解说、屏幕文字三个方面分析栏目剧语言的特点及其运用。

（一）对白

简单说来，对白就是影视中人物之间的对话。罗伯特·麦基在论述剧本写作时说："银幕对白必须具有日常谈话的形式，但其内容必须远远超越寻常对话。"④ 尤其

---

① 宋家玲. 影视叙事学［M］. 第1版. 北京：中国传媒大学出版社，2007：213.

② ［美］路·吉安乃蒂. 无情节电影的传统［J］. 世界电影，1983（3）.

③ 杨世真. 重估线性叙事的价值——以小说与影视剧为例［M］. 第1版. 浙江：浙江大学出版社，2007：169.

④ ［美］罗伯特·麦基. 故事——材质、结构、风格和银幕剧作的原理［M］. 北京：中国电影出版社，2003：456.

是在电影叙事中，对白不仅仅起着人物间的沟通作用，可能还暗含着推进故事发展的特殊意义。例如在王家卫的电影《一代宗师》中，师傅宫羽田对已经投靠日本人的徒弟马三说的话："老猿挂印回首望，关隘不在挂印，而是回头。懂我跟你说的意思么?"或许看到这里观众们只是觉得师傅是在劝徒弟离开日本人，而只有看到后面女儿宫二找到马三报仇并打败他时，才会明白当他使用老猿挂印这招时只有回头才不会输，师傅当时并不是因为年纪大、动作慢而输了，而是没曾想要杀他，而马三后来被宫二打败正是因为当时没有明白师傅的意思。从电视剧人物对白的"潜文本"来看，主要包括两方面：一是话说七分打住，让观众领略其中被省略、被埋藏的内容；二是话里另有埋伏、另有所指，让观众借助语言表层上的暗示，透视其中深意。① 但是栏目剧中的对白不需要过多的"潜文本"，因为，栏目剧的收视群体大都是家庭主妇，她们要看到听到的是像她们一样的普通人之间浅显易懂的对话，而不是需要反复揣摩的对话。

对白设计应体现出栏目剧的叙事风格。例如一些历史正剧，人物语言郑重其事或字字珠玑，而一些反映普通老百姓生活经历的电视剧人物语言显得轻松幽默。栏目剧中的人物对白更是要体现出其自身特点，尤其是方言栏目剧。

栏目剧中人物对白要符合生活实际，让人物说他该说的话。人物的对白应该符合其个性特征，不同年纪、不同性格的人应该有自己独特的话语节奏和生活语言，尤其是在人物间产生冲突时，人物对话要体现鲜明的个性。例如《都市碎戏》中的一期节目《谁装修了我的房子》，中年女人月华因为儿子快要结婚将他的新房装修好了，却没曾想到因为方向感差将别人的房子当做自己的新房装修了，由此展开了两家人对谁来承担责任的争执。剧中中年女人月华性格泼辣，当她发现年轻夫妻躺在她为儿子买的新床上时，立即拿起扫帚就往年轻夫妻身上打——

月华："你两个狗男女，竟然睡到我儿子的床上了。"

年轻夫妻（男）："干啥了，咋跑到我家来行凶了?"

月华："你的家?睁开你狗眼看看，这是我给我儿子结婚准备的新房，你俩倒先好，你们竟然睡到我儿子的新床上了，把我儿子的床弄脏了，你就给我赔。"

年轻夫妻（男）："大白天私闯民宅，还行凶，这可是罪上加罪。"

年轻夫妻（女）："你搞清楚了，这可是我们的房，我们这两天正四处寻你呢。"

月华："你都不怕风大把你舌头闪了，你说是你的房，拿出你的合同来，拿出你的证件来。要不然，走，现在就到派出所去，叫你们吃不了兜着走。"

---

① 张育华．电视叙事话语［M］．第1版．北京：中国广播电视出版社，2006：217.

月华丈夫性格温和，而年轻夫妻却不是省油的灯。在与开发商、防盗门企业的官司失败后，月华夫妇找到那对年轻夫妻和解，想通过心平气和坐下来商谈的方式来尽量减少自己的损失，却没想到年轻人句句反驳，决不答应，想占便宜的心态也展露无遗，双方矛盾冲突在这里达到高潮，而人物性格也在此体现得淋漓尽致——

年轻夫妻（女）：“对，没门。这第一，谁都知道这新房要经过一个夏天这墙面才能完全干。你们倒好，没有在墙面完全干透的情况下就急着装修，这质量，谁能给我保证。第二，你们这是啥设计，根本不符合我们的设计风格。我们原本是要在这自己设计一个玄关的，你们倒好，买来一个成品玄关。还有这电视墙，我们在建材城早都订了一个整套的电视墙柜了，还要拆掉这个，是要破坏整个墙面的。还有这个地板，我们原本是要铺木地板的，可你这弄的是什么？”

月华：“照你这样说，你是一点都不想赔了是不是。”

月华丈夫：“你也看到了，像我们这年龄，挣点钱，确实不容易。”

年轻夫妻（男）：“你别给我讲这些道理，你们挣钱不容易，我们挣钱容易了？你们心里头有苦，我们心里也感到憋屈。我们买这房子容易不容易？勒紧裤腰带牙缝里抠，辛辛苦苦五六年，两家的父母、家里的所有积蓄都拿出来，本来是想按照自己的意愿装修自己喜爱的房子，结果你看你现在给我弄成啥样子了。我们要是住进来不就得受一辈子折磨。”

月华：“你们……你们红口白牙，难道，想把我的十几万元白吞了不成。”

年轻夫妻（女）：“你搞清楚，别说十几万，就是一百万，你活该，谁让你装修我们这房子了。要怪，只能怪你自己”

月华丈夫：“年轻人，话可不能这样说。这人啊，将心比心，你们也看到了，我们花了这么多钱，你们，总不能一点都不赔，这话说到哪里也站不住脚。”

年轻夫妻（女）：“这位大叔，我前面说的话你是没听清楚是不是，要不要我给你再重复一遍呀。”

月华：“你一点都不想赔是不是，那好，我把我装修的全部拆了、砸了，谁也别享受。”

年轻夫妻（女）：“你拆，有本事你砸呀，但是前提是，你必须恢复我毛坯房原来的样子和格局，否则的话……”

（二）解说

与情景剧、方言剧、电视剧不同的是，栏目剧中有主持人解说，且解说不可或缺。解说在栏目剧中主要起着交代故事背景、串联故事情节或评说故事意义的作用，有时解说还承担着一定的叙事功能，并通过主持解说营造悬念，引导观众继续看下

去。栏目剧解说主要表现在两个方面，一是主持人出镜解说
视台《故事会》中的《要命的春节红包》，主持人李锐首先
让人非常开心的事情，然后话锋一转，说出这期节目的关键
明有些地方红包风气的不好引出后面要演绎的故事并对其进
妻春节过完年从老家回来之后，妻子居然自杀了，为的就是
绎完前半部分，也就是这对年轻夫妻打算带着辛辛苦苦攒下
家过年时，故事暂停，主持人开始讲述在红包和人情这个无
对夫妻想象中那样顺利，主持人提醒着观众故事的转折处将
演绎到夫妻二人不仅将自己的钱和借来的钱随礼了之后，
包，本该愉快的春节之旅变成了他俩痛苦的经历，这时画面
诉观众，这一切远没有结束，另外一个无底洞即将登场。主
力一步步引向故事的结局。终于女主角在过完年返回工作岗
钱的负债压力，选择了走上不归路。故事结束后，主持人开
并提出建议，希望能够给百姓们起到警醒的作用。

除了主持人的解说，故事中的旁白也推动着情节向前发
红包》为例，该剧采用了倒叙的手法，开头就是女主角趴在
的画面，然后有了旁白的解说：“二月一号大年初十是南方
培训的第一天，上课老师何曼云在没有任何征兆的情况下割
了结果，事件居然是因为春节红包而引发的，而究竟是什么
不开呢，故事得从过年开始说起。”这样就将故事拉回到事
白的这种串联可以起到联结故事内容的目的。而在故事结
“大年初十，何曼云在遭受各种打击，精神极度抑郁的情况
选择在办公室割腕自杀，所幸被及时送到医院抢救，没有酿
现了女主角绝望地望着窗外的画面，省略了其如何结束自己
诉观众女主角最后的结局，可以缩短叙事时间。

（三）字幕

栏目剧中字幕有不同的呈现方式与功能。其一，演员首
员有关信息。因为栏目剧大多是由群众演员来演绎的，所以
会标明演员姓名、所在城市及其职业，使观众在观看时更有
北卫视的栏目剧《村里这点事》，在出现主要演员时会有字
《老李的烦心事》中老李的扮演者是秦皇岛市市民，老张扮
老李儿子扮演者是沧州市市民，而儿媳妇扮演者是保定市定

声音内
同时出
化，走
如《要
片，并
时间把
目主是
体现出
春节红
主题。

栏
构图、
者各自
重阐述
导、场

一

栏
团队东
准备。

在
虑，
来的
的良
时又
紧凑。

容，帮助观众理解。由于许多栏目剧是用方言演绎的，所以与人物对白、解说现的字幕能够帮助观众更清楚明白的理解故事内容。其三，用字幕说明时间变着转场作用。在一些栏目剧中，根据剧情的需要，字幕可用作时空的转换，例儿死亡之谜》首先讲述的是母亲偶然间看到了与自己孩子十分相像的小孩照怀疑这个小孩就是自己的亲生骨肉，这时画面上出现字幕“四年前”，将叙述回到过去，开始解开一系列悬念。其四，字幕还可以作为故事的结语，强化节。在栏目剧结束时，往往主持人要出镜评说，如果通过屏幕文字把其主要观点来；就可达到强调主要思想之目的，同时，加深观众的印象，例如在《要命的包》的结尾，打出的字幕“红包小一点，心意大一点”正是该剧要突出的

第四节　栏目剧的拍摄

目剧拍摄与微电影拍摄均讲究镜头调度与演员调度，尤其是在影像角度、画面景深控制、镜头运动、机位与光线的设计等方面有许多共同之处。但是由于二的传播特点及其播出平台不同，因此，在拍摄方面也有各自的侧重点。这里着在栏目剧拍摄阶段必须要掌握的内容：剧本的选定与分析、演员的挑选与指景的设计与机位的布局，以及大量使用静态构图的固定镜头拍摄方式。

、拍摄前的准备

目剧由于成本低，团队小，制作周期短等条件限制，它不可能像专业影视摄制样分工精细明确。栏目剧摄制前要尽量化繁为简，统筹规划，作好必要的拍摄

一）挑选剧本并撰写分镜头脚本

拍摄之前，导演首先要从栏目定位、栏目剧特点以及观众接受心理等方面考择一部优秀的、可操作性强的剧本。现在，许多栏目剧剧本是通过公开征集得当然，也有些栏目剧是由专门的编剧队伍创作的)，需要导演从大量来自民间不齐的剧本中挑选出好的剧本。在挑选剧本时不能脱离老百姓的实际生活，同能为了追求吸引力而陷入低俗的境地，剧本要短小精练、故事性强、节奏

导演选好剧本之后需要静下心来研读，对剧中人物、矛盾冲突、剧本主旨等内容都要深入分析，必要时还需要对剧本做出一定的修改，调整人物关系、突出主要矛盾，使故事更加鲜明、结构更加紧凑。通常栏目剧中的人物以及人物关系相对比较简单，但并不意味着对他们的分析不重要。栏目剧中的人物多属于扁形人物，性格、心理较为单一，所以在分析人物时需要将人物最为突出的个性特点提炼出来。例如《经济与法》中《淑女猎手》中的杨甜甜，其最大的特点就是拜金、虚伪，为了结识有钱男人来满足其在物质、生活上的需求不惜一切欺骗的手段。相比单个人物的塑造，人物关系的构成会复杂些，《淑女猎手》中主要的人物关系是欧阳毅与杨甜甜、欧阳毅与妻子、杨甜甜与闺蜜、杨甜甜与欧阳毅妻子之间的关系，且人物关系也可能经历从和谐到决裂的变化，欧阳毅与杨甜甜本是恩爱的情人关系，但当欧阳毅发现了杨甜甜的骗局后二人关系发生了剧烈转变，故事最后的悲剧也由此产生。

推动故事一一展开向前发展的主要因素便是冲突，而冲突的产生就来自于人物与人物之间的矛盾。导演在对人物关系进行梳理与分析的过程中，要抓主要矛盾。《普法栏目剧》中《十八岁的天空》的主要冲突来自于祁宏妈妈对儿子与杨金雨早恋的怨恨，尤其当祁宏妈妈得知祁宏高考失利是因辅导杨金雨而耽搁了自己的学习，以及杨金雨并不光彩的过去时，这种矛盾达到了顶峰，导致祁宏最后在妈妈的责怪以及杨金雨妈妈过河拆桥的做法之下想到了轻生。从故事表面看主要的矛盾来自于早恋，但实则是父母对子女的教育以及价值观的正确引导，这才是关键。

挑选并研读完剧本之后就要将剧本中的文字转“画”为可视的分镜头脚本了。撰写分镜头脚本是整个剧摄制中的一个重要环节，一般由导演完成这一工作。在这个过程中场景的选择、空间的转换都要围绕剧本的内容与特点来进行。导演根据剧本内容，要考虑好剧本中场景之间的转换技巧，尤其是要考虑好哪些内容由主持人来转述，主持人在剧中何时出现、何时退出。分镜头脚本中要体现画面内容、人物对话的分切、摄像机的角度、景别的变化、拍摄技巧以及每一场景中拍摄的时间、地点、演员角色、所需道具等都要清楚、细致地体现出来。具体写法可参照第五章“微电影分镜头脚本”内容。

（二）挑选并指导演员

参与性是栏目剧的一大特点，许多栏目剧使用的都是群众演员，这些演员以日常化、通俗化的表演方式往往更能吸引观众的注意，这种生涩、不加修饰的演绎能凸显栏目剧的故事内容，将观众导向真实的情境中。但在另一方面，这些没有受过专业训练的演员的表演会有做作、呆滞的问题，这就需要导演与演员多进行沟通与交流，尤其当演员本身的性格与角色有较大差异时，更需要导演的引导与鼓励。栏目剧不同于其他的一些艺术表现形式，相比人物表情、动作以及内心的刻画，人物的语言会更为重要。因为栏目剧正是依靠朴实、简洁的人物对话来传达观众想看到、听到的内容。所以演员在台词方面要多下功夫，做到吐词清晰，语气语调尽量与所要塑造的人物相吻合。尤其是重要场戏的拍摄，演员在拍摄前需要进行反复的精心排练，导演还可根据剧情的要求让演员熟悉剧情中生活的环境，使演员在正式拍摄时尽快进入剧中角色。

而在角色视觉表现力上，主要体现在服装与妆容方面。总体上讲，栏目剧由于受到资金的限制以及栏目剧人物特点的影响，剧中人物的服饰与化妆都较为简单与朴素，风格与人物的身份要较为贴切，太过浮夸或妖艳的打扮会显得与栏目剧内容本身不相符，观众也难以接受。

二、地点场景的选择与设计

场景的选择与设计能够反映导演对空间真实性与贴近性的追求，恰当的场景可以给人物的生活和故事的发展提供可信的环境空间，对于力图呈现符合老百姓生活原貌的栏目剧来说，场景选择的重要性不容置疑。

（一）用画面展现室内叙事空间

在栏目剧诞生的初期，《雾都夜话》的制片人马及人先生说过他认为栏目剧是情景剧和电视剧生下的一个儿子，所以说栏目剧与情景剧会有一些共同点，其中一点就是平民化，它们所表现的都是贴合普通老百姓生活的故事。情景剧大部分的场景都处在室内，属于室内剧，通常通过在室内搭建假景来进行拍摄，环境变化较小，而许多栏目剧因为题材多包含家庭元素，所以大量的场景选择也与情景剧一样，在室内拍摄。

无论是《彩虹》中母女三人间的怨恨与谅解、《十八岁的天空》中两个即将参加高考的孩子与父母的“战争”、还是《偏见》中婆婆对媳妇的刁难与最终的接受，“家庭”都是故事当中的一个中心词，它不仅是一个家庭内部伦理关系的私人空间，还是每个家庭成员身上所象征的社会关系的公共空间①。所以在拍摄栏目剧时，尤其因为栏目剧大部分的故事内容以及情节的推进都是通过人物间的对话交流进行的，许多场景都选择在客厅拍摄。因为“客厅”往往是外部社会空间深入家庭内部空间和个体私密空间的中转，它既包容了家庭的公共活动和公共话语，同时也接纳了家庭成员的外来者和故友亲朋。②《偏见》中婆婆经常刁难儿媳，例如婆婆让儿媳打洗脚水帮

---

① 姜敏，栗思涵．中美情景喜剧中叙事空间的家庭元素运用之异同［J］．神州（下旬刊），2012（10）．
② 姜敏，栗思涵．中美情景喜剧中叙事空间的家庭元素运用之异同［J］．神州（下旬刊），2012（10）．

自己洗脚，这段戏就发生在客厅中，并且在婆婆的话语中句句透露着不尊重。而当进入到媳妇与儿子私密的卧室空间时，观众可以看到儿子与媳妇的齐心协力甚至是秘密作战。如果卧室扮演的是缓和紧张氛围的场景角色，那么客厅就是矛盾不断展开的重要空间。《彩虹》中一彩的男友徐蕃想将一彩正式介绍给自己的父母，但当一彩去到徐蕃家，徐蕃母亲看到一彩朴素的外表并得知一彩已不小的年纪后，不满的神情立刻表现了出来，徐蕃家的客厅第一次见证了一彩与徐蕃父母关系的不平坦，也为后来一彩将要承受更多的无奈与压力作了铺垫。

此外，在设计场景时还要注意不同光线所产生的色调效果与所渲染的情感氛围。虽然栏目剧在对光线、色彩等方面的控制与应用没有太过严格与精细的要求，但是适当的注意能够增强画面给观众带来的情感共鸣与效果。例如《彩虹》中一彩与妹妹小红是同父异母的姐妹，二人虽然感情很好但一彩与继母的关系却十分糟糕，所以每当一彩与继母在客厅内进行完对话后，继母的偏心与蛮横总让一彩感到难过与伤心，画面中狭小破旧的客厅加上室内幽暗的光线，这样封闭的画面、沉重的色调更能表现出了一彩不平坦的人生际遇与命运。

（二）通过典型性的场景获得接近性效果

栏目剧中，除了大部分的人物对话场景发生在室内，还有一些场景设计在城市的标志性建筑外，或是广大市民熟悉的地方。因为栏目剧具有地域性特点，尤其一些地面频道播放的栏目剧主要是针对所在城市的观众，选择观众较为熟悉甚至生活了多年的建筑、街道、广场外面，极大地拉近了与观众的空间距离和心理距离，使他们保持观看的兴趣。例如湖南经视的《故事会》，一些以年轻人、尤其是白领为主要人物的故事在选择外拍场景时，往往选在五一路商业圈附近，这里作为长沙市的中心地带比较符合故事内容中所描写的环境；而当故事讲述中老年人生活的麻辣心酸时，一般选择能够体现普通长沙人市井生活的嘈杂、繁乱的一些地方作为拍摄场景。

三、以静态构图为主的人物对话拍摄

栏目剧关注与表现的主要是人物与人物之间的关系，以及身处关系线中单个人物的命运变迁。其剧情主要靠人物对话与动作来推动，栏目剧中对话场景很多，这一点与电视连续剧很像。在拍摄人物对话场景时，被摄对象相对静止、机位不动、光轴不变、焦距不变的静态性构图是主要的构图方式。因为，这种构图方式既能让观众完整地听到人物对话内容，又能清晰地看到人物的神态表情。

在栏目剧对话场景拍摄中，必须掌握三角形机位布局，即前面提到的三角形原理；掌握好外反拍、内反拍以及平行镜头的拍摄，具体内容见第五章第四节微电影拍摄方法与技巧中“人物关系镜头”的拍摄。这里不再赘述。在对话场景拍摄中，使用得最多的还是外反拍与内反拍方式。这两种拍摄方式结合使用，既能交代对话双方的位置关系与环境情况，又能集中展现一个人的神态表情，引导观众给予充分的注意；且能保证后期剪辑不会出现方向错乱。例如栏目剧《彩虹》主要就是通过姐姐一彩与母亲、一彩与妹妹晓红、晓红与母亲、一彩与男友徐蕃之间的情感关系结构整个故事的，这些关系中包含着争执、帮助、怨恨与谅解，并通过充满感情色彩的对话来体现。一彩在得知妹妹晓红利用自己的身份证与别人结了婚，使得自己无法和徐蕃共结连理后失落地回到了自己的包子店中，徐蕃拉住一彩迫切地想知道她带回来的消息，一个侧面角度的中景镜头交代了他俩面对面即将开始对话的关系，当一彩说出决定暂不和徐蕃领证结婚后，接着的一系列镜头都是徐蕃惊讶又疑惑、一彩无奈且不愿说出原因的近景画面，观众可以清楚地看到徐蕃脸上的不甘、一彩脸上的阴郁。此外，由于在这段对话场景中徐蕃处于站立的位置，而一彩是坐下的，他们之间的关系线由于头部高度的差异出现了倾斜，所以需要改变三角形底边上摄像机的拍摄高度，在拍摄徐蕃时采用仰摄，拍摄一彩时采用俯摄，这种随关系线倾斜的内反拍镜头能够形成一种无论两人所处位置高低，均能保证画面中交流双方空间位置、方向不会发生改变。除了拍摄两人所处环境、位置关系以及单人镜头外，体现情到深处的特写镜头也是必不可少的，例如在表现两人将要相互依靠、相互扶持时，手与手紧握的特写充分表达两人之间的深厚情感。

除了两人的对话交流场景外，三人对话的场景在栏目剧中也时常出现，拍摄时同样可以用到三角形机位布局的原理。例如栏目剧《十八岁的天空》中，当杨金雨的妈妈去学校找金雨时，正好碰到她和祁宏走在一起，三个人相遇呈 L 形站立，摄像机机位处在金雨妈妈身后，通过外反拍获得了金雨妈妈背向观众、金雨与祁宏面向观众的中景画面，这个主镜头清楚地交代了三者的位置关系，使金雨与祁宏得到突出，如图 6－1 所示。在表现金雨妈妈与祁宏的对话时采用了外反拍方式，前景是金雨妈妈靠近摄像机且被虚化了，画面主体祁宏离摄像机稍远，但焦点清晰，这样的拍摄效果在表明三者位置未发生变化的同时又使构图有了明显的透视效果，强化了画面主体祁宏，如图 6－2 所示。在表现金雨与妈妈对话时则是通过内反拍方式，单个的近景清晰地展现了母女俩的表情神态，由于金雨内心紧张，不敢直面妈妈，就转看别处回答妈妈的话，如图 6－3、图 6－4 所示。在对话结束时，又用一个全景镜头交代三者的位置关系及其人物动作的变化。可见，在拍摄三人对话的场景时，也可将内反拍与外反拍两种方式结合起来使用。

栏目剧拍摄中单一的固定镜头用多了，就显得呆板、沉闷，因此导演往往设计多

图 6－1 至图 6－4　三人对话场景拍摄三角形机位运用效果图示

机位多角度来拍摄同一个场景；有时根据剧情内容，有意安排主角在室内走动或在室外活动的场景，让镜头也动起来，这样拍出来的画面较固定镜头就生动得多。《真实故事》拍摄中强调演员调度动态化，即拍摄中，尽量让人物对话在动作中完成，尽量减少人物坐下来说话的镜头。在栏目剧拍摄中，要注意画内主体动静与画外镜头动静的配合，使二者和谐统一起来更好地为剧情服务，使传播节奏富有变化，从而达到好的传播效果。

第五节　栏目剧剪辑

栏目剧剪辑是影视艺术的第三度再创作，主要包括画面剪辑与声音剪辑两部分内容。剪辑师在理解分镜头脚本的基础上，结合栏目剧内容、主题、结构、节奏、语言等方面特点，运用蒙太奇理论，进行创造性的剪辑工作。本节从剪辑点的选取、镜头的组接、轴线原则等方面对画面剪辑要点进行阐述；从主持人解说、人物对话、画外旁白等三个方面对栏目剧中声音的剪辑要点加以介绍。

一、剪辑点：准确选择使画面衔接流畅

如前所述，剪辑点是指两个镜头画面相连接的点。选择剪辑点时有的按照正常叙

事顺序来选择，有的按照情绪发展来选择，有的按照制造悬念来选择。在选择栏目剧的剪辑点时，要综合考虑剧情内容、人物关系、结构方式以及节目时长等方面的需要。

（一）对话剪辑点

将对话剪辑点从声音剪辑点中列出来主要是因为栏目剧中故事的发展、剧情的推进许多是通过人物间的对话来表现与演绎的，加上栏目剧中人物性格特点较为单一，比起对单个人物的刻画，在人物关系的组合上着墨更多，而人物间的冲突、纠葛以及和解正是通过对话来体现的，所以对话场面的剪辑在栏目剧的剪辑中非常重要。

对话场景一般分为两人场景对话、三人场景对话以及多人场景对话。对于两人对话或者三人对话来讲镜头分切要尽量频繁，避免给一个人过多的镜头时间，让观众产生疲劳感。① 在对话中有两种镜头，动作镜头与反应镜头，我们不应该只关心动作镜头，反应镜头也能提供丰富的信息，甚至有时反应镜头是观众注意的焦点。例如在普法栏目剧《十八岁的天空》中杨金雨跑去球场找祁宏的一场戏，球场上的祁宏听到有人在叫他，回过头看见是杨金雨便跑过去，镜头跟着祁宏移动，然后给了他俩一个一秒钟的全景镜头，接着是杨金雨告诉祁宏有人找她谈恋爱的近景画面，在金雨说话间穿插了 2 秒钟祁宏的近景镜头，然后金雨请求祁宏告诉别人她已经是他女朋友，祁宏高兴地答应以及金雨听后心满意足的画面接在其后。这个 16 秒的对话场景被分成了 7 个镜头，尤其最后祁宏与金雨面带笑容的反映镜头也说明了他俩关系的好转，为下面他们成为男女朋友做了铺垫。在另外一场祁宏妈妈带上两个老师到杨金雨家中寻找祁宏的戏中，一共 32 秒的对话场景被分成了 32 个镜头，每个镜头平均为 1 秒钟，快速的切换充分反映了祁宏与妈妈、祁宏的妈妈与杨金雨、祁宏的妈妈与杨金雨的妈妈矛盾的上升与激化。可见，对话剪辑点的选择除了考虑声音内容外，还要注意人物的反应镜头。

（二）叙事剪辑点

镜头的转换不仅要根据叙事内容的要求进行，还要考虑观众观看的需要，因为每一次镜头的转换都会使得观众的注意力产生变化。而每个镜头都要保证观众看清楚内容的最低限度时间长度，也就是说一个镜头至少要维持这个时间长度才能保证观众看清画面内容。

栏目剧平民化、生活化的特点，使其在叙事上偏重于写实的情景再现，所以在镜头的表现上不会过多地强调某种戏剧效果或者情绪，在选择剪辑点时首要考虑的是叙

---

① 王同杰，王锋，沈嘉达．影视画面编辑［M］．第 1 版．北京：中国青年出版社，2011：95.

事的明晰性，即镜头长度要满足叙事的需要。在《十八岁的天空》杨金雨父母为杨金雨顺利考上大学而宴请众多老师以表示感谢的戏中，祁宏妈妈因祁宏高考失败在杨金雨的饭局上大闹。首先是杨金雨和父母举杯对各位老师表示感谢的全景镜头，因画面中人数众多，这个镜头持续了11秒钟，当祁宏的妈妈闯进包厢内准备向老师们说出杨金雨过去的秘密时也是全景画面，时长10秒，以表现出祁宏妈妈欲告知全体老师这个消息的心情。后面紧接着祁宏妈妈说出了杨金雨以前做过人流手术的近景镜头，再接杨金雨羞愧地低下头的近景镜头，然后是老师们听到后纷纷议论的近景，这几个镜头都为1－2秒。可见，栏目剧在选择叙事剪辑点时以表达主要内容、达到叙事目的为依据的。

（三）情绪剪辑点

情绪剪接点要以“心里动作”为基础，以人物在不同情境中的喜、怒、哀、乐的情态为依据，结合镜头造型的特征选择剪辑点。① 情绪剪辑点与动作剪辑点不同，它在镜头长度的取舍上余地更大，因为它着重要反映的是人物的内心活动与情绪，所以在选择上没有固定的要求与规范。还是以《十八岁的天空》中杨金雨跑去球场找祁宏的一场戏为例，杨金雨告诉祁宏有个二班的同学找她谈恋爱，要祁宏帮忙，告诉这个同学我已经是你的女朋友了。祁宏高兴地答应了。看着金雨微笑地点头离开后，导演给祁宏4秒的近景镜头与2秒的全景镜头，以表现祁宏内心喜悦之情，这是由人物情绪发展来确定剪辑点。不过栏目剧毕竟重在写实，不可能像电影和电视剧一样留出大量的时间来烘托人物、渲染气氛，例如大段的独白，长时间的沉默，或者人物镜头后接上写意抒情的景物镜头，所以在栏目剧中将主要的故事情节演绎完的基础上适当地表现人物情绪即可，不可过多，因为节目时长有限。

（四）悬念剪辑点

悬念剪辑点是指在叙事过程中，当冲突爆发、故事转折或者谜团即将揭晓时戛然而止，转入与情节相关的另一问题或线索的叙述。在选择悬念剪辑点时，一定要依据剧情与观众收看心理两个方面来考虑。栏目剧中悬念的设置往往出现在剧情发展到关键时刻或转折点时突然打住，插入主持人旁白或者评论，迅速抛出与剧情相关的问题，把悬念暂时搁置。剧情悬念的设置可以出现在剧的开头、中间与剧末，通过环环相扣的悬念，使得剧情波澜起伏，吸引观众持续看下去。大多栏目剧都是一集讲述一个完整的故事，但也有一些栏目剧将故事分为了上下集甚至多集。例如普法栏目剧《爱·迷失》分为上下两集，上集中女主角雪莲来到肖锋家后与他的女儿肖灵的矛盾

① 傅正义．影视剪辑编辑艺术［M］．第1版．北京：北京广播学院出版社，2003：159.

一直不断，尽管肖灵对雪莲百般刁难，但雪莲还是希望通过自己的努力与诚意来打动肖灵。然而矛盾的上升以及故事的转折就出现在结尾部分，肖灵用假蛇来吓雪莲使得雪莲差点流产，客厅里肖锋两父女产生了冲突，后面接着的是在二楼看着这一切的雪莲的反应镜头，独白声音响起："宝宝，妈妈再也不会忍气吞声了。"上集的故事在这里结束，却埋下了这样的悬念，雪莲将采用什么样的办法进行反击，上集表现贤惠、大度的她在下集中会有怎样的反差，故事又会怎样步步推进从而表达出"爱迷失"的含义。

二、镜头组接：要有逻辑性

所谓镜头组接的逻辑性，包含三个主要方面：一是故事情节进展的逻辑；二是人物事件关系的逻辑；三是时间空间转换的逻辑。也就是说影视片镜头组接既要使故事情节进展、人物事件关系、时间空间转换等符合生活的逻辑，又要合乎影视的视觉逻辑。[①] 而这种逻辑性主要包括镜头组接的连续性与联系性，两者密切相关。

镜头组接的连续性是指镜头之间造型因素和主体动作的连续。栏目剧剧情的推进主要靠人物间对话来进行，所以许多镜头段落都是说话人与倾听者反应镜头的组接。例如在前面对话剪辑点中举出的祁宏与金雨对话的例子，金雨的请求与祁宏高兴地答应体现了两个人的好感，反映了二者动作与表情的连续性，倘若上一个镜头是金雨的请求，下一个镜头却是祁宏皱着眉头的拒绝，则后面两人成为男女朋友的剧情就会令人费解。并且这种连续性并不是要将一个连续的事情或动作完完整整地搬上荧幕，而是建立在一定的省略基础上的。仍以《十八岁的天空》为例，剧中并没有说明祁宏与杨金雨是如何成为男女朋友的，按理说一开始杨金雨对祁宏是带有敌意的，而两个人成为朋友又发展成恋人关系是需要一定时间的，但这里通过二者愉快对话的镜头概括了两人关系的形成。

镜头组接的联系性是指镜头之间主体动作内容上的有机联系。这种联系性强调的是剧情的内在逻辑以及主体的内在感受和心理活动。例如《爱·迷失》中肖灵故意设计白雪莲的段落，首先是肖灵早晨起来铺床的中景、特写以及面部近景画面的组接，一个简简单单的铺床动作却用了几个镜头来表现，说明其中必定蕴含着某种原因。之后肖灵来到客厅请求白雪莲帮忙收拾自己的房间，从肖灵铺床的动作到对白雪莲说话的表情与语气可以看出她这么做的另有目的。果不其然，白雪莲帮肖灵整理床铺时发现了肖灵床上的假蛇，惊吓得坐到地上动了胎气。这部分镜头组接顺序如下：首先是

---

① 傅正义．电影电视剪辑学［M］．第2版．北京：中国传媒大学出版社，2002：114.

白雪莲铺床的中景镜头，接着是她面部的近景画面，但采用了仰拍的角度，凸显了后面的重点就在雪莲的视线处，于是后面就接着雪莲掀开被子出现了一条蛇的画面，雪莲吓得大叫瘫倒在地，镜头再在雪莲的反应与蛇的画面之间切换，以凸显这件事情对白雪莲的影响之大，并将成为故事发展的转折点。

总之，在进行栏目剧镜头组接的过程中一定要重视逻辑性，因为如果镜头在连续性上出了问题会影响主体动作以及剧情的发展；如果镜头联系性受到破坏，在形成内在逻辑以及表达情绪上会大受影响，尤其是栏目剧这样十分重视因果关系的节目类型，镜头组接的逻辑性对观众看懂剧情、理解主题具有重要作用。

三、轴线原则：确保方向一致性

通常情况下，为了使观众观看流畅且不产生方向错乱，摄像机在不同角度拍摄时不能随意越过轴线，只能在轴线一侧的180°内拍摄。如果随意越过轴线就会产生“离轴”现象，例如拍摄甲追乙的场景，前一镜头看见乙从画左跑向画右，若越过运动轴线拍摄第二个镜头，则会看到从甲从右向左跑去，这样一场追逐的戏让观众感到两人相撞了，视觉上产生混乱。在栏目剧中，有大量人物对话的固定镜头，更要加注意是否有越轴情况的发生，尤其是在拍摄多人对话的场景时。

在栏目剧中人物关系的表现比单个人物形象的刻画更加重要，所以会有许多两个人的单独镜头，也就是正反打镜头。在剪辑时，把人物交谈时的正反打镜头直接组接在一起，表明双方谈话时的情景。在《十八岁的天空》中祁宏与杨金雨在交谈的路上碰到了杨金雨的妈妈，这时屏幕上出现了三个主体，那么每两者之间可以形成一条关系轴线，拍摄总方向仅能确定在每两根轴线的夹角之内。首先是三个人的中景镜头，交代了环境与人物关系，接着是金雨妈妈询问金雨的近景画面，然后切换到金雨，这时金雨与妈妈之间形成了一条关系轴线；接着是祁宏向金雨妈妈问好的画面，金雨妈妈微笑着点了点头，这时祁宏与金雨妈妈之间也形成了一条关系轴线，祁宏的画面是正打镜头，金雨妈妈的反应则是反打镜头。并且这里采用的剪辑方法是“谁说话镜头给谁”。此外，在镜头的选取中还要注意人物的视线方向，尤其在正反打镜头中，对话双方的视线应保持一致。当祁宏向金雨妈妈问好之后，我们看到金雨妈妈的视线是朝向祁宏的，这种视线方向与关系轴线相一致。

四、主持人解说：起承转合不可或缺的要件

栏目剧作为在固定栏目中播放的电视节目，主持人成为栏目剧中不可缺少的组成要素，这是与其他剧种显著不同之处。在栏目剧剪辑过程中，要重视对主持人出镜时

的声画剪辑。主持人的介绍与解说通常在栏目剧开头、情节转折以及故事结束的时候出现。在栏目剧开头，主持人介绍剧名与导入故事时，往往要插入相应的栏目剧画面，吸引观众注意力，起到预告的作用。在栏目剧中，每到大的段落结束后主持人往往会给前述故事进行总结，在这个过程中插入之前的画面内容，与解说相呼应起到回顾的作用；同时，主持通过解说营造下一个悬念，“勾引”观众继续往下看。在栏目剧结束时，主持人又出现在观众面前，对整个故事进行点评，强化节目主题。下面以栏目剧《百合心》开头主持人的解说为例说明主持人解说的作用及其与画面的配合，如表6－1所示。

表6－1　栏目剧《百合心》开头主持人解说的内容及其作用分析表

画面内容	解说内容	解说作用
主持人	今天我们要讲的这个故事名字叫做《百合心》，这是我们万家灯火系列当中一个新的故事。	介绍剧名
朱岩和曾海风相识时，朱岩为他打针的近景画面。儿子虫虫生日时一家三口庆祝的近景画面。	咱们这个故事的主人公叫朱岩，她呢，在一家医院里面做护士。几年前，她跟现在的这个丈夫曾海风相识，认识没多久立刻就结婚了，用个流行词，两个人叫闪婚。结婚之后，两个人过得挺好，不久之后生育了一个可爱的儿子虫虫。	导入故事 介绍人物关系
朱岩接到曾海风说要去出差的电话的近景画面	这几年，曾海风也是极尽自己所能，对朱岩非常好，周围甚至于朱岩的一些朋友和闺蜜都说人家怎么嫁得这么好。但原本让人羡慕的生活中，却出现了一场变故。这场突如其来的变故打破了朱岩平静的生活。	介绍人物关系 营造悬念

五、人物对话：生动活泼的交错剪辑法

栏目剧中大部分剧情都是通过对话来传递，观众从对话中可以得知人物之间的关系、冲突。上文所讲栏目剧不是旨在写意的节目类型，其核心是叙事而不是抒情，在较短的时间内仅仅依靠人物表情、动作或者景物的画面难以讲述一个完整的故事，只有通过生动的对话才能准确地传递信息。

在前期拍摄人物对话时，往往采用外反拍与内反拍相结合的方式，因此，在后期剪辑对话时，采取交错剪辑法则会使画面与声音显得生动活泼些，也就是拍摄甲说话时镜头会带着乙，拍摄乙说话时镜头带着甲（即外反拍镜头、过肩镜头），当然如果是采用内反拍方式，则画面中只有单人镜头。剪辑对话时，在前一个镜头中人物动作未完成时，就把后一个镜头中的声音接入进去；或将上一个镜头里的声音拖到下一个

镜头人物动作中去，尤其当对话中产生了冲突与悬念时，人物的反应镜头则尤为重要，因为在人物情绪激动、行为动作幅度较大的争吵画面中，交错剪辑法能体现语气节奏的快速、气氛的紧张。例如在《淑女猎手》开头部分，欧阳毅激动地开着车将满心的愤恨与后悔发泄在了杨甜甜身上，想与她同归于尽。这段对话的画面不断地在欧阳毅与杨甜甜身上快速切换，杨甜甜说话时观众看到了欧阳毅愤怒的表情，欧阳毅说话时又能看到杨甜甜害怕的样子，这种交错剪辑所营造出的氛围体现了两人矛盾冲突到了爆发的时刻。

在另外一场杨甜甜去找欧阳毅妻子的戏中，杨甜甜为了欧阳毅能和妻子离婚，找到他妻子直截了当地说明了自己希望他俩离婚的意图。在这段长 1 分 29 秒的对话中，以杨甜甜说话为主，句句嚣张跋扈，充满了挑衅的意味，其间不断穿插着妻子伤心、气愤却隐忍的反应镜头，为下面妻子主动提出离婚作了铺垫，也揭露了杨甜甜的真实面目。

六、画外旁白：拓展剧情信息含量

除了剧中人物对话、主持人出镜解说外，栏目剧中有一个十分重要声音的元素就是旁白。旁白一般分为客观性叙述与主观性自述两种，前者是影片创作者从客观角度对影片的背景、人物、事件直接进行议论或抒发感情，后者是影片中某一人物的自述，以主观角度追溯往事、叙述所忆所思或所见所闻。① 但栏目剧中出现的主要是客观性叙述的旁白，这种旁白可以推动情节发展、解释与说明剧中省略部分以及对人物与事件进行议论与抒情；尤其栏目剧因受时长的限制，旁白还可以介绍剧情、时间、地点与角色；等等。可见，画外旁白，极大地拓展了剧情的信息含量。

配旁白是在后期录音剪辑中进行的，根据画面内容需要进行配音，它一般都会通过具体的构思与设计，结合画面内人物的动作、情绪，故事发展阶段进行。力求旁白不是简单机械地重复画面内的对话内容、简单的叙述图像含义、覆盖在含有重要信息的画面之上，给观众造成信息混乱、累赘之感。例如在栏目剧《百合心》中，朱岩的丈夫出车祸去世，带给她巨大伤痛的除了丈夫的离开还有由此带来的一系列疑问，甚至可能是一个天大的谎言，看着自己与丈夫过去的照片，回想起丈夫在出车祸时车上放着的并非是送给自己的百合花，朱岩无助地瘫倒在床哭泣，这时旁白声响起，如表 6－2 所示，告诉我们在这背后可能有着很大的隐情。在主角沉痛之时，旁白的出现没有和画面内容相抵触，而是起到了设置悬念、推动剧情进一步发展的作用，也为后面

① 周雯，王庆福．DV 制作［M］．第 1 版．上海：上海教育出版社，2010：295.

部分朱岩在一步步了解丈夫对自己所隐瞒的事情、获知事情真相作了铺垫，也让观众对后续故事的发展有了心理期待。

表6-2 栏目剧《百合心》中旁白内容及其作用分析表

画面内容	旁白内容	旁白作用
朱岩悲伤的哭泣的近景以及抚摸着与丈夫甜蜜照片的手的特写。	丈夫走了，朱岩的心也被彻底伤透了，这些年跟曾海风在一起的点点滴滴朱岩想不出有任何问题，但那明明不是送给自己的百合花，还有那不清不楚的工伤还是事假，一切的背后，似乎都正在颠覆着往日的一切。	承上启下，设置悬念、推动剧情进一步发展。

参考文献

一、图书部分

周建青．当代影像传播与媒体发展研究［M］．北京：中国出版集团世界图书出版公司，2013.

黄匡宇．理论电视新闻学［M］．广州：中山大学出版社，1996.

黄匡宇．当代电视摄影制作教程［M］．上海：复旦大学出版社，2006.

罗以澄．新闻采访学新论［M］．武汉：武汉大学出版社，2006.

林如鹏．新闻采访学［M］．广州：暨南大学出版社，2004.

胡智锋．电视节目策划学［M］．上海：复旦大学出版社，2006.

胡智锋，江逐浪．“真相”与“造像”——电视真实再探秘［M］．北京：中国广播电视出版社，2006.

石长顺．电视专题与专栏［M］．上海：复旦大学出版社，2009.

石长顺．电视栏目解析［M］．武汉：武汉华中理工大学出版社，2003.

丁柏铨．新闻采访与写作［M］．北京：高等教育出版社，2004.

叶子，赵淑萍．电视采访学［M］．北京：北京师范大学出版社，2000.

张会军．电影摄影画面创作［M］．北京：中国电影出版社，1998.

胡立德．新闻摄像［M］．杭州：浙江大学出版社，2006.

胡立德．电视新闻与纪录片摄影［M］．北京：中国广播电视出版社，2002.

王利剑．电视摄像技艺教程［M］．北京：中国广播电视出版社，2008.

周传基．电影电视广播中的声音［M］．北京：中国电影出版社，1991.

傅正义．电影电视剪辑学［M］．北京：中国传媒大学出版社，2002.

郝俊兰．电视音乐音响［M］．北京：中国广播电视出版社，1997.

冷冶夫，刘新传．纪实艺术论［M］．北京：中国广播电视出版社，2009.

单万里．纪录电影文献［M］．北京：中国广播电视出版社，2001.

郑元者，蒋孔阳．学术文化随笔［M］．北京：中国青年出版社，2000.

朱景和．纪录片创作［M］．北京：中国人民大学出版社，2002.

刘文，曾祥敏．电视摄影创作［M］．北京：中国广播电视出版社，2005.

何苏六．中国电视纪录片史论［M］．北京：中国传媒大学出版社，2005.

任德强，王健．电视专题摄制［M］．重庆：西南师范大学出版社，2010.

杨伟光．电视新闻分类与界定［M］．北京：中国广播电视出版社，1994.

李良荣．西方新闻事件概论［M］．上海：复旦大学出版社，1997.

甘惜分．新闻学大辞典［M］．郑州：河南人民出版社，1993.

姚治兰．电视写作教程［M］．北京：中国传媒大学出版社，2010.

黄著诚．实用电视新闻编辑［M］．北京：中国广播出版社，2000.

苏夏．影视广告创意与制作［M］．上海：上海人民美术出版社，2009.

张育华．电视叙事话语［M］．北京：中国广播电视出版社，2006.

李胜利．电视剧叙事情节［M］．北京：中国广播电视出版社，2006.

卢蓉．电视剧叙事艺术［M］．北京：中国广播电视出版社，2004.

杨世真．重估线性叙事的价值——以小说与影视剧为例［M］．杭州：浙江大学出版社，2007.

周雯，王庆福．DV 制作［M］．上海：上海教育出版社，2010.

王同杰，王锋，沈嘉达．影视画面编辑［M］．北京：中国青年出版社，2011.

宋家玲．影视叙事学［M］．北京：中国传媒大学出版社，2007.

黄天文，韩晓飞，张伍生．栏目剧在南方的实践［M］．广州：广东人民出版社，2013.

麦尔文·曼切尔．新闻报道与写作［M］．北京：广播出版社，1981.

鲁道夫·阿恩海姆．视觉思维［M］．滕守尧，译．北京：光明日报出版社，1986.

克劳德·让·贝特朗．媒体职业道德规范与责任体系［M］．宋建新，译．北京：商务印书馆，2006.

特德·怀特．广播电视新闻写作与报道［M］．北京：新华出版社，2000.

艾·里斯，等．广告攻心战略——品牌定位［M］．刘毅志，译．北京：中国友谊出版公司，1991.

普多夫金．论电影的编剧、导演和演员［M］．北京：中国电影出版社，1984.

比尔．尼可尔斯．纪录片导论［M］．陈犀禾等，译．北京：中国电影出版社，2007.

郭有遹．创造心理学［M］．北京：教育科学出版社，2002 年．

童宁．电视节目结构方法［M］．北京：中国广播电视出版社，2004.

黄煜，卢丹怀，俞旭．并非吹毛求疵［M］．广州：广东高等教育出版社，1998.

特德·怀特等．广播电视新闻报道写作与制作［M］．北京：中国广播电视出版社，1987.

罗伯特·麦基，故事——材质、结构、风格和银幕剧作的原理［M］．北京：中国电影出版社，2001.

张小琴，王彩平·电视节目新形态［M］．北京：中国广播电视出版社，2007.

爱·摩·福斯特，小说面面观［M］．广东：花城出版社，1984.

张晓锋．当代电视编辑教程［M］．上海：复旦大学出版社，2011.

克莉丝汀．汤普森等．世界电影史［M］．陈旭光等，译．北京：北京大学出版社，2004.

李显杰．电影叙事学：理论与实例［M］．北京：中国电影出版社，2000.

杰拉尔．热奈特·叙事话语、新叙事话语［M］．北京：中国社会科学出版社，1990.

吴希媛．我国电视栏目剧叙事探究［D］．南京师范大学，2011.

悉德·菲尔德．电影剧本写作基础［M］．北京：中国电影出版社，2002.

聂鑫．影视广告学［M］．北京：中国广播电视出版社，2011.

任金州、高波、主娜．电视摄像［M］．北京：中国传媒大学出版社，2012.

崔银河．影视广告编导与制作［M］．北京：中国传媒大学出版社，2007.

二、期刊部分

中国纪录片发展研究报告课题组．2010年中国纪录片发展研究报告［J］．现代传播，2011（5）．

中国纪录片发展研究报告课题组．2011年中国纪录片发展研究报告［J］．现代传播，2012（3）．

中国纪录片发展研究报告课题组．2012年中国纪录片发展研究报告［J］．现代传播，2013（4）．

周建青．媒体报道聚合现象探析［J］．现代传播，2013（5）．

周建青，阮拥军．坚持“绿色监督”，传播社会正能量［J］．中国广播电视学刊，2013（7）．

周建青．全媒体时代电视新闻报道如何异彩纷呈［J］．中国出版，2013（11）．

詹庆生．走向电影化——纪录片《美国，我们的故事》的艺术分析［J］．现代传播，2012（8）．

武新宏．世界纪录理念在中国［J］．现代传播，2010（8）．

周怡，黄伟．城市发展中的城市形象广告——中国首家城市形象电视广告的诞生及其影响分析［J］．新闻界，2007（2）．

戴世富，徐艳．背景音乐在电视广告传播中的作用［J］．新闻界，2008（1）．

徐海龙．微电影及其跨媒体整合［J］．中国电视，2012（4）．

李权文．当代叙事学的奠基之作——评热拉尔·热奈特的《叙事话语》［J］．文艺批评，2009（2）．

项仲平，钟丽茜．论电视栏目剧的界定与特征[J]．中国广播电视学刊，2007（7）．

刘国强，曹镠·从戏剧化的新闻到新闻化的戏剧——电视栏目剧形态演进及其内在逻辑［J］．新闻界，2008（3）．

蒋昕臻·电视栏目剧热播后的冷思考［J］．中国电视，2008（3）．

韩鸿，谭正刚．警惕电视栏目剧制作中的五个误区［J］．中国电视，2007（5）．

韩晓飞．中国内地栏目剧现存问题探析［J］．现代传播，2007（5）．

姜敏、栗思涵．中美情景喜剧中叙事空间的家庭元素运用之异同［J］．神州（下旬刊），2012（10）．

路·吉安乃蒂．无情节电影的传统［J］．世界电影，1983（3）．

刘琳、杜山．要走“寻常”路——浅谈地方台栏目剧的选题策划［J］．今传媒，2010（9）．

杨状振．电视栏目剧的发展趋势及问题探讨［J］．现代视听，2009（7）．

后 记

我在大学从事视听传播教学研究与视听节目创作已有十余年。多年前，我就想写一本切实可行且与时俱进的视频制作教材。2008 年 12 月，我着手写作《电视节目编导与制作》(书的初名，与所上课程名称一致)。不久，由于忙于博士论文的写作，中间暂停了两年。博士论文完成后，旋即继续本书的写作，直到 2013 年 10 月底完成全部书稿，掐指算来，用于本书写作的时间也有两年多。这期间视听节目的形态有了明显的变化，尤其是2010 年微电影的出现与火爆。随着以手机与网络为代表的新兴媒体的蓬勃发展，视频制作日益受到各行各业的重视。提高大学生的视频制作能力与创新能力，可使他们在升学、就业与创业等方面更具竞争力。有鉴于此，我对原来的书名与目录进行了较大的修改，于是，就有了《当代视听节目编导与制作》一书。

在本书的写作中，我致力于体现以下三个方面的特点。

新颖性与可读性结合。新颖性主要体现在书的结构新与内容新两个方面。本书打破上下篇均衡惯例，从视听节目制作者需要的角度来安排全书与每章的结构，精选五种类型的视听节目来写作，尤其是把近年来热门的微电影与栏目剧的制作列入进来是本书的一大亮点；内容新还体现在书中的观点新与材料新。可读性主要体现在图文结合与表述语言方面。书中用了一百余幅图片，简洁形象地阐述了视听节目制作中的有关理论、方法与技巧；同时，行文中注重了语言的通俗性，力避深奥的学术语言。

实用性与操作性并重。全书紧扣视听节目制作特点、要求、方法与技巧来写作，实用性强。书中所讲五种视听体裁是我们经常看到的，这些节目不仅仅电视台播出需要，手机与网络等新兴媒体平台更需要。微电影、广告片、宣传片、纪录片等类型的视听节目更是社会影视制作公司重要的业务内容。在本书的写作中，贯穿学以致用的原则，每一章按照节目制作流程来写，突出不同类型视听节目的制作要点、步骤与方法，使读者看了之后能迅速把理论知识、方法技巧转化为视听节目制作能力。

前沿性与学术性相融。本书紧扣视听节目发展前沿，贯彻“理论来源于实践又指导实践”的原则。书中内容阐述尽量与时俱进，所举视听节目例子大多数是近几年国内外公开播放的优秀视听节目，在介绍每种类型视听节目现状时，尽量给读者提供最新信息。同时，书中吸取了作者近年来相关的研究成果，例如纪录式剧情片与纪录片的区别、同期声的功能及其运用、专题片编辑中六种关系的处理、形象片的结构方式、微电影的画面叙事特点等等，前沿性与学术性相融，让读者倍感新鲜。

当然，以上特点是否得以充分体现，有待读者验证。书中所有图片与表格均出自作者之手，有些图表制作显得不够专业，希望读者谅解。写作中所引用他人观点尽可能在页下注明，所参考书目，书尾均已列出；万一有所遗漏，还望著者海涵。

在本书的写作中，暨南大学硕导黄匡宇教授与武汉大学博导罗以澄教授授我以“观念与方法”；硕士研究生赵雅文撰写了三千字的“微电影叙事策略”初稿，尹雪帆撰写了四千字的“栏目剧发展现状”初稿，毕业多年的夏梅娟提供了招商银行广告片效果图以及《寻找80后回忆的纪念馆——健力宝》分镜头脚本；出版社副社长宋培学先生与责编王佳女士付出了辛勤劳动，在此一并表示感谢！

周建青

于华南理工大学

2013年12月20日